Schulsysteme, Unterricht und Bildung
im mehrsprachigen frankophonen
Westen und Norden Afrikas

Waxmann Verlag GmbH
Steinfurter Straße 555, 48159 Münster
info@waxmann.com

Carla Schelle (Hrsg.)

Schulsysteme, Unterricht und Bildung im mehrsprachigen frankophonen Westen und Norden Afrikas

Waxmann 2013
Münster / New York / München / Berlin

Bibliografische Informationen der Deutschen Nationalbibliothek
Die Deutsche Nationalbibliothek verzeichnet diese Publikation in
der Deutschen Nationalbibliografie; detaillierte bibliografische
Daten sind im Internet über http://dnb.d-nb.de abrufbar.

Diese Publikation wurde unterstützt durch das
Zentrum für Interkulturelle Studien
der Johannes Gutenberg-Universität Mainz.

ISBN 978-3-8309-2968-0

© Waxmann Verlag GmbH, 2013
Postfach 8603, 48046 Münster

www.waxmann.com
info@waxmann.com

Umschlaggestaltung: Anne Breitenbach, Tübingen
Titelbild: © Carla Schelle, Mainz
Satz: Sven Solterbeck, Münster

Gedruckt auf alterungsbeständigem Papier,
säurefrei gemäß ISO 9706

Inhalt

II Spracherwerb und Literatur in Schule und Unterricht

III Rekonstruktionen unterrichtlicher Wirklichkeiten

Vorwort

Im Zuge der Internationalisierung der Forschung erfahren wir immer mehr über die Bildungssysteme anderer Länder, über deren Schulwesen und vereinzelt auch über das Geschehen in Klassenzimmern dort. Angestoßen von großen internationalen Vergleichsstudien hat sich die deutsche Schulforschung in den letzten Jahren eher am anglophonen Sprachraum orientiert. Zu dieser anglophonen Ausrichtung will die vorliegende Publikation im Anschluss an die Betrachtungen zu Schule und Unterricht in Frankreich (vgl. Schelle, Hollstein, Meister, 2012) ein weiteres frankophones Gegengewicht schaffen. Es soll erkundet werden, worin die Strukturen in den Bildungssystemen West- und Nordafrikas und deren Bedeutung für die Akteure bestehen, was Schulen und Unterricht in diesem Bildungsraum (Senegal, Mali, Benin, Burkina Faso, Kamerun, im kleinen Maghreb) kennzeichnet, auf welchen pädagogischen und didaktischen Überlegungen Handeln und Kommunikation dort beruhen. Beobachtungen und Thesen wie etwa die der Universalisierung der modernen Schule (vgl. Adick, 1992, 2013) lassen zwar einerseits auf überregionale strukturelle und inhaltliche Ähnlichkeiten schließen, andererseits gilt es, unbekannte Erscheinungsformen pädagogischen, didaktischen und sprachlichen Handelns zu entdecken, zu deuten und zu verstehen.

Die Publikation gliedert sich in verschiedene Schwerpunkte. Vorweg stehen unter dem Kapitel I *Lernen, Bildungssystem, Lehrerausbildung* Beiträge, die eher grundlegende Aspekte bezogen auf unterschiedliche Länder und Regionen thematisieren. In Kapitel II *Spracherwerb und Literatur in Schule und Unterricht* werden konkrete Implikationen zum Zusammenhang von Sprache und Schule fokussiert und in Kapitel III *Rekonstruktionen unterrichtlicher Wirklichkeit* sind Beiträge versammelt, die mit qualitativen Methoden schulische Beobachtungen analysieren. Insgesamt werden für die deutsche Schulforschung noch weitestgehend unbeforschte Winkel ausgeleuchtet.

Zuvor sind jedoch einige Bemerkungen notwendig. Diese Publikation gründet auf der internationalen Tagung „Schule und Unterricht in Frankreich, in frankophonen Ländern Nord- und Westafrikas und in Deutschland", die 2012 an der Universität in Mainz stattfand. Während dieser Tagung wurde die Rolle von Mehrsprachigkeit, Nationalsprachen und deren jeweilige Umsetzung in den Schulsystemen verschiedener frankophoner Länder Afrikas immer wieder von den Teilnehmerinnen und Teilnehmern thematisiert, verbunden mit teils unterschiedlichen Interessen, die sich einmal mehr auf die psychosoziale Entwicklung und Identität vor allem von Kindern und Jugendlichen und ein andermal mehr auf gesamtgesellschaftliche Belange bezogen. Wo Sprache und Bildung so eng verknüpft sind mit existentiellen Fragen und künftigen Lebensbedingungen verläuft eine Diskussion nicht immer im wissenschaftlichen Sinne zurückhaltend, vielmehr wird lebhaft und ambitioniert um soziokulturelle Betrachtungen und bildungspolitische Sichtweisen gerungen. Dabei spielen die jeweiligen Lagen und gesellschaftspolitischen Entwicklungen, die nicht allein postkolonial erklärt werden können (Bierschenk, 2007), keine unerhebliche Rolle.

Wie immer geht das Betreten von Neuland, geht Pionierarbeit mit Risiken und Einbußen einher. Es wird hier mit dieser Publikation nicht beansprucht, an sämtlichen

Stellen, für sämtliche Länder den neuesten Stand des wissenschaftlichen Diskurses zu repräsentieren. Eine solche Publikation hätte noch lange auf sich warten lassen. Ohne Zugeständnisse an Übersetzungen, Schreibstile und in manchen Beiträgen auch ohne Zugeständnisse an die Bearbeitung von vergleichsweise wenig Literatur wäre diese Publikation nicht entstanden. Schon die Beschaffung von Informationen stellt sich an manchen Orten und Universitäten bisweilen als schwierig dar, neben anderen weitaus größeren Problemen, wie etwa der instabilen politischen Lage in Mali zu Beginn des Jahres 2013. Im Gegenzug gilt es, die Stärken dieser Publikation hervorzuheben. Diese liegen in dem Fingerzeig, in der Fokussierung auf Problemlagen, die besonders drängen und zur Bewältigung anstehen, und die vor allem deutschen Teilnehmerinnen und Teilnehmern der oben genannten Tagung in dieser Form nicht präsent waren. Anders stellt sich dies für die französischen Wissenschaftlerinnen dar, die teils forschend mit der Thematik der Migration aus den ehemals französischen Kolonien befasst sind, wie Christine Delory-Momberger, die gemeinsam mit Jérôme Mbiatong die besonderen biografischen Herausforderungen im Werdegang von drei Studierenden rekonstruiert. Auch in dem Beitrag von Christiane Montandon, die die afrikanische Nationalsprache als konstitutiv für das Lernen von Kindern betrachtet, und die die Expansion der französischen Sprache kritisiert, kommen Betroffene zu Wort. Aus den verschiedenen Ländern berichten Autorinnen und Autoren, die selber in unterschiedlichen Arbeitsfeldern engagiert sind.

So werfen die Beiträge von Maike Bouassida (Tunesien), Simplice Agossavi (Benin), Sekou Bocoum (Mali) und Brice Martial Chuepo Tcheumbeua (Kamerun) – jeweils unterschiedlich gerahmt – Blicke auf die Sprachensituation des „eigenen" Landes und weisen Perspektiven auf, wie sich die verschiedenen Gesellschaften unter der Bedingung von Mehrsprachigkeit und Nationalsprachen schulisch einrichten bis hin zu gut funktionierenden Modellversuchen, wie etwa der einer bilingualen Schule in Burkina Faso, die Melanie David beschreibt.

Auf Sprache, Identität und Mehrsprachigkeit in ihrer Bedeutsamkeit, vor allem für Schulkinder und -jugendliche und deren Werdegänge legen zwei sehr unterschiedliche Beiträge ihren Schwerpunkt. Christina Möller, Studentin der Erziehungswissenschaft, geht den grundlegenden Implikationen von Sprache und Identität nach. Sofia Stratilaki, sehr erfahren in der Beforschung von Mehrsprachigkeit, kann differenziert und empirisch begründet Spracherwerb und Sprachkontakt in Immigrationskontexten erklären.

Verwoben mit den Sprachen, die in Schulen gesprochen werden, spielt die religiöse Ausrichtung eine bedeutende Rolle. Christel Adick kann vor diesem Hintergrund die Genese des Schulsystems in Senegal nachzeichnen und Perspektiven für die Zukunft entwerfen.

Die in Senegal zum Sprachenlernen entwickelten Konzepte und Praktiken erweisen sich dabei als komplex und vielschichtig, wie erste Fallstudien zum Französischunterricht bestätigen können. Oliver Hollstein lenkt die Aufmerksamkeit auf Kommunikationsformate und Inszenierungen im Schul- und Unterrichtsalltag, die mehr oder weniger ritualisiert ablaufen und durch jeweilige kulturelle Kontexte geprägt scheinen. Carla Schelle kann anhand derselben Daten Hürden bei der Konstituierung des Gegenstandes markieren, die womöglich mit der Mehrsprachigkeit von Lehrperson und Lerngruppe zu tun haben. In dem besonders zu würdigenden Projekt einer binationalen Autorenschaft widmen sich Sandra Früchtenicht und Mamadou Mbaye der Bedeutung von Korrekturen und Sprachwechsel anhand von dokumentiertem Deutschunterricht an einer senegalesischen Schule. Beleuchtet werden auch historisch gewachsene, spezifische Interventionsformen, die sich den von außen kommenden Fremden nicht ohne Weiteres erschließen würden, wie Khadi Fall an der Methode des offenbar unverwüstlichen textimmanenten Erarbeitens deutlich machen kann.

Harisoa Rabiazamaholy und Bouna Niang, beide tätig in der Lehrerausbildung in Senegal, beschreiben das Programm und die Herausforderungen, die mit den Erfordernissen großer Ausbildungskohorten einhergehen, für die ganz und gar nicht genügend Räumlichkeit zur Verfügung stehen können.

Materialien aus französischen und deutschen Schulbüchern zum Politikunterricht, wie Christophe Straub sie exemplarisch vorstellt, und französischsprachige literarische Texte, die Bernhard Hauck ausgewählt hat, geben Aufschluss über die Darstellungsformen einerseits, aber auch über Ausdrucksformen und Erzählweisen andererseits, zu Leben und Schule in verschiedenen afrikanischen Ländern.

Inwiefern große – bisweilen sehr große – Schulklassen kein Argument gegen produktive Formen des Unterrichtens sein müssen, sondern Praktiken erzeugen, die durchaus situations- und kontextangemessen Lernerfolg initiieren, kann Eva Hamann anhand von Lehreraussagen nachzeichnen.

Gesellschaftliche Entwicklung und Demokratielernen sind aufeinander angewiesen und gehören im anglophonen Teil Kameruns zum Programm von Schulen. Davon berichten die von Sarah Lange, Frederick Njobati und Annette Scheunpflug vorgestellten Projekte, die von dort aus ausstrahlen mögen.

Mit dieser Publikation verbindet sich die Hoffnung, sowohl die forschungsmethodische Diskussion, als auch inhaltlich schulpädagogische und didaktische Fragen voran zu treiben, um so die Möglichkeiten einer reflexiven erziehungswissenschaftlichen Schul- und Unterrichtsforschung in unterschiedlichen kulturellen Kontexten auszuloten.

Zustande gekommen wäre diese Publikation nicht ohne die Hilfe und Unterstützung anderer. Zu danken habe ich ganz besonders Ulrike Hell für die Bearbeitung der Manuskripte und vielem mehr. Zu danken habe ich auch Sandra Früchtenicht und Christophe Straub für die Übersetzung der Beiträge von Christiane Montandon und Christine Delory-Momberger/Jérôme Mbiatong und sonstige Korrekturen sowie Kristin Fuhrmann und Oliver Hollstein ebenfalls für Korrekturen. Allen gemeinsam sowie der ehemaligen DAAD-Lektorin im Senegal, Lilly Seidler Fall, danke ich für die Unterstützung bei der Organisation und Durchführung der Tagung, die zu dieser Publikation geführt hat.

Carla Schelle

Literatur

Adick, C. (1992). Die Universalisierung der modernen Schule. Paderborn u. a. O. Ferdinand Schöningh; vgl. Adick, C. (2013) (Hrsg.) Bildungsentwicklungen und Schulsysteme in Afrika, Asien, Lateinamerika und der Karibik. Münster u. a. O. Waxmann.

Bierschenk, T. (2007). L'éducation de base en Afrique de l'Ouest francophone. Bien privé, bien public, bien global. In: Bierschenk, T./Blundo, G./Jaffré, Y./Tidjani Alou, M. (Hrsg.) Une anthropologie entre rigueur et engagement. Essais autour de l'œuvre de Jean-Pierre Olivier de Sardan. Paris: APAD-Karthala, (251–276).

Schelle/Hollstein/Meister (2012). Schule und Unterricht in Frankreich. Münster u. a. O. Waxmann.

I
Lernen, Bildungssystem, Lehrerausbildung

Christine Delory-Momberger, Jérôme Mbiatong

Biographischer Werdegang und die Bedeutung der Migration: Interviews mit drei Studierenden aus Mali und den Komoren an der Universität Paris Nord/13

Laut der Agentur Campus France[1] steht Frankreich nach den U.S.A., Großbritannien und Australien als Aufnahmeland ausländischer Studierender an vierter Stelle. Im Jahr 2011 kamen 284.659 Studierende nach Frankreich, dies entspricht 12% der Gesamtheit der Studentenschaft. Fast ein Drittel dieser mobilen Studierenden kommt vom afrikanischen Kontinent, mehrheitlich aus frankophonen Ländern. Dadurch nimmt Frankreich den ersten Platz bei den Ländern ein, die afrikanische Studierende aufnehmen. Deren Anzahl ist allmählich angestiegen, bis sich zwischen 2005 und 2006 aufgrund verschärfter Aufnahmebedingungen ein Rückgang abzeichnete.[2] Waren es im Jahr 2005 noch 107.707 afrikanische Studierende, so waren es im Jahr 2009 nur noch 105.766 Studierende, was einem Rückgang von 1,8% entspricht (Agence Campus France, 2011).

Die wichtigsten Forschungsarbeiten in Frankreich in Bezug auf die afrikanischen Studierenden, die ihr Studium in Frankreich absolvieren, wurden Anfang 2000 durchgeführt (Coulon & Paivandi, 2003). Die Mehrheit dieser Studien favorisierte einen quantitativen Ansatz, der die Studierenden sozio-demografischen Variablen zuordnete, wie beispielsweise Herkunftsland, Schulniveau, Finanzierungsart des Studiums, Alter, Geschlecht, Lebensstil oder Einstellungen. In der frankophonen Literatur, mit Ausnahme der Werke von Agulhon & De Brito (2009) und Abdallah-Pretceille (1992), widmet sich die Mehrheit der Forschungen den Schwierigkeiten der ausländischen Studierenden, ihrem Scheitern oder ihrem Erfolg sowie den Aufnahmebedingungen. Der hier vorliegende Beitrag verfolgt eine andere Zielsetzung und ist in der erziehungswissenschaftlichen Biographieforschung zu verorten, die sich einerseits mit Wirkungskraft und Normalität (efficacité, normalité) beschäftigt, die es darüber hinaus (jedoch) ermöglichen könnte, eine Leerstelle zu füllen zwischen makrosoziologischen und sozio-kulturellen Analysen der Auslandsstudierenden. Diese Forschung interessiert sich für den Prozess der Genese und des Werdegangs dieser Studierenden, die sich innerhalb eines sozialen Raumes, der ihnen fremd ist, bewegen. Welche Form geben sie ihren Erfahrungen? Inwiefern messen sie den Situationen und den Ereignissen ihrer Existenz Bedeutung bei? Ziel dieses Beitrags ist es, explorativ Prozesse der

---

[1] Die Agentur Campus France ist eine neue öffentliche Einrichtung, die 2010 gegründet wurde, und die mit der Förderung für das Hochschulwesen betraut ist, mit der Aufnahme und der internationalen Mobilität von Studierenden, Forschern, Experten und Gästen und damit, die französischen Einrichtungen zu begleiten.

[2] Artikel 7 des Gesetzes vom 24. Juli 2006 bezüglich der Immigration und der Integration sieht vor, dass ausländische Studierende eine aus mehreren Kriterien bestehende Selektion durchlaufen müssen.

Selbstkonstruktion bei den Forschungsteilnehmern als Subjekte innerhalb des sozialen Raumes, der sich ihnen bei ihrer Ankunft in Frankreich eröffnet, nachzuzeichnen. Damit ist auf folgende Fragetypen verwiesen: Wie handeln die Studierenden? Wie nehmen sie ihre neue Rolle als Student an? Zu welcher Art von Subjekttyp entwickeln sie sich durch ihren Werdegang in Frankreich? Jede dieser Fragen könnte Gegenstand eines eigenen Artikels sein. Daher beschränken wir uns darauf, die Bedeutungen, die die Interviewten den von ihnen erlebten Situationen vor und während ihrer Zeit in Frankreich zuschreiben, nachzuvollziehen.

Die Ankunft eines Fremden in einem neuen Land repräsentiert meistens den Beginn eines neuen Lebens und das Streben nach einer besseren Zukunft. Nach Coulon & Paivandi (2003) erlebt der ausländische Student eine „socialisation secondaire" in pädagogischer und akademischer Hinsicht. Die akademische Sozialisation soll geprägt sein vom sozialen, kulturellen, ökonomischen und politischen Vorbild des Aufnahmelandes. Genauer gesagt soll der Studierende sich mit einer neuen „Schulkultur", mit den (Fach-)Kenntnissen und dem methodischen Können/Know-how vertraut machen, in Auseinandersetzung mit Kommilitonen, dem Lehrkörper und anderen universitären Akteuren. Er soll seinen „Studentenjob" in einer neuen Umgebung erlernen oder von Neuem lernen.

1. L'Université Paris 13/Nord, Campus der Diversität

In der nördlichen Vorstadt von Paris liegend ist die Universität Paris Nord/13 eine von dreizehn Universitäten, die kurz nach 1968 gegründet worden ist. Die Diversität in dieser Universität ist zunächst eine akademische. Es werden dort viele Disziplinen (pluridisciplinaire) angeboten, und sie ist ein bedeutsamer Standort für Lehre und Forschung. Die Universität zählt heute fast 23.000 Studierende in der Erstausbildung, in der dualen Ausbildung sowie in der weiterführenden Ausbildung. Diese Ausbildungsgänge sind aufgeteilt auf drei IUT (Instituts Universitaires de Technologie), fünf UFR (Unité de Formation et de Recherche) und auf ein wissenschaftliches Institut. Während der Personalbestand der Universität in den letzten Jahren abgenommen hat, ist die Zahl an ausländischen Studierenden tendenziell gestiegen. Im Studienjahr 2009/10 sind 5.843 ausländische Studierende an der Universität eingeschrieben und repräsentieren somit 26,4% der Gesamtzahl der Studierenden.[3] Von diesen ausländischen Studierenden sind 3.715 afrikanischer Herkunft und machen damit 63,6% der ausländischen Studierenden aus.[4] Diese Universität erfreut sich einer langen Aufnahmetradition an ausländischen Studierenden und leistet einen Beitrag zur Entwicklung von Kultur und Diversität.

---

3   Im nationalen Vergleich nimmt allein die Universität Paris Nord/13 15,5% an ausländischen Studierenden in Frankreich auf.
4   Quelle: Universität Paris 13/Nord in Zahlen (2009/2010).

2. Die Teilnehmer der Untersuchung: drei Studenten, drei Werdegänge, ein Weg?

Dieser Beitrag stützt sich auf die Analyse von Daten, die im Rahmen biographischer Interviews mit drei Studenten afrikanischer Herkunft erhoben wurden (Delcry-Momberger, 2013; vgl. auch 2006). Was uns interessiert, sind die Bedeutungen, Bedeutungszuschreibungen (Bedeutungswelt) der Interviewten in der Logik, die ihrem Handeln und ihren Haltungen zu Grunde liegt. Wir beforschen die alltäglichen Erfahrungen der Interviewten und den soziokulturellen Kontext, in dem diese für sie einen Sinn erlangen. Studenten des erziehungswissenschaftlichen Fachbereichs wurden Anfang 2013 mündlich angefragt zur Teilnahme an einem Interview. Drei von ihnen haben ihr Einverständnis gegeben an der Studie teilzunehmen. Wir haben die Interviews „comme une conversation" (Olivier de Sardan, 1995) geführt, um den Interviewten die Möglichkeit zu geben, sich dem diskutierten Thema anzunähern und sich in ihren Antworten frei zu fühlen. Die drei Interviewten studieren im Master Erziehungswissenschaft an der Universität Paris Nord/13 und haben wesentliche Teile ihrer Erst- und Zweitausbildung (études primaires et secondaires) im frankophonen Afrika absolviert. Sie haben dort auch die ersten Jahre ihres Universitätsstudiums verbracht und sind erst kürzlich nach Frankreich gekommen, um ihr Studium fortzuführen. Es handelt sich um: Fatoumata, Moustapha und Boubacar.

Fatoumata ist Malierin. Sie kommt im September 2011 in Frankreich an. Nach dem Erlangen ihrer *Licence* an der rechtswissenschaftlichen und politischen Fakultät in Bamako wird sie mit den Schwierigkeiten auf dem Arbeitsmarkt konfrontiert. Dann, angeregt von dem Werdegang einiger Personen in ihrem Umfeld, die in Europa erfolgreich waren, entscheidet sie sich dazu, ihr Glück in Frankreich zu versuchen, um ihr Wissen zu vertiefen. Als sie ihr Visa erhält, zögert Fatoumata noch fortzugehen: *„Als ich das Visa hatte, hatte ich Angst zu gehen. Mali zu verlassen und hierher zu kommen, weil ich niemanden kannte [...] Es war auch mein erstes Mal um wegzugehen, um Mali zu verlassen ... ich hatte gehört, dass das Leben hier nicht einfach sei. Ich selbst habe festgestellt, dass es wirklich überhaupt nicht einfach war."* Es ist also das erste Mal, das Fatoumata Erfahrung mit Mobilität macht. Dass sie im Moment des Weggehens von Panik erfüllt war, macht deutlich, dass das Fortgehen, anders als geglaubt und auch wenn es ohne Zwang geschieht, keineswegs einfach ist. Alles zu verlassen, die vertraute Umgebung für eine ungewisse Welt zurückzulassen, ohne feste Anhaltspunkte, ist die erste Herausforderung, die sich ausländischen Studierenden stellt. Das lässt erkennen, dass die Erfahrung der Mobilität voller Herausforderungen steckt.

Diese Panik vor der unbekannten Welt ist bei *Moustapha* weniger präsent, da es nicht seine erste Mobilitätserfahrung ist. Moustapha ist an der Côte d'Ivoire (Elfenbeinküste) geboren, dort hat er auch seine Grundschulzeit absolviert. Danach hat er in Mali die Schulbildung in der Sekundarstufe durchlaufen und seine ersten Universitätsjahre verbracht. Im Oktober 2010 kommt er nach Frankreich und nimmt das Studium im dritten Jahr der *Licence* in den Erziehungswissenschaften auf. Mit dieser Ankunft in Frankreich geht der lang gehegte Wunsch außerhalb von Mali woanders zu studieren in Erfüllung: *„Jedes Mal hatte ich eine Idee. Ich sagte mir, ich kann mein Studium nicht abschließen, ohne Mali zu verlassen, wenn ich ein anderes System kennenlernen will. Ich wollte, koste es, was es wolle, fortgehen, nicht unbedingt nach Frankreich. Vorher habe ich Senegal angepeilt, weil das etwas näher lag. Gut, danach sagte ich mir: warum nicht Frankreich […] Also habe ich Schritte unternommen und es hat geklappt."* Was Moustapha damit offenlegt, ist die Idee eines Projekts, das heißt eine Darstellung eines zu durchlaufenden Weges auf ein gesetztes Ziel hin. Für ein besseres Verständnis erscheint es (uns) unabdingbar zu sein, den Begriff Projekt etymologisch zu betrachten. Dieser Ausdruck stammt vom lateinischen *projectum* ab, was wiederum von *projicere* abgeleitet ist, das „etwas nach vorne werfen" bedeutet; das Präfix *pro* bedeutet „wer der Zeit vorausgeht" und der Stamm *jacere* bedeutet „werfen". Hier kommt also eine zeitliche Dialektik ins Spiel. Man denkt an die Zukunft, aber man ist in der Gegenwart. Wie Boutinet (1990) hervorhebt, erhält die Gegenwart eine Konsistenz, wenn sie sich gleichzeitig auf eine vergangene Erfahrung stützen und neue Handlungsoptionen antizipieren kann.[5] Wir können bestätigen, dass die Mobilitätserfahrung biographisch ausgesprochen bedeutungsvoll ist. Sie führt zu einer „biografischen Transition" zwischen zwei geografischen Räumen, aber auch zwischen zeitlichen Markierungen und verschiedenen Symbolsystemen.

Boubacar ist Komorer. Er kommt im November 2009 in Frankreich an und wird von seinem älteren Bruder aufgenommen, der seit langem in der Region Paris wohnt. Er ist es auch, der ihm von der Universität Paris 13/Nord erzählt hat. Davor hat Boubacar französische Romanistik an der komorischen Universität studiert,[6] und nach seiner *licence* hat er zwei Jahre lang an einem *collège* als Französischlehrer gearbeitet. 2009 möchte Boubacar sein Studium vertiefen und stellt fest, dass dies auf den Komoren nicht möglich ist. Er erklärt: *„Ich hatte die Idee fortzugehen, da ich es als notwendig erachtete mein Studium zu vertiefen, aber […] die komorische Universität war erst vor etwas mehr als sieben Jahren gegründet worden. Die Mehrzahl der Fachbereiche sind begrenzt auf das 3. Jahr der Licence. Es gibt sogar Fachbereiche, die bis heute nicht eröffnet worden sind; der erziehungswissenschaftliche Fachbereich zum Beispiel."* In diesen Ausführungen kommt zum Ausdruck, dass die Idee der Mobilität (des Ortswechsels) eine Option ist, die Einzelne in Betracht ziehen, wenn sich die Möglichkeiten des Studiums in den Heimatländern als begrenzt erweisen. Es geht dann darum, sich andere Chancen zu eröffnen, andere Möglichkeiten für den (eigenen) Lebensweg zu finden. Der mobile Student ist in dieser Hinsicht ein Subjekt, das versucht, sich mit seiner eigenen Konditionierung (propre conditionnement) auseinanderzusetzen.

---

5   Mobil zu sein impliziert zu planen, zu antizipieren, etwas zu riskieren und gleichzeitig optimistisch zu bleiben.

6   Die Universität wurde 2004 gegründet und Boubacar gehört dem ersten Jahrgang an.

3.　Warum Frankreich?

Diese drei Studenten haben sich nicht zufällig in Frankreich eingefunden Die angeführten Kriterien für die Anziehungskraft sind historisch und kulturell bedingt.[7] Moustapha und Boubacar reagieren sehr beredt auf dieses Thema: „*Ich habe Frankreich gewählt, weil es auch ein frankophones Land ist. Sich in einem anglophonen Land wiederzufinden, dessen Sprache man nicht beherrscht, es wäre nicht leicht*" (Moustapha). Tatsächlich ist die französische Sprache für die aus frankophonen Ländern stammenden Studenten ein Pluspunkt, um sich in Frankreich zu integrieren und um diese neue Welt zu verstehen. Denn eine Sprache zu lernen heißt auch, eine Kultur (*civilisation*) kennenzulernen, in der sich diese Sprache herausgebildet hat, in der sie lebendig ist und sich verändert. „*Die Komoren wurden durch Frankreich kolonialisiert, also selbst wenn es auf der Ebene ... die meisten Leute sprechen französisch und arabisch seit der Grundschulzeit. Ich habe mir gesagt, wenn ich in Frankreich ankomme, hätte ich keine großen Sprachprobleme. Selbst wenn es einen Akzent gibt. Selbst dann könnte ich mich anpassen. In Bezug auf die Sprache und in Bezug auf den gesamten Lebensstil. Das ist, was ich versucht habe, als ich hier in Frankreich ankam. Wie auch immer die Umstände sein werden, ich werde mich anpassen. Ich habe mir gesagt, dass es gut sei, in Frankreich zu sein, weil es ein Land ist, weil ich keine Probleme haben werde, weil es ein Land ist, das unser Land kolonisiert hat*" (Boubacar). Was in dieser Aussage zum Vorschein kommt, ist, dass das Kriterium Sprache – ursächlich mit der kolonialen Vergangenheit verwoben – den Studenten bei ihrer Entscheidung für ein Land Orientierung bietet. Hinzu kommt, dass die in den meisten afrikanischen Ländern geltenden Lehrpläne ein Erbe des kolonialen Schulwesens sind. Die Zielsetzung der Kolonialschule (deren Curriculum auf dem geltenden Lehrplan Frankreichs basierte) war es, Führungskräfte für die Administration der französischen Kolonialmacht auszubilden. Nach der Unabhängigkeit „haben führende afrikanische Persönlichkeiten oftmals die aus der Kolonisation ererbten Institutionen weitergeführt [...] in der Hoffnung auf schnelle Veränderungen, haben sie das koloniale Vorbild reproduziert anstatt eine nachhaltige, an eigenen Bedürfnissen orientierte, Reflexion einzuleiten." (Baba-Moussa 2009, S. 234). Diese dezentralisierten Curricula sind illusorisch, da das Frankreichbild, das sie vermitteln, veraltet ist. Die unterrichteten Kenntnisse entsprechen weder der heutigen Realität in den alten Kolonien (mit enormen Entwicklungsbedürfnissen[8]) noch den zwischenzeitlichen Entwicklungen in Frankreich.

In Folge dessen entsteht notwendigerweise eine Diskrepanz für den ausländischen Studenten, der neu ankommt: „*Ich war verloren. Das heißt, ich habe mich in einem Stadium befunden, welches nicht das meine war* [vermutlich im Sinne von: befand mich

---

7　Danach folgen die familiären Kriterien (Präsens eines Verwandten, eines Bruders, eines Cousins, eines Onkels, einer Tante oder von Bekannten der Familie).

8　Es soll hier nicht darum gehen, Afrika und Frankreich zu vergleichen. Wir wollen von einer Entwicklung sprechen, die nicht länger auf den Vorbildern der westlichen Entwicklung beruht, sondern die sich aus den Erfahrungen der Bevölkerung selbst speist, eine Entwicklung, die die Bevölkerung vor dem Konsumrausch, vor der Auszehrung schützt und die die Sphären schützt, die die Menschheitsentwicklung begünstigen.

in einem bis dahin unbekannten Zustand]. *Obgleich ich aus einem Land kam, das von Frankreich kolonialisiert wurde. Aber es ist nicht das gleiche. Das war nicht mein Terrain* [im Sinne von Ort, Gebiet]. *Aber mit Glauben und dem Ehrgeiz etwas machen zu wollen, schafft man es. Ich habe mich der Situation angepasst, ich habe mich dem Leben, dem Land angepasst*" (Boubacar). Seinerseits unterstreicht Moustapha: „*Als ich ankam, hatte ich überhaupt keine Vorstellung von Frankreich [...] im praktischen Sinne. Ansonsten hatte ich schon viel über Frankreich gelernt. Wir haben die Revolutionen von 1789 durchgenommen. Wir haben von der Geografie Frankreichs gesprochen und alles. Von weitem kannte ich es, ich hörte RFI*[9], *schaute TV5, aber ich kannte eben nicht das Land selbst. Ich dachte mir, gut, ich werde vor Ort sehen, wie das ablaufen wird.*" Dieser letzte Satz ist sehr aussagekräftig, denn er schlüsselt den Sinn auf, den die Mobilität für die Teilnehmer hat: „Versuchen das Gebiet (*terrain*) zu erkunden". Vergessen wir nicht, dass versuchen ursprünglich bedeutet „an die Hindernisse heranzutreten", „ein Experiment wagen", „eine Sache erfahren, um sie zu beurteilen". Kurz, es meint „sich bewähren". Diese Feststellung führt (uns) zur Thematisierung der Herausforderungen, die sich den mobilen afrikanischen Studenten stellen.

4.   Die Herausforderungen der Mobilität

Um zu verstehen, wie die Interviewten sich entwickeln und wie sie sich ihr Lebensumfeld aneignen, kann man das Wort „Bewährungsprobe" verwenden, als analytisches Werkzeug, das von Martuccelli (2006) entwickelt wurde. Als Bewährungsprobe verstehen wir „die sozial hergestellten ungleich verteilten historischen Herausforderungen, denen sich die Individuen zu stellen gezwungen sind." (ebd., S. 12). Die Diskurse von Moustapha, Boubacar und Fatoumata können anhand von Schwierigkeiten thematisiert werden. Sie berichten alle von Schwierigkeiten, denen sie sich gestellt haben. „*Es ist zu schwer hier zu leben.*" (Boubacar) „*In den Liedern sagt man, das Leben in Frankreich ist hart. Sogar dort in den Ländern wissen die Menschen, die kommen wollen, dass es hart ist. Du kommst hierher und man sagt dir, dass es hart ist und du selbst siehst, dass es hart ist.*" Welche Herausforderungen kann man aus den Gesprächen mit den Interviewten herausarbeiten? Fatoumata ist in ihren Äußerungen besonders auf die Schwierigkeiten fokussiert, die sie durchlebt hat. Diese betreffen die Bewährungsprobe der Trennung und der Entfernung. Sie erklärt uns: „*Als ich das Visum bekam, hatte ich Angst zu kommen. Mali zu verlassen und hierher zu kommen, denn ich kannte niemanden. (...) Mama war traurig. Sie weinte sogar. Wir waren uns sehr nah. Bei ihr schlief ich. Sogar in Mali hatte ich nicht viele Freunde. Meine Mutter rief mich fast jeden Tag an. Sie fragt mich, wie es lief. Am Anfang weinte ich. Sie sagte mir, wenn ich es nicht aushielte, könne ich zurückkommen.*" Diese Bewährungsprobe ist begleitet von einem Angstgefühl, das die moralische Verpflichtung, Erfolg zu haben, mit sich bringt: „*Ich hatte Angst herzukommen und das Geld der Familie zu verschwenden, keinen Erfolg zu haben, und das alles, ich habe viel nachgedacht ... und eben auch die Einsamkeit*".

---

9   Radio France International

Man kann in den Äußerungen von Fatoumata auch die tiefe Bindung zu ihren nahen Angehörigen erkennen. Nach Frankreich zu gehen bedeutet eine schmerzvolle Trennung vom Herkunftsland, gepaart mit Wehmut als Quell der Leiden, die Fatoumata auf ihre Weise zu überwinden versucht: häufig mit der Familie telefonieren, aber auch die Wahrheit zerstreuen, um ihre Mutter zu schützen und um sich selbst davon zu überzeugen, dass sie jederzeit ins Land zurückkehren kann, wenn sie es wünscht. In ihren Worten: *„Psychisch ging es nicht, weil ich gestresst war […] Ich verharrte die ganze Nacht, ich schlief nicht. Ich hatte Kopfschmerzen. Und wenn ich schlafe, wache ich mehrmals in der Nacht auf. Ich hatte Angst […] um ihr (ihrer Mutter) ein Gefühl der Sicherheit zu vermitteln, sage ich ihr, dass es geht. Es gibt gar kein Problem. Alles geht gut. Auch weil sie ein bisschen älter und asthmatisch ist. Ich wollte nicht, dass sie sich Sorgen um mich macht […] Jetzt geht es in der Schule, alles geht gut. Es ist vielleicht, weil ich zwischenzeitlich ins Land zurück bin, ich habe die Familie gesehen, es ging allen gut. Und Frankreich verlassen, um nach Mali zu kommen, das sind nur sechs Stunden. Ich sagte mir, dass es nicht notwendig ist mich so zu stressen. Wenn ich Lust habe zurückzukehren, wird das nicht einmal einen Tag dauern.“* Auch wenn Fatoumata Auswege aus der Herausforderung der Trennung und der Entfernung gefunden hat, so stellt ihre Eingliederung in die neue Umgebung einen zusätzlichen Kampf dar. Faktisch muss sie sich auch gegen die Einsamkeit bewähren: *„An der Uni war ich ganz alleine. Mit den Mädchen redeten wir nicht einmal, ich setzte mich alleine hin […] Es gab eine Art Unterschied zwischen uns. Das tat weh. Sie nahmen an den Kursen teil, ich war einfach so da […] In der Schule hatte ich keinen Freund. Ich war ganz alleine, manchmal weinte ich zu Hause. Weil es in der Schule nicht ging, war ich ganz alleine.“* Zu einem späteren Zeitpunkt lässt sich nachvollziehen, warum Fatoumata den anderen Studenten gegenüber skeptisch bleibt. Offenbar aus Angst, nicht verstanden und zurückgewiesen zu werden. Mit der Zeit und mit dem Wechsel der Universität löst sie das Problem der Einsamkeit schließlich. *„Dieses Jahr geht es. Ich habe Kollegen an der Schule. Zu Hause habe ich meine Nichten, ich fühle mich halt nicht alleine.“*

Auch wenn man diesen Bewährungs(-proben/-problemen) im Gespräch mit Moustapha und Boubacar weniger begegnet, sind sich die drei Studenten einig in Bezug auf die Bewährungen, die mit dem kalten Klima einhergehen. Erinnert sei daran, dass die drei Interviewten aus Ländern der Subsahara kommen, in denen die Temperaturen quasi nie unter 20°C sinken. In Frankreich kommen sie jedoch im September, Oktober oder November an, das heißt zwischen Herbst und Winter, zu einem Zeitpunkt, an dem die Temperaturen sinken. Hier sind es 7°, 3° gar 0°, -2° Grad oder noch weniger. Dieser Temperaturunterschied ist laut Moustapha eine wirkliche Quälerei: *„Ich finde mich in Frankreich wieder. Mein erster Eindruck, es ist kalt, weil ich im Winter hierhergekommen bin […] ich wusste, dass es kalt werden würde, ich habe oft die Wetternachrichten angeschaut, 2°, -2°, während es bei uns wieviel Grad waren? 25°, wenigstens 20°. Ansonsten sind es bei uns im Sommer um die 40° Grad […] Bei unerträglichen Kälte bin ich gekommen, die ersten 4–5 Tage bin ich nicht rausgegangen! Das ist etwas, was ich dort nie mache (in Mali). Warte, was ist das für ein Land? In dem man 5 Tage verbringt, ohne raus zu gehen. Ich habe mir gesagt: oh là-là. Das fängt ja schon mal gut an.“*

Die Aussagen der drei Interviewten ähneln sich auch, was administrative Prozeduren anbelangt. Unüberwindbare Bewährungsproben verdüstern das Bild des Empfangs der ausländischen Studenten in Frankreich und unterstreichen die Wirkungskraft der Verwaltung, der Präfektur. Der verpflichtende Gang dorthin beeinflusst ihren Aufenthalt in Frankreich, ihre Einschreibung und ihren Studienaufenthalt in Frankreich nachhaltig. „*Als ich hier ankam, musste ich eine medizinische Untersuchung bei der OFII*[10] *machen, als erstes muss die OFII den Studenten aufnehmen/empfangen, alles akzeptieren, ansonsten kann ich mich nicht an der Uni einschreiben.*" Moustapha ist bei diesem Thema besonders mitteilsam: „*Papiere, immer wieder Papiere … weil hier, nur Papiere, das endet nie, das wird auch nie enden. Als ich ankam, musste ich zuerst zur OFII, dort Zeug erledigen, danach reicht's immer noch nicht. Man muss zur Stadtverwaltung gehen oder ich weiß nicht wohin. Danach muss man in die Präfektur gehen, danach sind eben die Papiere in der Schule dran. Wenn du das schon mal nicht hast, kannst du dich nicht einschreiben. Du musst das angeben. Man muss dieses und jenes. Danach die Sozial- und Krankenversicherung, Papiere, nichts als Papiere […] Hier ist das alles sehr papierlastig, möchte ich sagen. Danach brauchst du noch ein Konto und das Ganze und voilá. Und dann gehst Du noch zur Präfektur, für drei weitere Monate verlängern, vier Monate später musst du nochmal verlängern. Dann gibt es noch manche Präfekturen, da musst du zum Schlafen gehen. Stell dir vor, in der Kälte musst du stehen bleiben und dann noch von 3–4–5 Uhr morgens an. In meiner Präfektur da in der 92 [département 92] war ich drei oder vier Mal da, um in die Reihe zu kommen. Ich bin gegen 7 Uhr hingegangen, es geht nicht. 6 Uhr, es geht nicht. Ich habe den Nachtbus genommen. Ich bin dort gegen 4 Uhr morgens angekommen, 10 Personen waren vor mir. Ich musste von 4 Uhr bis 9 Uhr warten. 5 Stunden Wartezeit in der Kälte. Ich sage, die machen das nur, um uns zu entmutigen. Neben mir war ein Kongolese, wir unterhielten uns. Er sagte mir: Selbst wenn sie das machen, sind wir da. Wir werden bleiben.*" Deutlich wird, die Interviewten begegnen dieser und wahrscheinlich auch anderen Bewährungsproben mit Mut und Durchhaltevermögen.

Als Bewährung der Andersheit, des Anderssein (l'épreuve de l'altérité) bezeichnen wir die Herausforderungen, die die Beziehungen zum anderen und zum Kommunizieren (savoir communiquer) mit anderen an Einzelne stellen. Man muss beginnen sich zu öffnen, man muss zu anderen hingehen, sonst kommen sie nicht, sagt Moustapha: „*Es liegt an dir, auf sie zuzugehen. Weil ich hier gesehen habe, dass jeder … das ist ihnen einfach egal. Man interessiert sich einen Dreck für den anderen, also. Man hat gut reden … weil man seit der Licence bis jetzt die ganze Zeit nur vom Anderssein, Anderssein, Anderssein spricht. Man muss feststellen, es gibt nicht … sie haben keine Ahnung vom Anderssein will ich damit sagen. Sie sprechen davon, aber danach, also, sie führen es im Munde, danach, aber in der Realität ist es anders. Nicht bei allen, aber bei einigen. Ich sage mir, ich versuch auf sie zuzugehen, mit ihnen zu reden.*" Aber das Anderssein erschöpft sich nicht nur darin, dem anderen von sich zu erzählen, man muss ihm auch

---

10 Französische Einwanderungs- und Integrationsbehörde (dieses öffentliche Verwaltungsorgan setzt die Politik der Regierung im Zusammenhang mit der Aufnahme von Ausländern in Frankreich um).

zuhören und ihn verstehen: *„An einem bestimmten Moment, der Begriff des Verstehens, auch weil wenn man spricht, siehst du, muss ich es wiederholen, damit sie es verstehen. Es hört sich dennoch gut an in meinen Ohren, das was ich gesagt habe. Wenn sie sprechen verstehe ich sie. Es gibt also einen Fehler! Oder gibt es also einen Fehler? Bin ich es, oder wer ist es? Weil sie, wenn sie sprechen, ich verstehe sie. Danach sage ich mir vielleicht sind sie auch nicht aufmerksam, wenn ich spreche. Weil wenn sie sprechen, höre ich ihnen zu. Ich bin aufmerksam. Also sage ich mir, voilà, vielleicht, hören sie mir nicht zu. Und jedes Mal habe ich das Gefühl, mich zu wiederholen. Ich werde mich trotzdem nicht viel wiederholen. Also, in Afrika, wenn man spricht, wie man miteinander spricht, versteht man sich, keine Notwendigkeit sich zu wiederholen […] vielleicht sind sie es nicht gewohnt, Leuten so zuzuhören wie ich es tue […] ich sage mir also Kommunizieren, das ist nicht einfach, man muss auch … man ist in einem Umfeld, in dem man die Sprache verstehen muss. Ich sage mir, vielleicht bin ich es, der nicht versteht, oder sie sind es, die nicht verstehen, aber gut, ich sage mir, das wird so bleiben, weil ich es nicht alleine bin. Ich mache diese Feststellung überall. Ich, ich sage mir, ich bin noch besser, weil es einige gibt, ah! Sogar ich habe Probleme sie zu verstehen"* (Moustapha).

Um diese Herausforderung zu bewältigen, hat Moustapha eigene Vorgehensweisen entwickelt: *„Ich werde versuchen sie zu verstehen, wie sie sind. Auch das, das braucht Zeit. Man muss versuchen sie zu verstehen und … der Mensch, wie funktioniert das? Man kann den Menschen nicht verstehen […] also gut, ich habe versucht sie ein bisschen zu verstehen, und ich habe gesehen, dass sprechen, wie ich gesagt habe, das ist ganz und gar nicht einfach, und … also ich musste damit zurechtkommen."* In der Summe kennzeichnet diese Vorgehensweise die Akzeptanz des anderen. Dieser muss so genommen werden, wie er ist, in seiner Ganzheit, auch mit seinen ganz eigenen „Geheimnissen". Wir halten mit Boubacar fest, dass *„man sich nicht von den anderen entfernen darf, indem man sagt, dass ich fremd bin, dass ich schwarz bin. Mit den Franzosen leben, zu verstehen, dass sie Menschen sind wie wir, sie, sie sind hier geboren, wir sind fähig mit ihnen zu leben, mit ihnen zu teilen, die Beziehung mit ihnen zu verbessern und gemeinsam zu arbeiten, wie wir es an der Uni tun".*

Gleichermaßen existiert auch eine Bewährungsprobe der Integration, die auf die Codes und Regeln der Höflichkeit und des Zusammenlebens verweist. Die Aufgabe des ausländischen Studierenden ist es, seinen Platz zu finden, von den anderen akzeptiert zu werden oder im Gegensatz dazu sich von den Gruppen (Gemeinschaften)[11], mit denen er verkehrt, fernzuhalten bzw. ferngehalten zu werden. Boubacar erklärt: *„Wir sind empfangen/aufgenommen und es gibt Leute die akzeptiert haben, uns zu empfangen/aufzunehmen. Diese Leute haben das Prinzip des gemeinsamen Lebens akzeptiert. Wenn sie akzeptiert haben uns zu empfangen, dann akzeptieren sie auch mit uns zu leben […] ich als Student kann mich nicht von den anderen ausschließen, wenn ich hier ankomme. Ich kann nicht sagen, dass ich ein Ausländer bin, nicht mit den anderen leben kann. Nein! Man muss das Prinzip verstehen, dass man also in einer globalisier-*

---

11 Das Wort Gruppe wird an dieser Stelle nicht in einem abwertenden Sinn gebraucht, wie es oft in Frankreich der Fall ist, sondern er verweist auf Personen, die etwas teilen, eine Ressource, oder eine Verpflichtung, eine Schuld.

ten Welt lebt. In der Globalisierung geht es darum, sich miteinander zu verbinden, die Asiaten, die Afrikaner, die Amerikaner, die Europäer. Im selben Stadium zu bleiben, um Ideen auszutauschen, zusammen zu leben und miteinander auszukommen. Nicht sich abzusondern, sich von den anderen zu entfernen, weil man denkt, dass man nicht fähig ist hier zu leben". Diese Äußerungen von Boubacar zeigen, dass man sich selbst treu bleiben und im gleichen Zug mit den anderen leben kann.

Zu den Belastungsproben des Andersseins und der Integration fügt sich die Belastungsprobe eines neuen Bildungssystems mit der Option Erfolg zu haben oder zu scheitern hinzu: Dem neu ankommenden ausländischen Studierenden muss seine „Aufnahme" (affiliation) in die akademische Welt seiner Einrichtung und den Anforderungen dort gelingen (vgl. Coulon, 1977). Bei seiner Ankunft an der Universität beginnt der Studierende eine Ausbildung, die ihn dazu befähigt, schrittweise seinen „Beruf des Studierenden" zu erlangen. Dieser Beruf ist in Frankreich sicherlich nicht der gleiche wie in den Herkunftsländern (die Programme, die Pädagogik und die akademischen Abläufe sind nicht die gleichen). Einmal in Frankreich angekommen, werden dem Studierenden die existierenden Unterschiede zwischen den Bildungssystemen ihrer Herkunftsländer und dem französischen Bildungssystem bewusst. Fatoumata denkt, *„dass es nicht gleich ist. Das Niveau ist sehr niedrig in Mali. Das ist nicht so wie hier. In Mali paukt man, und dann gibt man ihnen zurück, was sie uns geben. Man macht keine anderen Recherchen. Aber hier ist es nicht so. Man ist verpflichtet weitere Recherchen zu machen. Sachen zu aktualisieren, selbst wenn man ihnen das zurückgibt was sie uns geben, dann ist das nicht ausreichend. Man muss noch suchen, um seine Ideen zu verbessern. Aber wenn man es verstanden hat, ist es einfach. Wenn es einem nicht gelingt, das System zu verstehen, dann wird es schwer, damit zurechtzukommen. Jetzt kann ich sagen, dass es klappt. Ich verstehe einiges, aber ich verstehe nicht alles. Weil sie schnell sprechen, das ist es, aber es gibt auch Wörter."* Wenn man die Aussagen vergleicht, lässt sich nachvollziehen, dass diese „Aufnahme" für Fatoumata sehr schwierig war, zweifellos aufgrund der Einsamkeit, in der sie sich befand. Als Beweis hierfür führt sie ihr erstes Studienjahr in Marseille an, das eine sehr schmerzhafte Erfahrung war, die sie nur verarbeiten konnte, indem sie von der Universität von Aix-en-Provence an die Universität Paris 13 gewechselt ist.

Auch für die beiden anderen Interviewten ist die universitäre Aufnahme, wenn auch in geringerem Ausmaß, problematisch. Moustapha vertraut uns an: *„das Bildungssystem hier, in der Schule, hast du Schwierigkeiten, bestimmte Sachen zu verstehen. Oft hast du Schwierigkeiten, etwas anzugehen, Mut zu haben, Dinge zu lernen. Vielleicht also ist es die Schwierigkeit des Lernens [...], oder es ist das System, das es schwer für dich macht. Weil zu einem bestimmten Zeitpunkt frage ich mich: Wir haben das doch alles gemacht. Ich habe dennoch nicht viel verstanden. Aber die anderen, sie haben es verstanden. [...] Danach gibt es die Arbeiten. Es gibt einige Dinge zu tun, man muss schreiben, man muss gut schreiben, man muss das alles machen. Und du siehst, zu einem bestimmten Zeitpunkt, machst du, gibst du dir ein bisschen Mühe zu arbeiten, etwas zu machen, und dann sagt man, dass es nicht gut ist oder auch dass die Rechtschreibung so ist. Aber* *das, das tut mir weh […] Du fängst an dich zu fragen, ob du hier wirklich bestehen wirst oder nicht. All das, das spielt eine Rolle, die Schwierigkeit des Studiums an sich."*

Die Herausforderung des Bildungswesens ist umso größer, als die Interviewten unter hohem Erfolgsdruck stehen. So sagt Fatoumata beispielsweise: *„Ich habe Marseille verlassen, um hierher zu kommen, um nicht meine Zeit zu verlieren. Weil wenn ich drei Jahre oder zwei Jahre am gleichen Ort bleibe, ohne mich bewegen zu können, wird das Leben kompliziert. Die Dinge haben ihre Zeit und auch in Bezug auf die Behörde wird es schwierig sein, eine Erneuerung der Aufenthaltsgenehmigung zu bekommen […] Der Erfolg ist wichtig, weil ich alles im Land verlassen habe, um zu kommen, um etwas zu haben. Wenn ich das nicht erreiche, dann tut es mir sehr weh. In dieser Hinsicht hat mir das letzte Jahr sehr wehgetan. Weil ich weiß, dass meine Familie finanzielle Opfer für mich erbringt. Wenn ich es nicht schaffe zu bestehen, dann wird mir das sehr wehtun. Sie haben mir gesagt, dass sie von mir keine Rückerstattung fordern, aber natürlich tut mir das weh."* Anhand dieser Äußerungen wird ein Imperativ deutlich, den sich die Angesprochene selbst auferlegt. Sie fühlt sich schuldig gegenüber ihrer Familie, hinsichtlich der Opfer, die diese auf sich genommen hat, damit sie nach Frankreich gehen kann. Der Erfolg oder das Scheitern sind hier nicht nur ein Erfolg oder ein Scheitern auf persönlicher Ebene, sondern ein kollektiver Erfolg oder ein kollektives Scheitern. Sein Studium zu bestehen wird zu einem Akt der Dankbarkeit, das heißt der Anerkennung gegenüber der Familie.

Aus dem Vorangegangenen lässt sich sagen, dass die Belastungen die Interviewten dazu bringen, über sich hinauszuwachsen. Man kann daraus schließen, dass im Ausland zu studieren auch eine Art Selbstsuche bedeutet, sich als besonderes Subjekt wahrzunehmen. Es ist eine Belastungsprobe des Selbst. In Konfrontation mit den Realitäten verschiedener Welten und den Anderen wird die Entwicklung der Selbstkonstruktion angestoßen. Diese Konfrontation kann auch Quelle des Lernens sein: *„Jeder sagt, dass es hart ist. Ich selbst sage, dass es hart ist. Aber du siehst, keiner ist zurückgegangen. Ich bleibe. Vielleicht gibt es für mich etwas zu lernen hier, ich weiß es nicht"* (Moustapha). Und was könnte diese zu erlernende Sache sein? Die von uns herausgestellten Belastungsproben sind Situationen und Aktivitäten, in bzw. bei denen die Studierenden die Diversität „absorbieren", um sich als eigenständiges Individuum[12] zu konstruieren. Sie tun dies dank eines dialektischen Prozesses des Hin-und-Her zwischen dem Selbst, der Welt und den Anderen, aber auch zwischen den „äußeren Welten" (Frankreich) und den „inneren Welten" (persönliche Vorerfahrungen, Sprache, Kultur), um Moro (2010) zu paraphrasieren. Man sieht, dass die angetroffenen Schwierigkeiten über die Sprache hinausgehen: Es ist eine Frage der Kultur im Allgemeinen. Anders gesagt führen diese Belastungsproben zum interkulturellen Lernen. Die „transition biographique" zwischen dem Raum des Heimatlandes und dem Raum des Gastlandes Frankeich führt zu vielen Belastungen, die zum Subjektivierungsprozess, also zur (Trans-)Formation des Subjekts beitragen.

---

12 Siehe die Arbeiten von Camilleri über den Schock der Kulturen und der Identitäten (Camilleri, 1989 und 1990).

5. Das interkulturelle Lernen

Wie Abdallah-Pretceille unterstreicht, „erlaubt es der interkulturelle Ansatz, der nicht durch Vorhersagen charakterisiert ist, komplexe Situationen zu verstehen und zu modellieren. Er ist in diesem Sinne eine Hermeneutik" (Abdallah-Pretceille, 2003, S. 25; vgl. Abdallah-Pretceille, 1992). Im Sinne interkulturellem Lernens geht es uns weniger darum, die von den drei Studierenden angeeigneten kulturellen Wissensbestände offenzulegen, sondern vielmehr darum, die Modi oder die Strategien des Handelns zu beleuchten, auf die diese Studierenden zurückgreifen, um ihren Platz innerhalb der französischen Gesellschaft zu finden. Mittels Strategien schaffen sie es, Kapazität zu entwickeln und freizusetzen, um sich in der französischen Kultur oder im französischen Lebensraum zu orientieren, um die Welt zu verstehen.

Nach Amin (2012, S. 107) „positioniert sich das Individuum zwischen den Kulturen, mit denen es Kontakt hat, in zwei Dimensionen: Die erste Dimension betrifft den Willen Kontakte und Teilhabe an der aufnehmenden Gesellschaft zu haben und deren Werte anzunehmen. Die zweite Dimension ist mit der Aufrechterhaltung der Herkunftskultur, der kulturellen Identität und seinen Bräuchen innerhalb der aufnehmenden Gesellschaft verbunden." Das Modell der Akkulturation von Berry & Sam (1997) benennt die unterschiedlichen Strategien, die die Individuen angesichts dieser beiden Optionen anwenden können. Genaugenommen können die Individuen auf vier Strategien zurückgreifen: die Assimilation (Auslöschen der eigenen Herkunftskultur und vollständiges Absorbieren der Gastkultur), die Segregation (die eigene Herkunftskultur aufrecht erhalten und die Gastkultur en bloc ablehnen), die Ausgrenzung (die eigene Herkunftskultur gleichermaßen wie die Gastkultur ablehnen) und schließlich die Integration (verschiedene Elemente der Herkunftskultur beibehalten und ebenso verschiedene Züge der Gastkultur annehmen). Diese Strategien werden in Abhängigkeit von den Zielen des Subjekts, von Begegnungen und Situationen variiert. Die Optionen sind weder systematisch noch irreversibel. Aber wie man bei unseren Interviewten feststellen konnte, schließen sich diese beiden Dimensionen nicht gegenseitig aus. Die Unterschiedlichkeit verhindert nicht die Kooperation und bleibt sogar eine kulturelle Bereicherung. Die Äußerungen von Moustapha sind bei diesem Thema vielsagend: *„Immerhin, wenn du Afrika verlässt, um hier zu studieren, ist es trotzdem eine Bereicherung. Weil es schon die Kenntnis beider Systeme gibt. Du kennst schon ein anderes System, du versuchst dich anzupassen. Du hast beide erlebt. Viel erheblicher [plus important] als die, die hier sind. Weil sie hier sind, kennen sie nur das hier. Und du bist immerhin dort gewesen, du bist hier gewesen. Du kannst immerhin einen Vergleich beider machen, das ist trotzdem eine Bereicherung, weil wir zwei, vielleicht sogar drei Systeme haben. Wir haben auch zwei verschiedene Orte. Weil wenn du von hier dorthin gehst oder du dort weggehst, um hierher zu kommen, bist du wirklich … du wirst sehen, dass es zwei verschiedene Welten sind, zwei wirklich entgegengesetzte Welten. Also, wenn man in beide eintaucht, dann ist das sehr gut, finde ich, und es ist die beste Kultur [civilisation, auch Zivilisation]. Aber man muss auch wählen können, weil in dieser Kultur, wie man sagt, universelle Kultur, das ist die Gesamtheit der vereinigten Kulturen. Wenn* *du schon zwei hast, dann ist das viel, dann muss man das Positive zu nehmen wissen, weil es überall Positives gibt. Es gibt die positive Seite hier, wenn du es schaffst, diese mit der positiven Seite von dir zusammenzuführen, dann ist das doch ein großer Reichtum, denke ich. Das ist ein gutes Erlebnis, das dir erlaubt, dich und die anderen kennenzulernen. [...] Hier zu leben, gut, das ist nicht schlecht. Ich habe im Gegensatz zu dort hier eine Erfahrung gemacht. Das heißt, ich habe die Leute ein bisschen verstanden. Hier bin ich umgeben von Leuten, die ich nicht kannte, Personen mit anderen Mentalitäten, anderen Lebensweisen. Also das habe ich verstanden, wie man hier in Frankreich leben kann. Und dort ist es nicht so. Was das Studium betrifft, geht es. Ich denke, dass ich einige Erfahrungen gemacht habe, die mir doch erlauben können zu arbeiten. Ich weiß nicht, aber das hat mir viel gebracht. Auch was die Reife betrifft. Im Großen und Ganzen hat es mir erlaubt, die Leute immerhin zu verstehen. Zu wissen, wie man sich mit Leuten unterhält, wem man sich nähern soll und wem nicht, mit wem man sprechen soll und mit wem nicht. Das erlaubt mir auch zu verstehen, dass man sich in Afrika entwickeln kann, aber man muss es wollen. Das ist ein Problem des politischen Willens, weil wenn ich all diese Errungenschaften hier sehe, Metro, Zug, ... sage ich mir, dass es die Arbeit ist, die das erschaffen hat. Sie haben gearbeitet, das ist alles, danach haben sie es gehabt."* Diese eher philosophische Ausführung Moustaphas zeugt von Abstandnehmen zum persönlichen Erleben, zu den Kulturen und den Menschen.

Wenn man die Interviewten dazu einlädt, ihre Strategien, ihre Handlungsweisen zu erklären, erwähnen alle ohne Ausnahme „die Anpassung"[13]. Die Anpassung erlaubt ihnen zwischen den Mehrdeutigkeiten und Widersprüchlichkeiten ihrer Herkunftswelt und Frankreich zu lavieren.

6.   Was bedeutet Anpassung?

Boubacar zufolge *„ist anpassen leben, es ist leben zur gleichen Zeit wie die Leute [...] Es ist einerseits, sich nicht von den anderen zu entfernen, auch indem man sagt, dass ich ein Eindringling bin. Wir sind keine Eindringlinge."* Die Anpassung entspricht sozusagen einem permanenten Eintritt eines Subjekts in die Gesellschaft. Anders gesagt ist es der Prozess, durch den man zum Akteur wird, das heißt ein Individuum, das „sein Leben in die Hand nimmt" oder es „wieder-nimmt". Das deutet Moustapha mit seinen Ausführungen an: *„ich versuche trotzdem mir ein bisschen die Dinge von hier anzueignen, auch wenn du nicht aufgerufen (appelé) bist ewig hier zu leben, aber gut, für eine bestimmte Zeit."* Um dies zu tun, muss er sich einer bestimmten Realität bewusst werden: *„sie, sie werden dich nicht verstehen, es liegt an dir sie zu verstehen. Sie kennen nichts von dir zu Hause, weil es eine entgegengesetzte Welt ist. Es ist diametral entgegengesetzt. Unsere Welt hier, was die Kultur, die Verständigung anbetrifft, also die einzige Sache, der*

---

13 Moustapha vertraut uns beispielsweise Folgendes an: *„Ich habe 3 Jahre oder einige Jahre zu tun, ich passe mich an, ich weiß nicht, ob es bis jetzt schon geschafft habe, ich versuche trotzdem mich zu bemühen."*

du dich nähern kannst, ist irgendwie das Studium. Ich bin in einer Klasse mit ihnen hier, es ist das Studium, das kann uns ... ich will sagen, ich werde versuchen sie zu verstehen, wie sie sind. Auch das braucht Zeit." Erkennbar ist, dass Moustapha das entwickelt hat, was Wulf (2008) interkulturelle Kompetenzen nennt. Eine interkulturelle Kompetenz, die die Interaktion mit dem anderen erleichtert, indem man ihm gleichzeitig das Recht zugesteht, anders zu bleiben. Die vorausgegangenen Ausführungen legen die Entwicklung eines anthropologischen Wissens nahe, was sich im weiteren Diskurs bestätigt. *„Man muss versuchen, sie zu verstehen und ... der Mensch, wie funktioniert das? Man kann den Menschen nicht verstehen [...] also gut, ich habe versucht, sie ein bisschen zu verstehen, und ich habe gesehen, dass sprechen, wie ich gesagt habe, ganz und gar nicht einfach ist, und ... also ich musste damit zurechtkommen. Gut, danach sagt man, du musst dich ausdrücken, weil man mit ihnen sprechen muss, du musst dich ausdrücken, man muss in Kontakt sein. Es liegt an dir auf sie zuzugehen.*" Es gibt also keine Interkulturalität ohne Interaktion, insbesondere ohne Intersubjektivität. Vielmehr sind der Kontakt und die Kommunikation mit anderen zwingend geboten. Bei diesem Thema insistiert Moustapha sehr auf Verständnis bzw. gegenseitiges Verständnis (intercompréhension). Bei ihm, wie bei den anderen beiden Interviewten, lässt sich eine Einstellung beobachten, die aus der Suche nach Praktiken besteht, die bedeutsam sind und die mit den Erscheinungen des sozialen Lebens verbunden sind und die von ihnen wie Zeichensysteme verstanden werden können.

Aber das interkulturelle Lernen ist kein langer, ruhiger Fluss; es kann auch problematisch sein. Das interkulturelle Lernen ist dynamisch und entsteht in Konfrontationen mit Situationen der Bewährung. Dies erfordert Entschlossenheit, Mut, Lust und Beharrlichkeit, weil aus den meisten interkulturellen Situationen Schwierigkeiten entspringen (siehe die bereits erwähnten Bewährungen, Belastungen), die manchmal Anlass geben für das, was Berry & Sabatier (2010) den „Akkulturationsstress" („stress d' acculturation) nennen. Dieser Stress muss bewältigt werden. Moustapha erklärt uns, wie er Stress bewältigen konnte: *„das ist nicht einfach zu bewältigen, weil es hier so stressig ist, dass man zu einem bestimmten Moment Lust hat alles sein zu lassen. Und ich kann sagen, dass ich starke Nerven habe. Ich widerstehe vielen Dingen, und dann ist da noch die Familie, die Familie, die Familie erlaubt mir auch verschiedene Dinge zu bewältigen, weil wenn ich sie anrufe oder wenn sie mich anrufen, dann freut mich das wirklich sehr und das macht mich noch stärker. Weil wenn sie mich anrufen, dann sagen sie mir also: ‚Nur Mut, tu es', so oder so, das erlaubt mir auch dabeizubleiben. Das erlaubt mir auch unbeschwert zu sein. Weil zu einem bestimmten Moment ist es brenzlig hier, ist es so hart hier, dass also, du aufhören willst, deine Koffer packen und heimfahren. Aber danach, wenn du darüber nachdenkst, dann bist du wegen etwas gekommen. Gut, ich bin hergekommen, um erfolgreich abzuschließen, um mein Diplom zu bekommen, um zu studieren. Ich kontrolliere mich selbst. Ich spreche mit mir, und dann habe ich einige Leute, einige Onkel, Tanten mit denen ich spreche. Das hat mir erlaubt, vieles zu bewältigen. Ich bin auch nach Frankreich gekommen, weil ich weiß, dass ich einige Bekannte hier habe.*" Es ist die Familie, die Umgebung, die ihm ermöglicht hat, mit Dingen fertig zu werden. Eine unterstützende Umgebung ist eine Schlüsselressource, die sich zu den persönlichen Qualitäten (starke mentale Verfassung) und zum Lebensentwurf hinzufügt.

Zu guter Letzt kann man sagen, dass das interkulturelle Lernen dann effektiv wird, wenn ein günstiges, unterstützendes Umfeld besteht, das sich in unabhängigen Beziehungen zu anderen ausdrückt. Jenseits der ihm Nahestehenden sind dies vor allem diejenigen, mit denen er im Alltag in Kontakt steht, also seine Freunde und Studienkameraden: *„In gewisser Weise habe ich mit meinen Freunden gelernt. Das ist eben auch der Unterschied. Ich bin nicht an eine Schule für Informatik gegangen, um all das zu lernen. Aber mit meinen Freunden, sie haben mir gezeigt, wie man das alles macht [...]. Da ist auch das gemeinsame Arbeiten, die Exposés, man hat mir geholfen, das zu machen. Wie man hier studiert, die Module, die Programme, wie man all das bewältigt. Ich danke ihnen sehr, weil sie mir etwas beigebracht haben und ich werde ehrlich nie vergessen, was sie für mich bis heute getan haben"* (Boubacar).

Das interkulturelle Lernen ist demnach nur unter bestimmten Bedingungen möglich. Auf der einen Seite sind es extrinsische Faktoren, zum anderen auch intrinsische Dispositionen. All das erfordert Mut, Entschlossenheit und Lust. *„Die erste Erfahrung hier in Frankreich erfordert viel Willen, weil man sich mit anderen Leuten messen muss, die gewohnt sind zu arbeiten. Wir sind Gaststudierende. Wir sind nicht auf derselben Höhe wie die Leute, die hier geboren sind. Aber mit Arbeit und Wille kommt man da hin."* Wie Boubacar vorschlägt, muss man sich sagen *„alles ist möglich, aber, wie ich gesagt habe, muss man sich anpassen. Und man muss Lust haben etwas zu machen, weil wenn du nicht den Willen hast, die Ambition, wirst du es niemals schaffen."*

Außerdem beinhalten die Diskurse der Interviewten zahlreiche Vergleiche, die die Kontraste zwischen dem Herkunfts- und dem Gastland hervorheben, zwischen einem Vorher und einem Nachher, zwischen Situationen. Das erinnert uns daran, dass sie „comaparatistes de la culture" (Vergleichende der Kultur) sind und dass das interkulturelle Lernen sich durch eine Vorgehensweise des *benchmarking* operationalisiert, das erlaubt, die Gastkultur und seine eigene Kultur besser zu verstehen und den eigenen *modus vivendi* und *modus operandi* und den der anderen zu verorten und zu modellieren. *„Ich bin gekommen, ich bin da, ich beginne verschiedene Dinge zu verstehen, ich beginne den Unterschied zwischen dort und hier zu sehen. Ich war hier, um das Feld zu erkunden, um zu sehen wie alles abläuft. Zwei Jahre später bin ich zurückgekommen, um zu sehen wie alles läuft, wie die Leute leben, wie alle Personen leben."*

7.   Fazit und Ausblick

Was lässt sich insgesamt aus diesem Beitrag festhalten? Man kann sagen, dass sich die interviewten Studierenden durch das interkulturelle Lernen die symbolischen, materiellen und relationalen Ressourcen aneignen, die sie im Laufe ihrer Lebenswege angetroffen haben. Diese Aneignung geschieht durch „objektive und subjektive Transaktionen" („transaction objektives" et subjectives, siehe Dubar, 2005), bei denen die Interviewten einen Adaptationsprozess aktivieren, einerseits mit dem Ziel, einen

Teil des alten Ichs in ihrem Leben in Frankreich zu konservieren, andererseits, um sich neue Identitäten in ihrem neuen Leben in Frankreich zu konstruieren. In dieser *„Selbstsozialisation"* (Zinnecker, 2000) konstruieren sich die Studierenden trotz andauernder Divergenzen zwischen ihren Zielen und ihrem persönlichen Willen sowie den Möglichkeiten, die ihnen in Frankreich geboten werden, oder auch nicht. Diesbezüglich trifft man unmittelbar auf die Komplexität, die etymologisch gesehen auf den Begriff der Beziehung[14] verweist und damit markiert, was zusammengehört (*cumplexus*). Die Berichte der Studierenden werfen die Frage auf, ob nicht die Mobilität die beste Möglichkeit ist, das „komplexe Denken", wie es Morin (1990) nennt, zu erlernen, also ein Denken, das die Welt und die Dinge in ihrer Verbindung sieht, in ihrer komplementären, bisweilen gar widersprüchlichen Natur. Wie Wulf (2008, S. 15) zu Recht unterstreicht, „anstatt die Kultur als geistige Einheit von Werten zu begreifen, ist es besser, sie als eine Ansammlung von tiefen Differenzen wahrzunehmen, eine Pluralität der Erscheinungs- und Daseinsformen, eine bedeutende Vielfalt."

In Anbetracht von Globalisierung und im Rahmen von Anpassungen müssen sich die Universitäten eine interkulturelle Reflexion zulegen, um ausländische Studierende besser zu verstehen und um ihnen schulische Zugänge zu erleichtern (Paivandi, 1999). Wir stimmen also mit Hessel & Morin (2011) überein, dass die Bildung und Ausbildung gegen Manichäismus und Reduktionismus, gegen Fundamentalismus und Xenophobie, zu Mobilität und Reisemöglichkeiten ermuntern sollte, damit die Lernenden „ein komplexes Denken" entwickeln, „das befähigt, verschiedene oder ambivalente Züge eines Phänomens, einer Population, einer Person, sich selbst eingeschlossen, zu sehen" (ebd.).

Literatur

Abdallah-Pretceille, M. (1992). Quelle école pour quelle intégration? Paris: Hachette Education.

Abdallah-Pretceille, M. (2003). Former et éduquer en contexte hétérogène. Pour un humanisme du divers. Paris: Anthropos, Economica.

Agence CampusFrance. (2011) Les étudiants internationaux: chiffres clés CampusFrance 2011. Paris: CampusFrance.

Agulhon, C./Xavier De Brito, A. (2009). Les étudiants étrangers à Paris: entre affiliation et repli. Paris: L'Harmattan.

Amin, A. (2012). Stratégies identitaires et stratégies d'acculturation: deux modèles complémentaires. In: Alterstice (Revue internationale de recherche interculturelle), 2(2), (103–116).

Baba-Moussa, A. R. (2009). L'éducation non formelle peut-elle constituer un palliatif face aux tensions du système scolaire? Approche comparative entre la France et les pays Francophones d'Afrique subsahariennes. In: Education comparée/nouvelle série, n°2, (225–250).

Berry, J. W./Sabatier, C. (2010). Acculturation, discrimination, and adaptation among second generation immigrant youth in Montreal and Paris. In: International Journal of Intercultural Relations, 34, (191–207).

---

14 Der Begriff der Beziehung ist für unsere Untersuchung multimodal: Beziehung zu sich selbst, Beziehung zu anderen, Beziehung zu seiner Vergangenheit, aber auch Beziehung zum Hier und Jetzt, Beziehung zu einer ideellen und imaginären Welt etc.

Berry, J. W./Sam, D. (1997). Acculturation and adaptation. In: Berry, J. W./Segall, M. H./Kagitçi-basi, Ç. (Hrsg.) Handbook of cross-cultural psychology (vol. 3) (291–326). Boston: Allyn & Bacon.

Boutinet, J.-P. (1990). Anthropologie du projet. Paris: PUF.

Camilleri, C. (1989). La culture et l'identité: Champ notionnel et devenir. In: Camilleri, C./Cohen-Emerique, M. (Hrsg.) Choc de cultures. Concepts et enjeux pratiques de l'interculturel (21–73). Paris: L'Harmattan.

Camilleri, C. (1990). Identité et gestion de la disparité culturelle: Essai d'une typologie. In: Camilleri, C./Kastersztein, J./Lipiarski, E./Malewska-Peyre, H./I. Taboada-Léoneti, & V. A. (Hrsg.) Stratégies identitaires (85–110). Paris: PUF.

Coulon, A. (1997). Le métier d'étudiant. L'entrée dans la vie universitaire. Paris: PUF.

Coulon, A./Paivandi, S. (2003). Les étudiants étrangers en France: l'état des savoirs. Paris: Observatoire de la vie étudiante.

Delory-Momberger C. (2006). Histoires de vie et recherche biographique en éducation. Paris: Anthropos.

Delory-Momberger C. (2013). La recherche biographique. Projet épistémologique et perspectives méthodologiques. In: Delory-Momberger, C. (Hrsg.) La recherche biographique en éducation. Fondements, Méthodes, Formation. (75–100). Paris: PUSG.

Dubar, C. (2005). La socialisation. Construction des identités sociales et professionnelles. Paris: Armand Colin.

Hessel, S./Morin, E. (2011) Le chemin de l'espérance. Clamecy: Fayard.

Martuccelli, D. (2006). Forgé par l'épreuve – l'individu dans la France contemporaine. Paris: Armand Colin.

Morin, E. (1990). Introduction à la pensée complexe. Paris: Ed. Du Seuil.

Moro, M. R. (2010). Nos enfants demain. Pour une société multiculturelle. Paris: Odile Jacob.

Olivier de Sardan, J.-P. (1995). La politique du terrain. Sur la production des données en anthropologie. In: Enquête, 1, (71–109).

Paivandi, S. (1999). Les difficultés des étudiants étrangers. In: Pratiques de formation/Analyses, n° 37–38, (161–172).

Wulf, C. (2008). Le défi de la diversité culturelle mondialisation et européisation différenciées. Un cadre conceptuel pour une ethnographie interculturelle. In: Revue Européenne d'Ethnographie de l'Education, n°5, (12–23).

Zinnecker, J. (2000). Selbstsozialisation – Essay über ein aktuelles Konzept. In: Zeitschrift für Sozialisationsforschung und Erziehungssoziologie (ZSE), 20. Jg., H.3, (272–290).

Christel Adick

Die Bildungssystemfrage in Senegal: westlich und/oder islamisch?

1.   Die Bildungssystemfrage in Afrika

Die Republik Senegal erlangte 1960 ihre Unabhängigkeit von der ehemaligen Kolonialmacht Frankreich und ist seither für ‚ihr' nationales Bildungswesen zuständig und verantwortlich. Soll nicht das von der Kolonialmacht errichtete Bildungswesen einfach kommentarlos weitergeführt werden, so impliziert der Aufbau eines nachkolonialen nationalen Bildungssystems die Auseinandersetzung mit den bei der Unabhängigkeit vorliegenden pädagogischen Institutionen und Bildungskonzeptionen und ihre Abschaffung oder Weiterentwicklung.

Der Begriff „Bildungssystemfrage" steht im Zusammenhang mit auch auf Afrika angewendeten Überlegungen zu *Systembildungsprozessen der modernen Schule*, d.h. sich durchaus längerfristig hinziehenden Prozessen der Strukturentwicklung und organisatorischen Systembildung der Schule als Subsystem sich modernisierender Gesellschaften, in deren Verlauf sich eine „relativ einheitliche Gestalt und Wirkungsweise nationalstaatlicher Schulsysteme" herauskristallisiert (Adick, 1992, S. 20). Hat sich ein solches *Bildungssystem* erst einmal konsolidiert, dann bleibt es für längere Zeit in seinen Grundstrukturen erhalten. Diese Überlegungen rekurrieren auf das Konzept der „Systembildung" von Detlef K. Müller, der den Strukturwandel des preußischen Bildungs*wesens* im 19. Jahrhundert hin zu einem Bildungs*system* „als einen Prozess (…) mit zunehmend kodifizierten, organisierten und institutionalisierten Beziehungen zwischen den Schultypen (= Schulsystem), den Studiengängen (= Hochschulsystem), zwischen Schul- und Hochschulsystem (= Bildungssystem) und Bildungssystem und Berufslaufbahn (= Beschäftigungssystem)" rekonstruiert hat (Müller, 1981, S. 250f.). Während Begriffe wie Schul- bzw. Bildungswesen oder Bildungslandschaft die Gesamtheit der mehr oder weniger unverbunden nebeneinander existierenden pädagogischen Institutionen bezeichnen, meint der in diesem Beitrag verwendete Begriff *Bildungssystem* daher aufeinander bezogene und aufbauende, kodifizierte, d.h. letztlich staatlich kontrollierte Institutionen, die zu einem System zusammengefasst sind. Eine ‚Systemfrage' im Bildungswesen eines Landes stellt sich immer dann, wenn auf der Basis unterschiedlicher Traditionen oder aufgrund gesellschaftlicher Veränderungen disparate Institutionen vorhanden sind, die noch nicht zu einem Bildungssystem mit kohärenten Beziehungen zusammengewachsen sind. Es wird angenommen, dass sich mit der Unabhängigkeit Senegals eben diese ‚Systemfrage' stellte, vor dem Hintergrund unterschiedlicher historischer Traditionslinien ein nationales senegalesisches Bildungssystem zu entwickeln.

Um welche unterschiedlichen Traditionen es sich dabei handelt, illustriert ein Blick auf Feldforschungen von Daun (1980, S. 69ff.) zur Erziehungswirklichkeit im

Dorf Ngabou in Senegal in den 1970er Jahren: Ngabou liegt auf dem Gebiet des einstigen Wolof-Königreiches in der Region Diourbel. Der Ort ist nicht weit entfernt von
Touba, der heiligen Stadt der islamischen Sufi-Bruderschaft der Muriden, die von dem
Wolof Amadou Bamba (1850–1927) begründet worden war. Daun schildert, das Dorf
sei einst von Mitgliedern der Kaste der *tyédo* (Krieger in Diensten der Adeligen) errichtet worden; die traditionelle feudale Gesellschaftsstruktur sei jedoch 1908 durch
die Muriden-Bruderschaft abgelöst worden, wozu auch die Einführung von Marabuts
und ihrer Anhängerschaft (*talibés*) zählten. Die *talibés* sammelten sich in *daaras*, d.h.
in der Gefolgschaft eines Marabuts, zu deren Aufgaben auch die Koranunterweisung
zählte. Laut Daun sind die *daaras* und die daraus erwachsenen Koranschulen an die
Stelle der ehemaligen autochthonen Altersgruppen- und Standeserziehung der Wolof getreten. 1957 wurde in Ngabou auch eine französische Kolonialschule errichtet.
Dorfbewohner äußerten dazu, dies sei geschehen, weil die Franzosen einen guten
Eindruck hinterlassen wollten. Trotz Widerstandes der Marabuts hätten der damalige
Dorfvorsteher und einige Bauern die Errichtung dieser Schule begrüßt. Einige Kinder
besuchten diese öffentliche Schule, sie verlören dadurch aber nicht ihren *talibé*-Status
und ihre Beziehungen zu ihrer *daara*. Während seiner Feldforschungen (Schuljahre
1975/76 und 1976/77) war der Schulbesuch äußerst dürftig, so dass es nur zwei alters-
gemischte Schulklassen gab. Kinder wurden aus der Schule genommen und auf die
Koranschule geschickt; kaum ein Kind beendete die Primarschule. In einigen Nach-
bardörfern waren die Schulen sogar wieder geschlossen worden.

Diese verschiedenen Traditionen wurden in einem von Wiegelmann (2002b) he-
rausgegebenen Sammelband zum senegalesischen Bildungswesen mit dem Untertitel
„afrikanisch – europäisch – islamisch?" versehen. Sie gelten jedoch praktisch für alle
heutigen nationalen Bildungssysteme in Afrika, wobei sie aber in unterschiedlicher
Weise bewältigt und weiterentwickelt werden. Pointiert gesagt handelt es sich um folgende drei Traditionslinien (vgl. Adick, 2013, S. 128ff.):

- die autochthone *afrikanische* Erziehung und Bildung, die auf der Basis der verschiedenen afrikanischen Gesellschaften und ihren jeweiligen kulturellen Eigenheiten
praktiziert wurde und die heute meist unter dem Etikett ‚traditionelle Erziehung'
diskutiert wird;
- die *islamische* Erziehung und Bildung, die durch das Vordringen der neuen Religion über den Transsahara-Handel nach Westafrika und über die Beziehungen des
östlichen Afrika mit der arabischen Halbinsel neue Institutionen wie die Koranschule in Afrika mit sich brachte;
- die *westliche* Erziehung und Bildung, die im Zuge der europäischen Expansion
nach Übersee und der kolonialen Beherrschung auch in Afrika neue Institutionen
wie Missions- und Kolonialschulen einführte.

So anschaulich die Rede von einem ‚afrikanischen', einem ‚islamischen' und einem
‚westlichen' Erbe auch ist, so ist sie doch in vielerlei Hinsicht problematisch und kann
daher nur als eine paradigmatische Annäherung an verschiedene historische Entwick-
lungslinien eines heutigen nationalen Bildungssystems in Afrika betrachtet werden.

Bei näherem Hinsehen gibt es drei wichtige Einwände gegen eine solche plakative Etikettierung:

Erstens sind die ,Erbstücke' in einer logisch inkompatiblen Weise voneinander abgegrenzt: das ,afrikanische' Erbe ist ethnisch, das ,islamische' Erbe ist religiös und das ,westliche' Erbe ist politisch konnotiert. Die Bezeichnungen sind daher als zwar weit verbreitete, aber nicht als wissenschaftlich-systematische Kategorien anzusehen.

Zweitens gibt es nicht ,die' eine, intern homogene Tradition. Das ,afrikanische' Erbe entpuppt sich bei näherem Hinsehen als äußerst vielfältig und variantenreich und enthält etwa Altersklassensysteme und Initiationen, zeitlich und örtlich ausgesonderte Erziehungspraxen (,Buschschulen') und spezialisierte beruflich-praktische Unterweisungen (für Handwerke, Handel oder als Vorbereitung auf medizinische und religiöse Funktionen) – oder auch nicht. Die islamischen Bildungsinstitutionen in Afrika ähneln sich zwar in ihrer grundlegenden Konzeption, waren aber nicht überall in gleicher Weise verbreitet (z.B. Vorhandensein weiterführender Bildungseinrichtungen). Westliche Bildung in Afrika bedeutet ebenfalls eine Gemengelage christlich-missionarischer, aber auch säkularer Einflüsse und entsprechend ausgerichteter schulischer Varianten von Missions- und Kolonialschulen, die ferner auch als ,moderne' Bildungsinstitutionen bezeichnet werden.

Drittens sind in den Bildungsrealitäten in Afrika – wie auch anderswo auf der Welt – im Laufe der Entwicklungen Kombinationen und Neuschöpfungen entstanden, die eine eindeutige Zuordnung zu den verschiedenen Traditionen verbieten. So sind etwa Afrikaner selbst schon historisch früh in der ,westlichen' Traditionslinie aktiv gewesen und haben eigene Schulen gegründet und Reformen angestoßen. Und das islamische Koranschulwesen wurde durch die Einfügung moderner ,westlicher' schulischer Elemente institutionell diversifiziert und weiterentwickelt.

Eingedenk dieser Problematik wird in diesem Beitrag die *Bildungssystemfrage* in Senegal diskutiert. Diese ist von Forschern immer wieder unter verschiedenen Fragestellungen diagnostiziert worden, so z.B., ob die Koranschule eine *Alternative* zur öffentlichen Grundschule darstelle (Wiegelmann, 1994), ob man von einer *Komplementarität* oder *Konkurrenz* (Adick, 1997) oder ob man trotz ihrer Gegensätzlichkeit von einer *dialektischen Koexistenz* (Huet-Gueye & de Léonardis, 2009, S. 371f.) reden könne. In rezenten Beiträgen wird hingegen davon ausgegangen, dass sich nun eine Entwicklung hin zu einem *hybriden* Modell abzeichne (Villalón & Bodian, 2012, S. 7f.; ähnlich auch D'Aoust, 2012).

Nach vielen zaghaften Pilotprojekten und fruchtlosen Reformen haben sich, so die hier vertretene These, die Entwicklungen im senegalesischen Bildungswesen seit Beginn des 21. Jahrhunderts derart dynamisiert, dass die Systemfrage nun auf eine mögliche *Integration* des islamischen und des als ,westlich' konnotierten Bildungswesens hin zu einem *staatlichen islamischen Bildungssystem* hinauszulaufen scheint. Diese These soll im Folgenden verdeutlicht werden. Hierbei wird bei dem oben genannten Gedanken der Kombinationen und Neuschöpfungen angesetzt, und zwar unter der Perspektive der gegenseitigen Durchdringung des ,westlichen' und des ,islamischen' schulischen Erbes im (nachkolonialen) nationalen Bildungswesen Senegals. Diese

Fokussierung bedeutet, dass die Geschichte der islamischen und die der westlichen Bildungstraditionen in Senegal vor der Unabhängigkeit des Landes bestenfalls kurz angedeutet und dass die Einflüsse des autochthonen afrikanischen Erbes im Folgenden gar nicht diskutiert werden können. Im Mittelpunkt steht die Frage des Schulsystems, wobei die neueren Entwicklungen nach dem Jahr 2000 besondere Beachtung finden.

2.   Westliche Bildung in Senegal

2.1   Das koloniale französische Bildungswesen

Die erste von der Kolonialmacht Frankreich gegründete Schule in Senegal – eine *école mutuelle* – wurde 1817 in Saint Louis durch den französischen Regierungs-lehrer Jean Dard errichtet (vgl. Valette & Adick, 2002, S. 30ff.): Diese Schule sollte nach der damals international populären Methode des wechselseitigen Unterrichts (nach den englischen Erfindern auch als ‚Bell-Lancaster-Modell' bekannt) betrieben werden, wobei Dard sogar dafür plädierte, eine afrikanische Landessprache in den Unterricht einzubeziehen. Erst später (1841) traf ein französischer Orden in Senegal ein und übernahm die Schularbeit. Unter dem Gouverneur Faidherbe wurde ab 1856 der Nachdruck dann wieder auf weltliche Bildungsstätten gelegt und dieser startete zugleich den (vergeblichen) Versuch, die Koranschulen kolonialstaatlich zu kontrollieren.

Die größte bildungspolitische Weichenstellung erfolgte im Jahr 1903, als durch verschiedene Erlasse die Laizisierung des kolonialen Bildungswesens in ganz Französisch-Westafrika festgeschrieben und alle bestehenden Schulen unter staatliche Aufsicht gestellt wurden (ebd., S. 53ff.). Nachdem zunächst noch übergangsweise einige Ordenslehrer unterrichten durften, wobei ihnen eine christliche Missionierung ihrer muslimischen Schüler verboten war, wurde 1904 schließlich die sofortige und totale Laizisierung aller Schulen in Senegal verfügt.

Das französische Kolonialschulwesen zeichnete sich – im Vergleich zu anderen damaligen Kolonien der Region – durch eine niedrige Beschulungsrate aus (vgl. Tab. 1).

Tabelle 1:   Schülerzahlen in einigen verschiedenen Kolonien in Westafrika (1912/13)

Kolonie (Jahr)	Einwohner	Schüler
Senegal (1912)	1,25 Mio	4.189
Elfenbeinküste (1912)	1,20 Mio	2.306
Goldküste (1912)	1,50 Mio	18.680
Deutsch-Togo (1913)	1,00 Mio	14.109
Dahomey (1912)	0,90 Mio	4.378

(Quelle: Daten für Senegal, Dahomey und Elfenbeinküste: Bouche, 1975, S. 701; Goldküste: Sebald, 1988, S. 731; Deutsch-Togo: Adick, 1981, S. 296)

Wie die Tabelle zeigt, hatten französische Kolonien in Westafrika, darunter Senegal mit seinen hundert Jahren Schulgeschichte, weitaus weniger Schüler als die englische Goldküste oder das damalige Deutsch-Togo. Massenbildung war also nicht das Ziel französischer Kolonialpolitik gewesen. 1912 gingen in ganz Französisch-Westafrika ca. 15 400 Kinder zur Schule (Bouche, 1975, S. 701). Nach dem Zweiten Weltkrieg stiegen die Schülerzahlen in Französisch-Westafrika zwar etwas schneller, z.B. von 70.000 (1945) auf ca. 105.000 (1949/50); bei der Unabhängigkeit (1960) lag der Primarschulbesuch dort jedoch bei nur 36% (Wiegelmann, 2002a, S. 66). Die Alphabetisierungsrate der senegalesischen Bevölkerung bei der Unabhängigkeit wurde auf 34% geschätzt (Nordtveit, 2008, S. 185). Das französische Erbe im senegalesischen Bildungswesen zeichnet sich also zusammenfassend betrachtet vor allem durch folgende Momente aus: das Laizismus-Prinzip, ein säkulares Schulwesen ohne Religionsunterricht sowie niedrige Einschulungsquoten und Alphabetisierungsraten. In Bezug auf die hier zu diskutierende Systemfrage ist ferner hervorzuheben, dass die islamischen Bildungseinrichtungen nicht als Bestandteil des Bildungswesens galten.

2.2   Modifikationen des französischen Modells nach der Unabhängigkeit

Nach dem französischen Vorbild gliedert sich das staatliche Schulsystem Senegals bis heute in folgende Stufen und Abschlüsse (Schaubild in Villalón & Bodian, 2012, S. 14): Der Schulbesuch beginnt in der Regel im Alter von sechs Jahren. Die erste Stufe, der *Cycle Elémentaire* umfasst sechs Schuljahre, ist obligatorisch und schließt mit dem *Certificat de fin d'études élémentaires* (CFEE) ab. Die zweite Stufe, der *Cycle Moyen,* umfasst in seiner allgemeinbildenden Variante vier Klassenstufen (in einer technischen Variante nur drei) und schließt mit dem *Brevet de fin d'études moyennes* (BFEM) ab. Die dritte Stufe, der *Cycle Secondaire* (auch *lycée* genannt), besteht aus drei Schuljahren und endet mit verschiedenen Varianten des *Baccalauréat*. Wenn nicht die französischen Bezeichnungen verwendet werden, wird im Folgenden in Anlehnung an diese von der Elementar-, der Mittel- und der Sekundarschule gesprochen (d.h. die Bezeichnungen sind inhaltlich nicht deckungsgleich mit den Namen deutscher Schulstufen).

Die öffentliche Bildung (*école publique*) umfasst neben den staatlichen auch private, vom Staat anerkannte und subventionierte Schulen, die den staatlichen praktisch gleichgestellt sind. Einem ministeriellen Bericht aus dem Jahre 2009 zufolge haben 10,8% der öffentlichen Schulen in Senegal eine private Trägerschaft: 6,1% davon sind säkular, 2,9% franko-arabisch, 1,7% katholisch und 0,1% protestantisch. Bezogen auf die gesamte Schülerschaft besuchen 12,4% aller Schüler eine staatlich anerkannte Privatschule (Villalón & Bodian, 2012, S. 13). Wenn im Folgenden vom staatlichen oder öffentlichen Bildungswesen die Rede ist, umfasst dies auch diese staatlich anerkannten Privatschulen.

In der senegalesischen Bildungspolitik stand das französische Modell zwar gelegentlich zur Debatte, wurde aber nicht grundlegend in Frage gestellt. In Bezug auf die Einführung afrikanischer Sprachen in den Unterricht gab es z.B. einige Pilotprojekte, aber Französisch blieb die Unterrichtssprache in den öffentlichen Schulen Senegals (Wiegelmann, 2002a, S. 76ff.). Angesichts steigender Einschulungen und Abschlüsse der Elementarschule entstand ferner ein gewisses Systemproblem darin, wie die durchaus gewünschten steigenden Schülerströme kanalisiert werden könnten. Dies übt laut Robert und Bernard (2005) nicht nur Druck auf die Regulierung des Zugangs zur Mittelschule aus, sondern auch auf ihre inhaltliche Ausrichtung: Laut einer Weltbank-Studie (Mingat, 2003, referiert in Robert und Bernard, 2005, S. 85f.), in der die Lesekompetenz (*„pouvoir lire aisément"*) von Erwachsenen im Alter von 22 bis 44 Jahren in zwölf afrikanischen Ländern nach deren Schulbesuchsdauer aufgeschlüsselt wurde, erwiesen sich 69,1% der Erwachsenen in Senegal mit sechs Jahren Schulbildung als lesekompetent, hingegen 84,9% mit acht Jahren Schulbildung (die Durchschnittswerte der Stichprobe lagen bei 72,1% respektive 89,9%). Einzig eine in der Mittelschule fortgesetzte Allgemeinbildung sei daher der Garant für eine dauerhafte Alphabetisierung.

Bildungsexpansion bedeutet jedoch noch keinen Systemwandel. In dieser Hinsicht kann eigentlich nur die Einführung von Religionsunterricht in das öffentliche Schulwesen genannt werden. Asdonk (2002) zufolge gab es bereits 1981 eine umfassende Debatte staatlicher und religiöser Repräsentanten, wie man welche Art von Religionsunterricht in das senegalesische Bildungswesen einführen könne. Aber diese Reformkonzepte wurden nicht in tatsächliche bildungspolitische Entscheidungen überführt, obwohl die Mehrheit der Senegalesen stark an einer religiösen Erziehung ihrer Kinder interessiert ist. Dies mag daran gelegen haben, dass sich für einige Probleme (fakultativer oder obligatorischer Religionsunterricht? wer sollte unterrichten dürfen? in welcher Sprache?) lange Zeit kein Konsens finden ließ. Es dauerte zwei Dekaden, bis die senegalesische Regierung im Oktober 2002 tatsächlich entschied, Religionsunterricht in die öffentlichen Schulen einzuführen, womit sie einen recht deutlichen Bruch mit dem laizistischen französischen Vorbild vollzogen hat (Charlier, 2002).

Im Dezember 2004 wurde Artikel 2 des senegalesischen Bildungsgesetzes (*Loi d'Orientation de l'Education Nationale*) aus dem Jahre 1991 in Bezug auf den Laizismus insgesamt neu gefasst: Das staatliche Bildungswesen wird zwar weiterhin als laizistisch deklariert, aber Laizismus bedeutet nun – ähnlich dem deutschen Modell – die religionspolitische Neutralität des Staates und nicht eine komplette Trennung von Staat und Religion wie im französischen Modell. Das revidierte Bildungsgesetz von 2004 gestattet nach dieser Lesart staatlichen und privaten Bildungsinstitutionen in Senegal die Einführung von Religionsunterricht und überlässt den Eltern die Entscheidung, in welche Schule sie ihre Kinder schicken wollen. Damit ist nicht nur die Möglichkeit gegeben, an den bestehenden staatlichen Schulen (,französischen' Typs) Religionsunterricht einzuführen, sondern der Artikel ermöglicht es dem senegalesischen Staat (offenbar) ebenso, selbst einen neuen Typ *staatlicher* islamischer Schulen zu gründen sowie die vorhandenen privaten islamischen Bildungsinstitutionen in das nationale Bildungswesen einzubeziehen (Villalón & Bodian, 2012, S. 24f.).

3. Islamische Bildung in Senegal

3.1 Der islamische Bildungsbereich während der Kolonialzeit

Schon vor Errichtung der ersten französischen Schule existierten Koranschulen in Senegal, die sich im Laufe des 19. Jahrhunderts weiter verbreiteten. Während der Kolonialzeit konnten sie – trotz entsprechender Versuche vonseiten der französischen Kolonialverwaltung – weder abgeschafft noch umfassend reglementiert werden (vgl. Loimeier, 2001, S. 96ff.). Bis auf einige weiterführende Bildungseinrichtungen bestand der islamische Bildungsbereich im Wesentlichen aus einfachen Koranschulen, die in Senegal mit dem Namen *daara* bezeichnet werden. In diesen *daaras* werden der Tradition nach Kinder gegen eine geringe Entlohnung einem Marabut unterstellt und von diesem und ggf. seinen Helfern im Koran und über ihre religiösen Pflichten unterrichtet. In vielen Fällen werden sie auch auf dem Gehöft des Marabuts beherbergt und müssen für ihn Almosen zum Unterhalt der Koranschule und seiner Familie heranschaffen, d.h. sie gehen in der Nachbarschaft, die über diese Sitte Bescheid weiß und sie als Teil ihrer religiösen Pflicht des Almosen-Gebens akzeptiert, betteln. Koranschüler sind daher in Senegal bekannt als *talibés mendiants*. Gehorsam und Hingabe an den Marabut, Memorieren des Korans, wozu einige Arabischkenntnisse notwendig sind, und Traditionalismus kennzeichnen die Erziehung in diesen einfachen Koranschulen; die Vermittlung ‚weltlichen‘ Wissens war nicht intendiert und kam eher beiläufig vor.

Etwa seit den 1920er Jahren entstand in Senegal daneben eine islamische Reformbewegung, die eine islamische Unterweisung anderen Stils propagierte (Loimeier, 2001, S. 165ff.): Senegalesen, die nach ihrer islamischen Grundbildung in Senegal im arabischen Ausland studiert hatten, kehrten mit einem theologisch und politisch gewandelten Weltbild in ihre Heimat zurück und bekämpften nicht nur den französischen Kolonialismus, sondern auch die als unzulänglich oder gar als unislamisch erachtete Pädagogik der traditionellen *daaras* und der sie betreibenden Marabuts und ihres autoritären Unterrichts. In diesem Zusammenhang entstanden die ersten privaten *écoles franco-arabes,* in denen ein gründliches Studium des Arabischen und der islamischen Religion mit Französischunterricht und einigen ‚weltlichen‘ Fächern verbunden wurde.

3.2 Reformierte islamische Bildungsstätten und neue islamische Schultypen

In der nachkolonialen Zeit expandierte das islamische Bildungswesen in Senegal in Gestalt einer Vielzahl von einfachen *daaras* sowohl auf dem Lande als auch in städtischen Gebieten; diese funktionieren größtenteils als Internate, wobei es aber auch Tagesschüler gibt. Insbesondere die Lebensbedingungen der internen Schüler wurden häufig kritisiert; aus ihnen rekrutierten sich insbesondere in den Städten immer mehr ‚Straßenkinder‘, die aus ihren *daaras* fortgelaufen waren und ein Leben auf der Straße dem in ihrer daara vorzogen (Wiegelmann, Naumann & Faye, 1998). Mangelernährung, fehlende Hygiene, häufige Erkrankungen, körperliche Züchtigungen, die teils über Gebühr erzwungene Bettelei, emotionale Vernachlässigung und weitere Probleme vieler *talibés mendiants* wurden auch im öffentlichen Diskurs angeprangert. So starteten z.B. die senegalesische Regierung, UNICEF und die in Dakar beheimatete internationale Nichtregierungsorganisation ENDA Tiers Monde (Environnement de Développement du Tiers Monde) in den 1990er Jahren diverse Erhebungen und Kampagnen zur Rehabilitation der *talibés mendiants* (ebd., S. 286ff; vgl. auch Loimeier, 2002). Zwar ergaben sich daraufhin einige Verbesserungen, aber eine durchgreifende Veränderung des Modells der *daara* erfolgte nicht. Der Besuch einer Koranschule gehört trotz der genannten Kritik bis heute immer noch zum Bildungsweg vieler senegalesischer Kinder, häufig in Kombination mit dem Besuch einer öffentlichen Schule. Laut einem UNICEF-Bericht von 2000 (zit. in Huet-Gueye & de Léonardis, 2009, S. 372) befanden sich zu jener Zeit 50% der Kinder gleichzeitig in einer öffentlichen wie in einer Koranschule; 25% besuchten gar keine Schule, 15% nur die öffentliche und 10% nur die Koranschule.

Neben den *daaras* gab es in geringerer, aber ebenfalls steigender Anzahl modernisierte islamische Bildungseinrichtungen (*écoles arabes, écoles franco-arabes, Institut Islamique* etc.), von denen aber nur wenige staatlich anerkannt waren. In Sonderheit die *écoles franco-arabes* galten als Alternative zur staatlichen Elementarschule und erhielten immer mehr Zulauf. Im Anschluss an eine 1985 ministeriell einberufene Kommission für diese privaten franko-arabischen Schulen kam es zu curricularen Reformkonzeptionen, in denen zwar weiterhin das Koranstudium dominierte, daneben aber auch andere Unterrichtsfächer wie Mathematik, Französisch und Geschichte/ Geographie eingeführt wurden (Loimeier, 2001, S. 360ff.).

Eine wirkliche Neuerung im islamischen Bildungssektor ergab sich jedoch erst nach der Jahrhundertwende durch die Neuformulierung des Laizismus-Paragraphen im senegalesischen Bildungsgesetz. Laut Villalón & Bodian (2012, S. 8 und S. 24f.) bietet dieses Gesetz im wesentlichen drei verschiedene Möglichkeiten, neue islamische Schultypen zu gründen und bestehende zu reformieren: (a) In die staatlichen Schulen (*écoles publiques*) wird nun islamischer Religionsunterricht integriert, was der allgemeinen religiösen Einstellung der senegalesischen Bevölkerung Rechnung trägt und somit die Beschulungsrate erhöhen mag. (b) Der Staat kann nun selber islamische Schulen gründen, um diese vielleicht besonders in den Regionen und für die Eltern mit ausgesprochen islamischer Ausrichtung attraktiver zu machen, die zuvor ihre Kinder in private islamische Schulen geschickt haben. (c) Die Gesetzeslage bietet dem Staat ferner die Option, die ob ihrer Unzulänglichkeiten vielfach kritisierten *daaras* selbst zu modernisieren.

In einer jüngeren rechtswissenschaftlichen Abhandlung auf der Basis von Feldforschungen in Senegal (D'Aoust, 2012) wird versucht, die entstandene teils verwirrende Vielfalt islamischer Bildungseinrichtungen in Senegal unter Beachtung international anerkannter Klassifikationen der UNESCO zu systematisieren. Hierbei wird in vier Grundtypen unterschieden: „*daaras traditionnels*", „*médersas*", „*daaras modernes*" und „*daaras modernisés*" (ebd., S. 41–54). Die traditionellen *daaras*, allesamt dem

Typus der nonformalen Bildung zugehörig, lassen sich laut einer empirischen Studie von ENDA Tiers-Monde Jeunesse Action (2005, S. 19) in solche mit und solche ohne Internat differenzieren, wobei letztere sich noch weiter unterscheiden lassen anhand ihrer Trägerschaft. Zum Typ der auch in anderen islamischen Bildungswesen bekannten Medresen – dieser Begriff ist in Senegal allerdings ungebräuchlich – gehören die *écoles arabes* und die *écoles franco-arabes*, wobei letztere überwiegend als staatliche oder private Schulen dem formalen Schulwesen angehören (D'Aoust, 2012, S. 49ff.). Die modernen *daaras* zielen auf die seit 2010 ministeriell intendierte neue Variante der Integration von Koranunterricht und Curriculum der öffentlichen Schulen (ebd., S. 51f.), wohingegen die modernisierten *daaras* jenen Sektor bezeichnen, in dem einige traditionelle *daaras* schon seit einiger Zeit vornehmlich unter humanitären Aspekten, z.B. in ihrer Ausstattung, verbessert werden (ebd., S. 52f.). Laut der Autorin dieser Studie ist der Status der beiden letzteren Typen schulgesetzlich allerdings noch nicht endgültig festgelegt (ebd., S. 53f.).

4. Die Systemfrage im senegalesischen Schulwesen

Wie gezeigt wurde, existieren in Senegal seit langem ein islamischer und ein westlicher Bildungssektor mit deutlich unterschiedlichen Wurzeln und Entwicklungswegen; d.h. es gibt praktisch zwei Bildungswesen auf ein und demselben Staatsterritorium, die weitgehend unverbunden nebeneinander stehen. Innerhalb dieser beiden Sektoren finden sich etliche Varianten wie staatlich anerkannte Privatschulen sowie traditionelle gegenüber modernen islamischen Bildungsinstitutionen.

Mit Blick auf die ‚Systemfrage' ist nun zu sondieren, welche Relevanz den verschiedenen Schultypen zugemessen wird. In einer Untersuchung zu dieser Frage, die mittels Interviews (N=97) mit Entscheidungsträgern aller Schulformen in Senegal durchgeführt wurde, zeigte sich, dass sich die Befragten hinsichtlich der Vorzüge und Nachteile der jeweiligen Institutionen immer am Modell der öffentlichen Schule (*école publique* bzw. *école officiel*) orientierten. Im hier vertretenen Konzept lässt sich dieser Befund so interpretieren, dass das staatliche Bildungswesen sozusagen den Maßstab für die Systementwicklung abgibt, an dem die außerhalb dieses Modells stehenden Varianten sich orientieren. Es stellte sich in der Untersuchung von Charlier ferner hinsichtlich der Nähe bzw. Ferne zu diesem Modell folgende Rangfolge der Schultypen heraus: „l'école officielle, l'école privée catholique, l'école privée laïque, l'école franco-arabe, l'école arabe, le daara" (Charlier, 2004, S. 42). Diese Skala mag so etwas wie das Prestige des jeweiligen Schultyps darstellen. Die *daara* wäre demzufolge am weitesten entfernt vom bevorzugten Modell, gefolgt von anderen Typen des islamischen Bildungssektors.

Aufschlussreich für die Systemfrage ist ferner die rezente empirische Studie von Villalón & Bodian (2012), die sich schwerpunktmäßig mit den neu geschaffenen *staatlichen* franko-arabischen Schulen (*écoles franco-arabe publiques*) und mit den Auswirkungen auf die *daaras* beschäftigt. In ihrem Forschungsbericht beziehen sich die Autoren auf Untersuchungen, die sie zwischen 2008 und 2010 in Senegal durchgeführt haben (Dokumentenanalysen, Experten-Interviews, Fallstudien an Schulen; vgl. S. 8f.). Ihren Erkenntnissen zufolge konnte das Modell der dem staatlichen Bildungssektor zuzurechnenden franko-arabischen Schulen, in der Diskussion teils auch ‚bilinguale Schulen‘ genannt, erfolgreich implementiert werden: Von neun Pilotschulen im Schuljahr 2002/03 expandierten diese auf 103 Schulen im Schuljahr 2008/09 (ebd., S. 34). Aufgrund von Fallstudien an zwei neuen Schulen dieses Typs und Auswertungen des Zuwachses der Bruttoeinschulungsquoten in Senegal zwischen 2003–2007 und 2007–2009 schließen die Autoren ferner, dass es die Mädchen sind, die am meisten von der Einführung dieses Schultyps profitiert hätten, da deren Anstiegsraten durchweg höher ausfielen als die der Jungen (ebd., S. 35f.).

Dennoch werden auch die Probleme dieses neuen Schultyps sichtbar: Als problematisch an dem Modell erweisen sich die Stofffülle und das curriculare Arrangement. Denn in den öffentlichen franko-arabischen Schulen werden mit der Hälfte der Unterrichtszeit (d.h. 14 Schulstunden) *in französischer Sprache* die aus den Regelschulen stammenden Fächer Französisch, Mathematik, Geschichte, Geographie und „les siences de la vie et de la terre" (dies entspricht vielleicht einem Fach wie ‚Sachkunde‘) unterrichtet, die sich in der öffentlichen Schule allerdings auf 22 Schulstunden verteilen. Die andere Hälfte der Unterrichtszeit richtet sich *in arabischer Sprache* auf die Fächer Arabisch, Koranstudium und andere islamische religiöse Fächer (Hadith, Siira, Washid, Pratiques culturelles) (Villalón & Bodian, 2012, S. 26). Aus erziehungswissenschaftlicher Sicht betrachtet, erscheint bei einem solchen Modell nicht nur die Komprimierung des Stoffes problematisch, sondern auch die Zuordnung der Sprachen in diesem bilingualen Curriculum, in dem Französisch den ‚weltlichen‘ Unterrichtsfächern und Arabisch der religiösen Bildung zugeordnet wird. Ferner wird offenbar wieder einmal den Forderungen, afrikanische Sprachen in die Schulbildung zu integrieren oder womöglich als Unterrichtssprachen einzuführen, keine Rechnung getragen.

Die Einführung des neuen Schultyps der *staatlichen* franko-arabischen Schulen führte des Weiteren zu Abstimmungsproblemen mit den *privaten* Schulen dieses Namens. Nicht zuletzt deswegen wurde 2007 durch ministeriellen Beschluss eine Kommission mit der Neukonzeption von Schulbüchern beauftragt (Villalón & Bodian, 2012, S. 26). Die Lehrbuchfrage bietet ebenfalls Konfliktstoff, da die privaten franko-arabischen Schulen mit Schulbüchern aus der arabischen Welt (Saudi-Arabien, Ägypten, Sudan usw.) arbeiten, während die staatliche Variante auf die Produktion eigener senegalesischer Schulbücher setzt. In den Lehrbuchkommissionen sitzen jedoch Vertreter, die an Universitäten der arabischen Welt studiert haben und die von daher eventuell andere curriculare Vorstellungen haben als Kommissionsmitglieder, die ihre Abschlüsse in Senegal oder in der ‚westlichen‘ Welt erworben haben (ebd., S. 29f.).

Des Weiteren steht die Modernisierung der *daaras* auf dem Plan (vgl. Villalón & Bodian, 2012, S. 25f. und 31ff.): Für eine Testphase wurden 80 *daaras* in den Regionen Diourbel, Dakar, Kaolack und Thiès ausgewählt, in denen insgesamt fast 16 000 Koranschüler unterrichtet werden. Das Programm wird von UNICEF unterstützt.

Neben der besseren Ausstattung dieser Schulen sollen die Kinder – über ihre religiöse Erziehung hinaus – das *Certificat de Fin d'Etude Elémentaire* (CFEE) erhalten und anschließend in die franko-arabische Schule wechseln, ihre Arabisch-Studien fortsetzen oder eine berufliche Ausbildung beginnen können. Moderne *daaras* sollen, so das Ziel, trilingual sein, d.h. afrikanische Nationalsprachen, Französisch und Arabisch in ihrem Unterrichtsprogramm verwenden. Das Programm stößt aber nicht auf einhellige Zustimmung, weil es mit staatlichen Kontrollen verbunden ist, die nicht von allen islamischen Bruderschaften und Marabuts gern gesehen werden. Es scheint sich ferner ein Trend abzuzeichnen, nach dem sich die neuen *écoles franco-arabe publiques* zu den größten Konkurrenten der *daaras* entwickeln, woraus manche folgern, das eigentliche Ziel sei nicht, die *daaras* zu modernisieren, sondern sie zu eliminieren (ebd. S. 32f.).

Dessen ungeachtet wurden in einer großflächigen Erhebung noch vor kurzem (im Jahre 2009) in vier Regionen des Landes (Dakar, Louga, Saint-Louis und Matam) weiterhin über 68 000 Koranschüler gezählt, darunter fast 20 000 Mädchen. Die meisten *daaras* befanden sich in den urbanen Regionen Dakar und Saint-Louis (MEN/Emergence Consulting 2010, S. 8). Daraus ist abzuleiten, dass die traditionellen Koranschulen offenbar (noch) keineswegs aus der Bildungslandschaft verschwunden sind.

In einem neuen Konzeptpapier des senegalesischen Bildungsministeriums (in dessen Abteilung *Inspection des Daara*) im April 2012 wird an der Modernisierung der *daaras* festgehalten. Dies geschieht mit Blick auf das noch zu erreichende Ziel einer (2009 staatlich verkündeten) zehnjährigen universalen Grundbildung. Das Konzept der „*daara moderne*" besagt Folgendes: Der Besuch der Koranschule beginnt im Alter von fünf Jahren und dauert acht Jahre: In den drei Jahren der ersten Etappe steht das Auswendiglernen von Koransuren im Mittelpunkt; unterrichtet wird in der lokal gebräuchlichen Sprache. Die zweite Etappe besteht aus zwei Jahren und umfasst das Auswendiglernen des restlichen Korans sowie die Vermittlung des Unterrichtsstoffs der ersten drei Elementarschuljahre der staatlichen Regelschule, verbunden mit Französisch- und Arabischunterricht. In der dritten Etappe, die drei Jahre dauert, wird der Unterrichtsstoff der letzten drei Elementarschuljahre vermittelt. Der Schulbesuch endet mit dem staatlichen Abschluss der Elementarschule CFEE (MEN, 2012, S. 8f.). In diesem neuen Modell ist die Koranschule mit dem Vorschulbereich verzahnt.

5. Fazit

Ein halbes Jahrhundert nach der politischen Unabhängigkeit sieht sich Senegal immer noch vor das Problem gestellt, ein kohärentes nationales Bildungssystem zu entwickeln. Die größte Herausforderung dabei war, ist und bleibt die Integration des islamischen und des westlichen Bildungssektors. In der hier vertretenen Sichtweise wurde davon ausgegangen, dass die Bewältigung verschiedener historisch ererbter Bildungstraditionen nicht nur im ‚Sieg' eines Modells über das andere bestehen, sondern gegenseitige Durchdringungen und Neuschöpfungen zur Folge haben kann. Nachdem bis zur Jahrtausendwende zwar Bildungsexpansion, aber kaum strukturelle

Modifikationen zu verzeichnen waren, hat die *Bildungssystementwicklung* in Senegal in den letzten zehn Jahren deutlich an Dynamik gewonnen. Ausschlaggebend scheint hierfür die Abkehr vom laizistischen Prinzip französischer Prägung zu sein, die sich in der 2004 erlassenen Neufassung des Bildungsgesetzes von 1991 spiegelt und die nicht nur die Einführung von Religionsunterricht, sondern pro-aktive staatliche Initiativen zugunsten islamischer Schulformen zulässt. Villalón & Bodian (2012) schätzen die gesamten Entwicklungen als eine grundlegende Reform des senegalesischen Bildungswesens ein. Als tonangebend sehen sie hierbei die ‚hybride' Konstruktion der staatlichen franko-arabischen Schule. Diese Schulen könnten sich zum Modell öffentlicher Schulen schlechthin entwickeln; sie könnten die *daaras* letztendlich ersetzen oder verdrängen, aber auch die bisherige staatliche Regelschule überformen und die restlichen Schulen (z.B. katholische oder säkular ausgerichtete Schulen) auf ihren Platz als staatlich anerkannte Privatschulen verweisen. Die derzeit anlaufende Reform stelle mehr als die bloße Einführung eines neuen Typs staatlicher franko-arabischer Schulen und einer Modernisierung der *daaras* dar, sie gehe weit darüber hinaus: „Elle marque une transition qui inaugurerait ce qu'on pourrait bien considérér comme la fin de l'école coloniale et la naissance d'une école nouvelle" (ebd., S. 43).

Noch ist es nicht so weit; denn die Reformideen sind bei weitem nicht umgesetzt und niemand weiß, wie sie letztendlich gehandhabt werden. Sollte die Diagnose aber zutreffen, dann wäre – so die in diesem Beitrag vertretene These – der nachkoloniale Systembildungsprozess im senegalesischen Bildungswesen zu einem (jedenfalls längerfristig gültigen) Abschluss gekommen. Aus den zwei historisch ererbten unverbunden nebeneinander existierenden Bildungswesen westlichen und islamischen Typs wäre ein ‚nationales islamisches Bildungssystem' geworden. Es bleibt abzuwarten, ob und wann dieser Fall tatsächlich eintritt.

Literatur

Adick, C. (1981). Bildung und Kolonialismus in Togo. Eine Studie zu den Entstehungszusammenhängen eines europäisch geprägten Bildungswesens in Afrika am Beispiel Togos (1850–1914). Weinheim u. a.: Beltz.

Adick, C. (1992). Die Universalisierung der modernen Schule. Eine theoretische Problemskizze zur Erklärung der weltweiten Verbreitung der modernen Schule in den letzten 200 Jahren mit Fallstudien aus Westafrika. Paderborn: Schöningh.

Adick, C. (1997). Formale und nonformale Grundbildung in Afrika – Komplementarität oder Konkurrenz? In: Kodron, C. u.a. (Hrsg.) Vergleichende Erziehungswissenschaft. Herausforderung – Vermittlung – Praxis, Bd. 2, (451–467). Köln: Böhlau.

Adick, C. (2013). Bildung in Subsahara-Afrika. In: Adick, C. (Hrsg.). Bildungsentwicklungen und Schulsysteme in Afrika, Asien, Lateinamerika und der Karibik (125–146). Münster u. a.: Waxmann.

Asdonk, B. (2002). Religionsunterricht im öffentlichen Schulwesen? Eine senegalesische Debatte und ihre globalen Bezüge. In: Wiegelmann, U. (Hrsg.) Afrikanisch – europäisch – islamisch? Entwicklungsdynamik des Erziehungswesens in Senegal (135–162). Frankfurt/Main: IKO-Verlag für interkulturelle Kommunikation.

Bouche, D. (1975). L'Enseignement dans les Territoires Français de L'Afrique Occidentale de 1817 à 1920. Mission civilisatrice ou formation d'une élite? Université de Lille III – Paris.

Charlier, J.-E. (2002). Le retour de Dieu: l'introduction de l'enseignement religieux dans l'école de la République laique du Sénégal. In: Education et Sociétés. Heft 2, (95–111).

Charlier, J.-E. (2004). Les écoles au Sénégal: de l'enseignement officiel au daaras, les modèles et leurs répliques. In: Cahier de la recherche sur l'éducation et les savoirs. Heft 3, (39–57).

D'Aoust, S. (2012). L'Effectivité du Droit à l'Education au Sénégal. Le cas des enfants talibés dans les écoles coraniques. Paris: L'Harmattan.

Daun, H. (1980). Contradiction and Correspondence in Education. Cases from Senegal and Guinea-Bissau. Institute of International Education. Stockholm University.

ENDA Tiers-Monde Jeunesse Action (2005). Situation des enfants dans les écoles coraniques au Sénégal. JEUDA No. 114. Dakar: ENDA TM.

Huet-Gueye, M./de Léonardis, M. (2009). L'école publique au Sénégal: Approche psychosociale des pratiques parentales de (non)scolarisation et des expériences éducatives des enfants. In: International Review of Education, 55. Jahrgang, Heft 4, (367–391).

Loimeier, R. (2001). Säkularer Staat und islamische Gesellschaft. Die Beziehungen zwischen Staat, Sufi-Bruderschaften und islamischer Reformbewegung in Senegal im 20. Jahrhundert. Münster u. a.: LIT-Verlag.

Loimeier, R. (2002). Je veux étudier sans mendier: Die Kampagne gegen die Koranschulen in Senegal. In: Wiegelmann, U. (Hrsg.) Afrikanisch – europäisch – islamisch? Entwicklungsdynamik des Erziehungswesens in Senegal (193–219). Frankfurt/Main: IKC-Verlag für interkulturelle Kommunikation.

MEN (Ministère de l'Education du Sénégal)/Emergence Consulting (2010). Etude de la situation de référence des structures d'accueil, des structures de formation, des daaras, des enfants de la rue, des talibés, des associations de maîtres coraniques et d'autres acteurs pour les regions de Dakar, Louga, Saint-Louis et Matam. URL: http://www.daara.sn/IMG/pdf/CEV-USAID_EDB-BASELINE.pdf [Stand: 04.03.2013].

MEN (Ministère de l'Education Nationale/Inspection des Daara) (2012). Le Concept de Daara Moderne. Republique du Senegal, Avril 2012. URL: http://www.cnre.sn/index.php?tg=file man&sAction=getFile&id=6&gr=Y&path=Projets_en_cours&file=CONCEPT+DE+DAA RA+MODERNE.pdf&idf=11 [Stand: 04.03.2013].

Müller, D. K. (1981). Der Prozeß der Systembildung im Schulwesen Preußens während der zweiten Hälfte des 19. Jahrhunderts. In: Zeitschrift für Pädagogik, 27. Jahrgang, Heft 2, (245–269).

Nordtveit, B. H. (2008). Producing Literacy and Civil Society: The Case of Senegal. In: Comparative Education Review, 52. Jahrgang, Heft 2, (185–198).

Robert, F./Bernard, J.-M. (2005). Nouveaux enjeux pour l'école moyenne en Afrique. Brüssel: DeBoeck.

Sebald, P. (1988). Togo 1884–1914. Eine Geschichte der deutschen ,Musterkolonie' auf der Grundlage amtlicher Quellen. Berlin: Akademie-Verlag.

Valette, S./Adick, C. (2002). Entstehung und Entwicklung des französischen Kolonialschulwesens in Senegal. In: Wiegelmann, U. (Hrsg.) Afrikanisch – europäisch – islamisch? Entwicklungsdynamik des Erziehungswesens in Senegal (23–61). Frankfurt/Main: IKO-Verlag für interkulturelle Kommunikation.

Villalón, L. A./Bodian, M. (2012). Religion, demande sociale, et réformes éducatives au Sénégal. Africa power and politics, Research Report 05 (Avril 2012). URL: http://www.dfid.gov.uk/r4d/PDF/Outputs/APPP/appp-research-report5-avril-2012.pdf [Stand: 04.03.2013].

Wiegelmann, U. (1994). Die Koranschule – eine Alternative zur öffentlichen Grundschule in einem laizistischen Staat? Ein Fallbeispiel: die Republik Senegal. In: Zeitschrift für Pädagogik, 40. Jahrgang, Heft 2, (803–820).

Wiegelmann, U. (2002a). Allgemeine Bildungspolitik in Senegal von 1960 bis heute. In: Wiegelmann, U. (Hrsg.) Afrikanisch – europäisch – islamisch? Entwicklungsdynamik des Erziehungswesens in Senegal (63–91). Frankfurt/Main: IKO-Verlag für interkulturelle Kommunikation.

Wiegelmann, U. (Hrsg.) (2002b). Afrikanisch – europäisch – islamisch? Entwicklungsdynamik des Erziehungswesens in Senegal. Frankfurt/Main: IKO-Verlag für interkulturelle Kommunikation.

Wiegelmann, U./Naumann, C./Faye, A. (1998). Zwischen Ausbildung und Ausbeutung: die „talibés mendiants" im Senegal. In: Adick, C. (Hrsg.) Straßenkinder und Kinderarbeit (273–292). 2. Auflage. Frankfurt/Main: IKO-Verlag für interkulturelle Kommunikation.

Bouna Niang

Lehrerausbildung in Senegal (Teil I)
Entwicklung, Programm, Qualitätssicherung

1.   Zur Einführung – aktuelle Situation und Anforderungen

Anlässlich einer Initiative der Vereinten Nationen (Konferenz in Jomtien 1990) zur Erklärung einer Bildung für alle „weltweit" hat Senegal, bemüht um eine vernünftige Entwicklung, ein zehnjähriges Programm der allgemeinen und beruflichen Bildung (Programme décennal de l'Éducation et da la Formation, PDEF)[1] aufgestellt. Ziel dabei ist es, die Qualität von Erziehung zu steigern, den Zugang zum Schulsystem zu begünstigen sowie zahlenmäßig ausreichend Lehrer und Klassensäle zu gewährleisten.

Es sollen Angebote im Bereich Erziehung nicht bloß darin bestehen, andere etwas zu lehren, vielmehr ist daran gelegen, den Lernprozess zu fördern, zu vereinfachen, den Lernenden kurz-, mittel- und langfristig qualitativ hochwertige und nachhaltige Lernerfahrungen zu ermöglichen.

Auch aufgrund eines beachtlichen Bevölkerungszuwachses, mit dem eine steigende Nachfrage der Lehrerschaft in der Grundschule einhergeht, wurden folgende Maßnahmen notwendig:

- Der Zugang zur Sekundarstufe I *(EMS Enseignement Moyen Secondaire oder Mittelstufe)* ist progressiv zu steigern. Die Einschulungsrate in der ersten Stufe der Sekundarschule, die 1990 auf 21% geschätzt wurde, soll nach den Leitlinien des Lehrplanentwurfs 2015 für alle erreicht werden, indem der Wert der Einschulungsrate von 35% nach Ablauf der Phase 1 (2003) dann auf 50% nach Ablauf der Phase 2 (2007) gebracht wird und zwar flankiert mit dem Abbau der Ungleichheiten innerhalb der Regionen, innerhalb und zwischen den Verwaltungseinheiten, zwischen städtischen und ländlichen Gebieten.

- Die Errichtung und die Entwicklung von kleinen *collèges de proximité* oder kleinen *écoles secondaires de l'enseignement moyen* sind zu diesem Zweck geplant worden. Die *collèges de proximité*, kleine Einschulungszonen in Gegenden mit geringer Bevölkerungsdichte, überschneiden sich meistens mit Entwicklungsgebieten, in denen jahrgangsübergreifend im selben Klassenzimmer unterrichtet wird.

- Die Lehrqualität erheblich aufzubessern durch die Ausbildung polyvalenter Lehrer, die nicht nur die Pro-Kopf-Kosten für das Lehrpersonal reduzieren und die Lehrer-Stundenzahlen in der ersten Stufe der Sekundarschule erhöhen sondern insbesondere das Rekrutieren von mehr qualifiziertem Lehrpersonal ermöglichen würde. Dies könnte zur Abschaffung der Kategorien der freien Lehrer und der Lehrer mit Verträgen (ohne feste Einstellung) *(enseignants vacataires, contractuels)* beitragen, die bislang nicht von einer Berufsbildung profitiert haben.

---

1   Zu den verwendeten Abkürzungen siehe auch die Übersicht im Anschluss an den Text.

Befasst und zuständig für die Ausbildung der Lehrer und andere Führungskräfte ist die *Faculté des Sciences et Technologie de l'Éducation et de la Formation* (FASTEF). Die FASTEF folgte als Institution – im Rahmen der dringend notwenigen Veränderung – auf die bis dahin zuständige *École Normale Supérieure* (ENS).

Im vorliegenden Beitrag (zunächst Teil I und dann Teil II) werden unter anderem historische Implikationen und Strategien und Inhalte der Lehrerausbildung thematisiert. Es soll dabei nicht nur um die starke Erhöhung der Studentenzahlen und den damit verbundenen Schwierigkeiten gehen, sondern auch um die Notwendigkeit für die FASTEF sich gemäß ihrem neuen Status als Bildungseinrichtung im Rahmen der LMD-Reform *(Licence, Master, Doctorat)* anzupassen und den Erziehungs- und Ausbildungssystemen einiger Länder der Subregion (Burkina Faso, Senegal, Mali, Gambia, Guinea) hochqualifiziertes Personal zur Verfügung zu stellen, das den Anforderungen *(critères de classement)* der verschiedenen öffentlichen Dienste *(Fonctions Publiques)* entspricht.

2.   Historischer Exkurs

Vor der Zeit der Unabhängigkeit(en) wurde annähernd der gesamte Unterricht von Franzosen bzw. französischem Personal gewährleistet, das waren manchmal *professeurs agrégés* oder *certifiés*, aber meistens Volks-/Grundschullehrer. Ganz Afrika zählte nur einen *professeur agrégé (Leopold Sedar Senghor)*, und die *professeurs certifiés* (Inhaber des französischen Diploms CAPES) konnte man an zehn Fingern abzählen.

Das Jahr 1958 kennzeichnet den Beginn der Gründung der afrikanischen Nationalstaaten. Zahlreiche afrikanische Länder gelangen zur internationalen Souveränität, sind aber mit Problemen konfrontiert, die insbesondere die personellen Ressourcen betreffen, wie etwa die Verfügbarkeit von zahlenmäßig ausreichend kompetenten mittleren Führungskräften und Vorgesetzten, die die zuvor zuständigen Franzosen ablösen könnten. Um diesen Defiziten schnell begegnen zu können, haben die amtierenden Regierungen die Ausbildungsstrukturen zur vorrangigen Aufgabe erklärt. In diesen Zusammenhängen hat die Regierung Senegals von 1962 an, im Einvernehmen mit der UNESCO, die Errichtung einer Bildungseinrichtung in Betracht gezogen, die Schritt für Schritt zu einer Umwandlung zur *École Normale Supérieure* de Dakar (1973) und dann 2003 zur *Faculté des Sciences et Technologies de l'Éducation et de la Formation (FASTEF)* führte. Das *Centre Pédagogique Supérieur* (CPS, 1962), entstanden mit Unterstützung des Programms der Vereinten Nationen für die Entwicklung (PNUD), hatte zur wesentlichen Aufgabe, mittlere Führungskräfte, Lehrer für das *Collège d'Enseignement Général (CEG)* für das senegalesische Bildungssystem auszubilden.

Die ersten Jahrgänge wurden durch Wettbewerb unter Lehrern rekrutiert, die den pädagogischen Befähigungsnachweis (CAP) besaßen, eine zweijährige Ausbildung mit akademischen und berufsbezogenen Kenntnissen angeschlossen hatten und eine Befähigung für den Unterricht in den *Collège d'Enseignemet Général (CAE CEM)* nachweisen konnten. Dieser Bildungsgang, der vier Auswahlmöglichkeiten bietet, ist dadurch gekennzeichnet, dass seine Absolventen zwei Fächer unterrichten:

- *Lettres-Anglais (L.A)* (Französisch und Englisch)
- *Lettres-Histoire et Géographie (L.HG)* (Französisch, Geschichte bzw Geographie)
- *Mathématiques-Sciences Physiques (M.S.P)* (Mathematik und Physik)
- *Mathématiques-Sciences Naturelles (M.SN)* (Mathematik und Naturwissenschaft)

Die Betreuung der Referendare wurde hauptsächlich von Experten gewähreistet, die durch die UNESCO unter Franzosen, Belgiern und Schweizern rekrutiert wurden. Diesen wurden Senegalesen zur Seite gestellt, die vorher eine weiterführende/ergänzende Ausbildung an der École Normale Supérieure von Saint-Cloud in Frankreich absolviert hatten.

Nach der Unabhängigkeit, im Jahre 1975, einer Etappe der neuen Entwicklung der Lehrerausbildung und ihrer Einrichtung, wurde die École Normale Supérieure beauftragt, außer den Lehrern des Collèges, Kontrollgremien *(des cadres de contrôle)* im Bereich der Vorschulerziehung und der Grundschule *(Inspecteurs und Inspecteurs adjoints de l'Éducation Préscolaire, Inspecteurs de l'Enseignement Élémentaire)* sowie Lehrer der Mittleren Schule (PEM) und Lehrer der Sekundarstufe II (PES) auszubilden. Die Sektionen und Departements diversifizierten sich, und man unterschied von nun an:

- Die section F1, die mit der Ausbildung der Lehrer beauftragt wird: F1A: *Professeurs d'Enseignement Moyen (PEM)* (Lehrer der Sekundarstufe I); F1B: *Professeurs d'Enseignement Secondaire (PES)* (Lehrer der Sekundarstufe II): F1C: *Professeurs de Collèges d'Enseignement Moyen (PCEM)* (Lehrer für kleine Mittlere Schulen, die an keinem Gymnasium angeschlossen sind).
- die section F2, die mit der Ausbildung des „cadres de contrôle" beauftragt wird; F2A: les Inspecteurs adjoints[2]; der Vorschulerziehung und der Grundschule; F2B: Inspektoren der Vorschulerziehung und der Grundschule (laut Dekrets Nr. 81–1206 vom 8. Dezember 1981 wird die Ausbildung der Inspektoren von einem auf zwei Jahre erhöht).
- Die section F3 wird mit der Ausbildung der pré-normaliens (Volkschullehrer, die das Abitur absolviert haben und nun gleichzeitig an der Facultés des lettres bzw. Faculté des Sciences weiterstudieren und sich einer pädagogische Ausbildung an der ENS/FASTEF unterziehen) und der normaliens instituteurs beauftragt.

Die *École Normale Supérieure* wechselte von dem Status eines Universitätsinstituts zu einer *École Nationale Universitaire*, einer juristischen Person des öffentlichen Rechts mit eigener Haushaltsautonomie. Diese Einrichtung sollte eine Rolle ersten Ranges bei der Einführung einer *École Nouvelle* spielen. Die Richtlinien der École Nouvelle wurden anlässlich der *États Généraux* der allgemeinen und beruflichen Bildung Ende

---

2   In dem Anfangsprojekt war diese Personalkategorie für die Direktion von Schulen mit wenigstens 12 Klassen zur Betreuung des Lehrpersonals vorgesehen. Aus Mangel an Inspektoren waren die Erziehungsbehörden gezwungen, sie größeren Verwaltungsbezirken zuzuweisen.

Januar 1981 in Dakar bereits auf den Weg gebracht und dann durch das Gesetz Nr. 91–22 vom 16. Februar 1991 stabilisiert wurden (Rahmengesetz des allgemeinen und beruflichen Bildungssystems).

Ihre Aufgaben erweiterten sich zudem mit der Einführung neuer Strukturen und Studiengänge:

- 1994 der UNESCO-Lehrstuhl für Erziehungswissenschaft (CUSE), der beauftragt ist mit der Ausbildung von Doktoranden der Erziehungswissenschaft und von Erziehungsexperten der Subregion (Sahel–Region).
- Der emeritierte Professor Jean-Marie de KETELE hat in Zusammenarbeit mit seinem senegalesischen Amtskollegen Professor Hamidou Nacuzon SALL den Aufbau eines Lizenz- und eines Masterstudienganges in dieser Disziplin im Jahre 2002 gefördert.
- 1998 das *Centre d'Application, d'Etudes et de Recherche en Enseignement à Distance (CEERENAD)*, um den Fernunterricht (siehe Teil II) in der Sahelzone (Sous–Région) zu fördern und zu intensivieren.

Die FASTEF ist als Ersatz für die *École Normale Supérieure* durch das Gesetz Nr. 2008–40 vom 2. August 2008 über die Errichtung der Fakultät des *Sciences et Technologies de l'Éducation* et de la Formation der Universität Cheikh Anta DIOP zu Dakar (UCAD) konzipiert worden, um die neue Bildungspolitik Senegals umzusetzen und beruht auf den folgenden Grundsätzen: die Zunahme der Bildungsangebote; die Überarbeitung der *carte universitaire* (Verteilung der senegalesischen Universitäten); die tatsächliche Übernahme der drei grundlegenden Aspekte dieser Bildungspolitik: Qualität, Gerechtigkeit und Verwaltung. Und es geht darum,

1) den zahlenmäßig höchsten Zugang zur pädagogischen Ausbildung zu gewährleisten:
   - so viele Lehrer und Inspektoren der Erziehung auszubilden, wie das senegalesische Erziehungssystem benötigt. Damit die Zielsetzungen erreicht werden können.
   - Lehrpersonal für die Ausbildung und die Betreuung fachbezogener Tätigkeiten.
2) Unterricht und Forschung in die grundlegenden Disziplinen der Erziehungswissenschaften als Aufgaben der Fakultät zu integrieren. Die Aufgaben der FASTEF lassen sich unterscheiden in: Verwirklichung von Erst- und Fortbildung der Lehrer und der Ausbilder; Gewährleistung von Unterricht und Forschung in den grundlegenden Disziplinen der Erziehungswissenschaften und -technologien und in der Didaktik; Verwirklichung von Erst- und Fortbildung der Betreuer und Verwalter des Erziehungswesens sowie Entwurf, Herausgabe und Evaluierung von didaktischem Material.

3. Ausbildungsplan, Aufgaben, Qualifikationen für angehende Lehrer

3.1 Prinzipien, Methode, Kenntnisse

Gemäß den Grundsätzen der Lehrerausbildung soll der künftige Lehrer bereit sein, vier Bereiche von Aufgaben auszuführen: (1) Unterrichten/Informieren, Erziehen/ Ausbilden, den Schülern helfen, sich in Lebensumständen zurecht zu finden *(faciliter la conquete du milieu)*; (2) Betreuen und Anregen hinsichtlich außerschulischer und nachschulischer Tätigkeiten (sozialpädagogischer Rahmen); (3) Schulverwaltung: in Hinblick auf leitende Funktionen und Schulberatung; (4) Forschen über das Kind, die Erziehung/Bildung und das Schulsystem. Dabei muss jedoch eingeräumt werden, dass die Unterrichtsaufgaben (de facto) überwiegen.

Was die Methode anbelangt, so geht es darum, den angehenden Lehrer auf theoretischer, und insbesondere praktischer und methodologischer Ebene auszubilden und ihn in die Lage zu versetzen, im Laufe seines Praktikums Verantwortung zu übernehmen für Belange, mit denen er auch in seinem Beruf konfrontiert sein wird.

Die Ausbildung zielt auf den Erwerb verschiedener Kenntnisse und Fähigkeiten ab:

1) Kenntnisse: Gemeint ist damit die Beherrschung der Inhalte eines Fachs im Bereich der Literatur oder der Wissenschaften sowie Kenntnis über die Techniken der Zugänge zu den Inhalten dieser Fächer (Bibliografie, Dokumente, Sammlungen u.a.); Kenntnis über die senegalesische Gesellschaft, das senegalesische Kind und die senegalesischen Jugendlichen; Kenntnis über Verwaltung, über die Grundprinzipien der Geschäftsführung, über den öffentlichen Dienst, über die die Schule betreffende Gesetzgebung und über die Schülerorientierung; Kenntnis über Grundsätze der *psychométrie*, über die *docimologie*; Kenntnis über Kommunikationstechniken; Kenntniss in Informatik und Schulplanung.

2) Know-how *(savoir-faire)*: Gemeint ist damit die Fähigkeit, didaktische Materialien zu benutzen, zu planen, zu verwirklichen (Tafeln, Erzählungen, Dokumente u.a.) sowie: Fähigkeit, audiovisuelle Materialien zu handhaben (optisch, sonor u.a.); Fähigkeit, fachbezogene Kenntnisinhalte zu übermitteln; Fähigkeit, Lehr-/ Lernsituationen entsprechend zu evaluieren; Fähigkeit, zu beobachten; Fähigkeit, pädagogische Zielsetzungen zu formulieren, zu operationalisieren; Einführung in Technologien produktiver Arbeit.

3) *Savoir-être*: Gemeint ist die Wahrnehmung der Aufgaben und der Anforderungen der Erziehungs-, Bildungsfunktion sowie: Wahrnehmung der sozialen Funktionen des Lehrers, der Beziehungen mit den Schülern, den Eltern, dem sozialen Umfeld, den Verwaltern und den Schulbehörden; Anregen von Entwicklungsmaßnahmen (Kulturkreisen, Klubs, Assoziationen u.a.); Professionalisierung hinsichtlich der Beziehungen mit den Unternehmen, den sozioökonomischen Organisationen.

3.2 Programm, Curriculum

Das Programm, das Curriculum der angehenden Lehrer enthält eine theoretische Ausbildung, eine methodologische und praktische Ausbildung und Unterricht zu ethischen Fragen des Lehrerhandelns.

1) Die theoretische Ausbildung umfasst das Studium der Curricula und der offiziellen Handreichungen/Instruktionen der beiden Formen/Stufen der Sekundarschule *(moyen et secondaire)* in Hinblick auf deren interne Struktur, Umfang, gegenseitige Beziehungen, Progression und in Hinblick auf den Erwerb und die Beherrschung der Grundsätze und der Kommunikationstechniken, die den verschiedenen Niveaus der Schüler in jedem Fach entsprechen. Die Aneignung dieser Kenntnisse wird durch die Ausarbeitung pädagogischer Pläne, pädagogischer Versuche und durch die Bewertung sowie das Herstellen etwa von Dokumenten, von Statistiken, Schemata, Plänen und Skizzen durchgeführt.

2) Die pädagogische Psychologie und die berufliche Ausbildung umfassen eine Einführung in die pädagogische Psychologie in der Form von gemeinsamen Kursen, in denen der Akzent auf die Hauptphasen des Heranwachsens, auf die pädagogischen Zielsetzungen und die Evaluierung der Lernergebnisse gelegt wird sowie eine allgemeine (pädagogische Fragen in der Klasse und in der Einrichtung ungeachtet des gelehrten Faches) und eine spezifische pädagogische Ausbildung (Untersuchung der Probleme, die das Unterrichten speziell betreffen).

3) Im Kontext des theoretischen Studiums der Geschichte der Erziehung werden zur Vervollständigung und zur Veranschaulichung die wichtigsten Konzepte *(doctrines)* und Bildungssysteme weltweit und insbesondere im französisch sprechenden Afrika südlich der Sahara näher betrachtet.

4) Im Rahmen von Übungen und praktischen Anwendungen werden allgemeine und spezielle Informationen illustriert. Dabei werden Tests, Soziogramme, Untersuchungen, Kontrollen, Notizen und Beurteilungen von Schülerleistungen *(docimologie)* behandelt.

3.3 Methodologische und praktische Ausbildung

Die methodologische und praktische Ausbildung zielt darauf ab, das Handeln zu fördern, das für die wirksame und kompetente Umsetzung der Unterrichtsaufgaben bei angehenden Lehrern notwendig ist. Diese Ausbildung verläuft in mehreren Phasen und unter unterschiedlichen Bedingungen:

1) an der FASTEF im Rahmen von Versuchslektionen (komplett oder in Ausschnitten) (Micro-Teaching) mit sofortiger Besprechung, die zur besseren Beherrschung der pädagogischen Handlung führen soll.

2) an einer Ausbildungsschule (lycée d'application) und in den Versuchsklassen anderer Schulen der Sekundarstufen in Dakar im Rahmen eines vertiefenden Praktikums mit eigener Verantwortlichkeit und Teilnahme an den Unterrichtsaufgaben,

an den Klassenarbeiten, an den Klassen- und Disziplinräten sowie an den Treffen mit den Eltern.

3) eine praktische Einführung in Informatik soll dem angehenden Lehrer bei der Erstellung und Handhabung von Texten, von audiovisuellen Geräten (Retroprojektor, Diapositivprojektor, Kamera, Foto und Magnetoskop) helfen.

3.4   Ethik, Kultur und Schulgesetzgebung

Mehr als jeder andere muss sich der angehende Pädagoge streng und genau an allgemeingültige Regeln und Grundsätzen der Moral halten. Der darauf abgestimmte Unterricht behandelt Fragen wie: Sinnhaftigkeit der Aufgabe des Lehrers und dessen Verantwortung gegenüber dem Staat und den Familien; Anforderungen der Erziehungs- und Bildungsfunktion (Allgemeinbildung, Toleranzen, intellektuelle Redlichkeit …); Ethik und Sittenlehre im Lehrerberuf; allgemeiner Status des Lehrers als Beamter, besonderer Status als Lehrer; soziale Anerkennung des Lehrers, sein Ansehen, sein öffentliches und privates Verhalten; soziale Funktionen des Lehrers, seine Beziehungen zu den Schülern, den Eltern, dem sozialen Umfeld, den Behörden und zum Staat.

Zur Ausbildung *d'animation d'activités para, peri ou postscolaires* (parallel zu, während/in Schule/Unterricht, nach Feierabend) gehören ein Kurs in afrikanischer Kultur und Zivilisation, um den angehenden Lehrer besser zu verwurzeln *(enraciner le futur professeur)* sowie Kurse, um die Ausdrucks- und die Kommunikationsfähigkeit zu verbessern. Zudem sind Sitzungen *d'animation pédagogique* und punktuelle Angebote in Bereichen wie Sport, Kunst, Malerei, Foto und Kino vorgesehen.

In dem Ausbildungssegment zur Schulverwaltung werden grundlegende Texte und Strukturen der Verwaltung sowie der finanziellen Geschäftsführung Senegals behandelt. Es geht des Weiteren um Strukturen des Bildungsministeriums, gesetzliche Regelung in Gymnasien und in der Sekundarstufe I, gesetzliche Regelung der regelmäßigen Leistungskontrolle und der Versetzung in die nächste Klasse sowie Klassenarbeiten/ Prüfungen, Klassenräte, Disziplin, Arztbesuche, Abwesenheiten und Urlaub. Zudem sind praktische Übungen zur Simulation der Ausübung des Amtes eines Schulleiters oder eines Studienrats vorgesehen.

Eine Ausbildung (zwei Ebenen) mit einer akademischen ergänzenden Ausbildung, die den Niveaus der 1. und 2. Jahre des ersten Zyklus der Fakultäten der Wissenschaften und der Geisteswissenschaften entspricht, wird den Referendaren des Kollegiums [F1C] angeboten.

4. Evaluierung

Die Versetzung in das zweite Jahr betrifft die F1C1[3] und F1B1 Referendare. Für beide Fälle (Versetzung in F1C2 bzw. in F1B2) wird die Versetzung auf der Basis einer regelmäßigen Evaluierung im Laufe des ersten Jahres vollzogen.

Es ist nicht erlaubt, das erste Jahr zu wiederholen (wenn die Prüfung/Evaluation nicht bestanden wird). Die Referendare, die die Versetzungsprüfung ohne Erfolg abgelegt haben, werden entweder ausgeschlossen (wenn sie ehemalige Studenten sind) oder dem Ministerium, dem sie angehören, (wenn sie als Referendare zur Weiterbildung ihres Amtes befreit worden sind) zur Verfügung gestellt.

Die Abschlussprüfungen, die den Akzent eher auf die Praxis als auf die Theorie legen, führen zur Ausstellung folgender berufsbezogener (titre professionels) Zeugnisse:
1. *Le Certificat d'Aptitude à l'Enseignement Secondaire (CAES)*
2. *Le Certificat d'Aptitude à l'Enseignement Moyen (CAEM)*
3. *Le Certificat d'Aptitude à l'Enseignement dans les collèges d'enseignement Moyen (CAECEM)*

So erstrecken sich die Prüfungen über die beiden folgenden Phasen (I und II):
I   *Interne Evaluierung* bestehend aus:
   A   Eine regelmäßige Leistungskontrolle, die die Vergabe einer Zensur erlaubt, in:
      1   *Savoirs*: Fachwissen: Methodik, Studium der Curricula; Pädagogische Psychologie.
      2   *Savoir-faire* et *savoir-être*
   B   Schriftliche und mündliche Prüfungen:
      1   Schriftlich: Fachdidaktik, Recht und Gesetze, Pädagogische Psychologie
      2   Mündlich: Fachspezifische Herstellung (Dauer zwei Stunden) und Verteidigung eines pädagogischen Lehrskripts (Dauer 45 Minuten)
      3   die pädagogische Abhandlung über den Unterricht mit Berücksichtigung aller pädagogisch-psychologischen Folgen.
II   *Externe Evaluierung*:
Der Referendar muss zwei praktische Prüfungen (Leistungen) in zwei unterschiedlichen Klassen ablegen. Für die Anwärter des CAES (Lehrbefähigung im Gymnasium) findet eine dieser Prüfungen in einer Klasse der Sekundarstufe II (Enseignement Secondaire) statt. Der Erfolg in diesen beiden Prüfungen ist für die Zulassung entscheidend und wird hoch veranschlagt. Die externe Evaluierung ist mit dem hohen Koeffizienten 10 versehen (die anderen werden höchstens mal 4 genommen).

---

3   Siehe oben: 2. Historischer Exkurs.

Literatur

Bulletin de l'Éducation en Afrique Occidentale Française (Dezember 1944–Januar 1945). L'enseignement des langues vivantes, (41).

Bulletin de l'Enseignement en Afrique Occidentale Française (Dezember 1918–Januar 1919). Chronique de l'Énseignement en Afrique Occidentale Française, (2–9).

Bulletin de l'Enseignement en Afrique Occidentale Française (1950). L'enseignement des langues vivantes, (34–35).

Peuvergne, J. (1909). Rapport sur l'organisation de l'enseignement secondaire à St-Louis. Colonie du Sénégal. St-Louis: Imprimerie du gouvernement.

Notes et Rapports sur le programme et le développement de l'éducation indigène. (1920–1922). Archives Nationales de la République du Sénégal O. 28, (31).

Abkürzungen

SIGLES EMPLOYES

F1:	1ère Section de Formation
F2:	2ème Section de Formation
F2 A:	Département de la Section F2 (Stagiaires en probatoire ou Conseillers pédagogiques)
F2 B:	Département de la Section F2 (Inspecteurs de l'Enseignement)
F3:	3ème Section de Formation (Instituteurs admis à la FASTEF en vue de leur inscription en première année ou du premier ou du second cycle de la Facultés des Lettres ou de la Faculté des Sciences et techniques).
C.A.E.M.:	Certificat d'Aptitude à l'Enseignement Moyen
C.A.E.S.:	Certificat d'Aptitude à l'Enseignement Secondaire
CAE-CEM:	Certificat d'Aptitude à l'Enseignement dans les Collèges d'Enseignement Moyen
C.M.:	Certificat de Maîtrise
C.A.I.E.E./CAIE.PS:	Certificat d'Aptitude à l'Inspectorat de l'Enseignement Elémentaire ou de l'Éducation préscolaire
CAIA.EE/CAIA. PS:	Certificat d'Aptitude aux fonctions d'inspecteur-adjoint de l'Enseignement Elémentaire ou de l'Education Préscolaire
CAP:	Certificat d'Aptitude Pédagogique
PEM:	Professeur d'Enseignement Moyen
PES:	Professeur d'Enseignement Secondaire
P.CEM:	Professeur de Collège d'Enseignement Moyen
IEE:	Inspecteur de l'Enseignement Préscolaire
IEPS:	Inspecteur de l'Éducation Préscolaire
IAEE:	Inspecteur Adjoint de l'Enseignement Elémentaire
IAEPS:	Inspecteur Adjoint de l'Éducation Préscolaire
DEPEE:	Direction de l'Éducation préscolaire et de l'Enseignement élémentaire
DPRE:	Direction de la Planification et de la Réforme de l'Éducation

EFI:	École de Formation des Instituteurs
EGF:	États Généraux de l'Éducation et de la Formation
ENS:	École Normale Supérieure
INEADE:	Institut National d'Étude et d'Action pour le Développement de l'Éducation
ME:	Ministère de l'Éducation
NTCI:	Nouvelle Technologie de l'Information et de la Communication
ONG:	Organisation Non gouvernementale
PDEF:	Programme Décennal de l'Éducation et de la Formation
UCAD:	Université Cheikh Anta Diop de Dakar

Harisoa Tiana Rabiazamaholy

Der Fernunterricht in der Lehrerausbildung in Senegal (Teil II)

Erste Befunde und offene Fragen

Vorbemerkung

Inwiefern kann der Fernunterricht in der Lehrerausbildung zur Beseitigung überfüllter Schulklassen in der Sekundarstufe des senegalesischen Schulsystems beitragen und inwiefern kann die Qualität der pädagogischen Ausbildung an der *Faculté des Sciences et Technologies de l'Éducation et de la Formation* (FASTEF) erhalten oder besser noch gesteigert werden? Der vorliegende Beitrag versucht diese grundsätzliche Frage zu beantworten, die vor über 30 Jahren zur Einrichtung und zur Konsolidierung des „klassischen" Fernunterrichts an der FASTEF geführt hat, der mittlerweile online verfügbar ist. Der Akzent wird dabei auf dem Online-Fernunterricht liegen und erste vielversprechende Ergebnisse einer dreijährigen Versuchsphase beleuchten. Der erste Teil beschreibt die Rahmenbedingungen zur Einführung des Fernunterrichts und der zweite Teil widmet sich stärker der Durchführung des Fernunterrichts.

1.   Rahmenbedingungen zur Einführung des Fernunterrichts als Einrichtung der Lehrerausbildung

Mit der Einführung des PDEF-Programms (zehnjähriges Programm der allgemeinen und beruflichen Ausbildung) sind im Bildungssektor in Senegal wichtige Veränderungen verbunden, die grundlegend das Funktionieren, die Modalitäten der Finanzierung sowie Formen/Strukturen und Bedarf im Bereich Bildung und Ausbildung betreffen.

Der drastische Zuwachs der Schülerzahlen im letzten Jahrzehnt und die Vorgabe aus dem PDEF-Programm, alle Kinder im Alter von sieben Jahren an einzuschulen, mit Nachdruck auf die Einschulung der Mädchen und deren Verbleib in der Schule, haben rasch zu überfüllten Klassenzimmern in der Sekundarstufe geführt. Zudem hat die steigende Übergangsquote von Schülerinnen und Schülern der Grundschule zu überfüllten Klassen der Collèges und Gymnasien geführt, was wiederum zu einem erheblichen Mangel an Lehrpersonal in beiden Niveaus der Sekundarschule (Collège, Lycée) und dort insbesondere in den unteren Stufen zur Folge hatte.

Um diesem Mangel zu begegnen, stellte die senegalesische Regierung seit etwa zehn Jahren um die tausend freiberufliche (vacataire) Lehrer pro Jahr ein. Diese werden unter den Abiturienten, den Absolventen mit Licence (vergleichbar etwa mit dem deutschen Ersten Staatsexamen) und Magistern (Maitrise) ausgesucht und verfügen in der Regel über keine pädagogische Ausbildung. Unter diesen Umständen stellt sich die

Frage nach der Qualität des Unterrichts. Die FASTEF, die anstelle der ehemaligen lehrerbildenden École Normale Supérieure (ENS) entstand, um die Herausforderungen der Lehrerausbildung zu meistern, und deren Kapazität jährlich auf 450 Referendare begrenzt ist, sah sich nicht mehr in der Lage, die Nachfrage zu decken. An der FASTEF bemühte man sich in den Universitätsjahren 2001–2008 während der Schulferien um Aus- bzw. Fortbildungsangebote für die freiberuflichen Lehrer. Im Großen und Ganzen kann weder das traditionelle Schulsystem noch die bestehende Lehrerausbildung den neuen Herausforderungen nachkommen, die mit dem raschen Zuwachs der Nachfrage an Lehrpersonen im Bereich der Sekundarschule zusammenhängen.

Angesichts der immer größer werdenden Anzahl der Abiturienten, die sich eine Ausbildung *intra muros* wünschen, und angesichts der großen Anzahl der abgelehnten Bewerbungen zur universitären Lehrerausbildung fügt sich die Einführung eines pädagogischen Fernunterrichts (für freiberufliche Lehrer und Lehrer, die vertraglich gesichert aber (noch) nicht verbeamtet sind) in das Ausbildungsmodell der FASTEF und in die Empfehlungen[1] der weltweiten UNESCO Konferenz zur Hochschulbildung ein, die vom 5. bis zum 8. Juli 2009 in Paris stattfand.

Die nachstehende Tabelle stellt eine Übersicht der Bewerber dar, die zwischen 2003 und 2009 ohne pädagogische Ausbildung im Schuldienst sind. Die mit 6266 bezifferte Gesamtzahl umfasst alle freiberuflichen (vacataire) Lehrer, die seit 2003 ohne pädagogische Ausbildung im senegalesischen Schuldienst eingesetzt wurden.

Programme de Formation à distance des Enseignants

Générations / NIVEAUX	2003 - 2004	2004 - 2005	2005 - 2006	2006 - 2007	2007 – 2008	2008 - 2009
BAC	110	895	1043	1095	551	669
LICENCE	10	266	288	360	104	251
MAITRISE	08	155	104	128	105	125
TOTAL	**128**	**1315**	**1435**	**1583**	**760**	**1045**

TOTAL : 6266

FASTEF, 2012

Abbildung 1:   Anzahl derer, die 2003–2009 ohne pädagogische
Ausbildung in den Lehrerberuf eingetreten sind[2]

---

1   Diese Konferenz empfahl den Zugriff auf das E-Learning zur Verdoppelung der Lehrerzahl in den Ländern der südlichen Hemisphäre.
2   Aus den Archiven des Zentrums für Fernunterricht. Dakar: FASTEF.

2. Der Fernunterricht an der FASTEF

Angesichts der Unterschiede in den von diesen *„volontaires de l'éducation"* des Schulsystems erreichten (akademischen) Niveaus hat die FASTEF einen hybriden Fernunterricht eingesetzt, der (a) den Abiturienten fachbezogene Veranstaltungen parallel zu einer mit ausgedrucktem Lernmaterial unterstützten pädagogischen Ausbildung anbietet und (b) für die Absolventen mit Licence und Magister eine exklusive pädagogische Ausbildung als E-learning-Angebot vorsieht.

Um die Lehrerausbildung zu harmonisieren und deren Qualität zu erhalten, erfüllen diese beiden Ausbildungsformen/-angebote die Forderungen des innerhalb der FASTEF gültigen Ausbildungsmodells. Dieses umfasst einen theoretischen Teil, der mit einer internen Evaluation abgeschlossen wird, und ein Praktikum bei einem festangestellten Lehrer der Sekundarstufe, das mit einer externen Evaluation abgeschlossen wird.

2.1 Die beiden Bildungsgänge für Fernunterricht

Den Studienanfängern (Abiturienten) wird eine mit schriftlichen Dokumenten unterstützte zweijährige Ausbildung erteilt. Die Ausbilder der FASTEF verfassen die Dokumente und stellen diese zur Verfügung. Die Kosten für die Dokumente übernimmt das zuständige Erziehungsministerium. Die Dokumente werden den Kandidaten von Beginn des ersten Studienjahrs an bei dem ersten Zusammentreffen (siehe unten) unentgeltlich ausgehändigt. Bei den Studienanfängern wird im ersten Jahr der Akzent auf die Förderung des allgemeinen akademischen und fachlichen Niveaus gelegt. Erst im zweiten Jahr beginnt für sie die eigentliche pädagogische Ausbildung. Dieser Lehrgang wird als F1C gekennzeichnet (siehe Beitrag Niang in diesem Band).

Absolventen mit Licence und Absolventen mit Maîtrise/Magister[3] wird (anders als bei den Studienanfängern) kein allgemein akademischer/fachlicher Unterricht erteilt, ihnen werden einjährige bzw. zweijährige Online-Kurse auf der Moodle-Plattform angeboten. Diese Kurse sind ebenfalls von den Ausbildern der FASTEF verfasst. Ehe sie zur Verfügung gestellt werden, werden sie von dem Fachbereichsrat und dem wissenschaftlichen Rat der Fakultät gesichtet. Jeder Fachbereich beauftragt einen Kursverantwortlichen mit der Inszenierung und der Online-Setzung der Lernstoffe. Letzterer ist ebenfalls damit beauftragt zu kontrollieren, wie oft und wie fleißig Referendare, Tutoren und auch die Verfasser der Kurse die Webseiten besuchen.

Beide Ausbildungsgänge werden mit einem „diplôme professionnel" (berufsbezogenes Diplom) bescheinigt. Es handelt sich um die einzigen Diplome, die einem senegalesischen Lehrer erlauben, in den öffentlichen Dienst einzutreten und dort Karriere zu machen.

---

3 Als F1AB-Lehrgang gekennzeichnet.

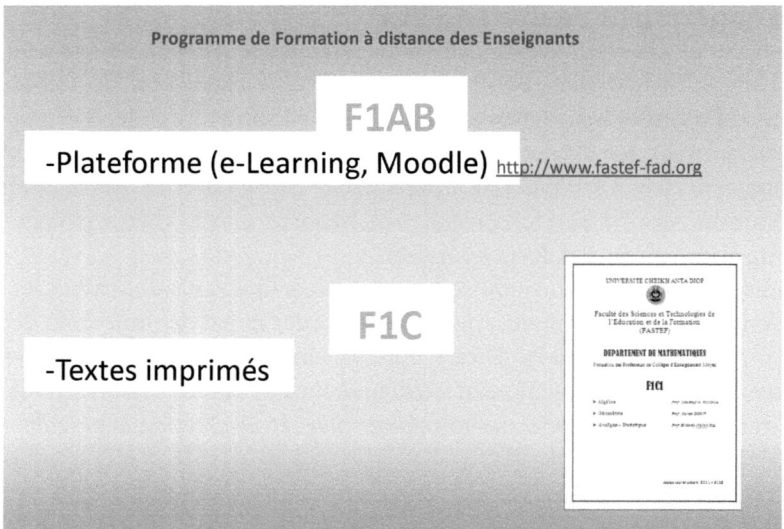

Abbildung 2:   Die beiden Lehrgänge des Fernunterrichts F1AB : Online-Pogramm
für Lizenziaten und Magister/Maîtrise; F1C für Abiturienten[4]

2.2   Die verschiedenen Phasen der Fernausbildung

Wie wird nun die Ausbildung tatsächlich umgesetzt und verwirklicht? Zunächst
möchte ich auf die in der folgenden Tabelle dargestellte Gestaltung der Bildungsgänge
näher eingehen:

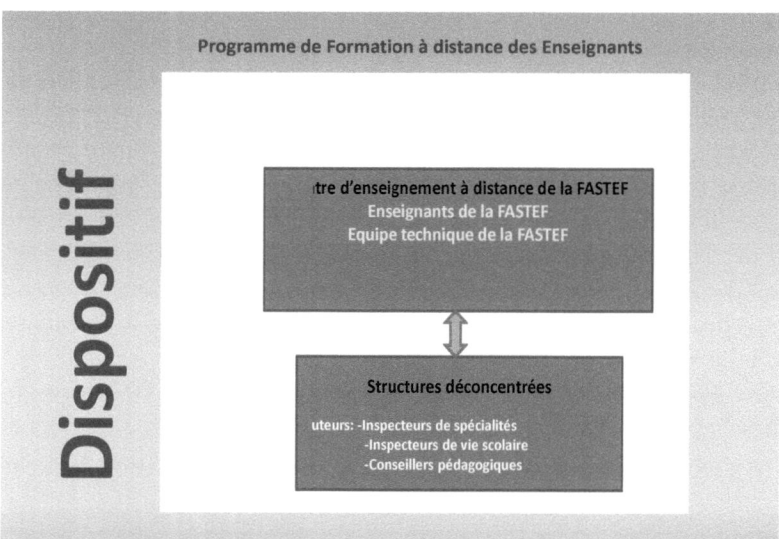

Abbildung 3:   Die Bildungseinrichtung

---

4   Ebenfalls Archiv FASTEF.

Der Fernunterricht beruht auf der Zusammenarbeit von zwei unterschiedlichen Teams. Auf der einen Seite haben wir das Zentrum für den Fernunterricht, das sich aus dem internen pädagogischen und dem technischen Team der FASTEF (Techniker zur Überwachung und Wartung der PCs, Informatiker zur Betreuung der Ausbilder) zusammensetzt. Auf der anderen Seite setzt sich das externe miteinander verbundene Team aus den Fachinspektoren („*inspecteurs de spécialité*"), Inspektoren des sozialen Schullebens, Fachberatern des Bildungssystems zusammen, welche die Kommunikation mit dem internen pädagogischen Team und die Betreuung der Referendare in ihren verschiedenen Dienstorten gewährleisten.

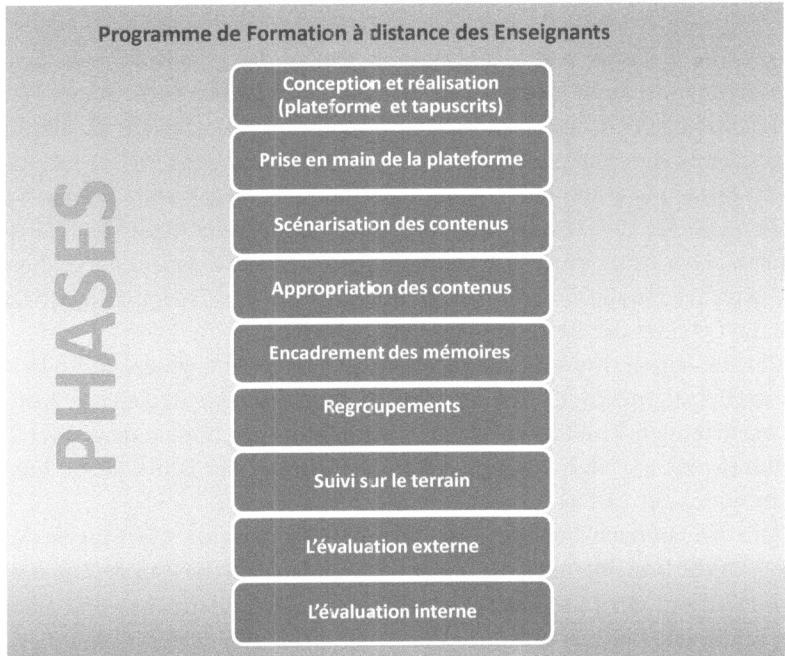

Abbildung 4: die Phasen der Ausbildung

Die Online-Ausbildung auf der Moodle-Plattform verläuft in neun Schritten (siehe Abb. 4). Der erste Schritt betrifft die Konzeption des Kursangebotes und das Onlinesetzen der Kurse, dies entspricht dem Vorgehen wie es oben für die Abiturienten beschrieben wurde. Anliegen ist es, den Teilnehmern dieses Fernunterrichts dieselbe Bildungsqualität zu gewährleisten und dieselben Erfolgschancen zu ermöglichen, mit derselben wissenschaftlichen und pädagogischen Strenge, wie sie der Ausbildung *intra muros* unterliegt.

Sobald die Kurse gestaltet und online gesetzt sind, müssen sich die Verantwortlichen für Kurse, points focaux[5], Tutoren und Referendare mit dem Zugang und der Nutzung der Moodle-Plattform vertraut machen.

---

5   Points focaux, so werden die Tutoren genannt, die als Bindeglieder zwischen 20 bis 25 anderen Tutoren dienen.

In dieser Phase, die dazu dient, sich mit der Plattform vertraut zu machen, findet jedes Jahr in den Räumen der FASTEF ein einführendes Seminar statt. Während dieser Einführung werden alle Benutzerhinweise, aber auch die Betreuung der Arbeit auf der Plattform und vor Ort[6] festgelegt. Zudem wird über verschiedene Punkte diskutiert, wie Verantwortlichkeit für die Plattform, Kurse, Verpflichtungen, Honorare. Die „points focaux" sind verantwortlich für die Verbreitung der erhaltenen Ausbildung bei den Tutoren.

Mit dem hier beschriebenen Modell kann die hohe Nachfrage auf pädagogische Ausbildung besser gedeckt, und den Referendaren eine hochwertigere Ausbidlung gewährleistet werden. Die Dezentralisierung hat zudem eine Entlastung der FASTEF zur Folge.

Derzeit können die Collèges und Gymnasien in Dakar, die gewöhnlich als Ausbildungsschulen dienen, die hohe Zahl der Referendare nicht mehr aufnehmen. Das beschriebene Fernstudium (mit unterschiedlichen internen und externen Zuständigen) unter der akademischen und pädagogischen Verantwortung der FASTEF ist eine notwendige Maßnahme und stellt eine Lösung dar, die die Collèges und Gymnasien einerseits entlastet und für das Unterrichtswesen andererseits qualitative Standards gewährleisten kann. Denn nur unter der Bedingungen der *déconcentration* (Unterstützung durch externes Personal) kann die Betreuungsrate pro Hospitationslehrer vermindert und die Qualität der Betreuung gewährleistet werden.

Zudem erlaubt die *déconcentration* die Qualität des Unterrichtswesens auf nationaler Ebene anzugleichen, indem überall derselbe Inhalt, dasselbe pädagogische Konzept, dieselben vertiefenden Praktika in eigener Verantwortung, und indem überall dieselben Erziehungsziele anvisiert werden, ebenso wie dies in der Lehrerausbildung der FASTEF *intra muros* der Fall ist.

Der von jedem Fachbereich benannte Verantwortliche gestaltet die Inhalte der Kurse aus. Seine Aufgabe besteht darin, die Lernstoffe in Bezug auf die Zielsetzung und in Bezug auf die Fähigkeit des Lernenden zuzuschneiden. In Anbetracht eventueller Schwierigkeiten und unter Berücksichtigung der Wichtigkeit gibt er unterschiedliche Teile des Kurses vor.

Die Aufgliederung der Lernstoffe wird jedoch nicht seinem Urteil allein überlassen, sondern im gegenseitigen Einvernehmen mit dem Verfasser und mit der Billigung des Fachbereichs vorgenommen. Der Kurs wird danach dem wissenschaftlichen Rat der Fakultät vorgelegt.

Es gehört des Weiteren zu den Aufgaben des Kursverantwortlichen des jeweiligen Fachbereichs, die Kurse online zu stellen und die online Betreuungstätigkeiten der Tutoren, der Kursverfasser und die Fortschritte der Lernenden eingehend zu prüfen. Er entscheidet über den Zeitpunkt, an dem jeder Kurs oder ein Teil dessen geöffnet oder geschlossen wird, um die Fortschritte der Lernenden einander anzugleichen. Er erhält Fragen der Referendare und wirkt beruhigend auf sie ein. Er ermittelt den Stand der von seinen Kollegen geleisteten Dienste. Somit beschränkt sich seine Funktion

---

6   Das heißt, am Dienstort des Referendars (vacataire-staigiare) – oder des Bildungsabnehmers.

nicht bloß auf technische Fragen, er ist auch zuständig für akademische und organisatorische Fragen und zwischenmenschliche Beziehungen.

Dem Zugang zur der Plattform geht die Einschreibung an der FASTEF voraus. Nur eingeschriebene Referendare dürfen mit Hilfe eines Codesystems, das nicht an Dritte übertragbar ist, die Webseite des Fernunterrichts besuchen. Ebenso hat der Referendar nicht das Recht einem Dritten heruntergeladene Kopien der Kurse zu übergeben. Jedoch darf er die Kurse, zu denen er legitimen Zugang hat, für seine persönlichen Zwecke kopieren, herunterladen und ausdrucken. Die regelmäßig eingetragenen Lernenden werden zu einem ersten Zusammentreffen an der FASTEF einberufen. Es ist der Zeitpunkt, zu dem sie mit ihrem jeweiligen Fachbereich Kontakt aufnehmen, die Zielsetzungen ihrer Ausbildung zur Kenntnis nehmen und lernen, wie man zur Plattform gelangt. Bei diesem ersten Zusammentreffen erhalten sie ihren Zugangscode.

Die Zusammenkünfte bieten wichtige Gelegenheiten für den Austausch zwischen Referendaren, Kursverfassern und dem jeweiligen Fachbereich. Sie dienen auch dem Austausch zwischen Referendaren derselben Stadt, derselben Region oder unterschiedlichen Regionen. Während dieser Versammlungen findet kein Unterricht statt, vielmehr werden Unklarheiten besprochen, die die Ausbildung, die fachliche Disziplin oder einen konkreten Kurs betreffen können. Es ist der geeignete Ort um etwa Befürchtungen zu begegnen und um sich über die gemeinsame Ausbildung und deren Zielsetzung zu vergewissern ungeachtet der Region, der Stadt oder des Dorfes, in dem man sein Praktikum absolviert.

Betreut werden die Praktika von den Tutoren oder den *points focaux,* seltener von den FASTEF-Ausbildern. Im Laufe eines Jahres besucht der Tutor die Referendare mindestens zweimal und verfasst einen pädagogischen Bericht über die Arbeit der 20 bis 25 betreuten Referendare. Die zwei Besuche müssen unbedingt vor der externen Evaluierung stattfinden.

Parallel zum erteilten Unterricht fertigen die Referendare Forschungsarbeiten im Themenbereich Erziehung an, die zumeist die Didaktik des betreffenden Schulfaches oder auch die Motivation der Schüler betreffen und seltener mit sozialen Problemen innerhalb der Schule zu tun haben.

Zu diesem Zweck werden entsprechende spezifische Betreuungsstrategien durch die verschiedenen Fachbereiche entwickelt und angewandt. Die Online-Betreuung oder der elektronische Postaustausch nimmt als Betreuungsstrategien einen zentralen Platz bei der Erstellung der Abschlussarbeit ein. Letztere kann die Form eines ausgearbeiteten Textes von etwa dreißig getippten Seiten haben oder ein Portfolio sein und wird vor einer Jury an der FASTEF während der internen Evaluierung verteidigt.

2.3 Evaluierung der Ausbildung

Zwei Formen der Evaluierung schließen sowohl die pädagogische Ausbildung *intra muros* als auch den Fernunterricht ab. Eine externe Evaluierung, die der internen vorausgeht, wird möglichst[7] am Dienstort des Referendars (freiberuflich bzw. vertraglich) organisiert, in der Klasse, in der er unterrichtet. Sie findet unter der Beaufsichtigung durch die Generalinspektion des Bildungs- und Schulwesens (*IGEN Inspection Générale de l'Éducation Nationale*) statt. Die Jury ist wie folgt zusammengesetzt:

- aus einem Präsidenten, der üblicherweise ein *Inspecteur général* ist;
- aus einem Beisitzer, der die Lehrerschaft der entsprechenden Sekundarstufe vertritt, in der der Referendar angestellt werden soll;
- aus einem Ausbilder, der den entsprechenden Fachbereich und die FASTEF vertritt.

Veranstaltet wird die interne Evaluierung vom Zentrum für Fernunterricht in enger Zusammenarbeit mit den Fachbereichen der FASTEF und findet *intra muros* statt. Angesichts der sehr großen Anzahl der Kandidaten werden die Prüfungen turnusweise nach Sektionen (Abiturienten, Lizenziaten, *Maîtrise*/Magister Niveau) und nach den verschiedenen Fachbereichen aufgeteilt (Mathematik, Fremdsprachen usw.).

Die schriftlichen Prüfungen der internen Evaluierung erfordern allgemeinen Erfahrungen nach einer zweiwöchigen Anwesenheit, während die Korrektur der schriftlichen Ausarbeitungen, die mündlichen Prüfungen und die Verteidigung der *fiches pédagogiques* (Unterrichtspläne zur Probe) und der *Mémoire de fin de stage* die Ausbilder ungefähr einen ganzen Monat beschäftigen.

Die FASTEF hat während des Studienjahrs 2009–2010 3112 angehende Lehrer der Sekundarstufe im Fernstudium ausgebildet. Darunter haben 2477, das heißt 86,21% der Anwesenden (2873) die Abschlussprüfung mit Erfolg abgelegt. Die Erfolgsquote der folgenden Jahre[8] liegen um 83%–86%. Das ist ein sehr viel versprechendes Ergebnis. Insgesamt hat die FASTEF in knapp drei Universitätsjahren 8950 angehende Lehrer mit Erfolg ausgebildet. Bei zweijährigen Bildungsgängen (Abitur und Maîtrise/ Master Niveaus) findet Ende des ersten Jahres eine Zwischenprüfung *intra muros* statt, die die erfolgreichen Kandidaten zum Besuch der Veranstaltungen des zweiten Bildungsjahres befähigt (siehe unten).

3. Fazit, offene Fragen und Desiderate

Die Ergebnisse des Fernunterrichts – 8859 neue ausgebildete Lehrer in drei Universitätsjahren – sind, wie gesagt, sehr vielversprechend. Der Zugriff auf den Fernunterricht als E-Learning-Angebot zur Verdoppelung der Lehrerzahl in den Ländern der südlichen Hemisphäre, wie es die UNESCO-Konferenz 2009 empfohlen hat, erweist sich als lohnend. Wird dieser Fernunterricht während sechs weiterer Universitätsjahre fortgesetzt, so kann der Mangel an Lehrkräften in der Sekundarschule vermutlich relativ schnell gedeckt werden.

---

7 Sollte die externe Bewertung nicht in der dem Referendar bereitgestellten Klasse stattfinden können, so wird sie in einer Ausbildungsschule/-klasse der Region von Dakar geführt: eine Lösung, die das Team der Ausbilder aus Gründen der Gerechtigkeit sorgfältig vermeidet.
8 Siehe die Tabellen im Anhang.

Trotz des überarbeiteten und neuen Lehrmaterials, das den Schulen, den Referendaren und den Ausbildern zur Verfügung steht, und trotz der positiven Ergebnisse, die mit dem Fernunterricht erreicht werden, bleiben diverse Fragen offen. Eine dieser Fragen betrifft die seltenen persönlichen Begegnungen zwischen Lehrer-Schüler bzw. Ausbilder-Referendar, die mehr und mehr durch maschinelle, eher unpersönliche Formen der Kommunikation ersetzt werden. Es stellt sich nicht nur die Frage, welche Rolle den Kontakten mit den Betreuern etwa in Hinsicht auf die Motivation der Referendare zukommt und zukommen kann. Es stellt sich auch die Frage, welche Qualität der Unterricht eines Referendars haben kann, der nur zweimal im Jahr beobachtet wird und wie sich die Fortschritte im pädagogischen Handeln, die er im Laufe der Zeit macht, überhaupt beschreiben lassen.

Ein Vergleich der Ergebnisse der Bewertung Ende des ersten Jahres (siehe oben) an der FASTEF mit den endgültigen Ergebnissen vor Ort (in der Ausbildungsschule) ist leicht verwirrend. Die Ergebnisse an der FASTEF[9] schwanken zwischen 57,37% und 78,00% während die Ergebnisse der externen Evaluierungen vor Ort um 95% liegen. Woran mag dieser beträchtliche Unterschied liegen? Ist die Zensurenvergabe an der FASTEF strenger als in den Institutionen außerhalb? Auf jeden Fall mahnen diese Ergebnisse eine genaue Analyse des Fernunterrichts an, vor allem auch deshalb, weil sich das Konzept noch in der Versuchsphase befindet.

---

9   Schriftliche Endkontrolle und die Zwischenprüfungen finden *intra muros* statt, und werden von den Lehrkräften der FASTEF durchgeführt. Die Ergebnisse sind wesentlich schwächer als die der externen Evaluierung. Die Erfolgsquoten schwanken in den *intra muros*-Examen.

ANHANG 1: Ergebnisse im Fernunterricht seit 2009

URL des FASTEF-Fernunterrichts: http://www.fastef-fad.org

Folgende zusammenfassende Tabellen sind den Archiven des Zentrums für Fernunterricht entnommen.

Tabelle 1:   Ergebnisse des Online-Fernunterrichts
               im ersten Versuchsjahr 2009–2010

Programme de Formation à distance des Enseignants

RESULTA 2009 2010

SECTIONS	ETUDIANTS INSCRITS	AYANT COMPOSE	ADMIS	Taux de réussite
F1B1 (niveau maîtrise 1ᵉ année)	610	533	405	75.98 %
F1B2 (niveau maîtrise 2ᵉ année)	59	53	51	96.11 %
F1A (niveau licence)	1136	1041	954	91.64 %
F1C1 (niveau Bac 1ᵉ année)	745	696	549	78.87 %
F1C2 (niveau Bac 2ᵉ année)	562	550	518	94.18 %
TOTAL	**3112**	**2873**	**2477**	**86.21 %**

<u>Ainsi</u> : sur 3112 auditeurs
- 1523 candidats obtiennent un diplôme
- 954 candidats passent en 2ᵉ année
- 396 candidats sont ajournés
- 239 candidats sont absents (pour diverses raisons)

Tabelle 2:   Ergebnisse des Online-Fernunterrichts im zweiten Versuchsjahr
               2010–2011

Programme de Formation à distance des Enseignants
RESULTA 2010 2011

SECTIONS	ETUDIANTS INSCRITS	AYANT COMPOSE	ADMIS	Taux de réussite
CAES	431	425	387	91.05%
CAEM	449	426	386	90.61%
CAE-CEM	870	857	829	96.73%
Passage en F1B2	272	265	152	57.35%
Passage en F1C2	773	733	510	69.57%
TOTAL	**2795**	**2706**	**2264**	**83.86%**

<u>Ainsi</u> : sur 2795 auditeurs
- 1602 candidats obtiennent un diplôme
- 662 candidats passent en 2ᵉ année
- 442 candidats sont ajournés
- 89 candidats sont absents (pour diverses raisons)

Tabelle 3:   Anzahl der für den Online-Fernunterricht eingeschriebenen
              Kandidaten im dritten Versuchsjahr 2011–2012

Programme de Formation à distance des Enseignants

INSCRIPTIONS 2012

Départements	F1A	F1B1	F1B2	F1C1	F1C2
Allemand	1	0	1		
Anglais	217	51	32	215	198
Arabe	45	16	4		
Espagnol	9	3	6	99	51
Histo-Géo	121	34	43	346	313
L Classiques		2			
L Modernes	51	28	27		
Maths	13	23	11		
Philo		5	6		
Portugais	10	0	0	0	11
Sc Phys	23	28	18	225	163
Svt	10	33	29	419	103
TOTAL	500	223	177	1304	839

Total Général :   3043

Die betreffenden Statistiken für diesen dritten Jahrgang liegen noch nicht vor.

ANHANG II: Ergebnisse der Ausbildung *intra muros* seit 2009

REPUBLIQUE DU SENEGAL
UNIVERSITÉ CHEIKH ANTA DIOP DE
DAKAR
FASTEF

Service de la Scolarité

Tabelle 4:   Erfolgsquote der *intra muros*-Ausbildung im Jahrgang 2008–2009

STATISTIQUES DES EXAMENS CERTIFICATIFS – Session 2008–2009

Étudiants en Présentiel et Candidats Libres

Sections	Inscrits	Admis	Taux d'admission	Taux de déperdition
F1C2: CAE – CEM (BAC)	445	435	97,75%	2,25%
F1A: CAEM (Licence)	258	250	96,90%	3,10%
F1B2: CAES (Maîtrise)	201	196	97,51%	2,49%
F2: CAIEE.PS (Inspecteurs)	43	43	100,00%	0,00%
Total	947	924	98,04%	1,96%

Tabelle 5:   Erfolgsquote der *intra muros*-Ausbildung im Jahrgang 2009–2010

STATISTIQUES DES EXAMENS CERTIFICATIFS – Session 2009–2010

Étudiants en Présentiel et Candidats Libres

Sections	Inscrits	Admis	Taux d'admission	Taux de déperdition
F1C2: CAE – CEM (BAC)	513	500	97,47%	2,53%
F1A: CAEM (Licence)	400	396	99,00%	1,00%
F1B2: CAES (Maîtrise)	189	185	97,88%	2,12%
F2: CAIEE.PS (Inspecteurs)	45	45	100,00%	0,00%
Total	1147	1126	98,59%	1,41%

Tabelle 6:   Erfolgsquote der *intra muros*-Ausbildung im Jahrgang 2010–2011

STATISTIQUES DES EXAMENS CERTIFICATIFS – Session 2011

Étudiants en Présentiel

Sections	Inscrits	Admis	Taux d'admission
F1C2: CAE – CEM (BAC)	1070	876	81,80%
F1A: CAEM (Licence)	371	352	94,80%
F1B2: CAES (Maîtrise)	226	212	93,80%
F2: CAIEE.PS (Inspecteurs)	65	65	100,00%
Total	1732	1507	

Für den Jahrgang 2011–2012 liegen die Statistiken noch nicht vor.

Maike Bouassida

Unterrichtssprache und Mehrsprachigkeit

Lernen und Lehren in Schule und Hochschule im Kleinen Maghreb

1. Nordafrika

Die Ereignisse in den nordafrikanischen Ländern standen bis vor Kurzem nicht im Fokus der Aufmerksamkeit der deutschsprachigen Massenmedien. Nach anfänglich zögerlicher Haltung aber berichten sie jetzt flächendeckend über die „Arabellion" (Nonnenmacher, 2012). Die seit Langem im Untergrund gärende und mit Gewalt unterdrückte Auflehnung gegen die herrschende Einheitspartei in der Präsidialrepublik Tunesien zum Beispiel führte mit der Losung „Freiheit, Arbeit, Würde" zum Arabischen Frühling [ʔɛrrabi:ʕu ʔɛlʕarabiju] الربيع العربي. Damit wird die Welle der ungewohnten Proteste und Aufstände gegen die seit Jahrzehnten autoritär herrschenden Regime bezeichnet, die sich in etlichen Staaten sowohl im Maghreb wie auch im Maschreq ausbreitet. Der Aufstand gegen die Diktaturen begann um 2011 in Tunesien, in Nordafrika also, griff dann auf Ägypten und etwas später dann auch auf Libyen über.

Welche dieser Länder schließt der Kontext Lehrerbildung, Schule, Unterricht im frankophonen Nordafrika ein?

Zum nördlichen Afrika gehören von Westen nach Osten Marokko, Algerien, Tunesien, Libyen, Ägypten sowie der Nord- und Südsudan. Das nördliche Afrika bildet eine geographische Einheit, die hauptsächlich durch die Wüste Sahara bestimmt ist, denn diese teilt den nördlichen Teil vom restlichen Kontinent ab.

Auch kulturell bildet Nordafrika eine Einheit: Das Bindeglied sind der Islam und die Kultur und Sprache, die er trägt. Die Verbreitung des Islam erstreckt sich über das gesamte nordafrikanische Gebiet. Dadurch ergibt sich auch die Verbindung zum südlich der Sahara gelegenen Teil des afrikanischen Kontinents.

Was die ethnische Einheit des nordafrikanischen Gebiets angeht, so ist sie komplexer, denn es gibt sowohl Araber wie auch Mauren und Berber in Nordafrika.

Zu den Kernländern Nordafrikas zählt der Kleine Maghreb: Dazu gehören Marokko, Algerien und Tunesien. Sie erlangten, wie die meisten afrikanischen Staaten, um 1960 herum ihre Unabhängigkeit: Im Jahr 1956 wurden Marokko und Tunesien unabhängig. Erst sechs Jahre später konnte Algerien seine Unabhängigkeit erringen. Ein weiteres Bindeglied zwischen diesen drei nordafrikanischen Ländern ergibt sich also aus dem Verhältnis, das Frankreich zu ihnen aufgebaut hat. Gleich nach der Erlangung ihrer Unabhängigkeit ersetzten sie den Begriff „Nordafrika" durch die überlieferte traditionelle Bezeichnung Maghreb: Die einheimische Bevölkerung nennt ihr Gebiet seit der Islamisierung [ɛl maɣrib] المغرب, das vom Verb [ɣarabɛ] غرب „weggehen, untergehen" abgeleitet ist. Damit ist, von Mekka aus gesehen, das Gebiet des Sonnenuntergangs gemeint.

2. Frankophonie

Im Gefolge der Kolonisierung war Französisch in vielen afrikanischen Ländern eingeführt worden und bald nach der Aufgabe der Kolonien führte die französische Sprachpolitik zur Einrichtung der Frankophonie. Damit wird die Gesamtheit der frankophonen Staaten bezeichnet, in deren Sprachraum unterschiedliche Verhältnisse eingeschlossen sind: Neben Staaten wie Frankreich, in denen Französisch Erstsprache ist, gibt es Staaten mit Französisch als offizieller Sprache, wie beispielsweise der Senegal, und schließlich solche Staaten, in denen Französisch Lehrsprache ist, wozu der Kleine Maghreb gehört.

Die französische Sprache ist also auch heute noch, mehr als ein halbes Jahrhundert nach der Dekolonisierung, überall präsent in Afrika. Es verwundert daher nicht, dass sie einen mehr oder weniger starken Einfluss auf das Bildungswesen und hier speziell auf das Schulsystem ausgeübt hat und auch noch ausübt (Fall, 2006, S. 40ff.).

Bevor man jedoch auf das Schulsystem im Kleinen Maghreb näher eingehen kann, muss ein weiterer Aspekt seiner speziellen Sprachsituation erwähnt werden, nämlich die Arabisierung. Sie ist eine der Folgeerscheinungen der Kolonisierung.

3. Arabisierung

Die Arabisierung fand in den beiden Hälften der Arabischen Welt statt: im westlichen Gebiet, dem Maghreb, und im östlichen Gebiet, dem Maschreq. Arabisierung hat selbstredend mit „arabisch" zu tun, was aber ist genau gemeint, wenn man hier von „arabisch" spricht?

Im arabischen Sprachraum existieren neben der normierten Schriftsprache Arabisch zahlreiche regionale Varietäten, die als Umgangssprachen von Erwachsenen und Kindern, Frauen und Männern, Gebildeten und Ungebildeten gleichermaßen gebraucht werden. So befindet sich die arabische Sprache im Zustand der Diglossie.

Die Schriftvarietät basiert auf dem klassischen Arabisch. Sie unterscheidet sich mehr oder weniger stark von den gesprochenen Varietäten und wird in der Öffentlichkeit und besonders im Kult (mehr dazu siehe unten) verwendet. Das verschafft ihr Prestige und das Ansehen als „high-Variante" (Lewandowski, 1994, S. 226f.). Geringes Ansehen hingegen genießt die in der Kommunikationssituation „private Sphäre" gebrauchte Sprechvarietät. Sie wird als „low-Variante" angesehen, obwohl mit ihrer Hilfe die gesamte Sozialisierung stattfindet und sie dadurch die „Sprach-Mutter" (Butzkamm, 2003, S. 180) ist.

Die Arabisierung fand im Maghreb und im Maschreq statt, aber der unterschiedliche historische Hintergrund führte dazu, dass sie nicht gleich ablief: Während man sich im Maschreq um [ʕarrabɛ] عرّب, das heißt „arabisch machen" bemühte, setzte man sich im Maghreb [tɛʕarrabɛ] تعرّب, also „arabisch werden", zum Ziel (Grandguillaume, 1984, S. 151ff.). Es kam zu diesem Unternehmen, weil man sich im Maschreq des geistigen Stillstands [ʔinħitˤaːtˤun] إنحطاط bewusst wurde, als man die arabische Welt mit der modernen, von Wissenschaft und Technik bestimmten westlichen Welt verglich, und man nahm die Herausforderung, diese neue Welt geistig in den Griff zu bekommen, an. Eine Hauptvoraussetzung dafür, dass man sich dieser Modernität öffnen konnte, sah man in der Übersetzung, denn die arabische Sprache musste die passenden Begriffe für die Welt der Wissenschaft, Technik und Medizin wieder bereitstellen können. Die Sprachsituation der arabischen Sprache ähnelte der der deutschen im Mittelalter: „Neben der volkstümlichen Sprache, d. h. der diutiscen, also ‚deutschen‘ Sprache, war Lateinisch als Sprache der Gebildeten im Gebrauch" (Plum, 1960, S. 732).

Das Vorhaben gelang, indem man sich auf die geschriebene Sprache konzentrierte: Der dieser Sprache zugewiesene Raum des Kults und der Literatur wurde durch die obigen Bereiche erweitert. Durch lexikalische oder semantische Entlehnung kam es zu Wortbildungen wie [ra:di:u] für راديو Radio und [ʔiðɛ:ʕatun] für إذاعة Sender oder [ʕilmu ɛnnɛfsi] علم النفــس (Wissenschaft vom Odem, von der Seele) für Psychologie, Seelenheilkunde.

Die Arabisierung ging in drei Schritten vor sich:

1. Aneignung eines wissenschaftlichen Bereichs mit Hilfe der englischen Sprache
2. Übernahme des modernen Gedankenguts
3. Dessen Übertragung in die Schriftsprache

Dieser Arabisierungsprozess wurde aber nicht vollständig zu Ende geführt, da man weite Bereiche in der Fremdsprache beließ.[1] Das wiederum hatte Auswirkungen auf den Maghreb: Da der Arabisierungsprozess nicht zu einem überzeugenden Abschluss gebracht wurde, verlief die Arabisierung dort zögerlicher.

Vielen Maghrebinern war die arabische Sprache fremd und somit sperrig im Gebrauch für die Belange der modernen Gesellschaft. So wurde ihr Einsatz eher als Rückschritt denn als Fortschritt empfunden. Das ist einer der Gründe dafür, dass sich die Arabisierung im Maghreb nicht auf der Welle des Fortschritts verbreitet hat.

Die Beweggründe für die Arabisierung lagen hauptsächlich in der Wiedergewinnung der kulturellen Wurzeln, welche die Kolonisierung ganz oder zu einem großen Teil ausgemerzt hatte. Dieser geistige Ursprung liegt für die Maghrebiner im Maschreq, denn von dort kamen ihre Religion und mit ihr ihre Sprache und ihre Kultur.

Für den Maschreq aber stellt der Maghreb ein Gebiet dar, in dem Arabisierung und Islamisierung wegen des hohen nichtarabophonen Berberanteils und des großen Einflusses der französischen Sprache nicht zufriedenstellend durchgeführt worden sind. Wollte der Maghreb also seine arabisch-islamische Persönlichkeit wiederfinden, dann musste er „arabisch werden".

Mit der Arabisierungspolitik begann man in Marokko, in Tunesien und in Algerien gleich nach der Unabhängigkeit und in allen drei Staaten war das Schulsystem der erste Bereich, der arabisiert wurde. Die Arabisierung des Schulwesens verlief stufen-

---

1 Es gibt meines Wissens nach im Maschreq bislang keine Universität, in der die wissenschaftlichen und technischen Fächer in ihrer Gesamtheit auf Arabisch als Unterrichtssprache vermittelt werden.

weise: So wurde im Primarbereich zuerst das erste Schuljahr vollständig arabisiert, darauf folgte das zweite und dann das dritte Schuljahr.

Während in Marokko alle Grundschuljahre komplett arabisiert wurden, kam es in Algerien und in Tunesien zu einer gestaffelten Arabisierung: In den letzten Grundschuljahren war Französisch sowohl Fach wie auch Unterrichtssprache (Bouchebcheb, 2011, S. 101ff.).

In den Sekundarbereichen I und II sowie im Hochschulbereich wurde die Arabisierung nach Fächern eingeführt: Die allerersten Fächer, die arabisiert wurden, waren die sprachlich-literarischen Fächer. Die wissenschaftlichen und technischen Fächer wurden entweder zögerlich arabisiert oder von der Arabisierung gänzlich ausgenommen und somit weiter in der Fremdsprache vermittelt.

Diese Ungleichbehandlung ergab sich aus praktischen Gründen, denn der Mangel an Lehrwerken, besonders aber an Lehrkräften stellte ein Problem dar: Während es in Marokko und in Tunesien eine begrenzte Anzahl von Lehrern gab, weil in den Protektoraten in einigen Sektoren Arabisch unterrichtet werden durfte, waren in Algerien diese Bereiche gänzlich abgeschafft worden. In Marokko leiteten Lehrkräfte aus Ägypten und Syrien die Arabisierung ein und schon nach ein paar Jahren konnten Mathematik, Geographie und Geschichte auf Arabisch als Unterrichtssprache vermittelt werden. Tunesien hingegen kam anfangs recht gut selber mit der Einrichtung der Arabisierung zurecht. Erst knapp fünfzehn Jahre nach der Unabhängigkeit nahm man eine begrenzte Anzahl von Lehrkräften aus dem Maschreq im Sekundar- und Hochschulbereich auf.[2]

In Algerien standen viele der für das Grundschulwesen zuständigen Inspektoren dem pädagogischen Führungsstil der Kollegen aus dem Maschreq kritisch gegenüber, denn in ihrer Ausbildung hatten sie die Ansätze von Pädagogen wie Rabelais, Montaigne und Rousseau kennen gelernt, die sich vor allem gegen den Autoritarismus der damals vorherrschenden „Pauk- und Drillschule" gewandt hatten. Für sie waren daher die Lernenden „[…] keine Gefäße, die gefüllt, sondern Feuer, die entfacht werden wollen."[3] Der französische Pädagoge Freinet fasst dies in folgende Worte: „Um sich zu bilden, genügt es nicht, dass das Kind jeden Stoff in sich hineinfrisst, den man ihm mehr oder weniger spannend serviert: es muss selbst handeln, selbst schöpferisch sein, und es muss vor allem in einer angemessenen Umgebung leben können, es darf nicht in einer unserer modernen ‚Kerker für die gefangene Jugend' vor sich hin dämmern" (Freinet, 1980, S. 25).

Die traditionelle arabische Unterrichtsmethode bedeutete für diese Inspektoren folglich keinen Fortschritt, denn sie besteht hauptsächlich in der Weitergabe von Wissen, das es zu erhalten gilt. Diese Sichtweise ist historisch bedingt, denn „lernen" ist gleichbedeutend mit „(den Korantext) auswendig lernen".[4] Berkey (2006) erläutert

---

2 tlfq.ulaval.ca/axl/afrique/tunisie.htm vom März 2012.
3 Dieses Zitat gibt es in zwei Fassungen: Rabelais (1483/1494–1553) wird zugeschrieben: „L'enfant n'est pas un vase à remplir mais un feu à allumer." Und Michel Eyquem de Montaigne (1533–1592): „L'enfant n'est pas un vase qu'on remplit, mais un feu qu'on allume."
4 Im Tunesischen bedeutet [qaraʔɛ] قرأ sowohl „lesen" wie auch „lernen".

dies wie folgt: „The guiding principles of medieval Islamic education were fundamentally conservative, in the literal sense of that term. ‚A good teacher hands on what he has been taught‘, went a popular aphorism, ‚neither more nor less‘" (Triton zit. in Berkey, 2006, S. 45). Er fährt fort: „The conservative character of the transmission of religious knowledge is further illustrated by the importance of memorization" und er präzisiert: „[…] memorization was not a tool, not an end in itself; education did not end with committing a text to memory. But the process of memorization […] contributed to defending and preserving the transmission of knowledge as an authoritative system" (Berkey, 2006, S. 45).

Die algerischen Inspektoren waren der Meinung, dass diese Methode berechtigt war in Zeiten, in denen das Leben in einem immer gleichen Rhythmus ablief, und sie wiesen darauf hin, dass in der heutigen Zeit, in der sich durch Wissenschaft und Technik alles in einem ständigen Wandel befindet, diese Lern- und Lehrmethode als veraltet angesehen werden muss.

Andere Inspektoren hingegen standen dem traditionellen Führungsstil positiv gegenüber, eben weil er nicht westlich war. Sie beneideten die Kollegen aus dem Maschreq um ihr Arabischsein. Der Anthropologe und Arabist Gilbert Grandguillaume erklärt: „[…] la majorité de la population déshéritée se replie sur la langue arabe en faisant de l'autre langue l'emblème de son oppression" (Grandguillaume zit. in Quitout, 2007, S. 129). Einige Lehrer gingen so weit, dass sie bei ihren Schülern Schuldgefühle hervorriefen, weil sie zu westlich, also nicht genug arabisch, nicht genug islamisch geprägt seien. Diese Lehrer trugen dazu bei, dass der Verbreitung des Fundamentalismus, dieser „zeitgenössischen Art der Auflehnung gegen die moderne Welt" (Wälchli, 2007, S. 203), der Weg geebnet wurde. Er stellt eine der Antworten auf den westlich geprägten Lebensstil dar, weil er „antimodern und antisäkular" (Bauer, 1999, S. 9) ist.

Die Maghrebländer führten also die Arabisierung ein, weil sie in ihr ein Mittel sahen, um ihre Identität wiederzuerlangen und so die nationale Einheit zu festigen. Sie mussten aber feststellen, dass sie einerseits damit eine Brücke geschlagen hatten hin zum Arabertum, das ihnen jedoch ihre Rechtmäßigkeit aberkennt, weil sie zu westlich geprägt seien. Andererseits trugen sie dazu bei, dass im Maghreb die „Feinde der offenen Gesellschaft" (Tibi zit. in Wälchli, 2007, S. 203; Tibi, 2004) immer mehr an Einfluss gewinnen, was sich naturgemäß auch auf das Schulsystem auswirkt.

4.　Der Kleine Maghreb und seine Schulsysteme

Laut FAO (Food und Agriculture Organization) Food Price Index vom Januar 2011 sind im Maghreb knapp vierzig Prozent der Bevölkerung unter fünfzehn Jahre alt (Schumacher, 2007, S. 2). Bei dieser Sachlage ist es naheliegend, dass man sich die Frage nach den Bedingungen von Bildung und Ausbildung stellt.

Das dafür zuständige Bildungssystem hat als Aufgabe, alle Teile der Bevölkerung eines Landes für die Dauer des gesamten Lebens mit Bildung zu versorgen. Dabei umfasst es sowohl das Schulsystem als solches wie den Bereich der persönlichen Weiterbildung.

Das Schulsystem ist ein streng reguliertes Gefüge aus unterschiedlichen Einrichtungen, die für die Ausbildung sowohl im Primar- und im Sekundarbereich wie auch im Hochschulbereich zu sorgen haben. Hier ist es vor allem der Staat, der die Chancen verteilt, die den Lernenden den Zutritt zu Beruf und Karriere ermöglichen.

Der Maghreb liegt im Bereich alter Hochkulturen. Als er kolonisiert wurde, erlebte das Schulwesen seine Blütezeit. Das traditionelle Bildungswesen war über ein Jahrtausend unverändert geblieben und stand in hohem Ansehen.

4.1 Das traditionelle arabisch-islamische Schulsystem

In der vorchristlichen ebenso wie in der vorislamischen Zeit wurden die polytheistischen Kulte und Riten der germanischen oder der arabischen Stämme mündlich weitergegeben. Die europäische Kultur erhielt wichtige Prägungen sowohl durch die griechische und römische Antike wie durch die zentrale Rolle des Christentums. Die arabische Kultur wurde ihrerseits geprägt durch den Islam. Da Christentum und Islam Buchreligionen sind, setzt das die Vermittlung der Kulturtechnik Lesen voraus.

Seit der Einführung des Christentums in Mitteleuropa im 7. Jahrhundert stellt die christliche Religion für mehr als ein Jahrtausend das didaktische Zentrum des Bildungswesens dar. Im Christentum entstehen die ersten Schulen als Kloster- und Domschule, im Islam als Madrassa. Beide Einrichtungen dienen der Ausbildung des geistigen Nachwuchses. In der Klosterschule sind Glaubensinhalte und religiöse Gebräuche Hauptgegenstand des Unterrichts. Die Voraussetzungen für Lesen und Verstehen der Heiligen Schrift sind das Erlernen der lateinischen Sprache und das Vertiefen in die antike Kultur.

Das islamische Gegenstück dazu ist die Madrassa [mɛdrasatun] مدرسة. Dieser „Ort des Lernens" ist meist Bestandteil einer Moschee und besteht aus einer Einheit von Betsälen, Lehrräumen und einer Bibliothek sowie dem Internat für die Studierenden. Zur Madrassa gehört die einführende Koranschule, Kuttāb [kuttɛ:bun] كتّاب, die sich auf das Auswendiglernen des Korantextes und die Schreibung desselben beschränkt. Berkey erläutert: „[…] the madrasa and its cognate institutions became one of the most common features of premodern Islamic cities." Die Madrassa ist „[…] focused on supporting the transmission of Islamic knowledge" (Berkey, 2006, S. 42). Auf den hohen Stellenwert weist Folgendes hin: „Medieval Islamic civilization attributed considerable power to education. Medieval Muslims placed enormous confidence in 'ilm or ‚knowledge'– specially knowledge of the Koran. […] Any number of aphorisms which survive in the literary record attest to this confidence: for example, that ‚one scholar is more powerful against the devil than a thousand worshippers' (al-Zarnuji; Rosenthal beide zit. in Berkey, 2006) – a rather astonishing statement, if one considers the central position of prayer, or worship, in defining the life of a Muslim" (Berkey, 2006, S. 45).[5]

---

5   Weitere Informationen dazu finden sich auch bei Stewart, 1980, S. 89ff.

Im islamgeprägten Kulturbereich gelten die Aussagen des Koran als verbindlich und dürfen öffentlich nicht als „überholt" beurteilt werden. Da es keine offizielle Religionskritik gibt, ist die Autorität des Koran unbestritten (Schirrmacher, 2004, S. 4). Der Erwerb von Bildung, auch für Frauen, wird als erstrebenswert betrachtet (ebd., S. 5). So ist seit der Unabhängigkeit der Besuch der öffentlichen Schulen im Maghreb Pflicht für Jungen wie auch für Mädchen und in der schulfreien Zeit schicken viele Eltern ihre Kinder in die Koranschule. Was das Vorschulalter angeht, so gehen zur Zeit in Tunesien immer mehr Kinder in die Koranschule statt in den Kindergarten.[6]

4.2 Das moderne Schulsystem im Kleinen Maghreb

Als die Maghrebländer an den Verwaltungsapparat Frankreichs angeschlossen wurden, brach ein Großteil der muslimischen Gesellschaft zusammen. Das war besonders in Algerien der Fall: Der größte Teil der Elite löste sich auf. Trotz dieser negativen Auswirkung des Kolonialismus darf ein positiver Aspekt nicht übersehen werden, nämlich die Einführung der europäischen Sprachen als Schlüssel zum Tor der Moderne. Sie ist von bleibender Bedeutung. Der tunesische Schriftsteller und Journalist Hatem Bourial schreibt: „La langue de Voltaire a clairement été notre fenêtre sur la modernité" (Bourial, 2012). Das gilt auch für das Schulwesen, das nach der Unabhängigkeit durch ein modernes, mit Schulpflicht für alle ersetzt wurde. In Tunesien herrscht zudem Koedukation im gesamten Schulsystem.

Der Vergleich der modernen maghrebinischen Schulsysteme mit dem französischen zeigt, dass es als Vorlage gedient hat. Alle sind dreigliedrig, denn es gibt überall die Grundschule, auf der sich die Sekundarausbildung mit Unter- und Oberstufe aufbaut. Im Gegensatz zum französischen Modell ist aber der Besuch der Einrichtungen für Vorschulkinder nicht obligatorisch und daher kostenpflichtig.

Die maghrebinischen Schulsysteme sind ähnlich, aber nicht identisch, denn das algerische und das tunesische unterscheiden sich vom marokkanischen dadurch, dass sie eben nicht vollkommen einsprachig sind, gibt es doch Französisch und danach Englisch als Fremdsprache. Die Fremdsprachen werden direkt, also ohne das Dazwischentreten der arabischen Sprache, vermittelt.

Allen drei Schulsystemen ist Folgendes gemeinsam: Dadurch, dass man das Abitur besteht, erhält man nicht nur einen Schulabschluss, sondern erwirbt zugleich auch das Recht auf einen Studienplatz. Somit dient die Hochschule nicht nur der wissenschaftlichen Ausbildung und Forschung, sondern auch als Auffangbecken, welches das Problem der Arbeitslosigkeit verschieben hilft.

Da die drei Maghrebstaaten eng an Europa angebunden sind, hat man sich auch im Hochschulbereich am europäischen Modell orientiert (Benabdallah, 2010, S. 118f.): In

---

6 Eine Erklärung für dieses Phänomen findet sich darin, dass in einer sich zunehmend islamisierenden Gesellschaft der Wunsch der Familien, mindestens einen „Hafiz" in ihren Reihen zu haben, immer wichtiger wird: Hafize können alle Suren des Korans auswendig vortragen und sichern so die Belohnung der eigenen Familie im Jenseits, schreibt Hannah Pilarczyk als Kommentar zum Film „Korankinder" von Shaheen Dill-Riaz. www.spiegel.de. Zugriff am 31.10.2012.

Europa unterzeichnete man 1999 die Bologna-Erklärung, mit welcher der so genannte Bologna-Prozess eingeleitet wurde. Die politischen, ökonomischen und gesellschaftlichen Veränderungen, die weltweit das Ende des 20. Jahrhunderts kennzeichneten, führten unter anderem zu dieser Modernisierung des Hochschulbereichs in den meisten europäischen Staaten. Die Struktur der Studiengänge gleicht der in Europa und sieht daher im Maghreb folgendermaßen aus:[7]

Europa BMP/	Bachelor/Licence	Etappe	3 Jahre
Maghreb LMD	Master	Etappe	2 Jahre
	Promotion/Doctorat	Etappe	3 Jahre

Im Kleinen Maghreb ging die Einführung des neuen Studiengangs nicht gleichmäßig vonstatten: In Marokko führte man im Universitätsjahr 2003/2004 den Licence-Studiengang ein und so konnte schon 2006/2007 der Masterstudiengang beginnen. Mit der Einführung des Doktorstudiengangs im Universitätsjahr 2008/2009 war die Reformierung des Hochschulbereichs in Marokko abgeschlossen.

In Algerien kam es im Universitätsjahr 2004/2005 zur Einführung der so genannten Licence „nouveau régime". Im Gegensatz zu den anderen beiden maghrebinischen Staaten gibt es in Algerien bis heute die „formation supérieure graduée", das heißt es werden gleichzeitig der alte und der neue Studiengang angeboten.

In Tunesien begannen im Universitätsjahr 2006/2007 einige Universitäten, den neuen Studiengang einzuführen. Zu diesen Pionieren gehörte die FLAH Mannouba[8]. Im Jahr 2012 ist dieser Prozess republikweit abgeschlossen.

Dass eine solch tiefgreifende Reform zu Diskussionen geführt hat und dass sich wie in Europa auch in den Maghrebstaaten Schwierigkeiten bei der Umsetzung ergeben haben (Benabdallah, 2010, S. 119ff.), versteht sich von selbst.

Der Hochschulbereich präsentiert sich trotz der gemeinsamen Einführung des neuen Studiengangs unterschiedlich: In Marokko und in Tunesien gibt es eine fast gleiche Anzahl von Universitäten und etwa gleich viele Studierende, obwohl die Einwohnerzahl Marokkos dreimal so hoch ist wie die Tunesiens. Bei gleicher Einwohnerzahl wie Marokko hat Algerien wohl die dreifache Anzahl von Studierenden, dennoch veröffentlichen die algerischen Universitäten die niedrigste Anzahl an wissenschaftlichen Publikationen. Am produktivsten sind im Kleinen Maghreb die tunesischen Wissenschaftler (Benabdallah, 2010, S. 119). Das ist wohl eine Folge davon, dass Tunesien ein Land ist, in dem die „[…] höhere Bildung seit Jahren ausgebaut und staatlich gefördert wurde" (Beppler-Spahl, 2011).

---

7   www.ciruisef.com/…/Dossier+Licence$3ABachel. Zugriff am 30. Mai 2012.
8   Faculté des Lettres, des Arts et des Humanités (FLAH).

4.3   Unterrichtssprachen und Mehrsprachigkeit

Was die Unterrichtssprachen angeht, die in den drei maghrebinischen Schulsystemen verwendet werden, so liegt es in der Natur der Dinge, dass der Gesetzgeber, hier wird der tunesische exemplarisch zitiert, das Wichtigste festlegt.[9] Um die Identität und die Zugehörigkeit zur arabisch-islamischen Kultur zu verankern, besteht die Zielsetzung des maghrebinischen Schulsystems unter anderem in Folgendem:

- Beherrschung der arabischen Sprache sowohl als Mittel des Lernens wie als Mittel des Ausdrucks und dies in den unterschiedlichen Bereichen von Wissenschaft und Technik (Artikel 1,4)
- Beherrschung von mindestens einer fremden Sprache als direktem Zugang zum allgemeinen Gedankengut und als Bereicherung der nationalen durch deren Interaktion mit der universellen Kultur (Artikel 1,5)

Diese Rahmenbedingungen führen dazu, dass das tunesische Bildungsministerium folgendes Stundenvolumen für den Sprachunterricht im Primar- und im Sekundarbereich vorschreibt:[10]

Da Arabisch die Amtssprache ist und der Geistesbildung der Lernenden dient, wird Arabisch als Unterrichtsfach und als Unterrichtssprache mit einem Gesamtstundenvolumen von gut 3500 Zeitstunden in der Primarstufe, von knapp 2000 in der Sekundarstufe I und von gut 1300 in der Sekundarstufe II verwendet.

Die französische Sprache wird als erste Fremdsprache vermittelt. Sie dient der Bildung und verschafft Zugang zu den Wissenschaften: „Le bilinguisme, spécificité du système éducatif tunisien, donne à l'enseignement du français une place de choix permettant aux élèves de réaliser une synthèse entre la culture arabe et le monde occidental" (Ben Jemia, 1998). So wird sie in der Primar- und in der ersten Sekundarstufe als Unterrichtsfach mit einem Gesamtstundenvolumen von 700 bzw. gut 390 Zeitstunden angeboten.

In der Sekundarstufe II wird sie in gut 430 Zeitstunden als Unterrichtsfach und in der erstaunlich hohen Zahl von knapp 1500 Zeitstunden als Unterrichtssprache eingesetzt. Das führt zu einem Gesamtstundenvolumen von gut 1900 Zeitstunden, das sind 600 Stunden mehr, als für Arabisch vorgesehen ist.

Die englische Sprache wird als zweite Fremdsprache angeboten. Sie steht im Wettbewerb mit Französisch beim Zugang zu Wissenschaft und Technik, dies gilt aber nicht für den kulturellen Bereich. Sie wird ausschließlich als Unterrichtsfach verwendet: in der Primarstufe mit einem Gesamtstundenvolumen von knapp 60, in der Sekundarstufe I mit gut 200 und in der Sekundarstufe II mit gut 360 Zeitstunden. Im Überblick bedeutet dies für die Sekundarstufe II:[11]

---

9   La loi no 91–65 du 29 juillet 1991, relative au système d'éducation tunisienne. Zugriff am 2.5.2012. (Übersetzung aus dem Französischen von der Autorin.)

10   http://www.tlfq.ulaval.ca/axl/afrique/tunisie.htm. Zugriff am 30.5.2012.

11   In der gebotenen Kürze kann dies nur schlaglichtartig dargestellt werden. Ausführliche Informationen: Mejri, Mosbah & Sfar, 2009, S. 53–74.

Sekundarstufe II – Gesamtstundenvolumen

Arabisch	Französisch	Englisch
1341	1913	364

Weitere Fremdsprachen sollen den Lernenden helfen, andere Kulturen zu entdecken und die Bereitschaft zur Toleranz zu stärken. Dazu gehören vor allem Deutsch, Italienisch und Spanisch, die republikweit angeboten werden. Die Fremdsprachen Chinesisch und Russisch hingegen können nur in einigen Institutionen vermittelt werden. Sie werden ausschließlich in der Sekundarstufe II und nur als Unterrichtsfach verwendet und dies mit einem Gesamtstundenvolumen von knapp 170 im ersten und im zweiten Jahr und von knapp 70 im dritten Jahr.

Auffällig ist hier Viererlei: Erstens die hohe Stundenanzahl, die im Schulsystem insgesamt für den Sprachunterricht vorgesehen ist; zweitens, dass schon sehr früh Mehrsprachigkeit herrscht und drittens, dass die Fremdsprache Französisch im Laufe der Zeit immer mehr an Gewicht erhält. Der vierte Aspekt ist die vollständige Abwesenheit von insgesamt drei Sprachvarietäten: Weder das jüdische Arabisch oder eine der Berbersprachen[12] noch das tunesische Arabisch haben den Status „Unterrichtsfach" oder gar „Unterrichtssprache".[13]

Während die beiden erstgenannten die Erstsprache von Minoritäten sind, stellt das tunesische Arabisch jedoch die erste Sprache des allergrößten Teils der Tunesier dar. Diese „Sprach-Mutter" bildet ein Sprachkontinuum, das sich vom Osten Algeriens über das gesamte tunesische Gebiet bis hin zum Westen Libyens erstreckt.

4.4   Mehrsprachigkeit und Sprachkompetenz

Wenn für den Sprachunterricht ein hohes Stundenvolumen vorgesehen ist, dann sollte man davon ausgehen können, dass die maghrebinischen Abiturienten Arabisch, Französisch und Englisch beherrschen und somit dreisprachig sind.[14] Das trifft aber nur auf insgesamt ein Viertel zu und so sieht der tunesische Soziologe Sofiane Bouhdiba die Qualität der Sprachkompetenz bei Lehrenden und bei Studierenden pyramidenförmig aufgebaut: Die Basis wird gebildet von „zweisprachigen Analphabeten" (der marokkanische Professor und Forscher Ahmed Moatassime zit. in Bouhdiba, 2004, S. 26; Moatassime, 2001). Das ist die breite Masse der Studierenden, die Arabisch und

---

12 Laut der von der Europäischen Kommission in Auftrag gegebenen Studie EUROMOSAIC liegt die kritische Grenze der für das Überleben einer Sprache notwendigen Sprecher bei 300000. rml2future.eu/NR/.../0/InfoFaktenMehrsprachigkeitDE.pdf. Zugriff am 31.10.2012. Seit Kurzem ist Marokko das erste nordafrikanische Land, das die Berbersprache Amazigh zu einer der Amtssprachen erklärt hat. www.thueringer-allgemeine.de vom 11.08.2011.

13 tlfq.ulaval.ca/axl/afrique/tunisie.htm. Zugriff am 30.5.2012.

14 Zum Vergleich: „In der Realität sind 56% der EU-Bürger in der Lage, sich in einer anderen als der Muttersprache zu unterhalten. Demgegenüber stehen 44% der EU-Bürger, die keine weitere Sprache außer der Muttersprache können." rml2future.eu/NR/.../0/InfoFaktenMehrsprachigkeitDE.pdf. Zugriff am 31.10.2012.

Französisch mehr schlecht als recht beherrschen und denen somit auch der Zugang zur englischen Sprache schwerfällt. Die Spitze der Pyramide aber wird von denen gebildet, die nicht nur perfekt zweisprachig sind, sondern auch noch einen sehr guten Zugang zur englischsprachigen Welt haben (Bouhdiba, 2004, S. 25ff.).

Auch der 2008 verstorbene algerische Journalist Mohamed Salah Boureni, der unter dem Namen Zahir Benmostepha für die Zeitungen „Horizons", „El Acil", „Le Quotidien d'Oran" und für „Liberté" schrieb, stellt für den Kleinen Maghreb fest: „L' école a produit des analphabètes bilingues! Les réformes ne sont pas en phase avec les besoins du pays." Wer dies öffentlich sagt, so fährt er fort, laufe heutzutage Gefahr, dass ihm vorgeworfen werde, der „hizb frança حزب فرنسا" anzugehören, also frankophil zu sein, denn die Arabisierung sei zum besten Alliierten der islamistischen Propaganda geworden.[15]

Die Generationen, die nach der Unabhängigkeit geboren sind, haben weder die bittere Zeit der Kolonisierung erleben müssen noch die belastende Übergangszeit nach der Unabhängigkeit, Ereignisse also, die direkt mit Frankreich und der französischen Sprache in Verbindung gebracht werden. Ihre Beziehungen zur französischen Sprache sind nicht davon geprägt, dass sie diese Zeiten haben ertragen oder annehmen müssen: „Cette génération n'entretient plus de relations de ‚subi' ou ‚d' assumé', pour reprendre les termes de Berque." (Kammoun, 2006, S. 8f.) Sie begegnen der französischen Sprache meist mit Gleichgültigkeit, bei vielen ist es jedoch zur Ablehnung dieser Sprache gekommen. Es ist anzunehmen, dass diese Vorverurteilung hauptsächlich aus der weitgehend pro-israelischen Haltung Europas und der Abschottung seiner Grenzen durch das Schengen-Abkommen herrührt. Auch gilt „ce repli sur la langue maternelle, qui est vécu davantage comme une forme de résistance à l'occident agressif, et comme la manifestation spontanée d'une solidarité envers les peuples arabes opprimés" (Bouhdiba, 2004, S. 28).

Zusammenfassend kann man sagen: Der tunesische Staat gibt einen hohen Prozentsatz seines Bruttoinlandsprodukts für das Schulwesen aus: „Seit der Unabhängigkeit 1956 wurden kontinuierlich 15 bis 30 Prozent der Staatsausgaben für das Bildungswesen ausgegeben" (Werdermann, 2003, S. 9). Das Resultat aber entspricht nicht den Erwartungen. In jedem Fachgespräch mit engagierten Kolleginnen und Kollegen wird und wurde Folgendes beklagt:[16]

1. Mangelnde Allgemeinbildung durch Fokussierung auf die Arabische Welt
2. Lernmethoden: Überfütterung mit reinem Faktenwissen, Mangel an kritischem Geist, Papageienmethode
3. Unterdurchschnittliche Sprachkenntnisse, besonders im Schriftlichen; schwache Arabischkenntnisse besonders im Großraum Tunis; republikweit schwache Fran-

---

15 djazairess.com/fr/liberte/83062 vom 15.9.2007.
16 Dieses stimmt überein mit dem, was man auf der im Januar 2011 von jungen, in Paris lebenden Tunesiern wie Selim Jeddi und Habib Sayah erstellten Webseite nachlesen kann. El Mouwaten – Où en est le système éducatif tunisien ? www.elmouwaten.com/modules.php?name. Zugriff am 6.3.2011.

zösischkenntnisse; etwas bessere Fremdsprachenkenntnisse in den Touristenzentren; außerhalb des Großraums Tunis sehr schwache Englischkenntnisse

Viele unterschiedliche Faktoren tragen zu diesem bedauernswerten Zustand bei. Der Hauptfaktor scheint mir die folgenreiche Entscheidung der Wahl der Unterrichtssprache zu sein: So wird der maghrebinische Erstklässler nicht in seiner Erstsprache unterrichtet, sondern in der Schriftsprache. Diese High-Variante ist sowohl Unterrichtssprache wie auch Unterrichtsfach. Es erstaunt nicht, dass diese Lernenden den jeweiligen Gegenstand des Lernens nicht leicht verstehen, verinnerlichen und anwenden können. Das wiederum verstärkt die im System ohnehin schon vorhandene Tendenz zum Auswendiglernen und zum Unterlassen des Hinterfragens.

Zur nicht in der Alltagskommunikation verwendeten Unterrichtssprache Schriftarabisch kommt in Algerien und Tunesien die erste Fremdsprache Französisch hinzu. Die folgende Tabelle bietet einen Überblick über die Verwendung pluralistischer Unterrichtssprachen im Maghreb: Unterrichtssprache (S), Unterrichtsfach (F)[17]

Staat	Primarbereich		Sekundarbereich				Hochschulbereich	
	Grundschule		Sekundarstufe I		Sekundarstufe II		Hochschule	
	Arab.	Frz.	Arab.	Frz.	Arab.	Frz.	Arab.	Frz.
Marokko	S + F	-	S + F	-	S + F	-	S+F	S+F
Algerien	S + F	ab 4. F	S + F	F	S + F	F	S+F	S+F
Tunesien	S + F	ab 3. F	S + F	S?[18] +F	S + F	S?+F	S+F	S+F

Quelle: Die Angaben für diese Tabelle stammen aus mehreren und unterschiedlichen Quellen.

Seit der Einführung der Arabisierung ist in Marokko Arabisch die einzige Unterrichtssprache sowohl im Primar- wie im Sekundarbereich und das, obwohl Fächer wie Physik, Chemie und Mathematik in der Hochschule ausschließlich auf Französisch vermittelt werden.

In Algerien und in Tunesien ist Französisch im Primar- wie im Sekundarbereich erhalten geblieben. In beiden Ländern wird es in der Grundschule als erste Fremdsprache unterrichtet.

In Tunesien ist die Lage bezüglich des Sekundarbereichs nicht so transparent. Es wird offiziell nicht präzisiert, dass Französisch im Sekundarbereich auch als Unterrichtssprache verwendet wird.

Vor dem Umbruch im Januar 2011 war es so, dass Mathematik in der Grundschule auf Arabisch, ab dem Sekundarbereich I dann auf Französisch unterrichtet wurde. Dieser brüske Wechsel, der nicht nur eine entgegengesetzte Schreibrichtung, sondern

---

17 Die Angaben für diese Tabelle stammen aus unterschiedlichen Quellen. Die verschiedenen Daten wurden von der Autorin zusammengestellt.

18 Im Gesetzestext von 2002 heißt es, dass im Primarbereich die Unterrichtssprache generell Arabisch ist. Ab dem 3. und dem 5. Grundschuljahr wird eine Fremdsprache angeboten. Es wird aber nicht präzisiert, um welche es sich handelt. Auch schweigt man sich aus über die Art der Verwendung der französischen Sprache.

auch eine andere Terminologie mit sich bringt, ist für viele Schülerinnen und Schüler der Grund für ihr Schulversagen in den mathematischen Fächern.

Der Hochschulbereich ist eine nicht zu unterschätzende Größe, wenn man sich den hohen Prozentsatz von zurzeit 50% ansieht, den die Studierenden einnehmen.[19] Dort werden in Tunesien die Geisteswissenschaften auf Arabisch unterrichtet, während Französisch meist die Unterrichtssprache in den wissenschaftlichen und technischen Fächern ist. Man kann hier also von einem zweisprachig gehaltenen System sprechen. Wie erwähnt, wird nur in Marokko Französisch als Unterrichtsfach nicht in der Grundschule unterrichtet; in Algerien wie auch in Tunesien wird sie als erste Fremdsprache wie auch als Unterrichtsfach im Sekundarbereich verwendet.

Wenn aber die französische Sprache als alleinige Unterrichtssprache eingesetzt wird, dann hängt der erfolgreiche Abschluss des Studiums zu einem großen Teil von der Beherrschung dieser Sprache ab. Es erstaunt daher nicht, dass bei einer diskontinuierlich eingesetzten Unterrichtssprache die Versagens- und Abbruchquote in den ersten Semestern besonders hoch ist. Mit diesem Problem haben die tunesischen Studierenden etwas weniger zu kämpfen, da sie früher (und intensiver) mit der französischen Sprache in Kontakt kommen. Dennoch muss ein Rückgang im Sprachniveau fächerübergreifend festgestellt werden.

4.5   Intermediäres Arabisch als Weg zur Hebung der Sprachkompetenz

Was für die Europäische Union gilt, ist auch für den Kleinen Maghreb von Bedeutung: Mehrsprachigkeit ist hier und dort eine Schlüsselkompetenz für wirtschaftliche Wettbewerbsfähigkeit und Arbeitsmarktmobilität.[20]

Die beklagenswert hohe Anzahl von Schul- und Studienabbrechern sowie arbeitsloser Akademiker ist das Ergebnis vieler unzulänglicher Schulreformen. Sie stellt ein reales ökonomisches Handicap für die drei maghrebinischen Schwellenländer dar, die auf internationalen Märkten konkurrenzfähig bleiben oder werden wollen.

Dieses Problem ist zu einem bedeutenden Teil durch die Art und den Einsatz der Unterrichtssprachen entstanden: „Ce sont les méthodes d'apprentissage à l'école primaire qui sont discutables. D'une manière quasi générale l'arabe enseigné n'est pas celui qui est parlé dans la famille" (Lacoste & Lacoste, 1991, S. 394).

Ein intermediäres Arabisch als (anfängliche) Unterrichtssprache könnte dieses Problem beheben. So schlägt der marokkanische Journalist Jaouad Mdidech vor, eine [ɛlluɣaːu ɛlwustˤaː] اللغـة الوسـطى einzuführen, eine Varietät, die sich in der Mitte zwischen der Schriftsprache und der Sprechsprache befindet (Mdidech, 2010).

Die Realisierung dieses Projekts rückt wahrscheinlich dadurch in relative Ferne, dass man die Schriftsprache [ɛlluɣatu ɛlfusˤha:] اللغـة الفصـحى, wie dargelegt, als „Spiegel der Identität" wertet und man sie daher wohl nur schwerlich wird ersetzen wollen.

---

19 Recensements de l'Institut National de la Statistique. www.ins.nat.tn
20 rml2future.eu – info@rml2future.eu. Zugriff am 31.10.2012.

5.   Ausblick

Bei der aktuellen jungen Generation hingegen lässt sich eine Trendwende, eine neue Haltung dem Arabischen gegenüber erkennen: Unübersehbar ist heute der Siegeszug der heimischen Arabischvarietät [dɛ:riʒɛtun] دارجة. Sie ist nicht nur die Erstsprache, sondern sie wird auch immer öfter in Wort sowie in Schrift in den Massenmedien, in der Werbung, in der Musik, beim Chatten und beim Simsen verwendet. Das haben in der letzten Zeit das soziale Netzwerk Facebook und Twitter als Kommunikationsplattform eindrucksvoll gezeigt.

Inwiefern sich diese Bewegung auf das Schulsystem und eine Reform der Unterrichtssprache(n) auswirken wird, bleibt abzuwarten. Das gilt stellvertretend für den Maghreb besonders für die tunesische Gesellschaft, die sich seit Januar 2011 im Zustand der Transformation befindet.

Literatur

Bauer, K. (1999). Stichwort Fundamentalismus. München: Heyne.

Ben Jemia, A. (1998). Enseignement du français et bilinguisme en Tunisie: Le bilinguisme, spécificité du système éducatif tunisien, donne à l'enseignement du français une place de choix permettant aux élèves de réaliser une synthèse entre la culture arabe et le monde occidental. In: Revue internationale d'Éducation de Sèvers, 19: Langue maternelle, langue d'enseignement, (49–52).

Benabdallah, M. Z. (2010). L'Université maghrébine face aux défis de l'intégration euro-méditerranéenne. In: La Cuestión Universitaria 6, (117–124).

Beppler-Spahl, S. (2011). Tunesien: Starke Bildung, schwache Wirtschaft. In: Novo Argumente v. 18.01.2011. URL: http://www.novo-argumente.com/magazin.php/novo_notizen/artikel/000775 (10.06.2013).

Berkey, J. P. (2006). Madrasas Medieval and Modern: Politics, Education and the Problem of Muslim Identity. In: Hefner, R. W./Z., M. Q. (Hrsg.) Schooling Islam: The Culture and the Politics of Modern Muslim Education, (40–60). Princeton (New Jersey): Princeton University Press.

Bouchebcheb, L. (2011). Du français objet d'enseignement au français langue d'enseignement: le cas des stagiaires des centres de formation professionnelle en Algérie. In: Synergies Algérie 12, (101–109).

Bouhdiba, S. (2004). Enseignement supérieur, francophonie et développement durable en Afrique du Nord: le cas de la Tunisie, (25–29) http://www.francophonie-durable.org/motscles6.html.

Bourial, H. (2012). Le billet de Hatem Bourial – La langue française est une composante essentielle de l'identité tunisienne. 19.03.2012. URL: http://www.webdo.tn/2012/03/19/le-billet-de-hatem-bourial-la-langue-francaise-est-une-composante-essentielle-de-l-identite-tunisienne/ (19.3.2012).

Butzkamm, W. (2003). Die Muttersprache als Sprach-Mutter: ein Gegenentwurf zur herrschenden Theorie. In: französisch heute, 34, 2, (174–192).

Fall, K. (2006). Koloniale Sprache als kulturelle Gewalt: die Frankophonie hat die Gesellschaft gespalten. In: Eins: Entwicklungspolitik Information Nord-Süd, 18–19, (40–42).

Freinet, C. (1980). Pädagogische Texte. Reinbek: Rowohlt.

Grandguillaume, G. (1984). Les relations entre le Maghreb et le Machrek. Des solidarités anciennes aux réalités nouvelles. In: Sciences humaines sur l'aire méditerranéenne, 6, (151–157).

Kammoun, R. (2006). Diversité linguistique en Tunisie: Le français a-t-il perdu de sa suprématie? FIPLV World Congress, Göteborg/Schweden, 15.–17. Juni 2006. URL: www.fiplv.org/WC06/.../French/RaoudhaK.doc (09.01.2012).

Lacoste, C./Lacoste, Y. (Hrsg.) (1991). L'Etat du Maghreb. Paris: La Découverte.

Lewandowski, Th. (1994). Linguistisches Wörterbuch (3 Bde.). 6. Aufl. Heidelberg, Wiesbaden: Quelle & Meyer.

Mdidech, J. (2010). Faut-il introduire la darija dans la langue officielle du Maroc? 21.06.2010. In La vie éco. URL: http://www.lavieeco.com/news/societe/faut-il-introduire-la-darija-dans-la-langue-officielle-du-maroc--16939.html (21.06.2010).

Mejri, S./Mosbah, S./Sfar, I. (2009). Plurilinguisme et diglossie en Tunisie. In: Synergies Tunisie 1, (53–74).

Moatassime, A. (2001). Francophonie – monde arabe: un dialogue est-il possible? (une interrogation prospective face aux enjeux de la mondialisation). Paris [u.a.]: L'Harmattan.

Nonnenmacher, G. (2012). Arabellion. Düstere Perspektiven. 23.02.2012. In: Frankfurter Allgemeine Zeitung. URL: http://www.faz.net/aktuell/politik/ausland/naher-osten/arabellion-duestere-perspektiven-11659950.html (23.02.2013).

Plum, W. (1960). Moderne Schul- und Bildungssysteme im Maghreb. In: Gewerkschaftliche Monatshefte 1, (732–741).

Quitout, M. (2007). Paysage linguistique et enseignement des langues au Maghreb des origines à nos jours. Paris: L'Harmattan.

Schirrmacher, Ch. (2004). Die Rolle der Frau im Islam. In: MBS Texte 021.

Schumacher, T. (2007). Maghreb-Staaten. In: Schmid, S./Hellmann, G./Wolf, R. (Hrsg.) Handbuch zur Deutschen Außenpolitik (521–531). Wiesbaden: VS Verlag für Sozialwissenschaften.

Stewart, D. (1980). L'aube de l'Islam. Niederlande: TIME-LIFE Books.

Tibi, B. (2004). Islam und die Weltpolitik: Zwischen wahhabitischer Orthodoxie, Fundamentalismus und Reform-Islam. Universität St. Gallen.

Wälchli, M. (2007). Der Fundamentalismus im Lichte der mosaischen Unterscheidung. Ein Erklärungsversuch religiöser Intoleranz und Gewalt auf Basis der Assmannschen Thesen. In: Palmer, G. (Hrsg.) Fragen nach dem einen Gott: die Monotheismusdebatte im Kontext (191–216). Tübingen: Mohr & Siebeck.

Werdermann, S. (2003). Hochschulbildung in Tunesien. Marktwert abnehmend? In: der überblick. Zeitschrift für ökumenische Begegnung und internationale Zusammenarbeit, 01, (9).

Sekou Bocoum

Pédagogie Convergente und Curriculum Bilingue par Compétences. Bilingualer Unterricht in einheimischen Sprachen und in französischer Sprache in Schulen Malis

Vorbemerkung

Die Republik Mali entschied sich für eine sogenannte „Beitrags-Sprachpolitik" nach der Erlangung der Unabhängigkeit 1960. Damit war die gleichzeitige Verwendung der Kolonial- und Amtssprache Französisch und der zwölf Nationalsprachen im öffentlichen Raum gemeint. Die Konkretisierung dieser Politik fing mit der erfolgreichen Einführung der Nationalsprachen zuerst in die Erwachsenenbildung und dann in den Sektor der formalen Bildung ab 1979 an. Der vorliegende Beitrag widmet sich dem bilingualen Unterricht während der Perioden der *Pédagogie Convergente* (1987–2002) und des *Curriculum Bilingue par Compétences* (ab 2002 bis heute).

1.   Einleitung – Mali als mehrsprachiges Land

Mali ist ein multilinguales/mehrsprachiges Land, das zu den Kolonien Französisch-Westafrika gehörte. Nach der Unabhängigkeit wurde die Kolonialsprache, Französisch, in dem genannten Gebiet als Unterrichtssprache beibehalten. In diesen Ländern Westafrikas (neun von sechzehn Staaten insgesamt) findet die schulische Bildung bis heute nahezu ausnahmslos in französischer Sprache statt (Altmayer, 2009). Aber in Mali sah die Erziehungsreform von 1962 die Einführung der einheimischen Sprachen in das Bildungssystem vor (Traoré, 2001; Haïdara, 2007). Der Versuch der UNESCO, die afrikanischen Sprachen als Unterrichtssprachen in den ehemaligen Kolonien in den 60er Jahren einzusetzen, stieß auf den Widerstand Frankreichs (Yéo, 2009). Dennoch fand die erste Internationale Zusammenkunft über Sprachen und den damit einhergehenden Herausforderungen in Afrika, wie etwa die Frage der Harmonisierung bei der Verschriftlichung der westafrikanischen Sprachen, in der malischen Hauptstadt 1966 statt (Küper, 2003; Konta, 2007; Diallo, 2007; Enguehard, 2009). Das Land legte das lateinische Alphabet bei der Verschriftlichung der autochthonen Sprachen im folgenden Jahr fest. Danach wurden die Verschriftlichungsregeln von vier Verkehrssprachen (Bamanankan, Ful, Soŋoy und Tamashaq) festgelegt (Konta, 2007).

1979 trafen sich in Bamako unter der Ägide der UNESCO Experten, die die Einführung der afrikanischen Sprachen auf allen Ebenen des Bildungssystems empfahlen (Fal, 2003). Mali begann mit dem bilingualen Unterricht in der formalen Bildung in vier experimentellen Schulen in demselben Jahr (Traoré, 2001; Haïdara, 2007). Zuerst wurde Bamanankan, die dominante Sprache des Landes, als Medium des Lernens in zwei administrativen Regionen 1979 angewendet und dann wurden 1982 die anderen

drei oben genannten Sprachen in anderen Sprachregionen des Landes (ebd.) eingeführt. Die bilingualen Schulen dieser Periode (1982–1987) wurden von den Spezialisten der Unterrichtssprachen des Landes als die „Erste Generation" der bilingualen
Erziehung bezeichnet. Außerdem wurde dem *„Language Plan of Action for Africa"* von
dem Ministerrat der Organisation für Afrikanische Einheit 1987 zugestimmt. Dieser
Plan strebte an, einerseits die afrikanischen Sprachen zu fördern und sie andererseits
als Unterrichtssprachen auf dem Kontinent an Stelle der europäischen Sprachen einzusetzen (Küper, 2003). Auf der Suche nach einem passenden bilingualen Erziehungs-
modell, das den Übergang zum Französischen vereinfachen könnte, fing Mali 1987
mit der zweiten *Generation* des bilingualen Unterrichts, der sogenannten *Pédagogie
Convergente*, an (Traoré, 2001).

2. Eine erste Initiative: *La Pédagogie Convergente* (1987–2002)

Was ist unter der *Pédagogie Convergente* zu verstehen? *„La pédagogie convergente est
une approche novatrice d'apprentissage des langues dans des contextes bi- ou multi-
lingues avec pour objectif de développer un bilinguisme fonctionnel chez l'apprenant …
La pédagogie convergente accorde la priorité à la langue de l'enfant qui est aussi bien un
moyen de communication et d'expression, qu'un instrument de structuration de la pensée
et de la personnalité. L'introduction de la deuxième langue n'est souhaitable que lorsque
les plus importants comportements, ceux concernant l'écrit notamment, sont acquis en
langue maternelle"* (Traoré, 2001, S. 3ff.).

Es handelt sich also um eine Maßnahme, die sich um die Muttersprache der Kinder
bemüht, und dieser oberste Priorität einräumt. Zwei- oder Mehrsprachigkeit soll den
Lernprozess funktional begleiten. Erst nachdem die wichtigsten Befähigungen in der
Muttersprache erworben sind, ist die Einführung der zweiten Sprache, d. h. Französisch, wünschenswert. Die Unterrichtsmethode des belgischen „Centre International
Audio- Visuel d'Etudes et de Recherches" (CIAVER) begann 1987 mit zwei Klassen
in der Hauptstadt der vierten administrativen Region Malis (Segou). Diese Region ist
eine der zwei Regionen, in denen erste bilinguale Schulen des Landes entstanden (Traoré, 2001; La PC de l'enseignement des LN concomitamment avec le Français, 2003).

2.1 Die Verbreitung der *Pédagogie Convergente*

Ab 1994 wurde mit einer sogenannten progressiven Verbreitung der *Pédagogie
Convergente* durch das Erziehungsministerium des Landes begonnen (La PC de
l'Enseignement des LN concomitamment avec le Français, 2003). Diese wurde
von Anfang bis Ende von der United States Agency for International Development
(USAID) finanziell unterstützt (Traoré, 2001) und bedeutete die allmähliche Einführung der gesamten autochthonen Sprachen des Landes in das formale Bildungssystem
und wurde wie folgt durchgeführt:

Tabelle 1: Die progressive Einführung der Nationalsprachen während
der „PC"-Periode

Jahre	Sprachen
1994	Bamanankan, Fulfulde, Soŋoi
1995	Dogon, Soninke, Tamashaq
1998	Bobo, Senufo
2000	Bozo, Minianka
2001	Khassonke

Die Einführung begann in den monolingualen Ortschaften, die bereits bilinguale Schulen hatten. Anzumerken ist, dass elf von den zwölf malischen Sprachen ab 2001 als Medium/als Unterrichtssprache des Lernens in 26,04% der Grundschulen des Landes eingesetzt wurden (Traoré, 2001; La PC de l'Enseignement des LN concomitamment avec le Français, ebd.).

2.2 Die Auswahl der Unterrichtssprache in mehrsprachigen Ortschaften

Nach Ouane & Glanz (2010) ist die Erstsprache in dem afrikanischen Kontext eine oder viele Sprachen, mit denen das Kind aufwächst, und deren Struktur es vor seiner Einschulung lernt. So Ouane & Glanz: „[…] *la langue maternelle correspond à une ou plusieurs langues avec lesquelles l'enfant grandit et apprend la structure avant l'école.*" (Ouane & Glanz, 2010, S. 13f.). Im Rahmen dieser Tatsache wurde laut Traoré (2001), einem der Hauptakteure des Einsatzes der *Pédagogie Convergente*, über die Auswahl der Unterrichtssprache von der Bevölkerung in mehrsprachigen Ortschaften Malis selber verhandelt. Unter den zwei oder mehr Sprachen (Muttersprachen der Kinder), in denen die Menschen/Kinder über mehr oder weniger entwickelte Kompetenzen verfügen (Altmayer, 2009), entschieden sich die Eltern für eine Sprache als Unterrichtssprache.

2.3 Einheimische Sprachen und Französisch als Unterrichtsmedien in der Grundschule Malis

In Mali gehen Kinder ab dem 6. Lebensjahr zur Schule (République du Mali, 1998). Aber die bildungsnahen Kinder – sie besuchen meist Privatschulen – werden häufig vor diesem Alter eingeschult, während die Kinder bildungsferner Schichten oft später eingeschult werden. Seit der Umwandlung der zweistufigen Grundschule wurde die Prüfung: „Certificat de Fin d'Etudes du Premier Cycle de l'Enseignement Fondamental" abgeschafft und die Grundschule folgendermaßen gestaltet:
*   Niveau 1: 1. und 2. Klassenstufen (*initiation* – Eingangsniveau);
*   Niveau 2: 3. und 4. Klassenstufen (*aptitude* – Befähigungsniveau);
*   Niveau 3: 5. und 6. Klassenstufen (*consolidation* – Festigungsniveau);
*   Niveau 4: 7., 8. und 9. Klassenstufen (*orientation* – Orientierungsniveau)

Die Grundschule wird durch die Abschlussprüfung „Diplôme d'Etudes Fondamentales (D.E.F.)" am Ende der neunten Klassenstufe vollendet. Die Nationalsprachen wurden in der Periode der *Pédagogie Convergente* in der ersten Stufe *(premier cycle)* der damaligen neunklassigen Grundschule eingeführt. Die vorgegebene Lernzeit für die Nationalsprache und die französische Sprache als Unterrichtssprache/als Medium des Lernens stellt sich wie folgt dar:

Tabelle 2:   Die vorgegebene Lernzeit für die Sprachen als Lernmedien in der PC

Klassenstufe	Nationalsprache Prozentsatz der Zeit	Französisch Prozentsatz der Zeit
1	100	0
2	75	25 (Wort)
3	25	75 (Wort plus Schrift)
4	25	75 (Wort plus Schrift)
5	50	50 (Wort plus Schrift)
6	50	50 (Wort plus Schrift)

Quelle: République du Mali, Ministère de l' Education, 2003

Das Ziel der Lehrkräfte war eine funktionelle Zweitsprachigkeit in den beiden Unterrichtssprachen als Medien des Lernens am Ende des *„premier cycle"* zu erreichen. Die Gestaltung des Stundenplans lag in ihren Händen und es gab keine vorgegebene Lernzeit für die verschiedenen Schulfächer (République du Mali, Ministère de l' Education, 2000).

2.4   Die Ausbildung der Lehrer und das Unterrichtsmaterial

Die Lehrkräfte der *Pédagogie Convergente*-Schulen waren schon in den monolingualen französischsprachigen Schulen tätig. Drei Veranstaltungen wurden für die verschiedenen, an dem Einsatz der neuen Unterrichtsmethoden Beteiligten, vor deren Beginn in Bamako, in Belgien bei dem *Centre International Audio-Visuel d'Etudes et de Recherches* (CIAVER) und in der Stadt Segou organisiert. Unter den Teilnehmern waren die vorzubereitenden Lehrkräfte der experimentellen Schulen, die regionalen Schulbehörden, Experten vom IPN (Institut Pédagogique National), von der DNAFLA (Direction Nationale de l'Alphabétisation Fonctionnelle et de la Linguistique Appliquée), CIAVER *(Centre International Audio-Visuel d'Etudes et de Recherches)* u.a. Danach fanden regelmäßige Fortbildungen dreimal pro Jahr in der Stadt Segou (Traoré, 2001) statt. Später wurden zweimonatige Fortbildungslehrgänge während der Schulferien organisiert (ebd., Haïdara, 2007).

2.5   Die Evaluation der *Pédagogie Convergente*

Wichtig zu erwähnen ist, dass Mali mit dem Konzept/der Unterrichtsmethode der *Pédagogie Convergente* mit dem UNESCO J.A. Comenius Preis 1998 ausgezeichnet wurde. Sechs Jahre nach dem Anfang der progressiven Verbreitung der Methode (1994) unterzogen sich die Lernenden dieses Jahrgangs der „Certificat de Fin d'Etudes du Premier Cycle de l'Enseignement Fondamental (CFEPCEF)" im Jahre 2000. Die Leistungen der Lernenden der damaligen sieben administrativen Regionen des Landes und der Hauptstadt Bamako an dieser Prüfung sind in der nächsten Tabelle dargelegt.

Tabelle 3:   Komparative Leistungen der Lernende an der „CFEPCEF"-Prüfung 2000

Administrative Regionen	Schulen mit NS und Frz. als Medium	Schulen mit Frz. als Medium	Unterschiede
Kayes	68,10%	49,04%	19,06%
Kulikoro	92,90%	61,00%	31,09%
Sikasso	65,10%	46,03%	19,07%
Segu	46,69%	45,12%	1,57%
Mopti	79,22%	51,03%	28,21%
Timbuktu	62,00%	62,01%	-0,01%
Gao	59,56%	53,51%	6,05%
Hauptstadt Bamako	75,54%	56,75%	18,79%
Nationalrate	68,57%	52,34%	16,23%

Quelle: Traoré, 2001

Wie in der Tabelle der progressiven Einführung der Nationalsprachen (siehe Tabelle 1) dargelegt, sind die drei dominanten Verkehrssprachen (Bamanankan, Fulfulde, Soŋoi) von der Prüfung betroffen. Es gibt einen großen Unterschied zugunsten der Lernenden der bilingualen Schulen im ganzen Land. Die Unterschiede sind mit ca. 20% in der Region von Sikasso und in Bamako ähnlich, beide haben die höchsten Bevölkerungsdichten. In zwei anderen Gebieten mit einer großen Einwohnerzahl, Kulikoro im Süden und Mopti im Zentrum des Landes, ist die Erfolgsrate noch höher. Ein geringfügiger Unterschied zugunsten der monolingualen Schulen ist nur in der touristischen Region von Timbuktu zu beobachten. In den touristischen Gebieten Malis (wie Djénné, Hombori usw.) sprechen viele Kinder mehr oder weniger gut Deutsch, Englisch, Französisch, Italienisch, Spanisch. Diese Leistungen mögen die Hypothese der Überlegenheit der Immersion gegenüber der Submersion bestätigen.

3.   *Le Curriculum bilingue par compétences* – 2002 bis heute

Im Rahmen des „Programme Décennal de Développement de l'Education" (PRODEC 1998–2008) und der Umgestaltung des Schulsystems wurde eine Befragung durchgeführt, um die erzieherischen Bedürfnisse der Bevölkerung näher bestimmen zu können (PRODEC, Cadre Politique, 1997). Infolge dieser Befragung wurde von den Bildungsbehörden Folgendes entschieden:

„La politique d'utilisation concomitante des langues maternelles et du Français sera basée sur un multilinguisme fonctionnel comprenant la langue dominante des apprenants, la langue nationale de grande diffusion et la lange officielle" (PRODEC, République du Mali, 1997, S. 12).

Laut dieser Entscheidung sind die Muttersprache der Kinder und die Amtssprache die Unterrichtssprachen in Mali. Außerdem wird eine der Verkehrssprachen des Landes (siehe oben) gleichzeitig als Gegenstand des Lernens ab der zweiten Klasse unterrichtet, wenn diese nicht die Muttersprache der Lernenden ist. Später stellte das Erziehungsgesetz *(Loi d'Orientation sur l'Education 99–046)* die gleichzeitige Verwendung der Nationalsprachen und der Amtssprache als Unterrichtssprachen 1999 fest (Konta, 2007). Im Jahre 2000 wurde ein neues Curriculum der Grundschule auf der Basis der *Pédagogie Convergente* als Unterrichtsmethode entwickelt.

Die Lehrwerke in Nationalsprachen wurden von einem Team des IPN vor Ort gestaltet. Vorher wurde das Team mit der Unterstützung der Deutschen Stiftung für Internationale Entwicklung (DSE) zu der Erstellung dieses Materials ausgebildet. Die Werke, die von Spezialisten der Unterrichtssprachen wie Haïdara als eine Übersetzung der in französischer Sprache existierenden Materialien betrachtet werden, wurden während Fortbildungen von Pädagogen, Psychopädagogen, Linguisten, Mathematikern u.a. und Lehrkräften der *Pédagogie Convergente*-Schulen entworfen. Was die Lehrwerke in französischer Sprache betraf, so wurden diese von CIAVER in Belgien in Zusammenarbeit mit malischen Schulbehörden gestaltet (ebd.)

3.1 Probezeit und Verbreitung des *Curriculum bilingue par compétences*

Wie die *Pédagogie Convergente* verfolgt das *Curriculum Bilingue par compétences* das Ziel einer funktionellen/funktionalen Bilingualität (République du Mali, 2000). Deshalb begann die „dritte Generation" von Schulen mit bilingualem oder multilingualem Unterricht auf der Basis der existierenden bilingualen Schulen im Jahre 2002: *„Les résultats des recherches et expérimentations ont conduit à l'adoption de la Pédagogie Convergente comme fondement essentiel du curriculum de l'Enseignement Fondamental."* (Ebd., 2000, S. 17). Die Probezeit des neuen Curriculums dauerte von 2002 bis 2006 (Haïdara, 2007; République du Mali, 2003). Im Schuljahr 2005/2006 fing die Verbreitung/Konsolidierung des *Curriculum bilingue par compétences* mit 36,02% der malischen öffentlichen Schulen an, unter denen mehr als drei Viertel *Pédagogie Convergente*-Schulen waren (Haïdara, 2007). Das neue Curriculum soll demnächst für alle Schulen der sprachlich heterogenen Gesellschaft Malis eingeführt werden (PRODEC/ République du Mali, 1998). Zum Beispiel waren 109 von den 192 öffentlichen Schulen der zweitgrößten Stadt des Landes, Sikasso, im Schuljahr 2009/2010 (République du Mali, 2011) wie auch 19 von den 34 Schulen eines „CAP" (Unterrichtsbezirks) der Hauptstadt Bamako im Schuljahr 2011/2012 bilinguale Schulen. Aber wegen Schwierigkeiten in der Ausbildung sowie der didaktischen Qualifizierung der Lehrer und besonders wegen des politischen Willens bestimmter Interessensgruppen – die Kinder der politischen Elite und fast alle Kinder aus höheren Sozialschichten besuchen Privatschulen mit Französisch als Sprache/Medium des Lernens und der Gebrauch der Nationalsprachen ist sogar auf dem Schulhof verboten – geht der Prozess der Implementierung/Konsolidierung ziemlich langsam voran.

3.2 Nationalsprachen und französische Sprache als Unterrichtsmedien in *Curriculum Bilingue par Compétence*-Schulen

In den *Curriculum bilingue par Compétences*-Schulen werden Nationalsprachen und Französisch in verschiedenen Klassenstufen als Medium/Sprache des Lernens wie folgt verwendet:

Tabelle 4: Die vorgegebene Lernzeit für die Sprachen als Medium in „*CBC*" Schulen:

Klasse	Alter	Nationalsprache Prozentsatz der Zeit	Französisch Prozentsatz der Zeit
1	6–7 Jahre	100	0
2	7–8 Jahre	75	25 (Wort)
3	8–9 Jahre	50	50 (Wort plus Schrift)
4	9–10 Jahre	50	50 (Wort plus Schrift)
5	10–11 Jahre	25	75 (Wort plus Schrift)
6	11–12 Jahre	25	75 (Wort plus Schrift)

Quelle: République du Mali, Ministère de l' Education, 2000.

In der zweiten Klasse soll Französisch auf eine integrierte Weise unterrichtet werden, indem die verschiedenen Unterrichtsdomänen (Langues et Communication, Mathématiques, Sciences et Technologie, Développement de la personne, Arts, Sciences humaines) berücksichtigt werden können. In den dritten und vierten Klassen sollen Themen, die im Zusammenhang stehen, gleichermaßen in beiden Lernmedien unterrichtet werden. In den fünften und sechsten Klassen sollen einerseits die Unterrichtsmaterialien in beiden Sprachen die gleichen Inhalte haben: „*Le matériel didactique ou pédagogique doit respecter les situations de bilinguisme fonctionnel de l'école malienne*" (République du Mali, Ministère de l' Education, 2000, S. 39). Darüber hinaus kann auf die andere Unterrichtssprache im Bedarfsfall rekurriert werden. Andererseits sollen Themen, die während einer Unterrichtsstunde auf Französisch (75% der Lernzeit) gelehrt werden, auch während mehrerer Unterrichtsstunden in den Nationalsprachen (25% der Lernzeit) gelehrt werden (siehe Tabelle 4). Auf dem vierten Niveau der Grundschule (7., 8. und 9. Klasse) werden 10% der Zeit des Sprachunterrichts (Langue et Communication) den Nationalsprachen gewidmet. Es muss hervorgehoben werden, dass die Nationalsprachen als Gegenstand des Lernens ab dem Schuljahr 2010/2011 in Sekundarschulen unterrichtet werden.

3.3 Die Ausbildung der Lehrer und das Unterrichtsmaterial

Die heutigen Lehrkräfte der *Curriculum bilingue*-Schulen gehen zumeist aus den Lehrkräften der *Pédagogie Convergente*-Schulen hervor. Die Lehrerfortbildung kommt den Staat sehr teuer zu stehen und variiert nach der Finanzlage der Bildungsbehörden. Zuerst handelte es sich um einen zweimonatigen Fortbildungsgang, der seit Kurzem nur noch zwanzig Tage dauert oder gar nicht stattfindet. Im Schuljahr 2010/2011 gab es beispielsweise für manche Lehrkräften in einigen „Centre d'Animation Pédagogique" von Bamako keine Fortbildung. Als Folge davon sind bilinguale Klassen dieser „CAP" wieder monolingual mit Französisch (als Schul- und Unterrichtsprache) als Medium des Lernens geworden. Der (Fach-)Unterricht und eine damit einhergehende Didaktik der einheimischen Sprachen wurde erst im Schuljahr 2010/2011 in die „Instituts de Formation des Maîtres (IFM)" eingeführt.

Quellen: République du Mali/Centre National de l'Education, Bamako, 2002: Sciences d'Observation 5è et 6è années, Editions Donniya Mali Jamana, Donniyakalan San 5nan-6nan, Editions Donniya, Bamako, 2004

Es gibt Lehr- und Lernbücher für die sechs Klassen des „Premier Cycle" der malischen Grundschule in den elf örtlichen Unterrichtssprachen (Konta, 2007, Haïdara, 2001). Im ersten Jahr der Verbreitung wurden die Lehrwerke der *Pédagogie Convergente*-Schulen den bilingualen Erbenschulen zur Verfügung gestellt (Haïdara, 2007). Inzwischen wurden die Werke in Nationalsprachen von etwa zehn lokalen Verlagen, Nichtregierungsorganisationen und Vereinen wie CALAN (Club des Amis des Langues Nationales du Mali) veröffentlicht (Konta, 2007).

3.4   Das Unterrichtswesen und die Schülerschaft

Theoretisch sind die pädagogisch-didaktischen Überlegungen zu den *Curriculum bilingue par compétences*-Schulen vergleichbar mit dem Konzept des offenen Unterrichts, wie es etwa Falko Peschel als Gegenmodell zum Frontalunterricht beschreibt: *„Offener Unterricht zielt im sozialen Bereich auf eine möglichst hohe Mitbestimmung bzw. Mitverantwortung des Schülers bezüglich der Infrastruktur der Klasse, der Regelfindung innerhalb der Klassengemeinschaft sowie der gemeinsamen Gestaltung der Schulzeit ab."* (Peschel zitiert in Stellbrink, 2012, S. 90).

Was das „Curriculum bilingue par compétences" anbelangt, so gehören dazu unter anderem folgende in den Richtlinien verankerte Merkmale: *„l'évolution d'une pédagogie traditionnelle vers une pédagogie active; une pédagogie axée sur l'apprenant, sur son vécu et son environnement; une pédagogie de groupe; une pédagogie de projets éducatifs. Le curriculum doit prendre appui sur les acquis de la pédagogie convergente et de toute autre innovation dans laquelle l'élève est artisan de sa formation; favoriser les activités faisant appel à l'imagination et à la créativité. Le matériel didactique peut être élaboré par les enseignants et les apprenants."* (République du Mali, 2000, S. 18, 39, 40).

Es können also Schulzeit bzw. Unterrichtsmaterial von den Lehrkräften und den Lernenden gestaltet werden. Angedacht sind Arbeiten in Sitzkreisen und in Gruppen, mit einem Schüler/einer Schülerin, der/die die Moderation von Diskussionen übernimmt. Außerdem sind gemeinschaftlich durchzuführende Projekte etwa im Bereich Gartenbau möglich. Ein regelmäßiger Radiokurs (im Sprachunterricht) in der Zielsprache im öffentlichen Rundfunk wie auch eine Nachhilfestunde gehören zu dem Programm der bilingualen Schulen. Was jedoch die Schülerschaft in den bilingualen Schulen Malis betrifft, so stößt der Unterricht hier auf besondere Voraussetzungen: Mit wenigen Ausnahme kommen die Schülerinnen und Schüler aus den unteren Schichten der Gesellschaft, d.h. sie sind Kinder von Maurern, Bettlern, Putz- und Hausfrauen, die keinen Schulabschluss besitzen. In manchen Fällen sind sie sogar elternlos.

4.   Fazit – Mali als Vorreiter für Bilingualität

Zu der bilingualen Bildung in Mali schreibt einer der berühmtesten Spezialisten von Unterrichtssprachen in Afrika, Neville Alexander (2011) aus der Universität Cape Town:

„Since 1990, a few states deriving from the former French and Portugese African empires have explored … the use of mother tongues for varying periods of primary schooling. Of these the Republic of Mali appears to have moved faster and further than any of the others" (Alexander, 2011, S. 7).

Trotz dieser führenden Stellung des Unterrichtens in einheimischen Sprachen unter den Staaten der ehemaligen französischen Kolonie, in denen ansonsten Französisch als Medium/als Unterrichtssprache des Lernens (noch) vorherrscht (Altmayer, 2009), bleibt jedoch noch die erfolgreiche Einführung der Nationalsprachen in das Schulsystem der Republik Mali und den anderen Staaten der ehemaligen französischen Kolonien eine große Herausforderung für Schule und Erziehung und auch für die Sprachforscher und Erziehungswissenschaftler, die sich damit auseinandersetzen. Die größte Herausforderung der Immersion in Mali ist außer dem erwähnten politischen Willen bestimmter Interessensgruppen (die weniger an dem Gebrauch der Nationalsprachen interessiert sind) die Zurückweisung der mehrsprachigen Beschulung durch Teile der Bevölkerung. Viele Menschen vergleichen den Unterricht in Nationalsprachen mit „balikukalan" (dem Wort für Erwachsenenbildung auf Bamanankan). Da sie die bilingualen Schulen als Erwachsenenschulen ansehen, wollen viele Eltern ihre Kinder nicht in diese Schulen schicken. In diesen Zusammenhängen ist daran zu erinnern, dass die Nationalsprachen zunächst zur Alphabetisierung der Erwachsenen ab 1961 dienten, nachdem diese in Französisch scheiterte (Haidara, 2007; Konta, 2001).

Die Herausforderungen und Perspektiven des Sprachgebrauchs (des lebenswichtigen Themas der Immersion) für die oben genannten Länder und für die meisten afrikanischen Länder machten meines Erachtens eine supranationale/internationale Forschung notwendig, bei der „frankophone" Staaten bzw. ausgewählte Schulen, die Erfahrungen mit mehrsprachiger/bilingualer Erziehung und Bildung haben (Mali, Burkina Faso, Niger, Senegal), beteiligt sind. Vergleichend/kontrastierend (je nach forschungsmethodischem Zuschnitt) dazu könnten etwa bilinguale Schulen in Europa, in Deutschland z.B. die staatlichen Europaschulen in Berlin, die Deutsch-Italienische Schule in Wolfsburg oder die bilinguale Grundschule in Hamburg (Altmayer, 2009), und entsprechende Schulen in Frankreich näher betrachtet werden, z.B. in Hinblick auf erfolgreiche Lernstrategien (siehe dazu den Beitrag von Stratilaki in dieser Publikation).

Literatur

Alexander, N. (2011). Mother tongue based bilingual education in Africa: a cultural and intellectual imperative. Vortrag 3rd Linguapax Conference: Mutilingualism in Education and People's Linguistic Rights in Africa, Dakar, 2./3. März.

Altmayer, C. (2009). Mehrsprachigkeit und Schulerfolg – die europäische (deutsche) Perspektive. In: Anthonissen, C./von Maltzan, C. (Hrsg.) Sonderaufgabe: Mehrsprachigkeit und Sprachenpolitik in Afrika. spil plus № 38, (101–110). Stellenbosch.

Diallo, M. S. (2007). Langue et éducation en Guinée. In: Bulletin ACALAN № 002, (12–17).

Enguehard, C. (2009). Les langues d'Afrique de l'Ouest: de l'imprimante au traitement automatique des langues. In: Revue du Centre de Linguistique Appliquée de Dakar № 6. (29–47).

Fal, A. D. (2003). The language questions in litteracy, teaching and basic education: the experience of Senegal. In: Ouane, A. (Hrsg.) Towards a multilingual culture of education (391–416). UNESCO Institute for Education.

Haïdara, Y. M. (2007). Vortrag: Journée Internationale de la Langue Maternelle, Bamako.

Konta, M. (2007). La situation des langues Nationales au Mali de l'indépendance à nos jours. Vortrag: Journée Internationale de la Langue Maternelle, Bamako.

Küper, W. (2003). The necessity of introducing mother tongues in education systems of developing countries. In: Ouane, A. (Hrsg.) Towards a multilingual culture of education (159–180). Hamburg: UNESCO Institute for Education.

Ouane, A./Glanz, C. (2010). Pourquoi et comment l'Afrique doit investir dans les langues africaines et l'enseignement multilingue? Note de sensibilisation et d'orientation étayée par les faits et fondée sur la pratique. Hamburg: UNESCO Institute for Lifelong Learning/ADEA.

République du Mali, Ministère de l'Education (2000). Cadre Général d'Orientation du Curriculum de l'Enseignement Fondamental. Bamako.

République du Mali, Ministère de l'Education (2003). La Pédagogie Concomitante de l'Enseignement des Langues Nationales concomitamment avec le Français. Bamako.

République du Mali, Programme Décennal de Développement de l'Education (1997). Cadre Politique. Bamako.

République du Mali, Programme Décennal de Développement de l'Education (1998). Les Grandes Orientations de la Politique Educative du Mali. Bamako.

République du Mali, Rapport de Travail (2011). Direction Nationale de la Pédagogie, Direction Nationale de l'Enseignement de Base/Programme USAID-PHARE (Programme Harmonisé d'Appui au Renforcement de L'Education). Bamako.

Stellbrink, M. (2012). Inklusion als Herausforderung. Für die Entwicklung von Unterricht, Schule und Lehrerbildung. In: Fürstenau, S. (Hrsg.) Interkulturelle Pädagogik und Sprachliche Bildung (83–99). Wiesbaden: Springer VS.

Traoré, S. (2001). La Pédagogie Convergente: son expérimentation au Mali et son impact sur le système éducatif. Genève: UNESCO: BIE.

Yéo, L. (2009). Über das Verhältnis des Französischen zu den einheimischen Sprachen im postkolonialen Afrika: Eine Bestandsaufnahme. In: Anthonissen, C./von Maltzan, C. (Hrsg.) Sonderaufgabe: Mehrsprachigkeit und Sprachenpolitik in Afrika. spil plus № 35, (94–99). Stellenbosch.

Melanie David

Zur Situation muttersprachlicher Bildung in Burkina Faso

Ein bilinguales Schulprojekt neben Formen „klassischer" Beschulung

1.   Einleitung – Sprache(n) Afrikas früher und heute

Zu Zeiten der Kolonialisierung Afrikas war die Sprachenfrage ein entscheidender Teil der Bildungspolitik und wurde überwiegend kontrovers diskutiert (Adick, 1993): Während die Kolonialmächte u.a. aus Herrschaftsgebaren und bildungspolitischen Gründen in der Regel die eigene Sprache etablieren wollten,[1] ging es den Missionsgesellschaften aus pädagogischen Gründen darum, das muttersprachliche Bildungsprinzip zu fördern, um den zu Missionierenden sprachlich entgegenzukommen und sich ihnen verständlich machen zu können. Nach den eigenen Interessen der Afrikaner fragten beide nicht.

Wegen der hohen Analphabetenzahlen und der Vielzahl der afrikanischen Sprachen, die oft regional sehr begrenzt gebraucht werden, hat sich in den meisten afrikanischen Ländern aber weder die europäische Sprache der Kolonialmacht noch eine einzelne einheimische Sprache zu einer landesweit gesprochenen Nationalsprache entwickelt. Im Bildungswesen allerdings wird bis heute überwiegend die Sprache der ehemaligen Kolonialmacht als Unterrichtssprache verwendet; nur in einigen Ländern findet sich muttersprachlicher Unterricht in der schulischen und außerschulischen Grundbildung. Solche Ausnahmen sind zum Beispiel Kisuaheli in Tansania, das schon zur Zeit der deutschen Kolonialherrschaft benutzt worden war und auch in Kenia als offizielle Sprache anerkannt ist, und Amharisch in Äthiopien. In Madagaskar gilt Malagasy neben Französisch als Amts- und Schulsprache (Adick, 2013, S. 133). In Namibia begann im Juni 2011 die Umsetzung einer umfangreichen Bildungsreform, die u.a. auch den muttersprachlichen Unterricht fördern soll.

Die Problematik der Wahl der Unterrichtssprache gerade in multilingualen Entwicklungsländern ist ein in Erziehungswissenschaft und Bildungspolitik international seit Jahrzehnten viel diskutiertes Thema. Seit die UNESCO im Jahr 1953 den Bericht

---

1   Hierbei gibt es wesentliche Unterschiede zwischen den europäischen Kolonialmächten: Die Briten hatten das Ziel „to make the African a better African" (Prah, 1995, S. 61f.) und vertraten die Ansicht, dass es besser sei, zunächst die afrikanische Muttersprache zu unterrichten. Trotzdem blieb der muttersprachliche Unterricht in jeder Hinsicht spärlich ausgestattet und wurde nur mit sehr begrenzten Investitionen unterstützt. In den portugiesischen Kolonien wurde der Einsatz von muttersprachlichem Unterricht nicht gefördert, Bildungsfragen wurden insgesamt fast vollständig in die Hände von Missionaren gelegt. Die Franzosen betrachteten ihre Kolonien als Teil Frankreichs und wollten die Assimilation an und die Integration in die französische Kultur durch das Medium des Französischen fördern, das somit ausnahmslos als Unterrichtssprache verwendet wurde.

„The Use of Vernacular Languages in Education" veröffentlichte, wird darüber diskutiert, ob und (wenn ja) wie die afrikanischen Länder sich von ihren Bildungssystemen, die durch die Kolonialmächte eingesetzt worden waren, lösen sollten. Die importierten Bildungssysteme werden nach Meinung vieler Autorinnen und Autoren – wie Alidou, Boly, Brock-Utne, Ouane, Prah, Traoré u.a. –, vor allem aber auch der UNESCO selbst, den kulturellen Ansprüchen und Werten der Afrikaner nicht gerecht. Vielfach wird gefordert, dass der soziokulturelle und vor allem der muttersprachliche Hintergrund der Schüler mehr Beachtung finden muss, um die schulische Bildung effektiv gestalten zu können. Die wissenschaftlichen Ansichten gehen nur noch in der Frage auseinander, wie genau im Laufe der Schulzeit eines Kindes und zu welchen Anteilen muttersprachlich unterrichtet werden soll. Die Notwendigkeit muttersprachlichen Unterrichts für die optimale kognitive und identitätsstiftende Bildung ist weitgehend unstrittig.

Die Realität in afrikanischen Ländern sieht aber völlig anders aus. Ein aktuelles Beispiel soll die Situation Ruandas veranschaulichen: Ruanda hat nach dem Bruch der diplomatischen Beziehungen zwischen Paris und Kigali im Jahr 2006 die Entscheidung getroffen, Französisch als Unterrichtssprache zu verbannen. 2011 wurde daher das Bildungssystem vollständig umgestellt – auf Englisch. Eine Umstellung auf das vielfach auch als Handelssprache gesprochene Kisuaheli stand gar nicht erst zur Frage; dabei könnte leicht auf Unterrichtsmaterial in Kisuaheli aus dem benachbarten Tanzania zurückgegriffen werden.

Gegenstand des vorliegenden Beitrags ist genau diese Differenz zwischen der wissenschaftlichen Forschung und der internationalen Bildungspolitik auf der einen und der praktischen Umsetzung vor Ort am Beispiel Burkina Fasos auf der anderen Seite. Dazu gibt es zunächst eine knappe Darstellung des Bildungsreformgesetzes von 1996, das das heutige Bildungswesen in Burkina Faso entscheidend geprägt hat und muttersprachlichen Unterricht im formalen Bildungssystem überhaupt erst möglich macht. Es folgt ein Überblick über den Einsatz nationaler Sprachen in burkinischen Bildungssystemen. Im Anschluss daran wird ein äußerst erfolgreiches Schulprojekt, das die Muttersprache als Unterrichtssprache benutzt und dabei entscheidende Forschungsergebnisse umsetzt, vorgestellt. Mit dem Beitrag wird die Frage aufgeworfen, wie es dazu kommt, dass die Ergebnisse auf dem Gebiet der Sprachenproblematik den Unterrichtsalltag nicht oder nur kaum beeinflussen.

2.   Die Bildungsreform in Burkina Faso von 1996[2]

Die Generalversammlung zum Thema Bildung, die vom 5.-10.9.1994 in Ouagadougou stattfand, stellte gravierende Defizite fest wie zum Beispiel: Das Bildungssystem ist

---

2   Die Bildungsreform von1996 war nicht die erste Bildungsreform des Landes, die einen Vorstoß in Richtung des muttersprachlichen Unterrichts machte. 1979 reformierte die Regierung von Obervolta (wie Burkina Faso damals noch hieß) speziell den Grundschulbereich. Das Hauptanliegen dieser Reform war die Einführung der drei verbreitetesten Sprachen Mooré, Dioula und Fulfulde als Unterrichtssprachen. Nach fünf Jahren wurde die Reform mit dem Regierungswech

teuer wegen hoher Raten an Schuljahreswiederholern und Schulabbrechern. Es ist uneffektiv, weil es schlecht an die Anforderungen der Berufswelt und auch an die gesellschaftlichen und kulturellen Gegebenheiten angepasst ist. Als Konsequenz aus diesen Erkenntnissen verabschiedete Burkina Faso am 9. Mai 1996 das Bildungsreformgesetz 013/96/ADP, Titel 3, das am 24. Juni 1996 öffentlich bekannt gemacht wurde. Das Gesetz legt die Strukturen und Subsysteme des Bildungssystems fest und unterscheidet formale Bildung, non-formale Bildung, informale Bildung und spezifische Bildungseinrichtungen und Trainingszentren.

Das Bildungssystem Burkinas ist in weiten Teilen aus der Zeit der französischen Kolonialherrschaft übernommen worden und ähnelt den Systemen anderer frankophoner afrikanischer Staaten: Die formale Bildung umfasst Vorschulerziehung für ein- bis dreijährige Kinder, Grundschulbildung, und Sekundarschulbildung; auf administrativer Ebene gibt es für alle drei Schulniveaus jeweils ein Ministerium.[3]

Die Grundschulbildung dauert sechs Jahre und ist in drei Segmente geteilt: In den ersten zwei Jahren erhalten die Kinder den sogenannten vorbereitenden Unterricht (Cours Préparatoire), gefolgt von zwei Jahren Elementarunterricht (Cours Elémentaire) und abschließenden zwei Jahren, die Cours Moyen genannt werden. Die Grundschulen richten sich an Kinder im Alter von sechs bis zwölf Jahren. Die Sekundarschulbildung dauert sieben Jahre und setzt sich aus einem vierjährigen Juniorlevel und einem dreijährigen Seniorlevel zusammen.

Die abgeschlossene Grundschulausbildung führt zum Certificat d'Etudes Primaires (CEP). Der Zugang zur Sekundarschulbildung ist dadurch aber nicht für jeden Schüler gesichert, sondern er ist zusätzlich an ein Auswahlverfahren gebunden. Die Anzahl der Schüler, die eine Sekundarschulausbildung absolvieren, variiert jedes Jahr und ist abhängig von den zur Verfügung stehenden Plätzen, im Durchschnitt sind es aber ca. 10% der Grundschulabsolventen, die ihre Schullaufbahn fortsetzen (Ilboudo, 2010, S. 29).

Als Abschlüsse der Sekundarschule sind nach vier Jahren das Brévet d'Etudes du Prémier Cycle (BEPC) für den allgemeinbildenden Zweig und für den technischen und berufsbildenden Zweig das Certificat d'Aptitudes Professionelles (CAP) möglich. Das Seniorlevel schließt für den allgemeinbildenden Zweig mit dem Abitur (Baccalauréat) ab und für den technischen und berufsbildenden Zweig mit dem Brévet d'Etudes Professionelles (BEP).

Non-formale Bildung umfasst nach dem Bildungsreformgesetz von 1996 jede Form von Bildung und Ausbildung, die außerhalb des Schulsystems organisiert ist.

---

sel abrupt abgebrochen ohne jegliche Evaluation. Einen Überblick über alle Bildungsreformen Burkina Fasos seit der Unabhängigkeit 1960 liefern Kam und Sanou (2003). Sie kommen zu dem Ergebnis, dass Burkina verschiedene Bildungsreformen auf den Weg gebracht hat, die Ziele keiner dieser Reformen jedoch vollständig erreicht hat. Die Mehrheit der Reformen sind nicht evaluiert worden.

3   Le Ministère de l'Action Sociale et de la Solidarité Nationale, le Ministère pour l'Enseignement de Base et de l'Alphabétisation, le Ministère des Enseignements Secondaire, Supérieur et de la Recherche Scientifique.

Sie betrifft hauptsächlich Alphabetisierungskurse für Jugendliche und Erwachsene ab 15 Jahren.

Das Gesetz schreibt fest, dass die Schulausbildung für alle Kinder und Jugendlichen im Alter von 6 bis 16 Jahren verpflichtend ist und dass – und damit ist es ein Meilenstein für den muttersprachlichen Unterricht – die Unterrichtssprache Französisch oder eine nationale Sprache zu sein hat (Art. 4).

3. Bilingualer Unterricht in Burkina Faso

Es lassen sich mehrere Strömungen innerhalb des Bildungssystems zum Umgang mit dem Sprachenproblem erkennen. So gibt es in Burkina Faso seit 1994 neben den Schulen, in denen ausschließlich auf Französisch unterrichtet wird, durchaus auch Schulen, in denen die Schüler den Anfangsunterricht in ihrer Muttersprache erhalten und Schritt für Schritt an das Französische und schließlich an andere europäische Sprachen herangeführt werden. Diese Schulen sind zum Beispiel die Ecoles Satelites, in Burkina seit 1995, die in ländlichen Gegenden, in denen es bislang keine Schule gab, Kinder und Erwachsene unter Verwendung der Muttersprache alphabetisieren (Ilboudo, 2010). Ein anderes Konzept verfolgen die „Centres d'Education de Base Non-Formelles" (CEBNF), die neben dem Französischen auch die jeweilige Muttersprache der Lerner verwenden und diese nicht nur alphabetisieren, sondern insbesondere auf ein aktives Leben in ihrer spezifischen sozioökonomischen Umgebung vorbereiten wollen; ein formaler Schulabschluss ist nicht ihr Ziel. Ein weiteres non-formales Konzept realisieren die Comunity Schools, die es in Burkina seit 1994 gibt. Sie richten sich besonders an behinderte Kinder, die mit Hilfe der jeweiligen Muttersprachen gefördert werden sollen. Schließlich sind die Banmanuara Centres zu nennen, in denen junge Erwachsene in Gulmanchema ihre Grundschulbildung erhalten. Daneben gibt es die als besonders vielversprechend hervorzuhebenden Ecoles Bilingues, die seit 1994 in Burkina Faso existieren und den Schülern die Alphabetisierung in der Muttersprache und das sukzessive Lernen des Französischen in nur fünf anstatt der üblichen sechs Grundschuljahre ermöglichen wollen und dabei den Statistiken zufolge äußerst erfolgreich sind (Traoré, Kaboré & Rouamba, 2008). Sie sind die einzigen formalen Bildungseinrichtungen, die mit den Muttersprachen der Kinder operieren.

2011 gab es an 118 verschiedenen Experimentschulen im Land Unterricht in insgesamt acht lokalen Sprachen. Hinzu kommen die oben erwähnten non-formalen Zentren elementarer schulischer Bildung, die oft eine lokale Sprache als Unterrichtssprache benutzen.

3.1 Die Ecoles Bilingues in Burkina Faso – ein Erfolg versprechendes Schulprojekt?

Die ersten Ecoles Bilingues wurden 1994 als non-formale Schulen in den Dörfern Nomgana und Goué im Department Loumbila ca. zwanzig Kilometer östlich der

Hauptstadt Ouagadougou eröffnet. Seitdem unterstützt die schweizer Nichtregierungsorganisation Solidar Swiss das Ministerium für Grundschulbildung und Alphabetisierung (Ministère de l'Enseignement de Base et de l'Alphabétisation) darin, einen bilingualen Bildungszweig als Alternative zum herkömmlichen Bildungssystem zu entwickeln und zu verbreiten. Dabei sollen sowohl die Ergebnisse der Generalversammlung von 1994 als auch der Artikel 4 des Bildungsreformgesetzes vom Mai 1996 berücksichtigt werden, der die Möglichkeit bietet, neben Französisch auch andere nationale Sprachen als Unterrichtssprachen zu benutzen.

Die Ecoles Bilingues in Burkina folgen der Strategie, dass die nationale Sprache, die das Kind bereits bei Schuleintritt spricht, und die offizielle Landessprache, in diesem Fall Französisch, zunächst nacheinander und dann gleichzeitig bzw. sich gegenseitig ergänzend als Unterrichtssprache benutzt werden. Im ersten Jahr ist die Muttersprache der Kinder die Unterrichtssprache für 90% der Stunden, Französisch belegt als Unterrichtsfach 10% der Stunden. Der Anteil der Muttersprache fällt im zweiten Schuljahr auf 80%, auf 50% im dritten, auf 20% im vierten und auf 10% im fünften Schuljahr. Vom dritten Jahr an wird Französisch schrittweise zur Unterrichtssprache neben der Muttersprache der Schüler. Der Anteil von Französisch als Unterrichtssprache steigt auf 90% im fünften Schuljahr.[4] Zurzeit werden acht Nationalsprachen neben Französisch an den Ecoles Bilingues in Burkina Faso benutzt: Mooré, Dioula, Fulfulde, Lyélé, Gulmancema, Dagara, Bisa und Nuni.[5]

Die Ausbildung vollzieht sich auf drei Stufen: Kinder im Alter von drei bis sechs Jahren gehen in die Vorschule (Espaces d'Eveil Educatif). Die bilinguale Grundschule wird von Kindern zwischen sieben und zwölf Jahren besucht und folgt dem Curriculum der klassischen Schulen. Für dreizehn- bis sechzehnjährige Jugendliche wurde die multilinguale weiterführende Schule eingerichtet (Collège Multilingue Spécifique), die sich ebenfalls an das übliche Curriculum hält. Damit startet die bilinguale Ausbildung der Kinder vor der klassischen Basisbildung, die sechs Grundschuljahre umfasst, und

---

4   Damit folgen die Ecoles Bilingues einem *Early Exit Modell* (auch „schwaches bilinguales Modell" genannt) (Baker, 2006). Die meisten bilingualen Schulen in Afrika sind ähnlich strukturiert. Sie zielen auf die perfekte Beherrschung nur einer Sprache ab, meistens einer Fremdsprache, die im internationalen Raum gesprochen werden kann. Die *Late Exit Modelle* hingegen streben fließendes Beherrschen von mindestens zwei Sprachen an und werden in der neueren Forschung (vgl. Ouane & Glanz, 2010, S. 31) zum Teil als noch effektiver bewertet.

5   Insgesamt werden in Burkina Faso 59 verschiedene afrikanische Sprachen gesprochen. Nach Ilboudo (2010, S. 32), der das Problem der Sprachenvielfalt relativieren will und sich auf eine Volkszählung aus dem Jahr 1985 beruft, sprechen gut 90% der burkinischen Bevölkerung 14 Sprachen, während die anderen 45 Sprachen nur von knapp 10% der Bevölkerung gesprochen werden. Trotzdem bleibt die Vielzahl der Kulturen und Sprachen die wesentliche Herausforderung für den bilingualen Unterricht in Burkina Faso. Welche Sprachen werden als Unterrichtssprache gewählt und für wie lange sollten sie als Vermittlungsmedium benutzt werden? Traoré et al. (2008) identifizieren es als wesentliches Problem der Ecoles Bilingues in Burkina Faso, dass das zuständige Ministerium bezüglich der Auswahl der nationalen Sprachen, die im Unterricht benutzt werden sollen, keinerlei Meinung abgibt. So entscheidet Solidar Swiss und stützt sich bei der Entscheidung auf eine Studie von Hamissou Kano (1993), der die fünfzehn verbreitetsten Sprachen in Burkina Faso ermittelt.

geht zudem über sie hinaus. Diese erweiterte Struktur ist Teil des ganzheitlichen päd-agogischen Konzepts, das die Ecoles Bilingues verfolgen und damit ein fundamentaler Unterschied zu den restlichen Schulen des Bildungssystems, das die Bildungsniveaus scharf voneinander trennt, wie schon die Aufteilung der staatlichen Zuständigkeiten auf drei Ministerien deutlich werden lässt.

Solidar Swiss und das Ministerium für Grundschulbildung und Alphabetisierung waren und sind verantwortlich für die Implementierung des Programms. Dabei wird das soziale Umfeld der neuen Schule (dazu zählen neben den lokalen Autoritäten vor allem die Väter und Mütter der Schüler) in den Entstehungsprozess integriert. Um den Bau einer Ecole Bilingue einzuleiten, bewirbt sich die soziale Gemeinschaft bei der Abteilung für bilinguale Bildung des Ministère de l'Enseignement de Base et de l'Alphabétisation. Daraufhin organisiert Solidar Swiss drei Besuche bei der betreffen-den Gemeinschaft. Während des ersten Besuches werden die Menschen über das bi-linguale Bildungssystem informiert. Mit dem zweiten Besuch wird überprüft, wie gut sie die Informationen des ersten Besuches verstanden haben und welche Meinungen sich innerhalb der Gemeinschaft dazu entwickelt haben. Der dritte Besuch hat das Ziel, die Unterrichtssprache zu wählen und die Bevölkerung in den Schulbau und in die Organisation der Materialien zu integrieren. Zudem wird die soziale Gemeinschaft ebenso in die Vorbereitungen bezüglich des Baus der Infrastrukturen mit einbezogen wie in die Diskussion über vor Ort relevante Themen und produktive Aktivitäten, die in das Curriculum der Schule integriert werden.

Um Unterrichtsmaterial zu erstellen und Lehrer aus- und fortzubilden, greifen die Initiatoren des Programms auf ein Netzwerk aus Fachkräften, vor allem Linguisten und Pädagogen, zurück. Es wird angestrebt, dass die in den Vorschulen betreuenden Eltern, die selbst die Grundschulausbildung abgeschlossen haben müssen, während neun Monaten fortgebildet werden, von denen sechs der Vermittlung von theore-tischem Wissen gelten und die drei folgenden praktisch schulen. Die Köche sollten idealerweise an 55 Tagen in Fragen der (Mangel-)Ernährung, Nahrungszubereitung und der Vorratslagerung unterwiesen werden. Diese Fortbildungspläne werden bis heute nicht umgesetzt. In der Realität dauern die Vorbereitungskurse zwei und die Kurse zum Auffrischen des Gelernten eine Woche. Die Lehrer an den Ecoles Bilingues werden Schritt für Schritt fortgebildet, während sie eine Klasse durch das bilinguale Schulsystem führen. Die Fortbildungen finden jeweils in den großen Ferien statt und bereiten die Lehrer gezielt auf die Ansprüche des kommenden Schuljahres vor. Auf die gleiche Weise werden Grundschulinspektoren fortgebildet (Traoré et al., 2008).

Ein wesentlicher Unterschied der Ecoles Bilingues zu den traditionellen Schulen ist die Dauer der Grundschulausbildung. Die Ecoles Bilingues erarbeiten das Curriculum der klassischen französischen Schulen in fünf Jahren anstelle der sonst üblichen sechs Jahre.[6] Zusätzlich beinhaltet das Curriculum der Ecoles Bilingues im Sinne ihres ganz-heitlichen Ansatzes praktische Handarbeitstätigkeiten und kulturelle Aktivitäten, die dem Alter und dem sozio-kulturellen Umfeld der Schüler angepasst sind.

---

6   Das ist möglich, weil durch den Gebrauch der Muttersprache die Effizienz des Unterrichts gestei-gert wird. Zugleich bedeutet diese Verkürzung eine wesentliche Kostenersparnis.

Ilboudo (2010, S. 20) zufolge lassen sich nach einer achtjährigen Pilotphase (1998 bis 2006) Erfolge der bilingualen Schulen erkennen:[7] Die Eltern der Kinder, die eine bilinguale Schule besuchen, fühlen sich sehr viel verantwortlicher für die Ausbildung ihrer Kinder und haben eine bessere Einsicht in den Zweck von schulischer Bildung allgemein. Außerdem wird den Muttersprachen ein hoher Wert beigemessen und die lokalen Kulturen werden auch über den sprachlichen Aspekt hinaus berücksichtigt, sodass die Kinder lernen, ihre eigenen Wurzeln wertzuschätzen. Durch den Gebrauch der Muttersprachen lernen die Kinder schneller und einfacher und durch die Verkürzung der Grundschulzeit um ein Jahr erzielt das Land Burkina Faso erhebliche Einsparungen. Der Gebrauch der Muttersprachen im Grundschulunterricht ist demnach alles andere als ein Handicap für das anschließende Erlernen des Französischen. Dennoch bleibt zu bemerken, dass in den Jahren 1998 bis 2006 insgesamt nur knapp 2000 Schüler einen bilingualen Grundschulabschluss absolviert haben und diese Schul- und Unterrichtsform in Burkina Faso eine Ausnahmestellung einnimmt.

Allerdings hat das Projekt auch verschiedene Schwierigkeiten deutlich werden lassen: Einige Bevölkerungsgruppen Burkina Fasos, gerade die Akademiker und Intellektuellen, sind schwer von dem Konzept zu überzeugen (Nikièma, 2000, S. 131). Die Stundenpläne sind relativ unflexibel im Vergleich zu traditionellen Schulen und die Curricula mit ca. 700 Seiten Umfang recht sperrig. Die Ressourcen sind zu begrenzt, um der mitunter großen Nachfrage nach bilingualen Schulen gerecht zu werden, denn gerade der Aufbau einer bilingualen Schule erhöht die Kosten, auch wenn das System auf lange Sicht kosteneffizienter arbeitet. Dieses Problem ist aber mehr eine organisatorische als eine finanzielle Frage. Einige Lehrer, die unter finanziellem Aufwand speziell für das bilinguale System ausgebildet worden sind, werden anschließend auf einen Posten in einer klassischen Schule versetzt. Auch dies ein organisatorisches und kein personelles Problem. Der burkinische Bildungssektor mit seinen drei verschiedenen Ministerien erhöht die Schwierigkeiten bei der flächendeckenden Umsetzung des Projektes und schafft bürokratische Hürden. Ein weiteres großes Problem stellt die Tatsache dar, dass keine der autochthonen Sprachen in offiziellen Prüfungen gebraucht wird. Dadurch tendieren die Lehrer teilweise dazu, den muttersprachlichen Unterricht zu verkürzen und schneller ins Französische überzugehen. Dies führt zu einer semi-lingualen Situation und nicht zur intendierten bilingualen und es kann für diese Schüler schwierig sein, dem bilingualen Unterricht in der weiterführenden Schule zu folgen.

4. „Klassische" staatliche Grundschulen jenseits des bilingualen Projektes

Die Grundschulen in Burkina Faso sind zur Zeit der französischen Kolonialherrschaft eingeführt worden und funktionieren seitdem nach dem französischen Vorbild. Nach fünfzig Jahren Unabhängigkeit und verschiedenen Bildungsreformen hat sich daran

---

7   Die Studie wurde von Solidar Swiss in Auftrag gegeben.

im Wesentlichen nicht viel geändert. Für die Unterrichtssprache bedeutet das, dass die Kinder vom Tag der Einschulung an ausschließlich in französischer Sprache unterrichtet werden und die Muttersprachen keine Beachtung finden. Das Curriculum sieht keine Phase des Französischlernens vor, sondern setzt die Sprachkenntnisse voraus, obwohl durch den bekannten UNESCO-Bericht seit 1953 das Problem mit seinen Konsequenzen erkannt ist und umfassend diskutiert wird. Die Grundschulen Burkina Fasos tragen dem in keiner Weise Rechnung.

Insgesamt besuchten 2010 in Burkina Faso 2 047 630 Schüler die Grundschulen (Ministère de l'Enseignement de Base et de l'Alphabétisation, 2011, S. 16). Knapp 86% der Kinder im einschulpflichtigen Alter wurden tatsächlich eingeschult und knapp 75% der Kinder im schulpflichtigen Alter kamen ihrer Schulpflicht nach. Eine in dieser Hinsicht besonders schwierige Region ist die nomadisch geprägte Sahelzone des Landes, wo weniger als die Hälfte der Kinder die Schule besuchen. Im Zentrum Burkinas, wo auch die Hauptstadt Ouagadougou liegt, ist der Schulbesuch für knapp 84% der Schulpflichtigen realisiert. Seit 2009 hat die Regierung ihr Ziel erreicht, dass jedem Schüler ein Rechenbuch und ein Lesebuch zur Verfügung stehen (Ministère de l'Enseignement de Base et de l'Alphabétisation, 2011). Dennoch schneiden die klassischen Grundschulen im Vergleich mit den Ecoles Bilingues schlecht ab. Knapp 11% der Schüler mussten 2010 das Schuljahr wiederholen und nur 62% derjenigen, die die Grundschulausbildung beginnen, schließen sie auch ab, davon nur 17% ohne mindestens ein Jahr zu wiederholen.[8] An den Ecoles Bilingues absolvierten schon 2001 87% der Schüler den Grundschulabschluss (Ilboudo, 2010, S. 106). Die Zahlen der klassischen französischen Schulen belegen ihre Ineffektivität und zeigen, an welchen Stellen das Bildungssystem unnötig viel Geld kostet. Zudem verlangen diese Grundschulen pro Jahr ein Schulgeld zwischen 6000 F CFA und 15.000 F CFA (ca. 10€ – 22€), wohingegen die Ecoles Bilingues die Politik verfolgen, den Unterricht kostenlos zu erteilen.

Die Ausbildung zum Grundschullehrer dauert sechs Monate. In dieser Zeit lernen die angehenden Lehrer in einem theoretischen Teil das Curriculum kennen und erarbeiten sich didaktische Grundlagen. Währenddessen unterrichten sie schon eigene Klassen und werden punktuell von Inspektoren besucht, die ihnen konkrete Hinweise zu ihrer Unterrichtspraxis geben. Voraussetzung für die Ausbildung ist die mittlere Reife. Die Regierung plant, ab 2015 nur noch Abiturienten für das Grundschullehramt zu rekrutieren und die Ausbildung auf zwei Jahre zu verlängern.

Als wesentliche Schwierigkeiten der burkinischen Grundschulen lassen sich zwei wesentliche Punkte identifizieren: Zum einen liegt ein erhebliches Problem in der ausschließlichen Verwendung des Französischen als Unterrichtssprache. Zum anderen ist das Curriculum unzureichend an die Erfordernisse des Arbeitsmarktes angepasst, was es den Absolventen schwer macht, das Gelernte für den Beruf nutzbar zu machen. Beide Punkte sind Indizien dafür, dass die französischen Schulen bis heute der burkinischen Gesellschaft fremd geblieben sind und nicht integriert wurden. Die Ecoles Bilingues hingegen legen großen Wert auf verschiedene Maßnahmen, die gerade

---

8   Von 1000 an den klassischen Schulen Eingeschulten brauchen 599 sogar 8 Jahre, um den Abschluss zu erlangen (Ilboudo, 2010, S. 30).

dieses unverbundene Nebeneinander von Schule und Gesellschaft aufheben wollen. Ihr ganzheitlicher Ansatz integriert Eltern und die soziale Gemeinschaft, kulturelle Traditionen und Aktivitäten der verschiedenen ethnischen Gruppen und geht somit weit über die Maßnahme der Verwendung der Muttersprachen hinaus.

Verschiedene Parameter, die von den bilingualen Schulen berücksichtig werden, spielen für die traditionellen Schulen bis heute nur eine untergeordnete Rolle, obwohl ihre Bedeutung teilweise schon in früheren Reformen erkannt worden ist (vgl. Ki/ Ouédraogo, 2006, S. 207). Dazu gehören die Flexibilität in Bezug auf das Alter der Schüler, die Gender-Problematik, die Integration von Minderheiten, die Bedeutung der Elternarbeit, der Brückenschlag zum Sektor der non-formellen Bildung und die Kostenreduktion (Traoré et al., 2008, S. 217).

Die Gegenüberstellung des bilingualen Schulmodells mit dem traditionellen System der Grundschulen hat große pädagogische und organisatorische Unterschiede deutlich werden lassen und gezeigt, wie die klassischen Schulen den bilingualen Schulen nachstehen. Dieses Bild wirft Fragen auf.

5.   Wie kommt es zu dieser Kluft? Weiterführende Fragen und Desiderate

Die vorangegangenen Kapitel haben gezeigt, wie die Unterrichtsrealitäten in Burkina Faso auseinanderklaffen. Einerseits existiert seit nun mehr zwölf Jahren ein sehr vielversprechendes Projekt, das bilingualen Unterricht trotz unterschiedlicher organisatorischer Schwierigkeiten einführt und damit unter Beweis stellt, dass die Umsetzung der Ergebnisse internationaler Forschung (wie zum Beispiel von der UNESCO, von Alidou u.a. (2006), Ouane & Glanz (2010) und einigen anderen) in Burkina Faso durchaus möglich und sinnvoll ist, andererseits ist es aber bis heute nicht gelungen, ein solches Konzept flächendeckend einzuführen, sondern es behält auch nach so langer Zeit seinen Ausnahmecharakter. Es drängt sich bei Betrachtung dieser Situation die Frage auf, wie sich die große Differenz zwischen den Ergebnissen der wissenschaftlichen Forschung und der praktischen Umsetzung in der Unterrichtspraxis erklärt. Folgende Teilfragen, die teils weiter oben erwähnt wurden, lassen sich dazu formulieren:

1. Zu welchen Empfehlungen hinsichtlich der Problematik der Wahl der Unterrichtssprache in Afrika sind sechs Dekaden internationaler Forschungen und bildungspolitischer Verlautbarungen im Anschluss an die programmatische Vorlage der UNESCO im Jahre 1953 gekommen?

Hierzu müssen vorliegende Publikationen gesichtet und ihr Ertrag systematisiert werden. Die Auseinandersetzung zur Sprachenfrage wurde in Afrika selbst, aber dank der frühen Initiative der UNESCO ganz entscheidend auch auf internationaler Ebene geführt. Häufig fließen in der inzwischen jahrzehntelang geführten Diskussion Forschungsergebnisse und Empfehlungen ineinander. Dennoch ist es nötig, die Argumente der verschiedenen Forscher und Forschergruppen bei der Bestandsaufnahme der Debatte auseinanderzuhalten. Ebenso müssen die wechselnden Standpunkte der UNESCO, die sie im Lauf der vergangenen sechzig Jahre vertreten hat, rekapituliert und davon die unterschiedlichen Forschungsbefunde pro und contra muttersprachlicher Bildung getrennt werden. In besonderer Weise gilt es dabei die Diskussionsbeiträge afrikanischer und im Speziellen burkinischer Wissenschaftler wie Catherine Traoré, Catherine Kaboré und Dieudonné Rouamba zu berücksichtigen. Zudem sollte die Beantwortung der Frage auch einen Überblick über den Stand der Realisierung muttersprachlichen Unterrichts im Bildungswesen anderer Länder Afrikas beinhalten. Eckpunkte markieren dabei Südafrika mit einer Sprachenpolitik, die die Muttersprachen sehr stark fördert und auf der anderen Seite ein Fall wie Ruanda, wo durch äußere politische Umstände beeinflusst eine Sprache zur Unterrichtssprache avanciert, die zuvor nie in diesem Land gesprochen worden war.

2. Wie sieht die Unterrichtspraxis in Burkina Faso in Bezug auf die Unterrichtssprache im Einzelnen aus? Welche der von der internationalen Bildungsforschung und Bildungspolitik vorgeschlagenen Lösungen für das Sprachenproblem werden vor Ort diskutiert, und welche werden tatsächlich umgesetzt?

Der Schulbesuch in Burkina Faso ist trotz offizieller Schulpflicht bis heute nicht für jedes Kind verwirklicht. Die unterschiedlichen Strömungen des Bildungssystems, die oben bereits angedeutet wurden, müssen dazu genau in Augenschein genommen werden. Die Realität der Unterrichtssprache in Burkina Faso ist also vielfältig und nicht auf den ersten Blick zu überschauen.

3. Wer sind die Entscheidungsträger, die die Situation in Burkina Faso in diesem Punkt gestalten? Wie organisiert sich die bildungspolitische Entscheidungsfindung? Welche Interessen werden von den verschiedenen Entscheidungsträgern im Rahmen dieser Debatte verfolgt?

In Bezug auf die Frage nach der geeigneten Unterrichtssprache für Burkina Fasos Schüler gibt es verschiedene Entscheidungsträger, die die bildungspolitische Situation im Bereich der Unterrichtssprache gestalten. Es gilt zu erforschen, um welche Akteure es sich dabei genau handelt und welche Interessen die einzelnen an der Diskussion beteiligten Parteien vertreten. Hierfür muss zunächst die Organisation von bildungspolitischen Entscheidungsfindungen im Land analysiert werden, um anschließend die Entscheidungsträger identifizieren zu können. Eng an die Feststellung der Entscheidungsträger gebunden ist die Frage nach deren genauen Motivationen und Meinungen. Die UNESCO plädiert lautstark für den Anfangsunterricht in der Muttersprache, die Nichtregierungsorganisationen Solidar Swiss und Save the Children USA sowie UNICEF und andere ebenfalls. Die nationalen Entscheidungsträger favorisieren laut eigenen öffentlichen Aussagen gleichermaßen das Konzept der bilingualen Grundschulausbildung. So wurde 1996, wie oben bereits dargestellt, im Artikel 4 des Bildungsreformgesetzes ausdrücklich festgestellt dass „the languages of instruction are French and national languages" und dass „the organization of language teaching is specified by cabinet decree" (zit nach: Ilboudo, 2010). Dennoch ist bisher keine flä-

chendeckende Einführung einer oder mehrerer der insgesamt knapp 60 offiziell anerkannten afrikanischen Nationalsprachen in den Unterricht zu konstatieren.

Bei der Beantwortung der drei Fragen sollte es ausdrücklich nicht darum gehen,
eine neue Idee zu entwerfen, wie das Sprachenproblem in Burkina Faso gelöst werden
sollte, sondern darum, beobachtend herauszufinden, wodurch die Differenz zwischen
Programm und Umsetzung entsteht.

Literatur

Adick, C. (1993). Muttersprachliche und fremdsprachliche Bildung im Missions- und Kolonialschulwesen. In: Bildung und Erziehung, 46. Jg., H. 3, (283–298).

Adick, C. (2013). Bildung in Subsahara-Afrika. In: Dies. (Hrsg.) Regionale Bildungsentwicklungen und nationale Schulsysteme in Afrika, Asien, Lateinamerika und der Karibik (123–
144). Münster: Waxmann.

Alidou, H./Boly, A./Brock-Utne, B./Diallo, Y. S./Heugh, K./Wolff, H. E. (2006). Optimizing
Learning and Education in Africa – the Language Factor. A Stock-taking Research on
Mother Tongue and Bilingual Education in Sub-Saharan Africa. Paris: ADEA/UNESCO
Institute for lifelong learning.

Baker, C. (2006). Foundations of Bilingual Education and Bilingualism. Clevedon: Channel
View Publications.

Ilboudo, P. T. (2010). Bilingual Education in Burkina Faso. An alternative Approach for Quality
Basic Education. Tunis: ADEA/UNESCO Institute for lifelong learning.

Kam, B. D./Sanou, O. (2003). Reform and Processes of Curricular Development in Burkina
Faso. In: Prospects. Quarterly Review of Education 1, (29–38).

Kano, H. (1993). Les langues nationales dans les ménages. Une analyse des données observées
au recensement général de la population de 1985. In: Les langues nationales dans les systèmes éducatifs du Burkina Faso. Ouagadougou: Etat des lieux et perspectives, (25–34).

Ki, B. J./Ouédraogo, L. H. (2006). Negotiating with Development Partners: Ten-Year Plan for
the Development of Basic Education in Burkina Faso. In: Prospects. Quarterly Review of
Education 2, (205–221).

Ministère de l'Enseignement de Base et de l'Alphabétisation (2010). Statistique de l'Education
de Base: Année Scolaire 2009/2010. Ouagadougou.

Ministère de l'Enseignement de Base et de l'Alphabétisation (2011). Tableau de Bord de
l'Education de Base. Année Scolaire 2009/2010. Ouagadougou.

Nikièma, N. (2000). Bibliographie annotée de propos et prises de positions de nationaux sur
l'utilisation des langues nationales dans le système éducatif au Burkina Faso. In: Mélanges en
l'honneur de Professeur Coulibaly Bakary à l'occasion du 25ème anniversaire de la création
du département de linguistique. Cahiers du CERLESHS, numéro spécial. Ouagadougou.
Université de Ouagadougou.

Ouane, A./Glanz, C. (2010). Why and how Africa should invest in African languages and multilingual Education. An evidence and practice based policy advocacy brief. Hamburg: ADEA/
UNESCO Institute for lifelong learning.

Prah, K. K. (1993). Mother Tongue for Scientific and Technological Development in Africa.
Cape Town: Centre for Advanced Studies of African Society.

Prah, K. K. (1995). African Languages for the Mass Education of Africans. Cape Town: Science
and Documentation Centre.

Traoré, C./Kaboré, C./Rouamba, D. (2008). The continuum of bilingual education in Burkina Faso: an educational innovation aimed at improving the quality of basic education for all. In: Prospects 38, (215–225).

Simplice Agossavi

Sprachen und Sprachenpolitik im Bildungssystem Benins
Eine kritische Bestandsaufnahme

Vorbemerkung

Seit Menschengedenken hat sich Sprache als wesentlicher Wesenszug menschlicher Existenz erwiesen. Sprache will gesprochen und geschrieben sein, sie ist zentrales Kommunikationsmittel. Außerdem bestimmt sie maßgeblich das Weltbild und die Wertvorstellungen des Menschen. All dies entfaltet sich in zumeist mehrsprachigen Kontexten. Mehrsprachigkeit beziehungsweise Sprachenvielfalt erscheint als Faktum und als Signum der Menschheit. Die Vielzahl der sogenannten „indigenen" Sprachen bzw. der Landessprachen und zahlreiche Fremdsprachen fließen ineinander und beeinflussen sich gegenseitig. Ebenso konkurrieren stark „indigene" Sprachen und Fremdsprachen in verschiedenen Funktionen miteinander. Mit dieser sprachsoziologischen Realität sehen sich insbesondere viele afrikanische Länder konfrontiert. Der vorliegende Beitrag versucht, am Beispiel von Benin einerseits die Rolle und Bedeutung der einheimischen Sprachen und Fremdsprachen in Bildungsinstitutionen hervorzuheben und andererseits die damit einhergehende Sprachenproblematik herauszustellen. Nicht zuletzt geht es darum, die sprachenpolitische Dimension von Sprachverwendung, sei es Fremdsprache oder „indigene Sprache", näher zu betrachten.

1.   Sprache, Bildung und Alltag

Bildung und Sprache sind wichtige Grundpfeiler gesellschaftspolitischer, wirtschaftlicher Entwicklung und bestimmen maßgeblich das Weltbild und das Dasein des Individuums in seiner sozialen und entwicklungspsychologischen Dimension. Vor diesem Hintergrund liegt die Annahme nahe, dass Sprache und Bildungssystem in einem dialektischen Verhältnis zueinander stehen. Die Sprache stellt gewissermaßen den Vermittlungskanal für Bildung dar. Bildung kann prinzipiell nur durch Sprache erworben werden. Aus dieser Perspektive kann Sprachenvielfalt zum Politikum werden, selbst dann, wenn Mehrsprachigkeit als Faktum und zentrales Merkmal angesehen und erlebt wird. Besonders moderne Gesellschaften sehen sich in der Ausgestaltung ihrer Sprachen- und Bildungspolitik mit dieser Realität konfrontiert. So stellt sich die Frage nach dem Zusammenhang zwischen Sprachenpolitik und Erziehung auf dem jeweiligen Kontinent, in den jeweiligen Ländern. Betrachtet man die allgemeine Sprachsituation in Afrika und insbesondere die Situation in Benin, so stellt man fest, dass Mehrsprachigkeit bzw. Sprachenvielfalt zum Alltag gehört. Die Vielzahl der Landessprachen (siehe unten) und zahlreiche Fremdsprachen (z.B. Deutsch, Englisch, Spanisch, Chinesisch, Arabisch) oder Amtssprachen (z.B. Französisch für die frankophonen Länder, Englisch für die anglophonen Länder, und Portugiesisch für die lusophonen Länder Afrikas) beeinflussen sich gegenseitig und prägen die Sprachlandschaft. Mit diesem Tatbestand geht eine nächste Problematik einher: nämlich die Sprachenverwendung im Bildungssystem Benins. Wie lässt sich eine Sprachenpolitik in einem multilingualen Kontext ausgestalten? Welche Rolle spielen staatliche Institutionen dabei? Auf diese Fragestellungen und andere Aspekte will ich in dem vorliegenden Beitrag eingehen.

2.   Sprache, Kommunikation und Funktion

Sprache stellt einen wesentlichen Wesenszug des Menschseins dar. Sie ist und bleibt das Hauptkommunikationsmittel und bestimmt als solches Wertvorstellungen und Weltanschauungen. Wissen- und Wertevermittlung vollzieht sich hauptsächlich durch Sprache. In diesem Sinne bekommen Sprachen verschiedene Attribute, Funktionen und Status zugewiesen. So ist die Rede von Fremdsprachen, von offiziellen bzw. Amtssprachen, lokalen/einheimischen „indigenen" Sprachen, Nationalsprachen, Kolonialsprachen. Diese ausdifferenzierten Sprachbezeichnungen oder Sprachrepertoires sagen einiges über Sprachenvielfalt bzw. über Mehrsprachigkeit aus und sind charakteristisch für die soziolinguistische Situation Benins. Der Bilinguismus ist die allererste Erscheinungsform dieser Mehrsprachigkeit und versteht sich als das Sprachvermögen eines Individuums, das aus dem natürlichen Erwerb (d.h. ohne formalen Unterricht) zweier Sprachen als Muttersprachen im Kleinkindalter resultiert (Müller, Kupisch, Schmitz & Cantone, 2011, S. 15). Um also ein Individuum als bilingual bzw. multilingual zu bezeichnen, muss der Erwerb beider Sprachen simultan, d.h. gleichzeitig, natürlich und ungesteuert erfolgen. Mit dieser Grundprämisse lässt sich die Sprachsituation in Benin charakterisieren. Benin ist ein mehrsprachiges Land mit 62 Sprachen, Sprachvarietäten bzw. Dialekten; durch genetische Verwandtschaft wird diese Zahl auf 23 reduziert. Fast jeder Beniner spricht von Hause aus eine Muttersprache, und die französische Sprache wird trotz ihres Status als offizielle oder Amtssprache als Zweitsprache erworben. Man kann davon ausgehen, dass, obschon eine institutionelle staatliche Einsprachigkeit in Benin beschlossen ist, eine gesellschaftliche, individuelle Mehrsprachigkeit bzw. eine mehrsprachige Gesellschaft im Lande überwiegt. In Anlehnung an Lüdi/Py unterscheidet Riehl im Allgemeinen in der Sprachkontaktforschung drei Typen von Mehrsprachigkeit: individuelle Mehrsprachigkeit, gesellschaftliche (territoriale) Mehrsprachigkeit und institutionelle Mehrsprachigkeit. „Dabei muss man aber davon ausgehen, dass diese verschiedenen Typen von Mehrsprachigkeit gekoppelt sind, vor allem territoriale Mehrsprachigkeit geht meist mit individueller Mehrsprachigkeit einher" (Riehl, 2009, S. 60). Bei der territorialen gesellschaftlichen Mehrsprachigkeit werden auf ein und demselben Territorium mehrere Sprachen gesprochen. Das ist in der Regel in Gebieten der Fall, in denen sogenannte ‚Sprachminderheiten' bzw. Sprachgemeinschaften leben.

Versuche ich die Sprachensituation in Benin unter einem Begriff zu subsumieren, so würde ich von einer sprachlichen Heterogenität oder von einer asymmetrischen Sprachenkonstellation sprechen. Fremdsprachen (Deutsch, Englisch, Spanisch ...), ehemalige Kolonialsprache bzw. Amtssprache (Französisch) und einheimische Sprachen (Fon, Yoruba, Déndi, Baatonou, Aja, Mina und viele mehr) werden ungleich behandelt. Sie werden in unterschiedlichen Funktionen und Bereichen eingesetzt und kennzeichnen damit die Mehrsprachigkeit Benins. Unter einheimischen Sprachen verstehe ich Sprachen, die genuin und ursprünglich in Benin gesprochen werden. Mit wenigen Ausnahmen trifft die beninische Sprachensituation für viele andere afrikanische Länder zu. Ähnlich beschreibt es Riehl: „In den meisten Staaten, die als mehrsprachig zu definieren sind, sind die Sprachen nicht auf Territorien verteilt, sondern werden je nach Gebrauchssituation eingesetzt. Beispiele dafür findet man in fast allen afrikanischen Staaten. In Afrika werden nicht nur innerhalb der Staatsgrenzen, die meist von den Kolonialmächten gezogen wurden, eine Vielzahl verschiedener Sprachen gesprochen, sondern auch in ein und demselben Territorium spricht ein und derselbe Sprecher mehrere Sprachen. Dabei ist allerdings eine Sprache sozusagen die ‚Hauptsprache' eines Sprechers und dies ist in der Regel die Sprache der Ethnie, aus der er stammt" (ebd., S. 62).

3. Sprachverwendung im Bildungswesen Benins: eine Zustandsbeschreibung

Sprache ist ein wesentliches Bildungs- und Erziehungsmittel. Mit Sprache wird Wissen erworben, vermittelt und aufbewahrt. Sprache ist ein wichtiges Instrument, mit dem Menschen die Welt erfassen, Weltanschauungen ausdrücken. Die Rolle der indigenen Sprache und der Fremdsprachen hängt mit der Frage der Sprachverwendung im öffentlichen Raum zusammen. „Mit Sprechen und Schreiben kommen wir dann zu Erscheinungen, denen niemand den Charakter von Sprachverwendung bestreitet" (Weisgerber, 1951, S. 156). Die Bildungssysteme Afrikas, die Art und Weise wie sie konzipiert wurden, sind ein Kolonialerbe, das auch auf Benin zutrifft. So ist es kein Wunder, dass Französisch, Englisch und Portugiesisch als Amtssprachen und Bildungssprachen in den meisten afrikanischen Ländern dienen. Trotz dieses privilegierten Status sind diese Sprachen zunächst fremd, weil sie primär und genuin nicht zu den einheimischen Sprachgemeinschaften gehören. Doch haben sich diese Kolonialsprachen im Laufe geschichtlicher Begebenheiten als fester Bestandteil afrikanischer Sprachlandschaft etabliert. Manche Länder wie Benin gehen so weit, dass sie dies in der Verfassung festschreiben. Es heißt wortwörtlich: „La langue officielle est le Français".[1] Die Dominanz des Französischen als Amts- und Bildungssprache bleibt unangefochten. Inzwischen wird Französisch quasi als Erstsprache betrachtet, während Englisch als erste Fremdsprache eingestuft wird. Deutsch und Spanisch sind dann jeweils die zweite Fremdsprache. Seit 1997 wurde die Lage der Fremdsprachen

---

1   Loi No 90–32 du 11 Décembre 1990 portant Constitution de la République du Benin, S. 5.

mit der Einführung von zwei weiteren Fremdsprachen in den Fächerkanon der Universität gestärkt, nämlich das Arabische und das Chinesische. Übrigens wurde am 25. März 2009 ein Konfucius-Institut auf dem Uni-Gelände eingeweiht. Die französische Sprache ausgenommen fungieren all diese Fremdsprachen als Unterrichtsfächer.

3.1 Zur Situation der einheimischen Sprachen

Man kann feststellen, dass die meisten beninischen Landessprachen (62 der jüngsten Statistik nach) als Verkehrssprachen verwendet werden. Und sie erfüllen auch gleichermaßen eine identitätsstiftende Funktion.

Parallel zur Ausrufung des Französischen als offizielle Sprache oder Amtssprache schreibt zum Beispiel dieselbe Verfassung vor: „Toutes les communautés composant la Nation béninoise jouissent de la liberté d'utiliser leurs langues parlées et écrites et de développer leur culture tout en respectant celles des autres. L'Etat doit promouvoir le développement de langues nationales d'intercommunication."[2]. An dieser Stelle kann man außerdem feststellen, dass die verschiedenen Regierungen seit der Unabhängigkeit immer wieder die Rolle und Bedeutung der Landessprachen hervorgehoben haben, wie es auch dem Abschlussbericht des „Forum National sur l'Education" zu entnehmen ist: „L'utilisation des langues nationales pour assurer une efficacité au système éducatif est perçue de longue date par le peuple béninois, préoccupation reprise par les différents Gouvernements qui se sont succédés depuis 1963, mais sa mise en oeuvre a toujours été confrontée à des pesanteurs psychologiques et politiques."[3] Und weiter heißt es, dass die auf Klarstellung des rechtlichen Status nationaler Sprachen zielenden Rechtsakte vorhanden sind und sich in verschiedenen Texten beobachten lassen. In der Grundsatzrede vom 30. November 1972 und dem ‚Discours d'Orientation Nationale' kann man bezüglich der nationalen Sprachen Folgendes lesen: „unsere Kultur, unsere Sprachen und unsere Traditionen aufwerten" („revaloriser notre culture, nos langues et nos traditions"). Diese Positionen werden durch die Verordnung Nr. 75–30 vom 23. Juni 1975 und das Grundgesetz vom Jahre 1977 in Artikel 3 erneut bekräftigt. Das Orientierungsgesetz zum Erziehungswesen vom 11. November 2003, die kulturelle Charta der Republik von Benin vom 25. Februar 1991, die Grundsatzerklärung von Genf im Jahre 2003, die Tunis-Agenda im Jahre 2005 ergänzen diese Liste (ebd. siehe Fußnote 3). Mit dieser Aufzählung verweise ich auf das gesetzliche Instrumentarium bzw. das Textarsenal zur Gesetzgebung, welche die Bedeutung der Nationalsprachen hervorhebt.

---

2   Ebd. § 11, S. 8; übersetzt von S. A.: All die Gemeinschaften, welche die Nation ausmachen, verfügen über die Freiheit, ihre gesprochenen und geschriebenen Sprachen zu verwenden und im gegenseitigen Respekt ihre Kultur zu entfalten.

3   Forum National sur le Secteur de l'Education. Actes du Forum: Cotonou, du 12 au 16 Février 2007, S. 82; übersetzt von S. A.: Um eine Effizienz des Bildungssystems zu gewährleisten, hat das beninische Volk längst die Verwendung der Nationalsprachen wahrgenommen; die verschiedenen Regierungen an der Spitze des Staates seit 1963 haben auch dieses Anliegen mitgetragen, aber die Umsetzung ist stets auf politische und psychologische Schwerfälligkeiten gestoßen.

Anlässlich der Ansprache zur Lage der Nation im Parlament erklärt der Staatschef Dr. Thomas Boni YAYI Folgendes:

> „Le remaniement technique du 2 novembre 2007 a consacré la création du Ministère de l'Alphabétisation et de la Promotion des Langues Nationales. Nos Langues, reçues et entendues dès le sein maternel, dès les neuf premiers mois de notre vie, sont l'écho et le reflet de notre âme. Elles sont porteuses, chacune et toutes ensemble, de notre identité nationale. Notre projet de renaissance ne peut ignorer ce fait majeur des sciences humaines. A l'heure du changement et de la quête active de l'émergence de notre pays, la création de ce ministère est inspirée de l'action que nous devons mener ensemble en vue du développement authentique et durable de notre pays"[4].

Doch den Worten Taten folgen zu lassen, ja die zahlreichen Vorschriften und Beschlüsse konsequent umzusetzen, daran mangelt es. Denn Fakt ist, dass alle Versuche, eine Landessprache in das Bildungssystem einzuführen, gescheitert sind. Die in Afrika vorherrschende Mehrsprachigkeit wird immer wieder als Argument vorgeführt, um alle Vorhaben auf Eis zu legen. Zudem wäre der soziale Frieden gefährdet, sollte eine Regierung eine Sprache auf Landesebene durchsetzen. Dies mag wahr sein. Nicht zuletzt stellen manche afrikanische und europäische Kader und Intellektuelle die kühne These auf, dass afrikanische Sprachen wissenschaftsuntauglich seien. Demzufolge vermögen sie nicht, die Moderne zu vermitteln. Derartige ungesicherte und undifferenzierte Sichtweisen haben bisher jeden politischen Willen seitens afrikanischer Regierenden im Keim erstickt. Ein weiteres Argument ist der Oralitätsdiskurs, der immer wieder mit afrikanischen Gesellschaften in Berührung gebracht wird. Im Hintergrund verbirgt sich die Frage der Verschriftlichung afrikanischer Sprachen. Afrikanische Gesellschaften seien im Wesentlichen mündliche Gesellschaften, also ohne „Schriftkultur". Bei diesem gängigen Postulat wird oft übersehen, dass Sprache zunächst Klang ist und Schriftlichkeit im Unterschied zu Mündlichkeit eine Ausnahme darstellt. Wohlgemerkt, dass der Übergang von der Mündlichkeit zur Schriftlichkeit einen gewaltigen Fortschritt in der Menschheitsgeschichte bedeutet. Allein das Aufbewahrungspotential an Wissen, das dem Schrifttum innewohnt, ist beträchtlich. In diesem Zusammenhang trifft die Äußerung des Linguisten Bienvenu Akoha zu:

> „Tout s'est passé jusqu'ici comme si les chercheurs et les cadres béninois formés à l'Université Nationale du Bénin pour prendre la relève, ceux-là mêmes qui auront les milieux béninois comme terrain prioritaire de recherche ne seront jamais confrontés aux langues béninoises; ou alors qu'ils n'ont aucun besoin de savoir les écrire. Et pourtant, il faudra bien se convaincre

---

4   Boni Yayi: Message du Chef de l'Etat sur l'état de la Nation. In: L'Option Infos, No 313 du Lundi 31 Décembre 2007, S. 7. Übersetzt von S. A.: Mit der Kabinettsumbildung vom 2 November 2007 wurde das Ministerium für die Alphabetisierung und Förderung der Nationalsprachen geschaffen. Unsere Sprachen, die wir von Geburt an kennengelernt und gehört haben, sind Widerhall und Widerspiegelung unserer Seele. Jede und alle dieser Sprachen tragen in sich unsere Nationalidentität. Unser Projekt der Renaissance kann diesen grundlegenden Tatbestand der Geisteswissenschaften nicht ignorieren. Im Zeitalter politischer Umwälzungen und dem emsigen Ringen um den Aufstieg unseres Landes entspringt das Schaffen dieses Ministeriums der Vision einer authentischen und nachhaltigen Entwicklung.

un jour de l'utilité des langues nationales, celle de leur écriture tout particulièrement, pour la recherche et se résoudre à les enseigner dans nos écoles, collèges et dans notre université" (Akoha, 2002, S. 15)[5]. Aus dieser Feststellung kann man schließen, dass die beninischen Landessprachen noch keinen Eingang in das Bildungswesen gefunden haben. Wichtig zu erwähnen ist, dass in den achtziger Jahren der Versuch unternommen wurde, Kinder in den Krippen namens CESE (Centres d'Eveil et de Stimulation de l'Enfant) in Landessprachen zu unterrichten. Nach einigen Jahren Probezeit schlug dieser Versuch jedoch fehl. Bisher wurden sechs Landessprachen unter den 62 Sprachen und Sprachvarietäten vom Staat als Alphabetisierungssprachen ausgesucht und gefördert. Aber es reicht nicht, in der Muttersprache sprechen und schreiben zu können. Denn es geht darum, dass beninische Sprachen auch zum wissenschaftlichen Instrument werden, dass sie in verschiedenen Funktionen und Wissensbereichen eingesetzt bzw. verwendet werden. Während mehrere Landessprachen sowohl in staatlichen als auch in nichtstaatlichen Institutionen als Unterrichtsfach etabliert sind, werden sie doch kaum als Lehrsprachen verwendet. Es gilt dieses Paradox zu beheben und die Landessprachen effektiv in das Bildungssystem als Unterrichtsfächer und dann allmählich als Unterrichtssprachen einzuführen. Denn die Verwendung jeweils des Französischen, des Englischen oder des Portugiesischen allein als Amts- und Bildungssprache beeinträchtigt die Teilnahme der meisten BürgerInnen an gesellschaftspolitischen Entscheidungsprozessen und auf Dauer eine nachhaltige Entwicklung afrikanischer Länder. Ngalasso bringt dieses Defizit auf den Punkt: „Alors que l'enseignement des langues africaines comme matières est une pratique courante dans la plupart des universités du continent, l'utilisation de ces mêmes langues pour enseigner d'autres disciplines est pratiquement inexistante, leur seul domaine réservé demeure l'alphabétisation des adultes"[6] (Ngalasso, 2005, S. 108).

Exkurs: Sprachverwendung in nichtstaatlichen Einrichtungen

Anders als in staatlichen Institutionen ist die Verwendung der Landessprachen in nichtstaatlichen Einrichtungen offenkundig. In der Tat hat die Liberalisierung der Medienlandschaft in den 90er Jahren im Zuge des Demokratisierungsprozesses die Verwendung der Landessprachen stark gefördert. Die Bedeutung der einheimischen Sprachen als Verkehrsprache liegt auf der Hand, auch wenn die französische Sprache zur Amtssprache erklärt wird. In vielen Bereichen ist die Verwendung der Landessprachen eindeutig: Zum Beispiel gebrauchen die NGO (Nichtregierungsorganisationen) in weiten Teilen des Landes einheimische Sprachen, um für Gesundheits- und

---

5   Übersetzt von S. A.: Es läuft alles bisher so, als würden die an der staatlichen Universität von Benin ausgebildeten Nachwuchsforscher und Kader niemals mit beninischen Sprachen zu tun haben, dabei sind sie diejenigen, die hauptsächlich in beninischen Gegenden Feldforschungen betreiben werden; oder sie haben kein Bedürfnis, diese Sprachen schreiben zu lernen. Und doch müssen sie sich eines Tages von der Nützlichkeit der Nationalsprachen überzeugen lassen, von deren Verschriftlichung und sich schließlich dazu entschließen, sie an unseren Schulen, Gymnasien und an unserer Universität zu unterrichten.

6   Übersetzt von S. A.: Während die Vermittlung afrikanischer Sprachen als Unterrichtsfächer zu einer gängigen Praxis in den meisten Universitäten des Kontinents geworden ist, ist die Verwendung derselben Sprachen, um andere Disziplinen zu unterrichten, praktisch nicht vorhanden; ihr einziger Anwendungsbereich bleibt für die Alphabetisierung der Erwachsenen bestimmt.

Umweltfragen zu sensibilisieren. Theatergruppen führen immer mehr ihre Stücke in Landessprachen auf. Auch viele Musiker und Musikgruppen singen in Landessprachen und haben damit große Erfolge gefeiert. Es seien an dieser Stelle erwähnt: Alèkpehanwu, Gbèze, Alɔkpɔn, Sagbohan Danialou, Gbèmanwɔnmède, Amikpɔn, Anice Pepe. Das heißt also, dass die einheimischen Sprachen längst einen großen Stellenwert in den nichtstaatlichen und außerschulischen Institutionen gefunden haben. Für eine erfolgreiche Sprachenpolitik wäre der beninische Staat gut beraten, sich von diesen Modellen anregen zu lassen.

4.   Ziele der Sprachenpolitik

Folgt man den Ausführungen von Bausch, Krumm und Christ (2003) im Handbuch Fremdsprachenunterricht, so soll Sprachenpolitik – wie alle Politik – dem Wohl des Ganzen dienen. Sie ist ein Instrument des zwischenstaatlichen und zwischengesellschaftlichen Kontakts zur Vermeidung, zum Ausgleich und zur Regelung von Konflikten. Sie soll versuchen, unter Wahrung der eigenen Interessen die Interessen der Partner zu respektieren. Daher ist gute Sprachenpolitik auf Gegenseitigkeit angewiesen. Sie darf nicht der einseitigen Förderung der eigenen Sprache dienen, wie auch die einseitige parteiliche Förderung einer Partnersprache in der Regel den Zielen einer auf Ausgleich bedachten Sprachenpolitik zuwiderläuft.

Auswüchse der Sprachenpolitik sind Sprachimperialismus und Sprachkolonialismus; positive Ansätze findet man überall da, wo gleichzeitig versucht wird, die eigenen Interessen zu wahren und den Interessen der Partner soweit wie möglich entgegenzukommen. Die Einführung und Verwendung von Sprachen, seien es Fremdsprachen oder Landessprachen, hat eine gesellschafts- und sprachpolitische Dimension. „Sprachenpolitik bezieht sich auf die politische Situation in einer mehrsprachigen Gemeinschaft (zum Beispiel in einem Staat oder Staatenbund) und regelt das Verhältnis verschiedener Sprachen zueinander: Welche Sprachen haben welchen rechtlichen Status und übernehmen welche gesellschaftlichen Funktionen? Sprachenpolitik kann dem Schutz einer Sprachgemeinschaft vor dem Staat dienen, genauso gut aber auch der Unterdrückung einer Sprachgemeinschaft durch den Staat. Sprachpolitik betrifft dagegen politische Eingriffe in die Verwendung einer Sprache, zum Beispiel durch Reglementierungen des Fremdwortgebrauchs oder offiziell verordnete Sprachregelungen" (Knapp et al., 2007, S. 504; in Anlehnung an Haarmann).

Sprachenpolitik, als eine auf Ausgleich bedachte Politik, ist Friedenspolitik im weitesten Sinne. Daher ist sie mit Recht im Paragraph 3 der Beschlüsse von Helsinki als ein Instrument der Politik, der Sicherheit und der Zusammenarbeit in Europa genannt worden. Das Wunschdenken, eine Sprache für die ganze Menschheit zu haben, ist reine Utopie. Kunstsprachen – als Hilfssprachen konzipiert – haben sich in der zwischensprachlichen Kommunikation nicht an die Stelle der verbreiteten natürlichen Sprachen setzen können.

Die Gründe für das Festhalten der Menschheit an den je eigenen Sprachen sind leicht einzusehen: In der eigenen Sprache fühlt man sich sicher. Deshalb ist für den bewussten Sprecher einer Sprache auch der Verlust bestimmter Funktionen seiner Sprache nachteilig; er wird sich deshalb dagegen wehren. Sobald eine Sprache in bestimmten Funktionen nicht mehr oder solange sie in bestimmten Funktionen noch nicht benutzt wird, hat sie im Vergleich zu anderen Sprachen weniger Gewicht; sie erscheint als reduzierte Sprache, tendenziell als Dialekt.

Durch Sprachenpolitik allein sind Funktionsveränderungen von Sprachen zwar nicht aufzuhalten, wohl aber zu beeinflussen. Sprachpolitische Entscheidungen wirken sich auf Sozialisierungsprozesse des Individuums aus. Denn jeder Sozialisierungsprozess verläuft zunächst einmal sprachlich. Dabei spielt die Erziehung eine entscheidende Rolle, zumal sie den Gesamtprozess begleitet, steuert und gestaltet. Erziehung lässt sich auf zwei Ebenen beschreiben, einerseits als Bildungsprozess, andererseits als Wertevermittlung in der Familie.

Exkurs: Sozialisation und Erziehung

„Im klassischen Konzept der Sozialisation ginge es", Luhmann zufolge, „um die Übertragung von Kulturgut von einer Generation auf die nächste" (Luhmann, 2002, S. 48). Mit diesem Konzept geht die Transmissionstheorie einher: Sie unterstellt eine strukturelle Asymmetrie von Sozialisator und Sozialisand und ist dafür kritisiert worden. „Eine weitere Einseitigkeit der Transmissionstheorie liegt darin, daß nur die gelungene Transmission als Sozialisation angesehen wird" (ebd., S. 49). „Vorzeitiger Abbruch der Schulausbildung oder Weglaufen aus dem Elternhaus werden nicht als Sozialisation anerkannt, weil es nicht zu einer Transmission kommt" (ebd. S. 50). Dies scheint auf den ersten Blick nicht vereinbar mit einer Vorstellung, nach der Sozialisation immer stattfindet, unabhängig davon, ob etwas gelingt oder nicht gelingt. „Mit etwas mehr Distanz zum Begriff müßte man jedoch anerkennen, daß gerade dies Möglichkeiten [Elternhaus, Schulausbildung; S.A.] sind, im Sozialisationsprozeß Individualität zu behaupten, ja wenn man so will: zu retten. Muß der Begriff der Sozialisation nun so gebildet werden, daß er seine eigene Negation einschließt und auch die Reaktion gegen Transmission als Form der Sozialisation anerkennt?" (ebd.) Es gibt aber durchaus auch die Fälle, in denen ein Angebot Widerstand erregt. „Dieser Weg des Widerstandes ist besonders deshalb attraktiv, weil er Chancen bietet, Individualität zu entwickeln. Beim bloßen Kopieren von Kulturmustern unterscheidet man sich nicht von anderen; man reproduziert nur, was von allen erwartet wird. Zu den Kulturmustern der Moderne gehört aber nicht zuletzt die hohe Bewertung individueller Besonderheit, ja Einzigartigkeit. Das führt zu der Frage, wie im Sozialisationsprozeß zugleich für Individualisierung gesorgt werden kann unter Einschluß der Verweigerung von Konformität. Schließlich […] hat die Sozialisation es mit Menschen zu tun, von denen man nicht wissen kann, welche Einstellungen sie jeweils aktualisieren und wie sie handeln werden. Sozialisation muß daher auf ein Leben in permanenter Unsicherheit vorbereiten" (ebd. S. 49). Das heißt weiter, dass sowohl soziale als auch psychische

Systeme im Sozialisierungsprozess eine Rolle spielen, und (folglich) in gegenseitiger Abhängigkeit stehen. „Es handelt sich also um Eigenleistungen psychischer Systeme, mit denen diese dem Umstand Rechnung tragen, daß sie ihr Leben in sozialen Zusammenhängen zu führen haben" (ebd. S. 51). Und an späterer Stelle heißt es: „Man muß dann allerdings berücksichtigen, daß operative Vermischungen ausgeschlossen sind, daß psychische Prozesse nie soziale Prozesse und soziale Prozesse nie psychische Prozesse sein können, sondern daß nur eine wechselseitige Reduktion der Komplexität der jeweils anderen Seite gemeint sein kann" (ebd. S. 52).

Sicherlich kommt es zu tiefgreifenden Einstellungsänderungen, zu „Wertewandel" und dergleichen, aber dies liegt offenbar nicht an Defekten des Sozialisationsprozesses, sondern an neuen Schlüsselerfahrungen, zum Beispiel in der schulischen Laufbahn, und vor allem an der Wirkungsweise der Massenmedien, die „eigene" Wertvorstellungen vermitteln. Die anschließende Frage, aber auch die Herausforderung ist: Wie lassen sich Sozialisierungsprozesse im Zeitalter der Globalisierung und neuer Informationstechnologien für alle Beteiligten in ihren je spezifischen Situationen, Sprachsituationen angemessen gestalten?

5. Mehrsprachigkeit statt Sprachensterben

Insgesamt stellen indigene Sprachen und Fremdsprachen das ausgeprägte Kennzeichen der Mehrsprachigkeit dar. Eingesetzt in verschiedenen Funktionen und Bereichen dienen sie entweder als Verkehrssprachen oder als Amts- und Bildungssprachen. Manche erfüllen auch einerseits eine identitäre, andererseits eine elitäre Funktion, schärfen und erweitern den Horizont zur Alterität.

Eine besondere Problematik soll abschließend mit Jürgen Trabant thematisiert werden, der feststellt:

> „Es verschwindet mit jeder Sprache jeweils eine besondere Art menschlichen ‚Denkens'. Eine bestimmte ‚Ansicht' der Welt ist dann unwiderruflich dahin. Die ‚merveilleuse variété' des menschlichen Geistes nimmt ab. Es verschwindet ein Stück menschlicher Kultur, ein hochkompliziertes, bewundernswertes menschliches Kunstwerk, deren jedes so viel Bewunderung verdient wie die schönste gothische Kathedrale. Sang- und klanglos gehen menschliche Denk-Kathedralen zugrunde. Mit der Sprache ‚sterben' natürlich auch die in dieser Sprache gestalteten Textwelten" (Trabant, 1998, S. 31).

Mwatha Musanji Ngalasso betont:

> „Pour sauver un grand nombre de langues, parce que chacune est porteuse d'une vision du monde originale et de multiples valeurs symboliques, il faut agir vite, en associant ces langues à l'école aux activités porteuses d'avenir sous une forme pédagogique rentabilisant au mieux le partenariat entre les langues africaines et les langues européennes. Celles-ci font désormais partie du paysage linguistique de l'Afrique et leur place n'est pas contestée. Le problème qui se pose est de savoir comment, aujourd'hui et dans tous les domaines, en particulier dans l'enseignement, faire coexister ces langues de diffusion mondiale avec les

langues nationales parlées par la majorité de la population? Comment les faire participer toutes au projet de développement?"[7] (Ngalasso, 2005, S. 112).

Die Antwort auf diese Fragestellungen skizziert Ngalasso selbst: „Le meilleur cheminement pour parvenir à cet idéal consisterait en une introduction progressive de la langue locale d'abord comme moyen d'accès à l'écrit, ensuite comme matière concurrement avec une langue internationale et enfin comme véhicule d'enseignement, en conjonction avec la langue internationale"[8] (ebd.).

Die Warnung und zugleich die Aufforderung, die den Worten von Jürgen Trabant und von Ngalasso innewohnen, stellen den Beweggrund für diesen Beitrag und das Erkenntnisinteresse an dem Thema der Sprachenvielfalt dar und bringen außerdem die Sprachenproblematik in Benin auf den Punkt.

Literatur

Akoha, A. B. (2002). Langues nationales et Recherche scientifique au Bénin. In: Actes 1ères Journées Scientifiques Internationales du Bénin (27 novembre-02 décembre 2000). Tome I. Abomey-Calavi: Presse Universitaire, (12–22).

Bausch, K.-R./Krumm, H.-J./Christ, H. (Hrsg.) (2003). Handbuch Fremdsprachenunterricht. Tübingen: Francke.

Butzkamm, W. (2002). Psycholinguistik des Fremdsprachenunterrichts. Von der Muttersprache zur Fremdsprache. 3. Aufl. Tübingen: A. Francke.

Halaoui, N. (2011). Politique linguistique: faits et théorie. Paris: Editions Ecriture.

Knapp, K./Antos, G./Becker-Motzek, M./Deppermann, A./Göpferich, S./Grabovski, J./ Klemm, M./Villiger, C. (Hrsg.) (2007). Angewandte Linguistik. Ein Lehrbuch. 2. Aufl. Tübingen: Narr Francke.

Luhmann, N. (2002). Das Erziehungssystem der Gesellschaft (Hrsg. D. Lenzen). Frankfurt/ Main: Suhrkamp.

Montanari, E. (2010). Kindliche Mehrsprachigkeit. Determination und Genus. Münster: Waxmann.

Müller, N./Kupisch, T./Schmitz, K./Cantone, K. (2011). Einführung in die Mehrsprachigkeitsforschung. 3. Aufl. Tübingen: Narr Francke Attempto.

---

7   Übersetzt von S. A.: Um eine Vielzahl von Sprachen vom Aussterben zu retten, weil jede Sprache in sich eine originale Weltanschauung und zahlreiche symbolische Werte trägt, muss schnell gehandelt werden, indem man diese Spachen mit zukunftstragenden Aktivitäten an Schulen verbindet, nicht zuletzt getragen von einem pädagogischen Modell, das aufs Beste die Partnerschaft zwischen den afrikanischen Sprachen und den europäischen Sprachen ertragreich macht. Diese Letzteren gehören nun zur Sprachenlandschaft Afrikas und ihre Stellung wird nicht bestritten. Die Frage ist, wie man heute und in allen Bereichen, insbesondere im Lehrprozess diese großen Weltsprachen mit den von der Mehrheit der Bevölkerung gesprochenen Nationalsprachen in Einklang bringt. Wie lassen sie sich alle an Entwicklungsprojekten beteiligen?

8   Übersetzt von S. A.: Der beste Weg, um dieses Ideal zu erreichen, bestünde darin, die einheimische Sprache zunächst als Mittel zum Schreiberwerb, dann als Unterrichtsfach in Konkurrenz zu einer internationalen Sprache und schließlich als Unterrichtssprache in Verbindung zu der internationalen Sprache einzuführen.

Newby, D./Rückl, M./Hinger, B. (Hrsg.) (2010). Mehrsprachigkeit: Herausforderung für Wissenschaft und Unterricht. Wien: Präsens Verlag.

Ngalasso, M. M. (2005) Les langues dans les systèmes éducatifs en Afrique. In: Notre Librairie – Revue des littératures du Sud, No. 157, (106–112).

Olsen, R./Engin, H. (Hrsg.) (2009). Interkulturalität und Mehrsprachigkeit. Baltmannsweiler: Schneider Verlag Hohengehren.

Quenum, J.-C. P. (1998). Interactions des systèmes éducatifs traditionnels et modernes en Afrique. Paris: L'Harmattan.

Riehl, C. M. (2009). Sprachkontaktforschung. Eine Einführung. 2. Aufl. Tübingen: Narr Francke Attempto.

Trabant, J. (1998). Artikulationen: Historische Anthropologie der Sprache. Frankfurt/Main: Suhrkamp.

Weisgerber, J. L. (1951). Das Gesetz der Sprache als Grundlage des Sprachstudiums. Heidelberg: Quelle & Meyer.

Brice Martial Chuepc Tcheumbeua

Anglophon, frankophon, kamerunisch?

Schulsystem oder Schulsysteme in Kamerun heute und morgen

Die Beschäftigung mit dem kamerunischen Schulsystem heute setzt eine Auseinandersetzung mit der Geschichte Kameruns voraus. Das zentralafrikanische Land an der Küste des atlantischen Ozeans stand seit dem Ende des neunzehnten Jahrhunderts in kolonialen Verhältnissen mit drei europäischen Ländern. Die deutsche Besetzung in Kamerun wurde 1884 mit der Unterzeichnung des Deutsch-Duala-Vertrags entschieden und dauerte offiziell bis zum Ende des ersten Weltkriegs. Nach dem verlorenen Krieg musste Deutschland auf Kamerun verzichten und die Regierung des Landes an Frankreich und Großbritannien übergeben. Diese Machtübergabe führte zur Teilung des kamerunischen Territoriums mit der offiziellen Sprache Englisch im westlichen und Französisch im östlichen Teil. Während der französische Teil Kameruns seine Unabhängigkeit am 1. Januar 1960 erreichte, ist der 1. Oktober 1961 als Tag der Unabhängigkeit des englischen Kameruns in die Geschichte eingegangen. Die Wiedervereinigung Kameruns wurde am 20. Mai 1972 erklärt.

Die oben genannten Etappen der kamerunischen Geschichte sind ausschlaggebend für das Verständnis der Entwicklung des Landes im Bereich Bildung und Erziehung, denn sie entsprechen wichtigen Momenten im Schulsystem bzw. in den Schulsystemen.

1. Kamerun, ein Schulsystem oder zwei Schulsysteme?

Während der deutschen Kolonialzeit wurde ein neues Modell der Schule in Kamerun eingeführt, das von Kolonialisten geführt wurde. Jenseits von ursprünglichen kamerunischen Formen der Erziehung, die einerseits in der mündlichen Weitergabe kultureller und sozialer Werte und andererseits in der Vermittlung von handwerklichen Kenntnissen bestand, wurde die Schule nach europäischer Art eingeführt. Den Kolonisatoren ging es in erster Linie darum, neue Strukturen einzuführen, die ihren Interessen entsprachen. Mit der Schulbildung, die nicht für alle bestimmt war, sollten die Machtverhältnisse konsolidiert und reproduziert werden. Eine Elite sollte durch die Schule alphabetisiert und nach dem westlichen Modell gebildet werden, um einen großen Teil der kolonisierten Bevölkerung zu Zwangsarbeiten im Dienste der Kolonisatoren zu erziehen. Dies ging mit der Einführung der deutschen Sprache einher, die als privilegierte Schulsprache galt.

Die französische und englische Besetzung des Landes, die mit der geographischen, gesellschaftspolitischen und kulturellen Spaltung einherging, wurde durch die Einführung zweier Schulsysteme in Kamerun begleitet. Im englischen Teil wurde das englische Schulsystem eingeführt und im französischen Kamerun das französische

Schulsystem. Ziel der Einführung eigener Schulsysteme durch die „neuen" Kolonisatoren war wiederum die Bildung einer Elite, welche als Mittler zwischen Kolonisatoren und kolonisiertem Volk dienen und nach den Unabhängigkeiten die Interessen der Metropole weiter vertreten sollte, also eine Art Fortsetzung dessen, was in der deutschen Kolonialzeit mit der Schule begonnen hatte. Dies führte zur Etablierung einer kamerunischen Elite, die von dem System abhängig war, in dem sie gebildet wurde. Auch nach der Wiedervereinigung Kameruns koexistierten die beiden Schulsysteme weiter. Den politischen und wirtschaftlichen Änderungen im vereinigten Kamerun folgte keine Reform des kamerunischen Schulsystems, obwohl sich das Bedürfnis nach dieser Reform als dringend und notwendig erwies. Die Entstehung eines einheitlichen Landessystems kam leider nicht zustande. Bis heute ist es die Rede von einem System mit zwei Subsystemen.

Verstärkt und legitimiert wurde diese Trennung zwischen den beiden Systemen durch offizielle Texte wie die neue kamerunische Verfassung (1996) und das Bildungsgesetz vom 14. April 1998[1]. In diesen offiziellen Orientierungsrahmen wird die Erziehung als nationale Priorität des Staates dargestellt. Die Förderung der Zweisprachigkeit (also Englisch und Französisch) gilt hier als Bestandteil der kamerunischen Schulerziehung. Im 15. Artikel des o.g. Gesetzes heißt es, dass das frankophone und das anglophone System landesweit koexistieren sollen und dabei ihre eigenen Merkmale in Bezug auf die Methoden, Prüfungen und Zertifizierungen beibehalten.

2. Sprache, Zweisprachigkeit und Erziehung

In Kamerun sind also Schulen entweder frankophon oder anglophon. Eltern, deren Kinder das Schulalter erreichen, sollen sich für ein System entscheiden. Wer denkt, dass die Unterscheidung zwischen diesen Systemen nur auf der Ebene der Sprache zu verstehen ist, irrt sich. Denn die Gegenüberstellung frankophon – anglophon berührt alle Aspekte der Schulbildung wie Bildungsinhalte, Arbeitsmethoden, Prüfungsformen und Abschlüsse. In den achtziger Jahren wurden auch sogenannte zweisprachige staatliche Schulen und Gymnasien gegründet.[2] Diese Schulen verstehen sich aber nicht als Stätten der Zweisprachigkeit für Schüler und Lehrer, sondern als Institutionen mit koexistierenden Systemen. In solchen Schulen gibt es eine einzige Schulleitung, aber zwei Referate, die jeweils die Anwendung des frankophonen und des anglophonen Systems steuern.

Das Gesetz vom 14. April 1998 bestimmt die Erziehung als nationale Priorität des Staates, dessen Aufgabe darin besteht, die Zweisprachigkeit auf allen Ebenen der Bildung zu garantieren. Das Hauptziel der Bildung im Sinne dieses Gesetztes ist die Erziehung eines jungen kamerunischen Bürgers, der nicht nur in seiner Kultur ver-

---

1 Loi n°98/004 du 14 avril 1998 d'Orientation de l'Education au Cameroun.

2 Hier wird von staatlichen zweisprachigen Schulen gesprochen, weil die privaten zweisprachigen Schulen ein anderes Konzept aufweisen. Aus kommerziellen Gründen verkaufen sich viele private Schulen als zweisprachig, um Klientel zu gewinnen. In der Tat sind viele von ihnen frankophone Schulen, wo Englischunterricht eine mehr oder weniger größere Rolle spielt.

wurzelt ist, sondern auch weltoffen und tolerant. Weitere Werte, die die Erziehung sichern soll, sind u.a. die Kreativität, der Gemeinschaftssinn, der Respekt der Menschenrechte, der Fleiß. In der alltäglichen Praxis an kamerunischen Schulen sowie in der kamerunischen Gesellschaft ist Zweisprachigkeit aber keine Realität. Die Schüler und Absolventen identifizieren sich immer noch entweder mit dem frankophonen oder mit dem anglophonen Schulsystem, die jeweils Französisch oder Englisch als Unterrichtssprache aufweisen. Beim näheren Betrachten des Schulsystems Kameruns kann der Schluss gezogen werden, dass die Zweisprachigkeit bloß auf dem Papier besteht. Die Koexistenz eines anglophonen und eines frankophonen Schulsystems in einem Land ermöglicht keinen Platz für die Interaktion zwischen beiden Sprachen. Die in den achtziger Jahren gegründeten „zweisprachigen Schulen und Gymnasien" hatten zum Ziel, mehr Platz für Interaktion zwischen den Systemen zu schaffen. Die Tatsache, dass in solchen Schulen zwei eigenständige Referate funktionieren, ist aber ein Hindernis für die Förderung der Zweisprachigkeit. Diese Sachlage garantiert die Trennung zwischen anglophoner und frankophoner Beschulung und stellt sicher, dass die Schüler sich entweder mit dem einen oder mit dem anderen System identifizieren, aber nicht mit beiden Systemen. Unter solchen Bedingungen ist eine effektive Zweisprachigkeit bei den Schulakteuren kaum zu erreichen. Im privaten Bereich wird oft das Adjektiv „zweisprachig" als Marketingslogan verwendet, um Schüler unterschiedlichster Herkunft zu gewinnen.

2.1 Curriculare Unterschiede und Folgen

Seit den 90er Jahren gibt es im frankophonen Teil einen Trend, eine „Immersion" nach kanadischer Art zu betreiben. Viele Familien haben verstanden, dass es im Interesse ihres Nachwuchses ist, eine englischsprachige Schule zu besuchen, um mehrsprachig aufzuwachsen, d.h. mit Französisch als „Sprache zu Hause" und Englisch als „Sprache in der Schule". Die Privatschulen, die sich als „zweisprachig" verkaufen, sind in den meisten Fällen keine bilingualen Schulen, sondern Schulen mit Französisch und Englisch als Unterrichtsfächer auf dem Programm. Die Anwesenheit von Sprachen in den Schulcurricula ist also landesweit nicht einheitlich. Ein auffallendes Beispiel hierzu ist die Zahl der angebotenen Sprachen in der Schule. In beiden Systemen wird die Unterrichtssprache als erste Sprache in der Schule unterrichtet, gefolgt von der zweiten offiziellen Sprache, die in den meisten Fällen schon in der Grundschule angeboten wird. Im frankophonen System werden dazu andere Fremdsprachen in der Sekundarstufe angeboten, die im anglophonen System nicht vorhanden sind. Dies führt zu einem ungleichen Zugang zum Fremdsprachenunterricht Deutsch oder Spanisch mit der Folge: Der anglophone Abiturient wird in der Schule keine weitere Sprache als Englisch und Französisch gelernt haben. Die Orientierung und Inhalte des Sprachenunterrichts bzw. Fremdsprachenunterrichts garantieren bei den kamerunischen Absolventen keine erfolgreiche sprachliche Kompetenz, weder in den offiziellen Sprachen, noch in den Fremdsprachen. Erwähnenswert ist die Tatsache, dass die nationalen Sprachen Kameruns bis heute keinen Stellenwert in den schulischen Curricula finden. Trotz vieler Versuche, sie in die Schule zu integrieren, kann man noch nicht von sicht- und messbaren Ergebnissen sprechen.

2.2 Schulzeit und Abschlüsse

In Kamerun dauert die Schulzeit insgesamt dreizehn Jahre. Die Grundschule besteht aus sechs Klassen und die Sekundarstufe aus sieben Klassen. Im frankophonen Schulsystem wird die Schulzeit mit dem „baccalauréat" abgeschlossen und im anglophonen System heißt der letzte Schulabschluss „G.C.E. Advanced Level"[3]. Diese Abschlüsse qualifizieren für den direkten Zugang an die Universitäten. Während die frankophonen Schüler beim „baccalauréat" in fast allen in der Schule gelernten Fächern geprüft werden, steht den anglophonen Schülern die Entscheidung, in welchen Fächern sie getestet werden, frei. Die Schüler können sich sozusagen ihre Abiturfächer eigenständig aussuchen. Ein weiteres Merkmal des anglophonen Systems ist die Zahl der Abschlüsse in der Sekundarstufe. Im frankophonen System sind drei Abschlüsse obligatorisch, während es nur zwei Abschlüsse im anglophonen System gibt. Die zusätzliche Prüfung im frankophonen System heißt „probatoire" und wird in der 12. Klasse abgelegt und dient als „Sieb" zur Abiturklasse. Langjährige Debatten um die Legitimität einer solchen Prüfung haben noch zu keiner Änderung geführt. Die Tatsache ist, dass viele Schüler, die diese Prüfung nicht bestehen, nicht in die 13. Klasse wechseln dürfen, es sei denn sie gehen in Nachbarländer, wo es die genannte Prüfung nicht gibt, um dort ihr „baccalauréat" zu schreiben. Die schulische Erziehung und Ausbildung wird von zwei Ministerien gesteuert, nämlich ein Ministerium für Grundschulbildung und ein Ministerium für Sekundarschulen. Es gibt aber ein zentrales Abitur, das jeweils vom „Office du Baccalauréat" und „G.C.E. Board" getragen wird.

3. Geteilte Probleme und Herausforderungen – Konsequenzen für die Lehrerbildung

Obwohl die kamerunischen Schulsysteme unterschiedliche Merkmale aufweisen, sehen die Probleme und Herausforderungen beider Systeme ähnlich aus. Die Probleme betreffen didaktisch-methodische, infrastrukturelle, schulphilosophische und soziale Aspekte. Auf der Ebene der Didaktik ist die Bestimmung der Inhalte und Methoden der Bildung inadäquat. So bereiten die Inhalte der Schulbildung die Schüler nicht optimal auf das Leben in der Gesellschaft vor, bleiben allzu theoretisch ohne erkennbaren praktischen Nutzen. Viele kamerunische Abiturienten und Absolventen haben fundierte Kenntnisse, die sie aber kaum anwenden können. Der Unterricht bleibt sehr theoretisch und abstrakt, weil keine Labore vorhanden sind, keine Experimente durchgeführt werden können und bloß sehr wenig Anlässe zum praktischen Üben genutzt werden. Dies gilt nicht nur für die allgemeine Schulbildung, sondern auch

---

3 G.C.E. heißt General Certificate of Education.

für die fachspezifische Bildung. Der Zusammenhang zwischen den Inhalten der Bildung und den Bedürfnissen des Alltaglebens ist kaum präsent. Es wird sozusagen für die Schule gelernt und der Lernende kann keinen Zusammenhang zwischen Schule und Alltagssituationen herstellen. Dies ist auch eine große Herausforderung für die Aus- und Fortbildung der Lehrer, denn die Durchführung der Unterrichtsaktivitäten hängt auch mit den Kenntnissen und der Erfahrung der lehrenden Person zusammen. Wenn die Ausbildung der Lehrer eher theoretisch orientiert ist, ist von ihnen nicht zu erwarten, dass sie ihren Unterricht anders gestalten. Die Einführung neuer Unterrichtsansätze durch Fortbildungsmaßnahmen hat nicht zu besserem Erfolg geführt. In den letzten Jahrzehnten und bis vor kurzem galt die „pédagogie par objectifs" als Lehr- und Lernparadigma mit dem Anspruch, den Lernenden bestimmte Inhalte zu vermitteln, die sich an bestimmten Zielsetzungen des Unterrichts orientieren. Am Ende des Unterrichts sollte der Lernende in der Lage sein, bestimmte Inhalte wiederzugeben. Dieser Ansatz wurde sehr kritisiert und dann durch die „Approche par Compétences" ersetzt, die nicht auf den Inhalten basiert, sondern auf Situationen. Hier soll der Lehrer nicht als Vermittler des Wissens gelten; der Schüler konstruiert das Wissen und lernt kontextuell, lernt sich in bestimmten Situationen des Lebens zu helfen. Jedoch führen auch diese innovativen Ansätze immer noch nicht zu dem erwarteten Erfolg.

3.1 Überfüllte Klassen und Frontalunterricht

Die Infrastrukturlage ist so, dass nur Frontalunterricht möglich ist. In überfüllten Klassen bleibt dem Lehrer keine andere Wahl als den Unterricht frontal zu gestalten. Unmittelbare Konsequenz dieser Situation sind negative Auswirkungen auf das Verhältnis zwischen Schülern und Lehrern. Dieses Verhältnis ist oft durch Ängstlichkeit, Distanz, Frustration, Korruption und Missachtung geprägt. Die Erziehungsmethoden der Kolonialzeit hatten einen so starken Einfluss auf die Schule in Kamerun, dass bis heute noch autoritäre Arbeitsmethoden und Diktat in Schulen herrschen. Trotz starker Kritik und des Widerstands der Eltern kommt es noch zu Prügel und Gewalt in der Schule. Der Lehrer wird zugleich als Repräsentant des Wissens und der Macht betrachtet. Eine solche Betrachtung des Lehrers kultiviert bei den Lernenden keine Eigeninitiative, kein Selbstbewusstsein.

3.2 Lehrerberuf, finanzielle Lage – Motivation und Didaktik

Die schlechte Bezahlung der Lehrkräfte führt zu einer fehlenden Motivation für die Lehrberufe und zur Vernachlässigung der Fortbildungsmaßnahmen. Noumba (2008) sieht die schlechte Bezahlung der Lehrer in Kamerun als einen Komplott gegen die Lehrberufe. Die Lehrer erwarten noch von der Gesellschaft, dass ihre Arbeit anerkannt wird. Sie verlangen bessere Arbeitsbedingungen und eine angemessene Zahlung, die sie nicht dazu zwingt, Nachhilfestunden zu organisieren oder Nebenbeschäftigungen annehmen zu müssen. Die finanzielle Lage der Lehrer hat eine unmittelbare Wirkung auf die Qualität in der Lehre. Viele Lehrer sehen in den Fortbildungen nur Zeitverlust, weil sie mit finanziellen Hürden konfrontiert sind und arbeiten lieber selbständig in ihrer Freizeit als bei Fortbildungen. Dies geht mit einem starken Widerstand gegen neue Methoden einher. Lehrer benutzen lieber alte Unterrichtsvorbereitungen und Arbeitsblätter, weil sie nicht motiviert sind, neue zu erstellen. Lehren und Lernen wird so zu einer Reproduzierung dessen, was in den vorigen Jahren geschehen ist.

Eine weitere Herausforderung vor allem für die Lehrer ist das Anwenden der Großgruppendidaktik, weil die Klassen oft überfüllt sind. In den Großstädten Yaoundé und Douala gibt es Klassen mit 130 Schülern. Das Angebot an Bildungsstrukturen kommt der großen Nachfrage in den Großstädten nicht entgegen. Es gibt seitens der Regierung viele Initiativen, existierende Schulen zu vergrößern oder neue Schulen zu gründen. Nichtdestotrotz bleiben der Arbeitsaufwand und die Betreuungsquote der Lehrer immer noch sehr hoch. Täglich müssen die Lehrer Tricks erfinden, überfüllte und schlecht beleuchtete Klassen zu unterrichten. Und dies geht nicht ohne Konflikte, wenn die Schüler Anspruch auf ihre Rechte erheben. Dass nicht alle Schüler in überfüllten Klassen einen Sitzplatz bekommen können, führt zu Verzögerungen und Konflikten, die eine negative Wirkung auf das Lehren und Lernen haben.

4.   Schule, Bildung und gesellschaftliche Anerkennung

Die oben erwähnten Probleme stellen das kamerunische Schulsystem vor viele Herausforderungen. Die erste Herausforderung ist die der Anerkennung. Die Schule und die Bildung sollen in der Gesellschaft als entwicklungsstiftend anerkannt werden. Viele Probleme, die das Schulsystem in Kamerun belasten, sind darauf zurückzuführen, dass die Rolle der Schule in der Gesellschaft falsch verstanden wird. Seit dem Ende der Kolonialzeit gilt diese Betrachtung der Schule als Ort der Ausbildung von Bürokraten weiter. In der Vorstellung vieler jungen Menschen geht man zur Schule, um später in einem Büro zu arbeiten oder verbeamtet zu werden. Dieser Gedanke wird auch von der Regierung stark unterstützt, wenn es um Massenrekrutierung im öffentlichen Dienst geht. Bei solchen Rekrutierungen geht es darum, die Absolventen zu absorbieren, ohne sich große Gedanken über ihrer tatsächlichen Kompetenzen zu machen. Eine Folge davon ist, dass die heutigen Schüler und Studenten immer noch den Traum und die Hoffnung pflegen, in der Zukunft im öffentlichen Dienst zu arbeiten. Diese Sachlage geht mit der Missachtung fachlicher Ausbildungen einher, denn die meisten Eltern wünschen sich, dass ihre Kinder das Abitur bestehen und später in der Verwaltung oder in einer Behörde arbeiten. Gerade ein Land in der Entwicklung ist dazu nicht zu ermutigen. Vielmehr sollte im Bereich der technischen und praktischen Bildung mehr investiert werden, da immer mehr Fachleute auf unterschiedlichen Gebieten gebraucht werden.

Die zweite Herausforderung ergibt sich aus der ersten und betrifft die Anpassung der Lehrinhalte an die Bedürfnisse der Gesellschaft. Die Schulbildung soll die Gleichberechtigung fördern. Alle Schüler sollten die gleichen Chancen haben. Meines Erachtens ist es nicht zielführend, dass in einem Land zwei Systeme existieren, in denen die Schüler und Absolventen nicht die gleichen Inhalte lernen und somit nicht die gleichen Chancen für ihre Zukunft bekommen. Es steht ein schwieriges, aber durchaus wichtiges Unterfangen der Regierung an, das auf eine Harmonisierung beider Systeme im Sinne von vergleichbaren, gegebenenfalls standardisierbaren Lernzielen, Lehrinhalten und Arbeitsmethoden hinauslaufen sollte. Die Bestimmung der Bildungsinhalte unter besonderer Berücksichtigung der heterogenen Zielgruppe ist eine große Herausforderung in Kamerun, nicht nur für die Sekundarstufe (Belinga Bessala, 2009) sondern auch bereits für die Grundschule. Die Aufwertung der Zweisprachigkeit in der Gesellschaft kann für die Kameruner nur eine Bereicherung sein und dies soll eine gewichtige Herausforderung der Schule bleiben. Die Erarbeitung einer Strategie zur schulischen Förderung von Nationalsprachen ist auch eine permanente Herausforderung für das Schulsystem.

Des Weiteren wären die Prüfungen in Bezug auf ihre Form und Funktion hin zu überdenken. Viele Lernertypen werden benachteiligt, wenn die Leistungsmessung nur schriftlich geschieht. Häufig ist zu beobachten, dass Schüler ihre Abschlussprüfung nicht bestehen, nicht weil sie schlechte Schüler sind. Das Problem ist oft, dass sie eine schlechte Leistung am Tag der Prüfung erbringen. Ohne die Bedeutung der Abschlussprüfung zu negieren, plädiere ich für die Berücksichtigung der während des Schuljahres erbrachten Leistungen, um auch den Lernerfolg messen zu können. Prüfungen sollen für alle Lerner transparent, nachvollziehbar und sachlich gestaltet werden. Mündliche und praktische Prüfungen sind zwar mit logistisch-organisatorischen Schwierigkeiten verbunden, aber darauf darf nicht verzichtet werden. Dies lässt sich sowohl didaktisch als auch lernpsychologisch gut begründen.

Literatur

Atangana, E. (1996). Cent ans d'éducation scolaire au Cameroun. Paris: L'Harmattan.

Belinga Bessala, S. (2009). Du statut épistémique de l'enseignement secondaire au Cameroun. In: Syllabus Review, (1/2009), (140–152).

Chuepo Tcheumbeua, B. M (2008). Über den Einsatz des tertiärsprachendidaktischen Modells an kamerunischen Sekundarschulen: Stand – Voraussetzungen – Möglichkeit. Unveröffentlichte DEA-Arbeit, Université de Yaoundé I.

Noumba. I. (2008). Le système éducatif camerounais face aux exigences de la mondialisation. Paris: L'Harmattan.

Sarah Lange, Frederick Njobati, Annette Scheunpflug

Demokratie, Entwicklung und Erziehung

Erfahrungen zum demokratischen Lernen aus Kamerun

Dass Entwicklung und Demokratie sich eng bedingen, ist eine der zentralen Erkenntnisse der Entwicklungstheorie der letzten Jahrzehnte (vgl. Entwicklungsbegriff nach Nohlen, 1996, S. 206ff.; Stockmann, Menzel & Nuscheler, 2010; Mair, 1996, S. 37). Die Forderung demokratischer Strukturen und die Arbeit an ihnen ist eine zentrale Herausforderung für die Entwicklung vieler Staaten (zum Verhältnis von Demokratie und Entwicklung: Nuscheler, 2004, S. 421ff.; Nohlen, 1988, 1996, S. 161f.; Beyme, 1994) und in besonderem Maße von Staaten in der Entwicklungszusammenarbeit, die ihr Potential häufig durch demokratische Strukturen deutlich steigern könnten (vgl. Kevenhörster, 2011). Demokratie ist aber auch eine Lebensform, die ihren Zweck nicht nur aus den besseren Erträgen für die gesellschaftliche Entwicklung ableitet, sondern ein elementares Menschenrecht darstellt, in dem sich die Gleichheit und die Würde von Menschen ausdrückt und zur Entfaltung kommt (vgl. Lingnau & Waller, 1996; Khaki, 2003).

Entsprechend der Bedeutung der Demokratie für Gesellschaften ist es eine der vornehmsten Aufgaben der Schule, zur Demokratie zu erziehen. So betont der Friedensnobelpreisträger Kofi Annan „Education is a human right with immense power to reform. On its foundation rest the cornerstones of freedom, democracy and sustainable human development" (Annan, 1999, foreword). Demokratie muss in jeder Generation immer wieder neu erarbeitet werden: „No one receives democracy as a gift. One fights for democracy" (Freire, 2005, S. 158) und dafür sind demokratische Bildung und Bildung in Demokratie unerlässlich. Demokratische Bildung ist aber vor allem dann nicht einfach zu ermöglichen, wenn das gesellschaftliche Umfeld der Schule sowie die Schule in ihrer kommunikativen Struktur nicht von Demokratie, gegenseitigem Respekt sowie der Idee der Gleichheit aller Menschen geprägt sind, sondern sich das schulische Umfeld als antidemokratisch, autoritär oder gar diktatorisch darstellt und die schulische Kommunikation durch extreme Hierarchien, die Negierung der Würde der beteiligten Personen, fehlende Mitbestimmung und einem autoritären Umgangston charakterisiert sind. In einem solchen Umfeld liegt es in der besonderen Verantwortung der Schule eine gesellschaftliche Form des Umgangs hervorzubringen, die selber in der Gesellschaft noch nicht oder nur tendenziell und in Ansätzen gegeben ist.

In unserem Beitrag soll eine Fallstudie zu einem Programm zur Demokratieerziehung in Kamerun dargestellt werden und damit Erfahrungen mit demokratischer Bildung in einem antidemokratischen Umfeld im subsaharischen Afrika reflektiert werden. Dazu werden (1) zunächst kursorisch allgemeine Anforderungen an schulische Demokratieerziehung formuliert, dann (2) die Situation in Kamerun skizziert bevor (3) der Fall dargestellt und reflektiert wird. Überlegungen im Hinblick auf die Verallgemeinerbarkeit der Erkenntnisse aus dieser Fallstudie schließen den Beitrag ab.

1. Anforderungen an schulische Demokratiepädagogik und die Herausforderung in Subsahara-Afrika

In einer Studie zu den Erträgen von Lehrerfortbildungen in Gambia wurde deutlich, dass Lehrkräfte und Schüler/-innen „Demokratie" in erster Linie mit dem Gedanken der Gleichberechtigung (zwischen Männern und Frauen, zwischen verschiedenen Religionen, Ethnien usw.) verbinden (vgl. Schweisfurth, 2002). Der Gleichheitsgedanke ist zwar für das Verständnis einer Demokratie zentral, jedoch für ein umfassendes Demokratieverständnis nicht hinreichend. Demokratiepädagogik sollte auch das Gesamt der Grundlagen einer demokratischen Gesellschaft in den Blick nehmen und damit Wissen und Haltungen in folgenden Bereichen anstreben:

- die Perspektive auf gleichberechtigte Bürger/-innen, unabhängig von Geschlecht, Rasse, Ethnie, Religion, wirtschaftlicher Macht oder sonstiger Statuszuschreibungen,
- die politische Willensbildung durch gewählte Volksvertretungen nach dem Prinzip der Repräsentativität (unter Respektierung von Mehrheitsentscheidungen einerseits und politischer Opposition andererseits),
- die Teilung der Gewalten im Staat zwischen Legislative, Exekutive und Judikative zur gegenseitigen Kontrolle
- und die Wahrung von Grund- und Bürgerrechten sowie von Meinungs-, Presse- und Rundfunkfreiheit (vgl. Bund-Länder-Kommission für Bildungsplanung und Forschungsförderung 2001).

Demokratiepädagogik umfasst vor diesem Hintergrund zwei zentrale Zugänge: Zum einen geht es darum, das Wissen um die genannten zentralen Aspekte demokratischen Zusammenlebens und demokratischer Staaten zu vermitteln.

Zum anderen geht es aber darum, Schüler/-inne/-n demokratisches Handeln zu ermöglichen und sie dadurch im Sinne einer ‚demokratischen Lebensweise' in die Demokratie einzuführen. Nach Dewey versteht man unter einer demokratischen Lebensweise mehr als das Leben in einem Land mit der Staatsform Demokratie:

> „A democracy is more than a form of government; it is primarily a mode of associated living, of conjoint communicated experience. The extension in space of the number of individuals who participate in an interest so that each has to refer his own action to that of others, and to consider the action of others to give point and direction to his own, is equivalent to the breaking down of those barriers of class, race, and national territory which kept men from perceiving the full import of their activity" (Dewey, 1926, S. 101).

Dieses bedeutet wiederum gleichermaßen, Schüler/-innen in demokratische Verfahren (zum Beispiel Wahlen, demokratische Formen der Entscheidungsfindung) einzuführen, die Wahrung der Grundrechte durch einen respektvollen Umgang miteinander erkennbar werden zu lassen als auch Schüler/-innen zu ermutigen, für das Leben in einer Demokratie zentrale Kommunikationsformen einzuüben, wie etwa die eigene Meinungsbildung, gemeinsame Beratungen und Diskussionen zur gemeinsamen Urteilsfindung oder zum Fällen von demokratischen Entscheidungen. Insbesondere die kommunikativen und diskursiven Voraussetzungen sind nicht zu unterschätzen, wenn es um demokratiepädagogische Konzepte geht (vgl. Mouffe, 2007; Goodlad, Soder & McDaniel, 2008). Entsprechend heben Pearl & Pryor die „importance of providing for education that promotes individual rights and develops the capacity to engage in collective action that respects those rights" (2005, S. X, preface) hervor. In diesem Sinne geht es in der Demokratiepädagogik eben auch um Verantwortungsbewusstsein, Reflexionsvermögen und kritisches Denken.

Mit diesen Ausführungen lassen sich damit schon Konturen demokratiepädagogischer Konzepte erkennen (vgl. auch Eikel, 2006): Es geht einerseits um *explizite Erziehungsprozesse zur Demokratiepädagogik,* andererseits um implizites Lernen *in einem durch demokratische Kommunikation geprägten Umfeld.*

Es geht gleichermaßen um *formale Mitspracherechte* von Schülerinnen und Schülern sowie von deren Eltern im schulischen Kontext, z.B. über die Wahl von Klassen-, Schul- und Elternsprechern sowie um demokratische Gremien wie Klassenversammlung, Schulversammlung und Elternversammlung wie auch um ein eher *implizites demokratisches Miteinander durch die Ermöglichung von Partizipation der Lernenden im schulischen Unterricht.*

Schülervertretungen sind in vielen (meist) weiterführenden Schulen in afrikanischen Ländern zu finden. Ogunsanya (1983) betonte bereits in den achtziger Jahren die wichtige Rolle der Schülervertreter(inn)en und konstatierte, dass sie die Schulleitung in der organisatorischen Leitung der Schule unterstützen. Angula und Lewis (1997, S. 245f.) berichten in ihrer Beschreibung der Demokratisierung von Entscheidungsprozessen auf verschiedenen Ebenen im Bildungswesen in Namibia, dass es seit der Unabhängigkeit in den Schulen Namibias von Schüler/-inne/-n gewählte Schülervertretungen gibt. Diese von Schülerinnen und Schülern besetzten Ämter werden als Möglichkeit gesehen, damit Schüler/-innen Erfahrungen mit demokratischen Strukturen machen können. Ähnliche Formen der Schülervertretung finden sich laut Harber auch in Eritrea, Tanzania, Südafrika, Uganda, Benin und Gambia (Harber, 2002, S. 274). Morapedi & Jotia beschreiben das Schülervertretungssystem in weiterführenden Schulen in Botswana, kritisieren jedoch, dass diese meist nicht von der Schülerschaft mit demokratischen Wahlverfahren gewählt, sondern durch die Schulleitung oder andere Lehrkräfte ernannt werden (vgl. Morapedi & Jotia, 2011, S. 4). Zudem wird im afrikanischen Kontext deutlich, dass die Schülervertretung in der Regel sich nicht für die Generierung, Formulierung und das politische Einbringen der Meinung der Schülerschaft einzusetzen hat, sondern als verlängerter Arm der Schulleitung für die Durchsetzung von Regeln und Ordnung an der Schule zuständig ist und als ‚Präfekte' an der Macht der Schulleitung partizipieren: „Although the prefect system existed in the majority of schools, most students perceived its primary role as the enforcement of the authority of the teachers." (Diseko, 1991, S. 50).

Partizipation im Unterricht ist nach wie vor in den meisten afrikanischen Ländern ein Desiderat. Tibbits fordert deshalb für die Demokratiepädagogik partizipative Lehr- und Lernmethoden. „HRE [Human Rights Education] programming should also take on an interactive pedagogical approach. The language of HRE speaks of being relevant to daily life and to employing methodologies that engage participants in the development of skills and attitudes as well as knowledge." (Tibbits, 2002, S. 162). Auch nach Sifuna (2000, S. 232) eignen sich schüleraktivierende Methoden wie Gruppenarbeit, Rollenspiel und Simulation, um im Kontext von Schule Schüler/-innen in ihren persönlichen Lernprozess stärker mit einzubeziehen.

Viele (insbesondere afrikanische) Länder sind durch autoritäre Regime geprägt. Harber, (2002, S. 269ff.) arbeitet heraus, inwiefern autoritäre Regierungen eine unstete Demokratisierung bedingen bzw. auch durch diese erst ermöglicht werden:

- Autoritäre Regierungen bieten einen Nährboden für Korruption, da sie weder Transparenz noch Rechtschaffenspflicht aufweisen. Diese führt dazu, dass sich demokratische Entscheidungen in Folge kaum noch durchsetzen lassen.
- Autoritäre Regierungen sind gekennzeichnet durch multiple Formen von Gewalt und nicht durch Gewaltenteilung.
- Militärregimes führen meist zu sehr hohen Ausgaben für das Staatsmilitär, so dass gerade für Bildung und Infrastruktur die Mittel fehlen.
- In Ländern unter autoritären Regierungen herrscht meist eine durch das Regime geförderte Atmosphäre von Angst, Intoleranz und Unterdrückung, die Partizipation und freie Meinungsbildung erschwert bzw. verhindert.
- Arme Bevölkerungsschichten werden oft zu Gunsten der Elite des Landes vernachlässigt. Armut im Land zeigt sich meist am deutlichsten unter der ländlichen Bevölkerung. Der Gleichheitsgrundsatz wird damit systematisch vernachlässigt.

In einem autoritären System besteht die Gefahr, dass schulische Sozialisation politische Indoktrination unterstützt (vgl. für fragile Staaten und Post-Konflikt-Situationen Smith, 2010, S. 4). Diese Zusammenhänge werden durch das koloniale Erbe, das sich auch im Erziehungssystem zeigt, zementiert. Aus einer Studie in Trinidad und Tobago zieht London (2002) das Fazit, dass trotz bisheriger Bemühungen Schule in der nachkolonialen Zeit mit Formen kolonialer Kommunikation sowie undemokratischen curricularen Anforderungen zu kämpfen hat.

> „Attempts at a revised selection from major curriculum traditions applicable to ideals for nation building in the contemporary age have come with a litany of other problems, perpetuating thereby ineffective paradigms and prolonging lags. The postcolonial amnesia which many claim to be a component in the development discourse in newly independent states does not seem to give way too easily in matters of curriculum ideology and pedagogy" (London, 2002, S. 68).

Auch Lehrkräfte spielen in diesem Kontext eine entscheidende Rolle. Lehrer/-innen können die politische Sozialisation von Kindern und Jugendlichen entscheidend beeinflussen (Smith, 2010, S. 21). Insbesondere in autoritären Systemen besteht die Herausforderung, dass sich Lehrkräfte ihre wichtige Rolle in der politischen Sozialisation von Schülerinnen und Schülern bewusst machen und für die Demokratie Stellung beziehen. Gerade in fragilen Staaten oder Postkonfliktstaaten standen in der Vergangenheit politische Wahlen oft in direkter Verbindung mit Gewaltausschreitungen sowie mit Unrecht, z. B. gewaltsame Machtaneignung oder Wahlmanipulation (so z. B. in Kenia im Jahr 2007/8, in der Elfenbeinküste 2010, in Uganda 2011, in Simbabwe 2008, in Nigeria 2011 oder in Kamerun 2011; vgl. Schaeffer, 2012; vgl. zur Herausforderung für die Pädagogik Arnott/ADEA, 2012). Solche Ereignisse verbreiten unter der Bevölkerung Angst und können auch zum Rückzug von demokratischen Prozeduren führen. Lehrkräfte haben dann oft (begründete) Angst davor, Schülerinnen und Schülern zu vermitteln, wie Wahlprozesse nach demokratischen Grundsätzen durchführbar sind.

2. Die politische und gesellschaftliche Situation in Kamerun

2.1 Zur politischen Situation in Kamerun

Kamerun – als Land auf das in diesem Artikel besonders Bezug genommen wird – wird von Gyimah-Boadi (2004) zu den Ländern gezählt, in denen Autokratie herrscht.[1] Die Wahlen in Kamerun werden zwar als demokratisch betitelt, jedoch sind die Wahlen von Betrug und verschiedenen unrechtmäßigen Unregelmäßigkeiten beeinträchtigt. Ohne ernsthafte Opposition und trotz häufiger Vorwürfe um Wahlbetrug, Einschüchterungen und gewalttätigem Vorgehen wird Kamerun seit 1983 von Paul Biya regiert, dem in Dienstjahren drittältesten Oberhaupt in Afrika (vgl. http://www.taz.de/!79447/; Mbaku & Takougang, 2004; vgl. zu den Funktionen von politischen Parteien Emminghaus, 2002). Durch eine eigenmächtige Verfassungsänderung änderte Biya die Amtszeitbegrenzung und ermöglichte sich die erneute Kandidatur in 2011 (DeLancey, Neh Mbuh & DeLancey, 2010, S. 72ff.). „Die Manipulation der politischen Institutionen geht mit staatlich organisierter Gewalt und Einschüchterungsversuchen gegenüber potentiellen Regimekritikern einher. Durch diese Mischung aus institutioneller Manipulation und staatlicher Repression ist es Biya gelungen, sich allen Widerständen zum Trotz über ein Vierteljahrhundert an der Macht zu halten" (Elischer, 2010, S. 2).

2.2 Partizipative Spuren in autochthonen Strukturen

Im Blick auf die vorkoloniale Geschichte Kameruns zeigen sich partizipative Grundsätze, die tief in der kamerunischen Kultur verwurzelt sind. In der englischsprachigen Nord-West-Region als auch in der französischsprachigen westlichen Region von Kamerun werden kommunale dynastische Leitungsstrukturen mit dem Begriff „Fon" belegt (oder in Englisch „Chief") (Balz, 1998, S. 74; Gutek, 2004). Ein Fon ist für

---

1   Gyimah-Boadi (2004, S. 16) schlägt für die Länder in Subsahara-Afrika eine Klassifizierung in die folgenden Kategorien vor: Demokratien (z.B. Botswana, Mauritius), kürzlich entstandene Demokratien (z.B. Ghana), Semi-Demokratien (z.B. Äthiopien, Nigeria), Autokratien (z.B. Kamerun).

die Menschen in einem geographischen Gebiet verantwortlich. Die Gebietsstruktur ist durch die historische Herkunft einer ethnischen Gruppe oder einer erweiterten Familie bedingt. Ein Fon herrscht über alle Personen in diesem Bereich einschließlich derjenigen, die keine biologische Verbindung zu dessen Familie haben, sowie die Mitglieder seiner ethnischen Gruppe, die in anderen Regionen leben (z.B. in der Nord-West Region Kameruns der Fon von Nso, der Fon von Bali oder der Fon von Bafut) (Warnier, 1993). Die Nachfolge ist erblich geregelt, jedoch muss der erfolgreiche Anwärter bestimmte Voraussetzungen, die von der Gemeinde vorgegeben werden, erfüllen. Auf diese Weise wird ein gewisses, wenn auch sehr begrenztes, Maß an politischem Mitspracherecht in der Auswahl ermöglicht. Ausgewählte Personen werden zu „Königsmachern" ernannt. Deren Aufgabe besteht darin, darüber zu diskutieren, ob der Anwärter für die Fon-Nachfolge den von der Gemeinschaft festgelegten Führungsqualitäten entspricht (Geary, 1979). Für eine funktionierende Gewaltenteilung dürfen Königsmacher nicht aus königlichen Familien kommen. Königsmacher sind Personen, von denen hohe moralische Werte und hohe Wertschätzung kultureller Güter erwartet werden. Die Leitung und die Ratsversammlung der Gemeinde legten/ legen großen Wert darauf, die Meinung des Volkes und dessen Konsens einzuholen. Diese Tradition besteht bis heute. Jedoch ist der politische Einfluss der Fons heutzutage begrenzt. Neben ihnen agieren Gemeindevorstände, die im Rahmen der Verfassung gewählt wurden, häufig aber angesichts von Wahlunregelmäßigkeiten und Korruption nicht die gleiche Legitimität aufweisen, wie die zwar akzeptierten aber nicht mit politischer Macht ausgestatteten Fons. Dieses Nebeneinander von traditionellen dynastischen Strukturen, die durchaus partizipative Strukturen aufweisen und politische formal demokratische Strukturen, die jedoch überwiegend durch ein autoritäres Regime, Nepotismus und Korruption geprägt sind, schaffen ein schwieriges politisches Klima und sind für demokratiepädagogische Bemühungen eine Herausforderung.

2.3 Zur Demokratiepädagogik in Kamerun

In allen Schulen in Kamerun wird das Unterrichtsfach ‚Politische Bildung' (anglophoner Teil: ‚Citizenship Education'; frankophoner Teil: ‚Education à la Citoyenneté') gelehrt. Dieses Unterrichtsfach umfasst Inhalte, die mit folgenden Themen verbunden sind: Familie, organisatorischer Aufbau Kameruns, gesellschaftliche Themen wie Korruption, Drogenmissbrauch, Menschenrechte, soziale Gerechtigkeit, Frieden, Demokratie, Jugendkriminalität, Patriotismus, Umweltschutz, moralische Werte und die Regierungsbildung.

Es ist in kamerunischen Schulen üblich, dass Schüler/-innen zu einem gewissen Grad an der Schulpolitik mitwirken (vgl. dazu Praxisbeispiel des reformpädagogischen Modellprojekts ‚École Pilote' in Banjoun im frankophonen Teil Kameruns: Foaleng, 2005). Dies geschieht in weiterführenden Schulen oft durch eine Schülervertretung. Die Idee politische Bildung in die Praxis umzusetzen ist ein grundlegender Bildungsgedanke, der im schulischen Kontext im frankophonen und anglophonen Kamerun geteilt wird. Doch der Umfang und die Art der schulpraktischen Umsetzung unterscheiden sich deutlich zwischen den kamerunischen Schulen nach anglophoner oder frankophoner Tradition. Der Hauptunterschied ist die Art wie die Schülervertretung gewählt wird sowie deren Aufgabenfeld. In der Mehrheit der französischsprachigen Schulen sind die Schülervertretungen – wenn vorhanden – von der Schulleitung ernannt. Im Gegensatz dazu gibt es an fast allen englischsprachigen Schulen eine studentische Vertretung, die teilweise mit Partizipation von Schülerinnen und Schülern ins Amt gelangten.

3. Die Fallstudie: Demokratieerziehung im anglophonen Kamerun

Im Folgenden wird ein Fallbeispiel eines Unterrichtsprojekts vorgestellt, in dem versucht wurde, demokratische Erziehung in weiterführenden Schulen Kameruns zu ermöglichen. Dieses Vorhaben dauert bis heute (2013) an. In diesem Vorhaben wird das Ziel verfolgt, demokratische Prinzipien im Kontext Schule für Schüler/-innen bedeutsam und relevant umzusetzen. Das Projekt begann 1998. Es bezieht sich auf 38 Schulen mit 19.000 Schülerinnen und Schülern und 960 Lehrkräften.

3.1 Anliegen und Ziele des Projekts

Das Projekt verfolgt das Ziel, Partizipation als grundlegendes Prinzip im Unterricht zu etablieren. Auf Unterrichtsebene geht es dabei um die aktive Teilhabe der Schüler/-innen an ihrem individuellen Lernprozess, am Unterrichtsgeschehen und -gespräch sowie an unterrichtsbezogenen Entscheidungsprozessen. Auf Schulebene sollen Schüler/-innen politisches Mitspracherecht erhalten. Durch das Einsetzen von Schülervertretungen kann die Schülerschaft durch Vertreter/-innen an den politischen Entscheidungsprozessen in ihrer Schule teilhaben. Die Beteiligung der Schüler/-innen in demokratisch durchgeführten schulischen Entscheidungsprozessen soll die Erziehung von Verantwortungsbewusstsein, Reflexionsvermögen und kritischem Denken unterstützen. Schulwahlen bieten die Möglichkeit, dass Schüler/-innen demokratische Prozesse, in denen jeder Mensch das Recht auf Teilhabe und auf seine/ihre individuelle Meinungsäußerung hat, erleben und verstehen können.

3.2 Maßnahmen

Seit 1997 verfolgt die Lehrerfort- und Lehrerweiterbildungsmaßnahme ,In-Service Training Programme' (ISTP), das Ziel, durch Fort- und Weiterbildungen die Methodenkompetenz von Lehrkräften zu erweitern, um Unterricht weg von Lehrerzentrierung und hin zu Schülerorientierung und -aktivierung zu prägen. Seit 2008 setzt sich das ISTP zudem für die Umsetzung von demokratischen Wahlen von Schülervertretungen an Schulen im (v.a. anglophonen) Kamerun ein. Da Schulwahlen als relevantes

Übungsforum für demokratisches Lernen identifiziert werden kann, sah das ISTP die Möglichkeit, durch die Unterstützung und die Durchführung von demokratischen Schulwahlen die Partizipation von Schülerinnen und Schülern am Unterrichtsgeschehen zu steigern. In Kooperation mit UNAFAS CVP (United Africa Association – Conservation Values Programm) verlief diese Begleitung und Durchführung in den folgenden Schritten:

a) Für eine genaue Analyse der Schulwahlen in Kamerun wurde in 44 Sekundarschulen unterschiedlicher Trägerschaft (staatliche Schulen, Schulen in privater Trägerschaft, Schulen in religiöser Trägerschaft) und im frankophonen und anglophonen Teil eine Umfrage darüber durchgeführt, wie aktuell die Wahlen von Schülervertretungen ablaufen.

b) Das Team des ISTP fasste die Ergebnisse in einem schriftlichen Untersuchungsbericht zusammen. Der Bericht führte die Art und Weisen aus, wie bis 2008 Schülervertretungen an Schulen in Kamerun gewählt wurden, Gründe für die Nutzung dieses Systems, Vor- und Nachteile des verwendeten Systems sowie Vorschläge für Verbesserungen.

c) Daraufhin wurde ein Ausschuss gegründet, der aus lokalen Pädagog/-inn/-en und Vertreter/-inne/-n der Regierung bestand. In einem partizipativem Prozess wurden aufbauend zu dem vorliegenden Bericht Entwürfe für Richtlinien für Schulwahlen (für Schulleitung und Lehrkräfte) und für ein Wahlhandbuch (für Schüler/-innen) aufgesetzt.

d) Die Entwürfe dieser beiden Dokumente wurden in acht Schulen der Nord-West- und Süd-West-Regionen von Kamerun während der Schulwahlen der Schülervertretungen in 2009 getestet. Die Wahlen wurden von Vertretern des ISTP und von Vertretern der British High Commission[2] begleitet.

e) Die Analyse des Vortests der Entwürfe half, um diese weiter zu überarbeiten. Die überarbeiteten Publikationen wurden an ca. 80 Schulen im anglophonen Kamerun vorgestellt und ausgehändigt. Zudem wurden die Materialien auch Einrichtungen zur Verfügung gestellt, die an der Aus- und Weiterbildung von Lehrkräften und Schulleiter/-inne/-n beteiligt sind. Die produzierten Richtlinien für die Schulwahlen stießen auf hohe Akzeptanz. Die Implementierung gelang besonders in protestantischen Schulen. Dies liegt auch am Profil evangelischer Schulen, die intensiv das Ziel verfolgen zu Werten wie Fairness, Engagement und Verantwortung für das eigene Handeln beizutragen.

Maßnahmen mit Lehrerinnen und Lehrern

Das ISTP fördert die Fort- und Weiterbildung von Lehrkräften insbesondere mit dem Ziel Schülerorientierung und Lerneraktivierung in der Unterrichtspraxis umzusetzen. Die Fortbildungsaktivitäten haben das Ziel, dass Lehrkräfte durch didaktische Settings

---

2 Kamerun ist Teil des Commonwealth of Nations und hat daher eine Niederlassung der High Britisch Commission in der kamerunischen Hauptstadt Yaounde.

die Beteiligung der Schüler/-innen im Unterricht stärken. Hierzu gehört, dass Lehrkräfte in angepasstem Maße Schülerinnen und Schülern im Unterricht Verantwortung übertragen. Im Einsatz von schüleraktivierenden Methoden übernimmt eine Lehrkraft im Unterricht damit die Rolle eines Beratenden und Lernbegleitenden.

Auch auf Schulebene wird entsprechend gearbeitet. Die Durchführung der Wahl von Schülervertreter/-inne/-n wird selbstverantwortlich von Schüler/-inne/-n durchgeführt und von Lehrkräften beaufsichtigt und unterstützt. Mit dieser Maßnahme fördern Lehrkräfte also die reale Teilhabe von Schülerinnen und Schülern an der Entscheidungsfindung im schulpolitischen Kontext.

Maßnahmen mit Schülerinnen und Schülern

Die Durchführung von demokratischen Schülerwahlen bietet Schülerinnen und Schülern verschiedene Möglichkeiten für demokratische Lernprozesse – hierzu gehören Verantwortungsübernahme, aktive Teilhabe und Analyse- und Reflexionsfähigkeit.

Die Schüler/-innen sollen dafür sensibilisiert werden, dass sie durch ihre Stimme in der Wahl der Schülervertreter/-innen ihre eigenen Repräsentant/-inn/-en wählen und damit dazu beitragen, ihre Schule mit zu gestalten. Durch die Wahlbeteiligung hat jede/r Schüler/-in die Möglichkeit, Verantwortung für die eigene Meinung zu übernehmen und diese Meinung durch die eigene Stimme bei der Wahl zu äußern. Die Praxis der Schülervertretungen bietet Schülerinnen und Schülern auch die Möglichkeit, sich aktiv an ihrem eigenen Lernprozess zu beteiligen. Die realistische Integration von Schülervertretungen in den Schulalltag bietet eine wertvolle Chance für demokratisches Lernen. In einem politischen System wie in Kamerun ist die Notwendigkeit groß, dass Kinder darauf vorbereitet werden, politische Situationen zu analysieren und zu reflektieren. Dieses Ziel kann anhand von demokratischen Wahlen im Schulkontext bereits in frühem Alter erlernt werden. Demokratische Schulwahlen bieten Schüler/-inne/-n die Chance für sich zu hinterfragen, welche Kriterien eine vertrauensvolle Leitungsperson ausmachen. Diese Analyse- und Reflexionsfähigkeit kann die Entwicklung der Schüler/-innen hin zu politisch aktiven Bürgerinnen und Bürgern unterstützen.

Die Durchführung von Schülerwahlen, die in der Planung und Durchführung demokratischen Prinzipien entsprechen, führte dazu, dass den Schülervertreter/-inne/-n ein bedeutendes Maß an Mitspracherecht für Entscheidungen, die Schülerinteressen anbelangen, übertragen wurde. Die Schülervertreter/-innen einer Schule sind aktive Mitglieder in einigen Schulkommissionen und werden in Diskussionen und Entscheidungen mit einbezogen. Auf diese Art und Weise kann theoretisches Wissen zu demokratischen Wahlverfahren im Rahmen von politischer Bildung durch die praktische Umsetzung im Schulalltag für Schüler/-innen persönlich relevant werden.

4.   Demokratische Bildung in autoritären Kontexten?

Das vorgestellte Fallbeispiel ermöglicht es Schülerinnen und Schülern demokratische Prozesse, die bspw. Wahlverfahren zugrunde liegen, in der praktischen Umsetzung zu erleben und selbst mit zu gestalten. Dies ist ein wichtiger Baustein für demokratisches Lernen, jedoch kein hinreichender. Für ein umfassendes Verständnis von Demokratie als Grundhaltung, die Verantwortungsbewusstsein, kritisches Denken und Reflektieren umfasst, bedarf es der Einführung einer umfassenden politischen Bildung, kritischer Reflexion im schulischen Kontext auf breiter Ebene und eines tiefgreifenden Wandels in den Beziehungen zwischen Lehrkräften und Schülerinnen und Schülern sowie des Aufbaus von Partizipationsmöglichkeiten. Programme wie das dargestellte können aber erste Schritte sein, einen notwenigen gesellschaftlichen Wandel zu induzieren und zu einer gesellschaftlichen Veränderung zu mehr Mitgestaltung beizutragen. Gleichzeitig sind diese Angebote demokratischen Lernens in autoritären Kontexten jedoch auch durch ihre Umwelt begrenzt. Dies gilt sowohl für den anglophonen als auch für den frankophonen Teil Kameruns. Für die Initiierung und Umsetzung solcher Projekte bedarf es lokaler Schulentwicklungsexperten, die Bedarf wahrnehmen und Möglichkeiten einschätzen – so wie es im anglophonen Teil durch das ISTP der Fall war. Ähnliche Projekte mit wenn auch unterschiedlichem Fokus finden sich auch im frankophonen Kamerun (z.B. die Schulentwicklungsmaßnahme DYFOP: „Dynamisation fonctionelle de la Pédagogie", vgl. Bergmüller, Lange & Scheunpflug, 2013). Wünschenswert wäre eine gemeinsame Schulentwicklungsstrategie zwischen dem frankophonen und anglophonen Teil sowie eine stärkere Vernetzung von Entwicklungsmaßnahmen im gesamten Land. Die unterschiedlichen Schulsysteme und die damit verbundenen verschiedenen Traditionen weisen hierfür jedoch einige Herausforderungen auf.

Literatur

Angula, N./Lewis, S. G. (1997). Promoting democratic processes in educational decision making: reflections from Namibia's first 5 years. In: International Journal of Educational Development, Vol. 17, No. 3, (222–249).

Annan, K. (1999). „Foreword". In: Bellamy, C. (Hrsg.) The State of the World's Children 1999: Education. UNICEF: New York.

Arnott, A./Association for the Development of Education in Africa (ADEA) (2012). Education in reconstruction. Liberia. Working paper for the ADEA Triennial Meeting in Ouagadougou, Burkina Faso.

Bergmüller, C./Lange, S./Scheunpflug, A. (2013). Die Verbesserung der Schuleffektivität durch In-Service Trainings. Empirische Ergebnisse zweier Studien aus Kamerun. In: Bergmüller, C. (Hrsg.) Capacity Development und Schulqualität. Münster: Waxmann.

Balz, H. (1998). Weltbild, Gottesbild und Gesellschaft: Neue Beobachtungen bei einigen Ethnien Kameruns. In: Schmidt, H./Wirz, A. (Hrsg.) Afrika und das Andere: Alterität und Innovation. Schriften der VAD, Band 17. Hamburg: Lit Verlag.

Beyme, v. K. (1994). Transformationstheorie: ein neuer interdisziplinärer Forschungszweig? In: Geschichte und Gesellschaft, Vol. 20, H. 1, (99–118).

Bund-Länder-Kommission für Bildungsplanung und Forschungsförderung (2001). Demokratie lernen und leben. Materialien zur Bildungsplanung und zur Forschungsförderung, Heft 96. Gutachten zum Programm von Prof. Dr. Wolfgang Edelstein und Prof. Dr. Peter Fauser. BLK Bonn.

DeLancey, M. D./Neh Mbuh, R./DeLancey, M. W. (2010). Historical dictionary of the Republic of Cameroon. 4. Aufl. Plymouth: Scarecrow Press.

Dewey, J. (1926). Democracy and education. An introduction to the philosophy of education. New York: The Macmillan Company.

Diseko, N. J. (1991). The Origins and Development of the South African Student's Movement (SASM): 1968–1976. In: Journal of Southern African Studies, Vol. 18, No. 1, Special Issue: Social History of Resistance in South Africa, (40–62).

Eikel, A. (2006). Demokratische Partizipation in der Schule. Reihe „Beiträge zur Partizipationsförderung in der Schule" des BLK-Programms „Demokratie lernen und leben". URL: http://degede.de/fileadmin/public/partizipationsfoerderung/01_Demokr._Partizipation_in_der_Schule.pdf, Stand: 31.01.2013.

Elischer, S. (2010). Kamerun. Das greise Regime Biya vor dem Ende. GIGA – German Institute of Global and Area Studies, No. 9/2010.

Emminghaus, C. (2002). Politische Parteien und ihre Funktionen in afrikanischen Demokratien: Analysekonzept und empirische Befunde zu Botswana und Namibia (Political Parties and Their Functions in African Democracies. Approach and Empirical Results in Botswana and Namibia. In: Africa Spectrum, Vol. 37, No. 3, (287–309).

Freire, P. (2005). Teachers as Cultural Workers. Letters to Those Who Dare Teach. Expanded Edition. Colorado: Westview Press.

Foaleng, M. (2005). Schulreform, Nord-Süd-Kooperationen und postkoloniale Gesellschaft. Anspruch und Wirklichkeit eines Reformansatzes in Bandjoun (Kamerun). Frankfurt/Main, London: IKO Verlag.

Geary, C. (1979). Traditional Societies and associations in WE (North West Province Cameroon). In: Paideuma, Vol. 25, (53–72).

Goodlad, J. I./Soder, R./McDaniel, B. (2008). Education and the Making of a Democratic People. Boulder, CO: Paradigm Publishers.

Gutek, A. (2004). More than a seat: numbers and symbols in the Cameroon grasslands. No. 2004/4. Cookeville: Tennessee technological university.

Gyimah-Boadi, E. (2004). Democratic Reform in Africa. The Quality of Progress. Boulder, CO, London: Lynne Rienner Publishers.

Harber, C. (2002). Education, Democracy and Poverty Reduction in Africa. In: Comparative Education, Vol. 38, No. 3, Special Number (25). Democracy and Authoritarianism in Education (Aug. 2002), (267–276).

Johnson, D. (2011). Kommentar auf taz.de vom 07.10.2011. http://www.taz.de/!79447/, Stand: 05.02.2013.

Kevenhörster, P. (2011). Strategien der Entwicklungspolitik: Wirksamkeit und Pluralität. In: Bandelow, N. C./Hegelich, S. (Hrsg.) Pluralismus – Strategien – Entscheidungen, (364–383). Wiesbaden: VS Verlag.

Khaki, N. (2003). Demokratieerziehung für Afghanistan. Ein Konzept auf der Grundlage einer systemtheoretischen Gesellschaftsanalyse. Marburg: Tectum Verlag.

Lingnau, H./Waller, P. P. (1996). Förderung von Menschenrechten und Demokratisierung im Rahmen der Entwicklungszusammenarbeit. Erste Erfahrungen unter besonderer Berücksichtigung von EU-Positivmaßnahmen in Afrika. In: Africa Spectrum, Vol. 31, No. 1, (5–25).

London, N. A. (2002). An Ethno-Historical Investigation into Schooling in Trinidad and Tobago. In: Comparative Education, Vol. 38, No. 1 (Feb. 2002), (53–72).

Mair, S. (1996). Fördert Demokratisierung die sozioökonomische Entwicklung? Theorie und Praxis am Beispiel Afrikas südlich der Sahara. In: Afrika Spectrum, Vol. 31, No. 1, (37–56).

Mbaku, J. M./Takougang, J. (2004). The leadership challenges in Africa. Cameroon under Paul Biya. Trenton, NJ: Africa World Press.

Morapedi, Z./Jotia, A. (2011). Building Democratically Active Citizens Through the Prefectship System in Botswana Schools. In: Current Issues in Education, Vol. 14, No. 1, (1–35).

Mouffe, C. (2007). Über das Politische. Wider die kosmopolitische Illusion. Aus dem Englischen von Niels Neumeier. Frankfurt/Main: Suhrkamp.

Nohlen, D. (1988). Mehr Demokratie in der Dritten Welt?: über Demokratisierung und Konsolidierung der Demokratie in vergleichender Perspektive. In: Aus Politik und Zeitgeschichte: Beilage zur Wochenzeitung Das Parlament, Band 25–26, (3–18).

Nohlen, D. (1996). Dritte Welt Lexikon. Länder, Organisationen, Theorien, Begriffe, Personen. Reinbeck bei Hamburg: Rowohlt Verlag.

Nuscheler, F. (2004). Entwicklungspolitik. Lern- und Arbeitsbuch. Eine grundlegende Einführung in die zentralen entwicklungspolitischen Themenfelder Globalisierung, Staatsversagen, Hunger, Bevölkerung, Wirtschaft und Umwelt. 55. Auflage. Bonn: Dietz Verlag.

Ogunsanya, M. (1983). The Student factor in the achievement of organizational goals. In: International Journal of Educational Development, Vol. 3, No. 3, (253–261).

Pearl, A./Pryor, C. (2005). Democratic Practices in Education: Implications for Teacher Education. Oxford: Rowman & Littlefield Publishing Group.

Schaeffer, U. (2012). Afrikas Macher – Afrikas Entwickler. Reportagen zur afrikanischen Gegenwart. Frankfurt/Main: Brandes & Apsel.

Schweisfurth, M. (2002). Democracy and Teacher Education: Negotiating Practice in The Gambia. In: Comparative Education, Vol. 38, No. 3, Special Number (25): Democracy and Authoritarianism in Education (Aug. 2002), (303–314).

Sifuna, D. N. (2000). Education for Democracy and Human Rights in African Schools: The Kenyan Experience. In: Africa Development, Vol. 25, No. 1 & 2, (213–239).

Smith, A. (2010). The influence of education on conflict and peace building. Background paper prepared for the Education for All Global Monitoring Report 2011 – The hidden crisis: Armed conflict and education. UNESCO EFA GMR.

Stockmann, R./Menzel, U./Nuscheler, F. (2010). Entwicklungspolitik. Theorien – Probleme – Strategien. München: Oldenbourg.

Tibbits, F. (2002). Understanding What We Do: Emerging Models for Human Rights Education. In: International Review of Education, Vol. 48, No. 3/4, Education and Human Rights (Jul. 2002), (159–171).

Warnier, J.-P. (1993). The king as a container in the Cameroon grassfield. In: Paideuma, Vol. 39, (303–319).

II
Spracherwerb und Literatur
in Schule und Unterricht

Christiane Montandon

Die Unterrichtssprache in Schulsystemen Westafrikas

Französisch als Sprache für alle, eine strategische Frage?

„mais j'ai l'impression que tout ce qu'on a appelé ici la reconnaissance de la différence, de l'autre, de la diversité, c'est quelque chose que j'ai toujours vécu" (aus einem Interview mit einem Dozenten aus Kamerun, 2012, Universität Paris Est Créteil)

Vorbemerkung

In diesem Beitrag geht es um die Sprache als Medium für Bildung, um Sprache in Hinblick auf die Entwicklung von Identität und um Sprache als zentrales Thema der Bildungspolitik. Die Sprachenpolitik in den Ländern Westafrikas gilt als Prüfstein der impliziten Machtverhältnisse zwischen den verschiedenen Gruppen, die dort ansässig sind.

Die französische Sprache als gemeinsame Unterrichtssprache in verschiedenen afrikanischen Erziehungs- und Bildungssystemen hat für einige Schüler die Rolle einer fremden Sprache, für andere fungiert sie eher als Mittel allgemeiner Bildung. In Mali, so wird berichtet, bekommen Schülerinnen und Schüler, die sich nicht in Französisch, sondern in ihrem Dialekt ausdrücken, Knoblauch verabreicht. Daher rühre der Ausdruck „Knoblauchsprache"! Kann man in diesen Praktiken die tiefe Verwurzelung der Werte der einstigen „Unterdrücker", der einstigen Kolonialisierer sehen? Kann man so weit gehen und von einem Syndrom der Kolonisierten sprechen? In verschiedenen Grundschulen im Senegal werden Kinder – anderen Erzählungen zufolge – aus der Schule genommen, wenn dort die Muttersprache gesprochen wird. Die dafür existierende Bezeichnung „Eselsgebiss" (mâchoire d'âne) scheint der in Frankreich eingeführten Etikettierung „Eselshut" (bonnet d'âne) zu entsprechen.

Was diese Vormachtstellung des Französischen über die regionalen afrikanischen Sprachen in der Bildungspolitik im Senegal, in Kamerun, in Mali und Benin anbelangt, so möchte ich vorweg eine Parallele zur historischen Rolle der französischen Sprache herstellen, die Jules Ferry (französischer Ministerpräsident und Minister in der Dritten Republik) ihr zugewiesen hat, indem er alle anderen regionalen Sprachen in Frankreich „ausrottete".

1. Historischer Rückblick: die Rolle des Französischen als einzige Sprache in der Schule

Ferdinand Buisson, ein französischer Pädagoge und Politiker, glaubte, insbesondere dank der die französische Sprache festsetzenden Gesetze von Jules Ferrys an eine staatstragende Transformation der Gesellschaft. Eine einheitliche Sprache galt als Fundament einer Nation, die gleichzeitig eine Neuorganisation der Gesellschaft zum Ziel hatte. Dies wird auch in Artikel 14 der Verordnung vom 7. Juni 1880 klargestellt, der Bestandteil der Regelung der staatlichen Grundschulen ist: „Einzig das Französische wird in der Schule verwendet".

Tatsächlich stellen die Regionalsprachen eine zweifache Gefahr dar: (a) Die Gefahr eines Obskurantismus, indem sie Tradition symbolisieren, Modernität verweigern und im Volksglauben verwurzelt bleiben, sowie (b) die Gefahr des Auseinanderbrechens der französischen Nation aufgrund sprachlicher Streuung. Die jakobinische Tradition der französischen Revolution bestärkt die „Pariser" Regierung, den regionalen sprachlichen Besonderheiten zu misstrauen. Daher resultiert auch das funktionalistische und universalistische Modell der offiziellen Sprache in der Schule, das die lokalen, regionalen und kulturellen Unterschiede auslöscht.

Eine solche Vormachtstellung des Französischen, in der mündlichen aber vor allem der schriftlichen Sprache, festigt eine Homogenisierung im Verhältnis zu den verschiedenen regionalen Sprachen, die mehr und mehr entwertet scheinen. Diverse Demütigungen wurden in diesen Zusammenhängen von den Grundschullehrerinnen und -lehrern vollzogen, die von körperlichen Strafen bis hin zum Ausschluss reichten, verbunden mit dem Ziel, sich für den Gebrauch der lokalen Mundart zu schämen. Diese Politik der körperlichen Züchtigung war im gesamten französischen Staatsgebiet verbreitet, so auch im Kolonialreich Frankreichs des 19. und 20. Jahrhunderts. Unter den Strafen finden sich in regelmäßiger Anwendung Schläge mit dem Rohrstock auf die Finger, oder, um Unterwürfigkeit zu demonstrieren, das Knien auf einem Lineal/ Holzstock, oder das Befestigen eines Gegenstandes um den Hals der „Widerspenstigen".

Mit dieser Festschreibung einer gemeinsamen Sprache geht gleichermaßen eine Dominanz des Schriftlichen über das Mündliche einher. Die Betonung wird auf die Orthografie gelegt, und die schulisch-geschriebene Kultur wird gegenüber einer praktisch-mündlichen Kultur aufgewertet (Lahire, 1993). Die Bemühungen der Lehrkräfte konzentrieren sich auf die Beherrschung des Schriftlichen (code écrit), das sehr viel abstrakter und entfernter von den Praktiken des täglichen Gebrauchs ist. Diese Dominanz drückt sich in pädagogischen Maßnahmen aus, etwa im Frontalunterricht, in dem das Wort des Lehrers/der Lehrerin gilt, oder in dem vorherrschenden Unterrichtsgespräch. Vermieden wird damit Gruppenarbeit, aus Angst davor, dass sich die Kinder untereinander in ihrer Regionalsprache unterhalten. Diese Dominanz der französischen Sprache funktioniert nicht ohne spezifische Lernprozeduren und pädagogische Entscheidungen, wie etwa die Überbetonung des Schriftlichen, die Wichtigkeit der Lesekompetenz (littéracie) und der Rechtschreibung durch Üben von Diktaten. Historisch zugewiesen stehen an zweiter Stelle Debatten und der mündliche Austausch, die von der Lehrkraft schwieriger zu beherrschen sind. Die Bevorzugung der deduktiven Methoden zu Lasten einer induktiven Methode bezeugt die von vornherein festgelegten Regeln eines normativen Unterrichts, der die Universalität von rationellen Vorgehensweisen aufwertet und künstlerische Aktivitäten zurückweist, die einen affektiveren und sensibleren Zugang erfordern.

Dieses französische Beispiel einer Vormachtstellung der französischen Sprache vor dem Hintergrund der Ausrottung der regionalen Sprachen dient als (Kontrast-)Folie, um die unterschiedlichen Optionen der frankophonen Völker Afrikas südlich der Sahara besser zum Vorschein zu bringen. Gleichzeitig können mögliche Hinterlassenschaften der pädagogischen Methoden und die eingeführten „Beziehungen" zwischen gesprochener und geschriebener Sprache, die während der Kolonialzeit verbreitet wurden, einer näheren Prüfung unterzogen werden.

2. Die Frage des Status des Französischen als Unterrichtssprache oder Unterrichtsfach in der Schule

Die Wahl des Französischen in den Bildungssystemen der afrikanischen Länder südlich der Sahara wirft die Frage nach den Beziehungen zwischen Muttersprache, Zweitsprache und Fremdsprache auf. Aber jenseits der vielfältigen Probleme, die das Erlernen des Französischen und seine Verwendung als Zweit- oder Fremdsprache für die Lehrpersonen mit sich bringt, möchte ich zuerst die tiefer liegenden Gründe für die verschiedenen Optionen aufzählen:

- Es gibt politisch und ideologisch motivierte Zusammenhänge, die auf die ehemalige koloniale Vergangenheit zurückweisen. Mit der Dekolonialisierung haben sich die verschiedenen afrikanischen Nationen gebildet. Zusammengeschlossen wurden Populationen mit verschiedenen Sprachen, unter Missachtung ihrer kulturellen Differenzen. Die französische Sprache kann in diesen Zusammenhängen als Zeichen für Modernität betrachtet werden, sie ist aber auch ein Erbe der französischen Kolonialzeit. Gefragt werden kann vor diesen paradox erscheinenden Entwicklungen: In welchem Maße ist Französisch als dominante Sprache mit dem Respekt gegenüber den regionalen Sprachen vereinbar? Erzeugt sie Spannungen in Anbetracht regionaler Sprachen, oder trägt sie im Gegenteil dazu bei, Konflikte zwischen Stämmen mit verschiedenen Sprachen zu verhindern?
- Es gibt ökonomische und technische Zusammenhänge verbunden mit der Notwendigkeit, eine universelle geschriebene Sprache zu verwenden. Damit ließe sich der Austausch vereinfachen, auch hinsichtlich eines spezifischen Vokabulars, das unerlässlich für die Handhabung der modernen Technologien ist. Solche Optionen gehen nicht ohne soziale Auswirkungen einher: Die französische Sprache ist gleichzeitig Sprache der Eliten, ihr Gebrauch privilegiert bestimmte sozio-professionelle Klassen (catégories socio-professionnelles), und sie ist mächtiges Analyseinstrument der sozialen Positionen und der Sphären, die jeder im sozio-ökonomischen Feld besetzt.
- Schließlich gehen mit den aufgezeigten Zusammenhängen auch epistemologische Fragen einher. Jede Sprache stellt eine bestimmte Repräsentation von Welt dar und transportiert infolgedessen auch eine Konzeption von Bildung/Erziehung, die kulturell verankert ist in einem tiefer verwurzelten Wertesystem, auf dem die

französische Zivilisation basiert. Insbesondere dies führt zu einer impliziten Hierarchisierung der Sprachen.

Inwiefern hat dies Auswirkungen auf die Lehrmethoden und die pädagogischen Konzeptionen? Was bewirken in dem französischen Modell die konzeptionellen Vorstellungen vom Lernen und die Praktiken der Lehrer? Mit den Lernmethoden scheint eine Spannung zwischen mündlichem und schriftlichem Unterricht einherzugehen. Zugleich wird ein Widerspruch deutlich zwischen Auswendiglernen und aktivem Handeln, wie es etwa das sogenannte „learning by doing" beschreibt.

In verschiedenen Beiträgen dieser Publikation wird die Rolle der Sprache in den frankophonen afrikanischen Ländern thematisiert. Die Situationen stellen sich als teils unterschiedlich dar, die verschiedenen Länder haben unterschiedliche Antworten auf die Frage nach dem Verhältnis von Nationalsprachen und französischer Sprache als ehemalige Kolonialsprache für die Schülerinnen und Schüler und die Lehrerausbildung gefunden. Ich für meinen Teil werde – ausgehend von Informationen und Daten aus Gesprächen mit Stellvertretern der Bildungssysteme in Mali, im Senegal, in Benin und Kamerun – bestimmte Aspekte versuchen zu beantworten, die die Beziehung zur offiziellen Sprache und die impliziten Spannungen zwischen Muttersprache und offizieller Sprache betreffen.

3.   Die verschiedenen Optionen der afrikanischen Länder in dieser Bildungsdomäne der Sprachenpolitik

Welche Rückwirkungen hat die Sprachenpolitik der Länder in Westafrika auf das pädagogische Handeln im Unterricht, in dem ausschließlich Französisch gesprochen wird?

Im *Senegal* wird Französisch in der Schule als Muttersprache gelernt, und nicht als Fremdsprache, früher insbesondere mit der Methode CLAD[1] (Clear Language And Design)[2]. Die Präsenz von ungefähr 60 verschiedenen Regionalsprachen im Senegal macht diese Entscheidung verständlicher: Nicht alle Regionalsprachen werden als gleichwertig angesehen und diese implizite Hierarchie der Sprachen erhöht die Dominanzbeziehungen einer Regionalsprache in Bezug zu anderen. So wird insbesondere Wolof von manchen Senegalesen als Kolonisationssprache angesehen. Die Entscheidung zur französischen Sprache in der Schule zeigt zwei Vorteile:

---

[1]   Die CLAD-Methode bestand ursprünglich daraus, Unterricht zu festen Zeiten über das Medium des Radios zu verbreiten (vgl. Dumont, 1986). Dieser Unterricht richtete sich direkt an den Schüler, und für die Gesamtheit der betroffenen Klassen hatte der Lehrer nur eine unterstützende Rolle. Das System hat sich aufgrund der reduzierten Interaktion mit dem Schüler als schwer zu beherrschen herausgestellt. Die Vormachtstellung des Mündlichen hat die Schüler gehindert, eine gute Orthographie zu rekonstruieren. Das System wurde aufgrund seiner Umsetzungsschwierigkeiten aufgegeben.

[2]   Vgl. hierzu die Beiträge von Khadi Fall, Oliver Hollstein und Carla Schelle in dieser Publikation.

- Die Mehrsprachigkeit (Regionalsprache und Französisch) kann als Chance und Reichtum angesehen werden, sowohl auf individueller als auch auf gesamtgesellschaftlicher Ebene. Die flüssige Beherrschung des Französischen führt zu sozialer Anerkennung und wird als Zeichen von Bildung angesehen. Ebenso spielt Französisch als verbreitete und wissenschaftliche Sprache eine große Rolle.
- Andererseits wird die Frage nach einer Sprachenhierarchie vermieden. Es gibt eine Unterscheidung zwischen Französisch als Amtssprache und den anderen regionalen Sprachen, sodass es keine Möglichkeit des Vergleichens (im Sinne von Konkurrenz) innerhalb der Regionalsprachen gibt und folglich auch keine Versuchung, die eine oder andere regionale Sprache zu über- bzw. zu unterschätzen.

Aber die beschriebene Entscheidung hat auch Nachteile, die das pädagogische Handeln betreffen. Die Lehr- und Lernmethoden lehnen sich an die französische pädagogische Tradition an, das bedeutet: Es wird viel auswendig gelernt, die schriftliche Sprache wird viel häufiger benutzt und entwickelt als die mündliche Sprache. Alles, was den Kindern aus Märchen, Ritualen, Abzählversen, aus der eigenen regionalen Muttersprache bekannt ist, und dies betrifft auch sittliches Handeln und überlieferte Geschichten, muss nun in der zunächst fremden Sprache ausgedrückt werden. Für einige Schüler ist dieser Unterricht weit entfernt von ihren eigenen kulturellen Gewohnheiten (Habitus) (vgl. Bourdieu, 1980). Dies hat Verständnisschwierigkeiten und unterschiedliche sprachliche Fähigkeiten und Kenntnisse der Schülerinnen und Schüler zur Folge. Mündlicher Sprache entspricht konkretes, unmittelbares, empfindsames Handeln, im Unterschied hierzu ist die schriftliche Sprache abstrakter, begrifflicher, sie erfordert eine reflexive Haltung (Vygotsky, 1997).

In *Benin*[3] gilt die französische Sprache als Amtssprache. Daraus entsteht ein Dilemma für die Lehrer, denn Sprachen haben mit Emotionen und kulturellen Wurzeln zu tun, aber in der Schule soll Französisch gesprochen werden. Wenn man weiß, dass in Berlin 62 regionale Sprachen gesprochen werden, wie kann man sich dann die Einführung der nationalen Sprachen vorstellen? Wie kann eine bilinguale Bildung entwickelt werden? Dies fragen sich viele Beniner, deren Weltanschauung durch die regionale Sprache geprägt ist.

Für das westafrikanische Land *Mali*[4] lässt sich feststellen, dass es dort Formen bilingualen Unterrichts (einheimische Sprachen und französische Sprache) gibt. Die linguistische Lage stellt sich folgendermaßen dar: In Mali werden 13 nationale Sprachen gesprochen, von denen 11 in der Schule eingeführt worden sind. Für die Einführung hatte der funktionale Bilingualismus – wie er aus Belgien bekannt ist – eine Vorbildfunktion: Die dortige bilinguale Kultur ist unter anderem pädagogisch und methodisch entwickelt und wird als *pédagogie convergente (PC)* bezeichnet. Dieses Bekennen zum Bilingualismus entspricht dem politischen Willen, die Schule der Wirklichkeit einer multiethnischen und multikulturellen Gesellschaft anzupassen. Angenommen, die Nationalsprache(n) würde(n) in allen Schulen Einzug halten, dann wäre zu fragen,

---

3   Vgl. hierzu den Beitrag von Agossavi in dieser Publikation.
4   Vgl. hierzu den Beitrag von Bocoum in dieser Publikation.

ab welcher Klassenstufe die französische Sprache als Unterrichtsmedium und als vorherrschendes Kommunikationsmittel der Schriftsprache eingeführt werden würde, da viele Nationalsprachen nur mündlich verwendet werden. In einem bilingualen System ist der Übergang von der mündlich gebrauchten Muttersprache zu der schriftlich verwendeten französischen Sprache dementsprechend schwierig und kann dazu führen, dass Schülerinnen und Schüler, die sich in der fremden Sprache unwohl fühlen, sich nicht mehr am Unterricht beteiligen und „verloren" gehen. Eine solche Entscheidung, von nun an ein bilinguales Curriculum in allen Schulen für Schüler/innen ab 9 Jahren einzuführen, beinhaltet ebenfalls eine Umorientierung der pädagogischen Ausrichtung hin zu aktivierenden Methoden („méthodes actives") beim Erlernen von Französisch als Zweitsprache.

Jérôme Bruner (1987) hat die Wichtigkeit der „Formate", die unabdingbaren Konversationsroutinen gegenüber dem Kind, das sprechen lernt, aufgezeigt, die die Kokonstruktion der reziproken Bezugnahme (référence conjointe) begleiten. Er betont die sozio-affektive und die emotionale Dimension des Sich-Vertraut-Machens mit der Sprache: diese Formate beinhalten eine wohlwollende Atmosphäre, Aufrichtigkeit, gegenseitiges Respektieren der Anliegen/Bedürfnisse (demande) und eine Art vertrauensvolle Beziehung (relation d'affiliation) zwischen dem Sprechenden und dem Zuhörenden, damit nach und nach sprachliche Strukturen entstehen können: „Wenn es ein „dispositif" des Spracherwerbs (language acquisition device) gibt, dann ist der Anfangszustand, der darauf vorbereitet, kein Redefluss, sondern etwas stark Interaktives, Informierendes, eine Art Unterstützungssystem zum Spracherwerb, das vom Erwachsenen kommt" (Bruner, 1987, S. 34; hier übersetzt). Es ist also das Niveau dieses „language acquisition support systems", das von vornherein die Umsetzung der Formate beeinflusst, wie manche Konversationsroutinen und die Kennzeichnung von gewohnten Ritualen, die es dem Kind erlauben, Näheverhältnisse und Bedeutungen aufzubauen. Wenn das Erlernen der Muttersprache also über diese transaktionalen vertrauten und routinierten Szenarien abläuft, wie verhält es sich dann mit den Unterrichts-/Lernprozessen, bei dem Erwerb einer Zweitsprache, die als offizielle Sprache auferlegt wird, oder bei dem Erwerb einer Fremdsprache? Um diese Abläufe besser zu verstehen, wären Beobachtungen und Hospitationen notwendig, die Aufschlüsse darüber geben, wie sich etwa die Zweitsprache in der Interaktion entwickelt (siehe Stratilaki in dieser Publikation).

Kameruns Bestreben bilinguale französische und englische Schulen zu fördern, hat seinen Ursprung in der Kolonialzeit, vor allem nach dem Ersten Weltkrieg. Kamerun war in zwei Gebiete unterteilt, die unter französischer Vorherrschaft bis 1960 und bis 1961 unter englischer Vormachtstellung standen. Auch nach der Entkolonialisierung ist die administrative Struktur des Bildungssystems durch seine koloniale Vergangenheit geprägt, sowohl in Bezug auf die in den Schulen konzipierten Curricula als auch in Bezug auf die pädagogischen Methoden.

Um die Aspekte der Beziehungen zu den europäischen sowie zu den einheimischen Sprachen im kamerunischen Bildungssystem detaillierter auszuführen, beziehe ich mich im Folgenden auf Daten, die während eines Interviews mit einem Dozenten aus Kamerun erhoben wurden.[5] Der Interviewte hat sein Studium in den 1980er bis 1990er Jahren in Kamerun absolviert und anschließend in Großbritannien fortgesetzt. Er ist heute Dozent an einer Universität in Frankreich.

Das Nebeneinanderbestehen eines französischsprachigen und eines englischsprachigen Kamerun hat zu einer Art Doppelstruktur (double cursus), einem frankophonen und einem englischen Schulsystem geführt. Was das frankophone System anbelangt, so ist dafür das Model der französischen Schule prägend, sowohl in Bezug auf die Fächerinhalte als auch in Bezug auf die pädagogischen Praktiken. In dem Interview berichtet der Dozent, dass er beispielsweise im Fach Geschichte-Geografie griechische und römische Geschichte, den amerikanischen Unabhängigkeitskrieg, Sklavenhandel etc. behandelt habe. Ebenso wurde im Gymnasium ab der *classe de seconde* der Zugang zu okzidentalen Referenzwerken ermöglicht. Dabei wurden bevorzugt französische Romane aus dem 19. Jahrhundert und Texte des klassischen Theaters, die viel Poesie in Alexandrinern beinhalteten, gelesen, als würden diese Verse Inbegriff einer guten Bildung und einer guten Beherrschung der französischen Sprache sein. In der Abiturklasse wurde in Philosophie eine Auswahl an Texten von Descartes, Kant, Schopenhauer und Nietzsche rezipiert. Allerdings bestehe zwischen dem Sprachregister des Gymnasiums und dessen, was im Französischunterricht im *collège* unterrichtet wurde, ein Bruch: Im *collège* hat er von afrikanischen Autoren verfasste Kurzgeschichten und afrikanische Märchen gelesen. Er erinnert sich beispielsweise daran, den Roman „Le monde s'effondre" von Chinua Achebe oder das Buch „Sous l'orage" von Seydou Badian gelesen zu haben. Nachdem er den literarischen Gebrauch des Französischen in der Schule gelernt hatte, musste er allerdings nach seiner Ankunft in Frankreich feststellen, dass die Franzosen über sein gepflegtes Sprachregister, das er selbst in informellen Gesprächen verwendete, erstaunt waren.

Was die pädagogischen Methoden anbelangt, so sei die forme „scolaire", eine eher traditionelle „schulmäßige" französische Form des Unterrichtens, charakteristisch, mit weit verbreitetem Frontalunterricht als Lehrervortrag, ohne Experimente und ohne aktivierende Methoden. Die Methoden, die in der Grundschule (école primaire) zum Erlernen von Sprache angewendet werden, basieren auf dem *„Imitieren von Silben, dem auswendigen Vortragen von Gedichten, auf dem Schreiben von Diktaten und auf der Lektüre".* Der Eintritt in die französische Vorschule (école maternelle) werde von den Kindern als *„Schock"* erlebt, da es von nun an verboten ist, die eigene Muttersprache zu sprechen. *„Ich habe von meiner Mutter medjumba gelernt und den Schulbeginn wie einen Schock erlebt, es ist eine Art Befehl, die Muttersprache beiseite zu lassen, um Französisch zu sprechen, das wie eine Prestigesprache (une langue de prestige) angesehen wird."* Dieses Verbot wird von Sanktionen begleitet, wenn dagegen verstoßen wird: *„Die Bestrafung war, den Pausenhof zu fegen, sich hinzuknien. Körperliche Züchtigungen existierten noch in den Jahren 1982–84; der Lehrer hatte ein chicotte[6], man hielt den Arm hin, ein Schlag, fünf Schläge dorthin. Man musste sich immer bemühen, sich in französischer Sprache auszudrücken, in sehr gutem Französisch. Die Muttersprache*

---

5   Siehe hierzu auch den Beitrag von Brice Martial Chuepo Tcheumbeua.
6   Dabei handelt es sich offenbar um eine Peitsche aus Nilpferdleder.

verwendete man versteckt, im Pausenhof, man musste aufpassen, dass der Lehrer es nicht mitbekam, und dann zu Hause." Und er präzisiert, dass anderer Ungehorsam nicht so stark sanktioniert wurde wie das Zurückgreifen auf die Muttersprache.

Ein weiterer Aspekt betrifft die implizite Hierarchie der Sprachen. Der interviewte Dozent führt dazu an, als zweite Sprache Deutsch gelernt zu haben, denn *„in der kollektiven Vorstellung war Spanisch eher eine Sprache der ‚Schwachen'; zu der Zeit orientierte man sich in Kamerun an der Funktion von Noten"* (Selektion, Allokation). Mit Bedauern räumt er ein, dass die Muttersprachen eine Ab-/Entwertung erfahren haben: *„Es gibt eine implizite Klassifizierung der Sprachen, eine Klassifizierung, in der die Muttersprachen an letzter Stelle stehen, auch wenn man heutzutage versucht, sie ins Curriculum aufzunehmen."*

Um die Ausführung über die Verhältnisse der verschiedenen Sprachen zueinander zu beenden, wollte ich wissen, bei welchen Gelegenheiten und in welchen Situationen er auf seine Muttersprache zurückgreift. Seine Muttersprache gebraucht er bevorzugt mit seiner Mutter, während er mit seinem Vater vorwiegend Englisch spricht. Anschließend fasst er das Hin- und Herpendeln, das Schwanken zwischen der einen und der anderen Sprache zusammen: *„Wenn ich mit meiner Mutter auf Französisch spreche, habe ich tatsächlich den Eindruck, dass es sich nicht um eine spontane Konversation handelt! Ich weiß nicht, warum das so ist! Mit meiner Schwester hingegen könnte ich ein Telefongespräch auf Französisch führen und ein oder zwei Sätze meiner Muttersprache verwenden, mein Vater und ich werden unser Gespräch auf Englisch beginnen, und sobald er mir Dinge erzählt, die meine Familie betreffen, zum Beispiel, wenn es meinem Großvater nicht gut geht, wird er mir das in unserer Muttersprache sagen und nur sehr wenig auf Französisch."*

Diese Dimension eines imaginären Sprachkollektives (l'imaginaire collectif des langues) und die damit einhergehenden affektiven oder rationalen Konnotationen von Sprache haben natürlich Einfluss auf die individuelle sowie auf die kollektive Identitätskonstruktion. Während des Gesprächs drückt der Interviewte seinen Stolz auf diesen Plurilingualismus aus. Er sieht darin das Privileg, ständig mit der Diversität konfrontiert zu sein: *„Ich möchte mich nicht brüsten, aber ich habe den Eindruck, dass all das, was wir hier Anerkennung der Unterschiede, des Anderen, der Diversität nennen, etwas ist, was ich schon immer gelebt habe, und was ich in den anthropologischen Büchern entdeckt habe, ist für mich vielmehr ein In-Worte-Fassen dieses Gelebten."*

Auf diese Weise erscheint ihm dieser staatliche Bilingualismus, bestehend aus den Nationalsprachen Englisch und Französisch, als zuverlässiges, solidarisches Element, um die Entscheidung für eine der Regionalsprachen zu vermeiden (le choix fratricide d'une des langues régionales). *„Es ist ein Teilelement nationaler Konsolidierung, es ermöglicht die Garantie von Stabilität. Ich würde noch weiter gehen, Kamerun befindet sich in Zentralafrika, aber man sagt auch, dass Kamerun Afrika im Kleinen (L'Afrique en miniature) abbildet, das bedeutet, in Bezug auf das Klima, die Vegetation, aber auch in Bezug auf die Bevölkerung, ist das Land an einer Wegkreuzung, deshalb gibt es so viele Unterschiede zwischen den Sprachen, da viele Bantous, Peuls und Massas migriert* *sind, vor Kriegen und Hungersnöten geflohen sind, es ist schwierig einen anderen Ort in Afrika zu finden, an dem es so viele Sprachen gibt."*

Der nationale Bilingualismus koexistiert mit einer Vielzahl an Regionalsprachen, auf verschiedenen Niveaus, auf denen er nicht als Bedrohung von den verschiedenen Stämmen aufgefasst wird, die ihren je spezifischen Dialekt sprechen, und als Garantie für den Respekt der jeweiligen Regionalsprache des Einzelnen.

Von außen betrachtet hätte man dies alles als Hindernis oder gar als Notbehelf betrachten können, was sich für den Interviewten nun vielmehr als Aspekt interkultureller Öffnung und als eine Art Trumpf erweist im Hinblick auf ein besseres Verständnis dessen, was in Europa, in dem er von nun an lebt, vor sich geht.

4. Fazit – mit der eigenen Zunge schmecken

Zusammenfassend betrachtet, bedeuten die aufgezeigten impliziten Beweggründe und stillschweigenden Strategien, dass Sprache als entscheidender Analysator für die latenten Kräfteverhältnisse zwischen den verschiedenen ethnischen Gruppen innerhalb der Zivilgesellschaft anzusehen ist. Die impliziten Hierarchien, die stillschweigend den Sprachgebrauch zwischen den Regionalsprachen, den Muttersprachen der Sprechenden und der offiziellen Sprache regeln, eröffnen andererseits eine linguistische Vorstellung/Betrachtungweise (imaginaire linguistique), sowohl aus individueller als auch aus sozialer Sicht. Hat es innerhalb dieser stillschweigenden Hierarchie der Sprachen eine Entwicklung gegeben? Lassen sich Regeln für die Verbreitung einer dominanten Sprache gegenüber einer anderen Sprache ableiten, sei es, weil diese Sprache eine größere kulturelle oder pragmatische Wertschätzung besitzt oder sie als Zeichen für sozialen Vortritt gilt? Beim Vergleich der diversen Optionen, die im Umgang mit Sprache in den verschiedenen frankophonen afrikanischen Ländern vorherrschen können wir bestimmte Konstanten herausarbeiten, die gleichzeitig spezifisch und variabel sind. Kritisch zu betrachten sind die divergierenden Formen der Bildungspolitik von kompromissloser Einsprachigkeit bis hin zu dem Versuch eine entgegenkommende, progressive und kulante Zweisprachigkeit einzuführen.

Hinsichtlich des Sprachgebrauchs der Muttersprache und der offiziellen Sprache könnte man von einer „endolangage" und einer „exolangage" sprechen und dabei die von Lévi-Strauss eingeführte Distinktion zwischen „endo-cuisine" und „exo-cuisine" zugrunde legen (Lévi-Strauss, 1964). Mit dieser Unterscheidung zeigt Lévi-Strauss welche Essgewohnheiten sich entfalten, abhängig davon, ob man innerhalb der Familie speist oder ob Gäste zu Besuch sind. Es ist tatsächlich so, dass die Sprecher je nach Gelegenheit, nach angesprochenen Themen und je nach Ansprechpartner eher ihre Regionalsprache oder eher die französische Sprache verwenden. Dem Gebrauch der Muttersprache wird ein bestimmter Grad an Vertrautheit zugesprochen. Das sprachliche Handeln des Individuums schreibt sich in einer Art Logik des Geheimnisses ein und führt zum Verschweigen von Identität gegenüber demjenigen, der nicht seine Muttersprache teilt. Aber die nicht nach außen zu erkennende Muttersprache macht die Forderung nach sozialer Anerkennung und nach Geltendmachung der eigenen Identität schwierig und ambivalent. Inwiefern wirkt sich diese Ambivalenz der Muttersprache gegenüber auf das Verhältnis zu Welt und Selbst, auf die eigene Identität und die Identität des Anderen aus? (Dubar, 1991). Mit meinem Beitrag zur Sprache möchte ich nicht nur auf eine bestimmte „Weltanschauung" aufmerksam machen, sondern den Prozess der Identitätskonstruktion als besonders strukturiert beschreiben. Ein Sprichwort aus dem Wolof drückt diesen Zusammenhang zwischen Welt, Identität und Sprache aus: „Niemand kann etwas Leckeres mit der Zunge eines anderen schmecken." Mit der Muttersprache eröffnet man sich den „Geschmack" der Welt, mit der offiziellen, administrativen Sprache wird man „citoyen du monde" (Weltbürger) und „être raisonnable" (Vernunftwesen). Aber weist eine solche Interpretation nicht den Weg zu einer Kluft zwischen einem privaten Selbst und einem öffentlichen Selbst?

Literatur

Bourdieu, P. (1980). Le sens pratique. Paris: Edition de Minuit.

Bruner, J. (1987). Comment les enfants apprennent à parler? Paris: Retz. (engl. Original 1983).

Dubar, C. (1991). La socialisation. Construction des identités sociales et professionnelles. Paris: Colin.

Dumont, P. (1986). L'Afrique noire peut-elle encore parler français? Essai sur la méthodologie de l'enseignement du français langue étrangère en Afrique noire francophone à travers l'étude du cas sénégalais. Paris: L'Harmattan.

Lahire, B. (1993). Culture écrite et inégalités scolaires: Sociologie de l'échec scolaire à l'école primaire. Lyon: PUL.

Lévi-Strauss, C. (1964). Le cru et le cuit. Paris: Plon.

Vygotski, L. (1997). Pensée et langage. Paris: La dispute.

Christina Möller

Die Relevanz der Sprache

Identitätsentwicklung Jugendlicher und universelle Anforderungen

1.   Einleitung

Das Thema dieser Ausarbeitung eröffnete sich mir auf der internationalen Tagung an der Johannes Gutenberg-Universität Mainz, „Schule und Unterricht in Frankreich, im frankophonen Nord-/Westafrika und in Deutschland", an der ich im Juli 2012 als Studentin der Erziehungswissenschaften teilnahm. Die Tagung befasste sich unter anderem mit bilingualer Unterrichtsgestaltung in den verschiedenen Ländern. Mein Interesse hatte die Tagung deshalb geweckt, weil ich 2006 als Schülerin an einem Austausch mit einer Schule im Senegal teilgenommen habe und die dort gemachten Erfahrungen und Erlebnisse mit den senegalesischen Austauschschülern mir nachhaltig in Erinnerung geblieben sind. Die Tagungsvorträge der Dozenten und Dozentinnen aus Senegal, Mali, Tunesien und Kamerun, die sich auf die Gestaltung von Schulunterricht bezogen, ließen während der Tagung eine Problematik erkennen: Viele Schüler und Schülerinnen werden im frankophonen Afrika nicht in ihrer Muttersprache, sondern in Französisch als Amtssprache unterrichtet. Teilweise wird die Muttersprache nicht anerkannt. Die Auswirkungen auf die betroffenen Schülerinnen und Schüler sind noch bei den Erwachsenen spürbar: Für viele war und ist es nicht möglich, die staatlich vorgegebene Sprache in die eigene Identität zu integrieren.

Aus den referierten Vorträgen heraus entschloss ich mich daher zur Analyse des Zusammenhangs von Sprache und Identität.[1] Diese soll im Kontext des Jugendalters erfolgen, da das Jugendalter ganz besonders durch die Identitätsentwicklung geprägt ist. Dabei richtet sich dieser Beitrag auf die Fragestellung, welche Relevanz die Sprache innerhalb der jugendlichen Identitätsentwicklung besitzt und wie sich das Zusammenspiel von Sprache und Identität auf Jugendliche auswirkt. Es besteht hierbei kein Anspruch auf Vollständigkeit, jedoch sollen durch diese Ausarbeitung Perspektiven eröffnet werden, die für die Arbeit mit Jugendlichen eine Relevanz besitzen. Es soll zu einer differenzierteren Auseinandersetzung mit dem Thema ‚Sprache und Identität' angeregt werden.

---

1   Die Überlegungen fußen auf einer von mir 2012 verfassten Hausarbeit zum Thema „Der Zusammenhang zwischen Sprache und Identitätsentwicklung im Jugendalter" im Rahmen meines Masterstudiums Erziehungswissenschaft an der Johannes Gutenberg-Universität Mainz, in der ich versucht habe verschiedene anerkannte Theorien zur Identitätsentwicklung von Jugendlichen zu vergleichen und darzulegen.

2. Erste Sprache und Sprachentwicklung

Zunächst soll nun die Funktion und Entwicklung der Sprache in dem von mir verwendeten Verständnis erläutert werden. Sprache ist ein Kommunikationssystem, welches sich durch willkürliche und kontextfreie Verwendung von Symbolen auszeichnet. Symbole lassen sich immer wieder neu kombinieren. Die Struktur der Sprache ist nicht angeboren, sondern muss erlernt werden (vgl. Szagun, 2011, S. 17ff.). Die Entwicklung und das Erlernen der Sprache erfolgt in einem aktiven Induktionsprozess. Dieser Prozess läuft implizit und unbewusst als ein Lernprozess zwischen kindlichen inneren Voraussetzungen und äußeren Lernbedingungen ab. Dabei wird bereits im ersten Lebensjahr ein muttersprachtypisches ‚Wissen‘ über die Regeln der Umgebungssprache aufgebaut und dieses analysiert (vgl. Weinert & Grimm, 2008, S. 504f., S. 534).

In der sprachlichen Entwicklungsperiode wird gleichzeitig eine kulturspezifische Beziehung zu Objekten und Menschen aufgebaut. Es handelt sich dabei um ein implizites ‚Erziehungswissen‘, welches neben kulturspezifischen Haltungen, Wertungen und Kommunikationsweisen der Bezugsperson im Verhalten gegenüber dem Kind eine Rolle spielt. Die Bedeutungszuweisung für Gegenstände entwickelt sich aus der kindlichen Bewusstwerdung seiner selbst: Das Kind lernt mit der erlernten Sprache seine Erfahrungen zu codieren (vgl. Auernheimer zit. nach Atabay, 1994, S. 28f.).

Die Muttersprache kann auch als Erstsprache bezeichnet werden, da hierbei davon auszugehen ist, dass sie als Kleinkind durch die Interaktion mit den Eltern erworben und primär im Sprachgebrauch verwendet wird. Im Senegal beispielsweise ist das institutionell vorgegebene Französisch zumeist Zweitsprache der Senegalesen neben der Muttersprache und bleibt damit oftmals eine Art von ‚Fremd-Sprache‘. Für Verwaltung, offizielle Dokumente sowie Außenkommunikation wurde Französisch als Folge der Kolonialisierung Senegals als Amtssprache eingeführt. Die Mehrheit der Bevölkerung spricht jedoch kein ausreichendes Französisch, sondern zahlreiche senegalesische Sprachen. So wurde im Länderbericht der Konrad-Adenauer-Stiftung angegeben, dass nur ca. 10 % der Senegalesischen Bürger Französisch fließend sprechen würden, 30–40 % würden es immerhin verstehen. Die senegalesischen Sprachen Wolof, Pular, Manding, Serer und Diola wurden zu Nationalsprachen erklärt, was bedeutet, dass z.B. die Verfassung in Wolof übersetzt wurde – was die Autorin des Berichtes als ‚Meilenstein‘ bezeichnet. Trotzdem würden viele Informationen und Lerninhalte hauptsächlich auf Französisch verbreitet und nicht in den Nationalsprachen geschweige denn anderen senegalesischen Sprachen (vgl. Gierczynski-Bocande, 2010).

Ndiaye weist darauf hin, dass die ‚Lernenden‘ – also Kinder und Jugendliche als Schüler – ein Teil dieser vom Staat festgelegten ‚Sprachpolitik‘ sein könnten. Sie lebten demnach in einer ihnen mehr oder weniger aufgezwungenen Situation und reagierten darauf (vgl. Ndiaye, 2006). Dieser Aspekt macht die Verbindung von Sprache und Identitätsbildung bereits deutlich (vgl. Fall, 2006).

3. Identitätsentwicklung im Kindes- und Jugendalter

3.1 Kindheit, Jugendalter und Entwicklungsaufgaben

Es ist nun relevant, das Kindes- sowie das Jugendalter kurz zu definieren, bevor auf die Identitätsentwicklung eingegangen werden kann. Dies schließt das Konzept der Entwicklungsaufgaben nach Havighurst (1975) ein, mit welchem ermöglicht wird, spezifische Entwicklungsschritte einem Lebensalter zuzuordnen.

Gemäß Artikel 1 der UN-Kinderrechtskonvention (1989) zählt jeder Mensch als ein Kind bzw. Jugendlicher, welcher das achtzehnte Lebensjahr noch nicht vollendet hat.[2] Der Begriff der *Kindheit* ist nicht nur durch vielfältige Entwicklungsprozesse, sondern auch kulturell definiert. Die Kindheit ist heute in Industriegesellschaften ein Status, in dem Kinder weder als ‚kleine Erwachsene‘, noch als seelenlose Wesen, sondern als eigene Persönlichkeiten mit eigenen Rechten angesehen werden (vgl. Rauh, 2008, S. 149ff.). Die Kinderrechte sollen dies garantieren.

Jedoch muss gesagt werden, dass das Wesen der Kinder etwa im Senegal – wie Khadi Fall (2006) deutlich macht – nicht immer gefördert wird. Fall stellt wegen der ihres Erachtens nach vorherrschenden sprachlich und kulturell auferlegten Spaltung zwischen häuslicher und schulischer Bildung eine fehlende Fortsetzung der häuslichen Erziehung im Schulsystem fest (vgl. Fall, 2006, S. 41). Dadurch könne eine fehlende Anerkennung der elterlichen (und damit für die Entwicklung des Kindes wichtigen) Erziehung seitens der Schule vermutet werden, was sich wiederum wieder auf die kindliche Identitätsentwicklung auswirken könnte.

Das *Jugendalter* wird gegenüber der Kindheit bestimmt durch das Zusammenspiel entwicklungs-biologischer, sozialer und intellektueller Veränderungen und ist ebenso wie die Kindheit eine kulturelle und soziohistorische Konstruktion. Die Jugendphase ermöglicht die Vorbereitung auf Anforderungen im Erwachsenenalter, was für die Lebensbewältigung notwendig ist. Es ist dementsprechend als Übergangsperiode zwischen Kindes- und Erwachsenenalter anzusehen und kann auch mit Adoleszenz bezeichnet werden. Die Geschlechtsreife bzw. Pubertät markiert das Eintreten des Jugendalters und grenzt dieses damit von der Kindheit ab. Der Übergang vom Jugend- zum frühen Erwachsenenalter kann anhand von Rollenübergängen und Reifeprozessen (beispielsweise zur Verantwortlichkeit und Selbstständigkeit), durch geschlechtsspezifische und geschlechtsrollenspezifische Anforderungen und Erwartungen definiert werden (vgl. Oerter & Dreher, 2008, S. 271ff.).

Kindheit und Jugend sind bestimmt durch so genannte *Entwicklungsaufgaben*[3], welche Bindeglieder im Spannungsverhältnis zwischen gesellschaftlichen (sozialen wie kulturellen) Ansprüchen und individuellen Bedürfnissen darstellen und gleichermaßen untereinander vernetzt sind. Die Bewältigung von Entwicklungsaufgaben

---

2 Vgl. Übereinkommen über die Rechte des Kindes, 1989, online.

3 In der deutschen Schulpädagogik gibt es eine eigene Diskussion zu diesem Konzept und neue Entwürfe eines Konzepts der Entwicklungsaufgaben, vgl. hierzu Hericks et al., 2001 und Hericks, 2006 sowie Dörr, 2011.

kann somit als Lernprozess zum Erwerb von Kompetenzen und Fertigkeiten angesehen werden (vgl. Oerter & Dreher, 2008, S. 279ff.).

In Anlehnung an Havighurst (1975)[4] können unter anderem folgende Entwicklungsaufgaben als relevant angesehen werden:

1. Das Erlernen körperlichen Geschicks,
2. die Entwicklung von Konzepten und Denkweisen innerhalb des Alltagslebens,
3. das Zurechtkommen mit Altersgenossen und Aufbau eines Freundeskreises in der Peergroup sowie
4. das Erlernen eines sozialen Rollenverhaltens (vgl. Oerter & Dreher, 2008, S. 281).

Insbesondere als zentral für die Adoleszenz im Übergang zum Erwachsenenalter können nach Dreher und Dreher (1996) folgende Entwicklungsaufgaben angesehen werden:

1. Akzeptanz körperlicher Veränderungen und des eigenen Aussehens,
2. Aneignung von geschlechtsrollenspezifischen Verhaltensweisen,
3. Beziehungsaufnahme bzw. Partnerschaft, gleichzeitig auch
4. Ablösung und Unabhängigkeit von den Eltern,
5. Gewinnung von Klarheit über sich selbst,
6. Entwicklung von individuellen Werten und einer Weltanschauung,
7. Entwicklung einer generellen Zukunftsperspektive (vgl. Oerter & Dreher, 2008, S. 279).

Nach Adick (2003) werden alle Jugendlichen mit universalen Entwicklungsaufgaben konfrontiert: Es handelt sich um eine altersspezifische Universalität. Die Bewältigung der Entwicklungsaufgaben erfolgt jedoch beeinflusst von sozialen, kulturellen und historischen Lebensweltbedingungen. Adick folgert dies aus Untersuchungen von Zukunftsvorstellungen deutscher und senegalesischer Jugendlicher, allerdings werden einige Entwicklungsaufgaben nicht bzw. in unterschiedlicher Gewichtung von ihren untersuchten Jugendlichen im Hinblick auf die Zukunftsvorstellungen angesprochen (vgl. ebd., S. 45).[5]

Das Bewusstwerden ihrer selbst durch die Bewältigung von Entwicklungsaufgaben ist demnach ein universelles Thema für Jugendliche. Als zentrales Thema des Jugendalters kann schließlich die Konstruktion der Identität als Aufgabe angesehen werden, „[die] […] alle übrigen Entwicklungsaufgaben dieses großen Altersabschnittes umschließt […]" (Oerter & Dreher, 2008). Dies soll im Folgenden erläutert werden.

3.2 Identität, Sprache und die Frage: Wer bin ich?

In der folgenden Ausarbeitung wird vorwiegend Bezug auf den wie ich finde überzeugenden Identitätsbegriff nach Erik H. Erikson (1970, 1973) genommen. Demnach

---

4 Vgl. Abb. 8.1. in Anlehnung an Havighurst zit. in: Oerter & Dreher, 2008, S. 281.
5 Weitere Ausführungen zu dieser interessanten Untersuchung können an dieser Stelle aus Platzgründen nicht erfolgen.

ist Identität die Antwort auf die Frage ‚Wer bin ich?' – die sogenannte Identitätsfrage. Gleichermaßen wird damit die einzigartige Struktur der Persönlichkeit, die auch dazu dient, anderen diese Struktur und damit sich selbst darzustellen, bezeichnet. Die Identität formt sich durch Selbsterkenntnis und -gestaltung. Dies erfolgt innerhalb des Entwicklungsverlaufs durch die Integration von Erfahrungen der Vergangenheit und Zukunftserwartungen. Nach Erikson entwickelt sich die Persönlichkeit innerhalb des Lebenslaufs durch das Bewältigen von spezifischen Krisen bzw. Konflikten, welche den Stadien im Lebenslauf zugeordnet werden (vgl. Oerter & Montada, 2008, S. 303f.).

Für den Bezug von Sprache und Identitätsentwicklung ist die symbolisch-interaktionistische Theorie von George H. Mead (1995) als grundlegend anzusehen. Nach Mead gliedert sich die Identität in die zwei Aspekte ‚I' und ‚Me'. Das ‚I' reagiert auf soziale Situationen individuell und bewusst, während das ‚Me' unbewusste verinnerlichte Erwartungen und Werte der Gesellschaft ausdrückt. Sprache, Gestik und Mimik ermöglichen dem Individuum Selbstreflexionsfähigkeit und Kommunikation (vgl. Georgogiannis, 1985, S. 5ff., Mead, 1995). Darauf aufbauend schlägt Markus Neuenschwander (1996) ein Identitätskonzept vor, welches sich an dem Begriff der Identität „[…] als Produkt von Identifikation, Reflexion und Anpassung an neue Umweltanpassungen […]" orientiert (ebd., S. 79).

3.3 Veränderung der Identitätsstruktur und Identitätsentwicklung im Jugendalter

Studien zufolge stehen die Veränderung der Identitätsstruktur und damit die Identitätskonstruktion in engem Zusammenhang mit der physischen, psychischen, emotionalen und kognitiven Entwicklung in der Adoleszenz. Jugendliche sind beim Austritt aus der Kindheit zunächst noch nicht in der Lage, wie Erwachsene den Zustand und den Ausdruck eines Gefühls zu trennen. Dennoch ist die emotionale Entwicklung im Jugendalter eng mit der Entwicklung der Identität verbunden. Jugendliche lernen neue Emotionen ‚kennen', die sie in der Kindheit nicht erfahren haben. Dies bezieht sich hauptsächlich auf das Erleben von ‚gemischten Gefühlen', die erst Kinder bzw. Jugendliche ab einem Alter von zwölf Jahren beschreiben. Das wachsende Verständnis vom eigenen Selbst und damit auch das Verständnis für Diskrepanzen innerhalb der Ich-Identität übertragen sich auf die Gefühle. Die Gefühle müssen in das Selbst integriert werden und mit der Identität verbunden werden, damit sie von ihm organisiert werden können. Die Integration von Emotionen und die damit verbundene Regulation kann demnach als weitere Entwicklungsaufgabe angesehen werden. Hierbei ist besonders zu beachten, dass emotionale Zustände von der Identität getrennt werden, um die Einsicht zu gewinnen, dass auch bei Veränderung der Gefühlswahrnehmung die Identität intakt bleiben kann (vgl. Oerter & Dreher, 2008, S. 315ff.). Jugendliche lernen so allmählich, sich in andere hineinzuversetzen und sich aus deren Sicht zu sehen.[6]

---

6   Es ist jedoch zu vermuten, dass diese Fähigkeit bereits in früheren Altersstufen entwickelt wird.

Zur *Identitäts- und Persönlichkeitsentwicklung* liegen verschiedene Theorien und Forschungstraditionen vor. Die Verbindung von Entwicklung innerhalb des Lebenszyklus und der Identitätsentwicklung bzw. dem Aufbau der Ich-Identität beruht für Erikson, wie bereits erörtert, auf der Bewältigung von Aufgaben bzw. Anforderungen der Gesellschaft und Sozialordnung, in die das Individuum eingebettet ist. Die für das Jugendalter relevante Entwicklungskrise wird von Erikson als „Identität versus Identitätsdiffusion" (Grob & Jaschinski, 2003, S. 43f.) benannt. Die Krise beinhalte demnach das Hinterfragen und die Integration von Gegenwart, Vergangenheit und Zukunft, dadurch würde auf diese Weise die Erfahrung von der Beständigkeit des eigenen Selbst vermittelt werden. Kritische Hinterfragungen gesellschaftlicher Themen erwirkten einen individuellen Standpunkt der Jugendlichen und daraus könne sich Verantwortungsübernahme entwickeln, welche die Integration der Jugendlichen (mit deren Identität) in die Gesellschaft ermöglichen würde. Es kann davon ausgegangen werden, dass sich über die gesamte Lebensspanne der Prozess der Persönlichkeitsentwicklung erstreckt. Erikson weist jedoch die Aufgabe der Identitätsentwicklung explizit dem Jugendalter zu. Jugendliche seien gleichsam mit der Anforderung konfrontiert, sich in der Welt der Erwachsenen zu orientieren, eigene Werte und eine gesellschaftliche Position zu finden (vgl. Oerter & Dreher, 2008, S. 277f.).

Gelänge es nicht, die verschiedenen Facetten der Identitätsfrage in Einklang zu bringen, könne dies nach Erikson eine Identitäts- bzw. Rollendiffusion verursachen (vgl. Grob & Jaschinski, 2003, S. 43f., Erikson, 1973). Durch das stark am Bildungssystem Frankreichs orientierte und postkolonial geprägte Bildungssystem, das sich erst allmählich im Senegal wandelt, lernen die Kinder und Jugendlichen jedoch keine kritische Weltsicht, sondern es geht hauptsächlich z.B. um die reine Reproduktion von Texten, die kein Einbringen eigener Identitätsentwürfe (vgl. Tillmann, 2003, S. 151ff) ermöglichen, wie Fall in dieser Publikation darlegt.

Der Zusammenhang mit dieser These kann im Rückgriff auf die Theorie nach Mead erschlossen werden: Nach *Mead* entwickelt sich die jugendliche Identität durch die Bindung an die Kultur. Der Aufbau bzw. die Entwicklung der Identität ergibt sich demnach aus der den Jugendlichen umgebenden Kultur (vgl. Oerter & Dreher, 2008, S. 275f.). Hierbei sei auf ein universales Verständnis des Kulturbegriffs hingewiesen, in Anlehnung an die Ausführungen Adicks entwickeln sich Jugendliche wie bereits angerissen zum Teil an universalen Entwicklungsaufgaben, d.h. die Entwicklung findet nicht nur innerhalb der umgebenden Kultur statt.

Hierzu postuliert *Neuenschwander* (1996) vier Phasen der Identitätsentwicklung im Jugendalter, welche meines Erachtens auch als universal betrachtet werden können. Die Phasen beziehen sich auf Identitätszustände und werden mit undifferenzierter integrierter Identitätszustand, desorganisierter Identitätszustand, Identitätszustand der partiellen Neukonstruktion sowie differenzierter integrierter Identitätszustand bezeichnet. Diese Zustände bzw. Phasen seien jedoch nicht abschließend, sondern könnten durch neue Lebensereignisse erneut als ‚Entwicklungsspiralen' ausgelöst werden. Es bestehen also wieder Parallelen zur Theorie der Entwicklungsaufgaben.

Darum könne Identitätsentwicklung als „[...] Bewältigung von bedeutsamen Lebensereignissen beschrieben [werden]" (Neuenschwander, 1996, S. 99, vgl. S. 97f.).

4. Sprache, Identität und Welterschließung

Zusammenfassend lässt sich nun die Bedeutung der Sprache in der Identitätsentwicklung analysieren. Ausgehend von der Sprachentwicklung, die im Kleinkindalter einsetzt und bis in das Jugendalter reicht, werden bereits Parallelen zur Identitätsentwicklung deutlich.

In Anlehnung an die Theorie nach Mead lässt sich sagen, dass mithilfe eigener symbolischer Kommunikation Interaktionspartner ihre eigenen Identitätsentwürfe gestalten können. Mit der Entwicklung eines ‚Ich-Bildes' geht demnach die Sprachentwicklung einher, indem dem Kind ermöglicht wird, Erfahrungen zuzuordnen, zu benennen und dadurch in die Identität zu integrieren. Somit wird das selbstorganisierte Handeln möglich. Das Kind erschließt sich die Welt und verknüpft mit der Sprache die Bedeutungen. Dies bezieht sich hauptsächlich auf die Muttersprache als Erstsprache. Die Erstsprache erhält einen hohen Stellenwert, da sie Repräsentationsmittel für Strukturen und Schemata ist. Die Sprache drückt fortan Haltungen und Vorstellungen über die Umwelt aus und ist in diesem Kontext wie die Identität inhaltsspezifisch abhängig von den Lebensereignissen und -erfahrungen (vgl. Atabay, 1994 S. 53f.). Dies kann übertragen werden auf das Erlernen einer afrikanischen Sprache als Muttersprache, welche fortan nicht der Unterrichtsprache entspricht. Demnach muss sich ein Kind bzw. Jugendlicher seine Welt in einer anderen Sprache erschließen, wenn der Schulbesuch ansteht. Selbst die eigene Identität muss in einer anderen als der vertrauten Sprache beschrieben werden.

Die Muttersprache besitzt eine große Relevanz, wie die Bundesarbeitsgemeinschaft der Immigrantenverbände in Deutschland e.V. 1985 veröffentlicht hat. Zum einen bedingt sie danach die Entwicklung der ‚Basispersönlichkeit' eines Kindes und damit die Grundlage für die jugendliche Identität. Die Muttersprache dient dabei der Stabilisation und Herausbildung der Identität, da durch sie die Objekte der Umwelt benannt werden können. Daraus folgt eine Orientierung innerhalb der Lebensumwelt. Es wird das Verstehen der Welt durch Erfassen und Wiedergeben auch von mittelbaren Realitäten und ‚Welten' zugelassen. Dadurch wird die Kommunikation durch das Aufnehmen und Mitteilen von Erfahrungen ermöglicht. Gleichzeitig ist die Muttersprache als Träger gesellschaftlichen Wissens anzusehen, wodurch die Übernahme und Aneignung gesellschaftlicher Verhaltensmuster und Werte bedingt ist. Dadurch wird die Identifikation mit dem Heimatland und der Nation erleichtert. Durch den Ausbau der sprachlichen Handlungskompetenzen ist anzunehmen, dass sich die Identifikationsfähigkeit zugunsten der Identitätsbildung ebenfalls erweitert. Die kulturelle und familiale Identität kann sich aufgrund dieser Tatsache entwickeln, da die sprachliche Kommunikation innerhalb der Familie oder innerhalb von sozialen Gruppen für die Aufrechterhaltung, Herstellung und aber auch Veränderung von sozialen Beziehungen grundlegend ist. Die Muttersprache ist demnach als unersetzlich, nicht austausch- und ablösbar zu erachten (vgl. BAGIV, 1985, S. 17ff.).

Dies gilt insbesondere für Jugendliche, die zweisprachig aufwachsen und ihre Muttersprache nicht in der Schule sprechen können, sondern dort eine andere Sprache ‚aufgezwungen‘ bekommen. Dies ist, wie bereits angeführt, beispielsweise im Senegal der Fall. Durch diese Tatsache besteht die Gefahr der Entwicklung einer „doppelten Halbsprachigkeit" (Atabay, 1994, S. 62f.). Dies impliziert die unzureichende Ausbildung der Muttersprache mit gleichzeitig ungenügendem Erlernen der Zweitsprache, welche in der Schule gesprochen wird. Nach Atabay besteht die Gefahr, dass die Jugendlichen nicht fähig sind, beide Sprachen zu trennen, wodurch eine eindeutige Identitätsbildung erschwert wird. Emotionen können in gewissen Momenten nicht ausgedrückt werden, wenn die jeweilige Sprache (ob bei einem Konflikt in der Familie die Muttersprache oder bei einem schulischen Konflikt die Zweitsprache) nicht ausreichend beherrscht wird. Auch dieser Aspekt erscheint in der Identitätsbildung erschwerend: Eine zweisprachige Entwicklung ist eingeschränkt und innerhalb der Familie kann dies zu Konflikten führen. Gleichzeitig kann eine Identitätshemmung dadurch entstehen, dass mit den sprachlichen Problemen Minderwertigkeitsgefühle entstehen (vgl. ebd., S. 62f.). Im Gegensatz dazu könnte die ausreichende Förderung einer Zweisprachigkeit, welche auf den Erfahrungen der Kinder und Jugendlichen beruht, zu einer guten Basis einer zweisprachigen Persönlichkeit führen. Außerdem ist zu sagen, dass eine Sprache wie das Französisch im Senegal durchaus die Chancen auf einen sozialen Aufstieg erhöht. Gegen das Argument, frühe Zweisprachigkeitserziehung könne zu Irritationen und Entwurzelungsphänomenen führen, spricht, dass Zweisprachigkeit sich eher positiv auf die Muttersprache auswirken kann (vgl. Lermer, 2006, S. 133). Eine gut ausgebildete Muttersprache kann zur sogenannten „Sprachloyalität" (Arndorfer zit. in Lermer, 2006, S. 90) führen, welche das ‚Festhalten‘ an einer Sprache bezeichnet. Außerdem kann damit die persönliche Identität ausgedrückt werden.

Es kann gefolgert werden, dass die Muttersprache das ideale Unterrichtsmittel wäre – und dies sowohl vom psychologischen, als auch vom pädagogischen, soziologischen oder politischen Standpunkt aus gesehen (vgl. hierzu David in dieser Publikation). Die Muttersprache bildet ein ganzes Symbolsystem, welches schneller und einfacher funktioniert als jedes andere System einer anderen Sprache und welches im Denken des Kindes automatisch funktioniert. So kann ein Kind Sachverhalte ausdrücken oder verstehen. Die Muttersprache im Unterricht ist den Schülern am nächsten und vertrautesten, das ‚Überstülpen‘ einer fremden Sprache (im vorliegenden Fall: Französisch) bewirkt eine Befremdung der Schüler. Unterricht in der Muttersprache könnte eine bessere emotionale Stabilität bei den Schülern bewirken (vgl. Ndiaye, 2006, S. 7f.). In Deutschland wird beispielsweise immer wieder die Bedeutung muttersprachlichen Unterrichts für Grundschüler diskutiert und in manchen Schulen wird dieser bereits umgesetzt.

An dieser Stelle sei darum nochmals auf die Bedeutung der Entwicklungsaufgaben verwiesen. Die Bewältigung geschieht hauptsächlich durch Sprache und Kommunikation. Der Gebrauch von und die Zugehörigkeit zu einer Sprache verdeutlichen gleichermaßen die Relevanz der Sprache innerhalb der Identitätsentwicklung: Die Persönlichkeitsentwicklung findet innerhalb sprachlicher Interaktion statt und auch für den Unterricht als Interaktionsgeschehen ist Sprache konstitutiv (vgl. Schelle, Rabenstein & Reh, 2010).

5.   Resümee

Das Thema 'Identität und Sprache' besitzt im frankophonen afrikanischen Bildungssystem eine große Relevanz. Dies impliziert eine transnationale Perspektive für Schule und Unterricht, die es Schülerinnen und Schülern ermöglicht, eigene Identitäts- und Lebensentwürfe sowie ihre Sprachwelten einzubringen (siehe hierzu die Beiträge von Khadi Fall und Sekou Bocoum). Der Vorschlag, dass es in der Schule auch die Möglichkeit geben müsste, die jeweilige Muttersprache zu sprechen, kann auch für Länder wie Deutschland und Frankreich geltend gemacht werden, um etwa Schüler mit Migrationshintergrund zu erreichen. Wie oben erläutert, ist die Muttersprache von großer Bedeutung innerhalb der Identitätsentwicklung Jugendlicher. Der Grundstein einer gelingenden Identitätsentwicklung kann mit muttersprachlichen Angeboten bereits in der Vor- und Grundschule gelegt werden, damit Schüler und Schülerinnen durch Anerkennung ihrer Mehrsprachigkeit eine Identität zu entwickeln vermögen, ohne sich zwischen zwei 'Stühlen' (vgl. Badawia, 2002) entscheiden zu müssen.

Der Einbezug etwa muttersprachlicher Literatur im Schulunterricht kann Schülern helfen Identität aufzubauen. Erst die kritische sprachliche Auseinandersetzung mit der Welt kann eine reflexive Perspektive auf die eigene Identität bewirken. Demnach ist es Aufgabe der Schule, kritische Denkfähigkeit zu ermöglichen. Dies kann nur durch eine sprachliche Übereinstimmung geschehen: Werden die Schüler mit einer ihnen nicht vertrauten bzw. von ihnen nicht verinnerlichten Sprache konfrontiert, ist davon auszugehen, dass diese Sprache erst in das Weltbild und die jugendliche Identität integriert werden muss, bevor sie sich mit deren Inhalten auseinandersetzen können.

Abschließend kann postuliert werden, dass das Thema 'Sprache und Identität' eine inter- und transnationale Relevanz besitzt und besonders im Fokus auf Nord- und West-Afrika in die Debatte um das dortige Bildungssystem wichtig ist. Die Tagung zur Unterrichtsgestaltung sowie die Beiträge in dieser Publikation machen für Außenstehende die große Bedeutung der Sprachenvielfalt deutlich. In Verbindung mit der erläuterten komplizierten Entwicklung von Identität im Zusammenhang mit Sprache wird ersichtlich, vor welch großen Herausforderungen schulische Bildung steht.

Literatur

Adick, C. (2003). Mon Avenir – Meine Zukunft. Ergebnisse aus senegalesischen und deutschen Schüleraufsätzen. In: ZEP Zeitschrift für internationale Bildungsforschung und Entwicklungspädagogik, 26, (1), (39–46).

Arndorfer, M. (1997). Samuel Beckett. Fragen der Identität. Wien (Beihefte zu „Quo vadis Romania 4"). In: Lermer, K. (2006). Beitrag eines mehrsprachigen Schulwesens zur Identitätsbildung in Süd-tirol. Dissertationsschrift im Fach Interkulturelle Erziehungswissenschaft. FernUniversität in Hagen (90). Fakultät für Kultur- und Sozialwissenschaften.

Atabay, I. (1994). Ist dies mein Land? Identitätsentwicklung türkischer Migrantenkinder und -jugendlicher in der Bundesrepublik. Pfaffenweiler: Centaurus-Verlagsgesellschaft.

Badawia, T. (2002). „Der dritte Stuhl". Eine Grounded-theory-Studie zum kreativen Umgang bildungserfolgreicher Immigrantenjugendlicher mit kultureller Differenz. Frankfurt/Main, London: IKO-Verlag für Interkulturelle Kommunikation.

BAGIV Bundesarbeitsgemeinschaft der Immigrantenverbände in Deutschland e.V. (Hrsg.) (1985). Muttersprachlicher Unterricht in der Bundesrepublik Deutschland. Rissen: ebv.

Dörr, M. (Hrsg.) (2011). Reifungsprozesse und Entwicklungsaufgaben im Lebenszyklus. Gießen: Psychosozial-Verlag.

Dreher, E./Dreher M. (1996). Fragebogen zu Entwicklungsaufgaben. 5. veränderte Fassung. München.

Erikson, E. H. (1970). Jugend und Krise. Die Psychodynamik im sozialen Wandel. Stuttgart: Klett.

Erikson, E. H. (1973). Identität und Lebenszyklus. Drei Aufsätze. 1. Aufl. Frankfurt/Main: Suhrkamp.

Fall, K. (2006). Koloniale Sprache als kulturelle Gewalt. Die Frankophonie hat die Gesellschaft gespalten. In: eins Entwicklungspolitik – Sprachenpolitik – Sprachenvielfalt, 18.19.2006. Online verfügbar unter http://www.goethe.de/mmo/priv/2192569-STANDARD.pdf, zuletzt aktualisiert am 17.11.2012.

Fall, K. (2009). Machtdiskurs und Machtlosigkeit: Das kolonialistische Spracherbe am Beispiel Senegal. Hrsg. FikrunwaFann Goethe-Institut e. V. Online verfügbar unter http://www.goe the.de/ges/phi/prj/ffs/the/spr/de4980152.htm, zuletzt geprüft am 17.11.2012.

Georgogiannis, P. (1985). Identität und Zweisprachigkeit. Bochum: N. Brockmeyer (Sozialwissenschaftliche Studien, 28).

Gierczynski-Bocande, U. (2010). Demokratie und Sprachenpolitik. Bürgernähe durch Verfassungsnähe. Länderbericht der Konrad-Adenauer-Stiftung e.V. vom 30.11.2010, online verfügbar unter http://www.kas.de/wf/doc/kas_21296–1522-1–30.pdf?101130171350, zuletzt geprüft am 16.01.2013.

Grob, A./Jaschinski, U. (2003). Erwachsen werden. Entwicklungspsychologie des Jugendalters. 1. Aufl. Weinheim, Basel, Berlin: Beltz, PVU.

Havighurst, R. J. (1975). Youth. The Seventy-fourth Yearbook of the National Society for the Study of Education. Chigaco, Illinois: NSSE.

Hericks, U. (2006). Professionalisierung als Entwicklungsaufgabe. Rekonstruktionen zur Berufseingangsphase von Lehrerinnen und Lehrern. 1. Aufl. Wiesbaden: VS Verlag für Sozialwissenschaften.

Hericks, U./Kunze, I./Kräft, H. C./Keuffer, J. (Hrsg.) (2001). Bildungsgangdidaktik. Perspektiven für Fachunterricht und Lehrerbildung; [Meinert Meyer zum 60. Geburtstag]. Unter Mitarbeit von Meinert A. Meyer. Opladen: Leske & Budrich.

Lermer, K. (2006). Beitrag eines mehrsprachigen Schulwesens zur Identitätsbildung in Südtirol. Dissertationsschrift im Fach Interkulturelle Erziehungswissenschaft. FernUniversität in Hagen. Fakultät für Kultur- und Sozialwissenschaften.

Mead, G. H. (1995). Geist, Identität und Gesellschaft aus der Sicht des Sozialbehaviorismus. 10. Aufl. Frankfurt/Main: Suhrkamp.

Ndiaye, M. (2006). Die Macht der Sprache, zur aktuellen Lage der Nationalsprachen im Senegal. Betrachtungen zur Sprachpolitik des Senegal: historisch-kulturell bedingte Schwierigkeiten und in der Praxis zu realisierende Lösungen. Institut für allgemeine und afrikanische Linguistik UCAD (Universität CheikhAntaDiop Dakar). Online verfügbar unter http://www.goethe.de/mmo/priv/1428803-STANDARD.pdf, zuletzt geprüft am 17.11.2012.

Neuenschwander, M. P. (1996). Entwicklung und Identität im Jugendalter. Bern [u. a.]: Haupt.

Oerter, R. (2008). Kindheit. In: Oerter, R. (Hrsg.) Entwicklungspsychologie (225–270). 6. Aufl. Weinheim, Basel: Beltz, PVU.

Oerter, R./Dreher, E. (2008). Jugendalter. In: Oerter, R. (Hrsg.) Entwicklungspsychologie (271–332). 6. Aufl. Weinheim, Basel: Beltz, PVU.

Oerter, R./Montada, L. (Hrsg.) (2008). Entwicklungspsychologie. 6. Aufl. Weinheim, Basel: Beltz, PVU.

Rauh, H. (2008). Vorgeburtliche Entwicklung und frühe Kindheit. In: Oerter, R. (Hrsg.) Entwicklungspsychologie (149–224). 6. Aufl. Weinheim, Basel: Beltz, PVU.

Schelle, C./Rabenstein, K./Reh, S. (2010). Unterricht als Interaktion. Ein Fallbuch für die Lehrerbildung. Bad Heilbrunn: Klinkhardt.

Szagun, G. (2011). Sprachentwicklung beim Kind. Ein Lehrbuch. 4. Aufl. Weinheim [u.a.]: Beltz.

Tillmann, K.-J. (2003). Sozialisationstheorien. Eine Einführung in den Zusammenhang von Gesellschaft, Institution und Subjektwerdung. 12. Aufl. Reinbek bei Hamburg: Rowohlt-Taschenbuch-Verlag.

Weinert, S./Grimm, H. (2008). Sprachentwicklung. In: Oerter, R./Montada, L. (Hrsg.) Entwicklungspsychologie (502–534). 6. Aufl. Weinheim, Basel: Beltz, PVU.

Sofia Stratilaki

Spracherwerb, Sprachbegegnung und Sprachkontakt

Diskurs und Repräsentationen mehrsprachiger Schüler mit Immigrationshintergrund

1.   Mehrsprachigkeit als Diskursdomäne

„Ich bin also insgesamt der Ansicht, daß wir uns von der weiteren Entwicklung der Didaktik eine Literarisierung oder Reliterarisierung des Sprachunterrichts wünschen müssen, damit wir nicht nur die Sprachen mit Interesse sprechen, sondern auch unsere Umwelt mit Überraschungen sehen lernen" (Weinrich, 1981, S. 183).

Während der letzten Jahre hat die Untersuchung der Didaktik der Mehrsprachigkeit einen erfreulichen Aufschwung genommen. Die meisten Publikationen thematisieren Strategien, wie die Sprachen innerhalb einer bilingualen Schulklasse kombiniert oder funktionell verteilt werden können, nämlich nach Person, Ort, Zeit, Thema und Tätigkeit (vgl. Brohy, 1992). Welche Vorstellungen verbinden die Schülerinnen und Schüler (= SuS) mit der Mehrsprachigkeit und wie sieht die sprachliche Realität in den Schulklassen aus? Unterschiedliche, gar widersprüchliche Erwartungen, Verhaltensweisen und Hoffnungen werden gemeinhin an die Mehrsprachigkeit geknüpft. Einige Antworten darauf erhalten wir durch vielfältige Modelle, die inzwischen für unterschiedliche Lehr- und Lernsituationen entwickelt wurden: z.B. das dynamische Modell (Herdina & Jessner, 2002), das Rollen-Funktion-Modell (Hammarberg, 2001), das ökologische Modell (Aronin & Ó Laoire, 2003), das Foreign Language Acquisition Model [FLAM] (Groseva, 2000) oder das soziolinguistische Modell von Coste, Moore und Zarate (1997). Andere Modelle sind durch Kontexte bestimmt und beschreiben sprachliche Erfahrungen, die auf der Dynamik von individuellen Erlebnissen und sozialen Anforderungen basieren. Dabei wird das Identitätskonzept, insbesondere für zwei- und mehrsprachige Individuen, die am Leben in der Aufnahmegesellschaft teilhaben wollen, als pluriell und in ständigem Wandel definiert. Im frankophonen Nord- und Westafrika, zum Beispiel, wo Französisch (als Zweitsprache) eine ehemalige Kolonialsprache ist, zeigen mehrere empirische Untersuchungen, wie sich plurielle Identität von Jugendlichen in dieser mehrsprachigen Gesellschaft konstruiert und welche Bedeutung sprachliche Praktiken für das Selbstverständnis der Menschen haben.[1] Im

---

1   Valérie Spaëth (2005, S. 12–17) weist darauf hin, dass der multilinguale Spracherwerb in der Schule in Afrika von Spannungen geprägt ist: „Dans les colonies françaises d'Afrique, les forces de transposition fonctionnent dans une tension permanente entre adaptation nécessaire et décalque à l'identique du modèle français. Mais l'idée d'adaptation est ambiguë et oscile sans cesse entre une contextualisation ajustée aux fins politiques (reconnaissance et prise en charge des conditions sociales, culturelles, cognitives) et une simplification (réduction) [...]. Jamais en Afrique subsaharienne, durant la période coloniale, le français n'a été considéré comme une langue maternelle, aucun pédagogue même n'a prétendu qu'il fallait l'enseigner comme telle –

Zentrum der linguistischen Aufmerksamkeit steht dabei der Diskurs mehrsprachiger Sprecher und immer deutlicher zeichnet sich ein Verständnis für die enorme Relevanz ab, die verschiedenen Aspekte der mehrsprachigen und mehrkulturellen Kompetenz systematisch und typologisch zu erfassen. Es ist unbestritten, dass der Lernprozess als wichtiger Träger von Spracherwerb angesehen werden kann (vgl. Hufeisen, 1998) und dass jede weitere Sprache, die eine Person lernt, mit ihren spezifischen Faktoren das gesamte Bedingungsgefüge für das Selbstverständnis und den Sprachlernprozess auf dynamische Art verändert. Aber was bedeutet eigentlich Fremdsprachenlernen, welche Sprachen werden als Prestige- oder Nicht-Prestige-Sprachen aufgefasst?

Einerseits bedeutet das Erlernen einer Zweit- oder Fremdsprache, an primär vorhandenes sprachliches und kulturelles Wissen anzuknüpfen. „Der Erwerb einer neuen Sprache ist immer eine (inter)kulturelle Begegnung, die Identitäten in Frage stellt und verändert"[2] (De Pietro & Thonhausen, 2012, 8). Das heißt: Das Sprachlernen (L2+L3+Ln) und das Benutzen anderer Sprachen als der im Unterricht verlangten ist eine Begegnung mit der fremden Kultur und der neuen Sprache, die die Entdeckung auch des Eigenen erlaubt. Zu den didaktischen Prinzipien des Fremdsprachenlernens gehört ein frühzeitiger, intensiver und fachübergreifender Spracherwerb. Trotz zahlreicher Studien über Sprachlernmethoden sowie der Ausbildung solider Sprachkompetenzen im schulischen Kontext bzw. im Unterricht ist damit immer noch eine große Herausforderung für die Lehrenden verbunden. Derzeit werden ganz unterschiedliche Überlegungen angestellt, welche Sprachen Schüler und Schülerinnen im schulischen Kontext erwerben sollten und in welcher Reihenfolge dies sinnvollerweise geschehen sollte. Auf der einen Seite wurde immer wieder darauf hingewiesen, dass vermehrt sowohl Grundlagenforschung als auch angewandte Forschung betrieben werden muss, auch in Verbindung mit Aktionsforschung. Auf der anderen Seite nehmen sprachwissenschaftliche Modelle oft kaum oder gar nicht die sprachbiographischen Aspekte eines Individuums zur Kenntnis.[3] Allen Überlegungen zu einem gesamtsprachlichen schulischen Curriculum ist jedoch gemein, dass der Erwerb bzw. das Lernen der einzelnen Sprachen, d.h. der Fremdsprachen wie der Muttersprache (bzw. Erstsprache = L1) oder der unterschiedlichen Herkunftssprachen der Lerner (wie zum Beispiel die unterschiedlichen Nationalsprachen im multilingualen Afrika), nicht mehr isoliert

---

bien au contraire – mais les contraintes du cadre colonial finissent par naturaliser son enseignement. Au moment de la décolonisation, on propose de l'enseigner comme une langue étrangère quand – plus que jamais- c'est la langue de l'école. [...] On pourrait, à présent, légitimement penser que [...] l'ère de la colonisation s'est achevée et, avec elle, la domination du FLE en Afrique francophone".

2 Vgl. auch den von Zarate (2003) verwendeten Begriff des „médiation culturelle".

3 „D'un point de vue biographique, l'apprentissage d'une langue apparaît à la fois, d'une part, comme mise en place progressive des connaissances lexicales, morphologiques, syntaxiques ou pragmatiques qui permettent à l'apprenant, par exemple, de former tant bien que mal un syntagme nominal doté d'une certaine valeur illocutoire en combinant de manière appropriée un déterminant, un adjectif et un nom ; et aussi, d'une part, comme un ensemble d'événements qui fort partie de sa biographie" (Porquier & Py, 2004, S. 6).

betrachtet wird.[4] Ziel ist vielmehr eine übergreifende Konzeption, die den Spracherwerb in den verschiedenen Sprachen als Teil eines Ausbauprozesses betrachtet, der das sprachliche Repertoire eines Sprechers insgesamt in den Blick nimmt und als gemeinsame Aufgabe aller beteiligten Sprachen bzw. Fächer betrachtet. Claire Kramsch (2007) argumentiert in diese Richtung:

> „More and more students come to class not as monolingual slates to be inscribed with the new language, but as multilingual sensibilities that use language for far more versatile ends than just to communicate with other speakers of their languages. Each language embodies a speaker's history in various unique ways. Each has different resonances that affect the resonances of the other languages, depending on their configuration. The notion of "linguistic identity", that takes into account the historical, social, and cultural meanings of various languages for individual language users, suggests that current approaches might unnecessarily deprive language study of important personal and emotional dimensions" (Kramsch, 2007, S. 120).

Andererseits gehören das Fremdsprachenlernen und die Förderung der Mehrsprachigkeit zu Alltag, Beruf und gesellschaftlichem Leben. Die Motivation, eine bestimmte Sprache zu erlernen, kann mit dem vom Individuum empfundenen sozialen Wert der Sprache eng verknüpft sein. Der Sprachunterricht entspricht somit ganz realen, jedoch zugleich verschiedenartigen Bedürfnissen. Aus Interesse für die Verbindung von Theorie und Praxis des Fremdsprachenlehrens und -lernens habe ich diese Aufgabenstellung zum Thema meiner Dissertation gewählt (Stratilaki, 2009). Meine wichtigsten Ausgangsfragen waren folgende: Welche Konzepte von Sprache, Identität, Mehrsprachigkeit und Mehrkulturalität werden von Schülern vertreten? Verändern sich diese Repräsentationen beim Erwerb weiterer Sprachen? Welche Rolle spielt ihre Zweisprachigkeit im Fremdsprachenunterricht? Welche Ziele bzw. Kompetenzen sollen durch den Unterricht in der jeweiligen Fremdsprache erreicht werden? Sollen diese Ziele für alle Fremdsprachen, die gelehrt werden, und für alle Lernenden dieselben sein oder den gleichen Stellenwert haben? Mit Hilfe dieser Fragestellungen konnte ich nachweisen, dass sprachliches Vorwissen, linguistische Kompetenzen und Sprachlernerfahrungen als Ressourcen für das Lernen weiterer Sprachen dienen.[5] Man

---

4 Hufeisen & Gibson (2003, S. 13) schreiben diesbezüglich: „Die Kenntnisse verschiedener Sprachen vermischen sich, werden fälschlicherweise übertragen und führen zu lustigen oder ärgerlichen Fehlern. Diese meist als „Interferenzen" bezeichneten Vermischungen verschiedener Sprachen sind als das negative Ergebnis unzureichender Speicherung bzw. Trennung der Sprachen im mentalen Lexikon interpretiert worden [...]. Für die schulische, universitäre und extracurriculare Fremdsprachenausbildung hat diese Annahme immer dazu geführt, dass Sprachen möglichst sorgfältig getrennt wurden."

5 1975 wurde in Buc bei Versailles das Deutsch-Französische Gymnasium als Modell zweisprachigen Unterrichts gegründet. Vorbild waren entsprechende Gymnasien in Saarbrücken (gegründet 1961) und in Freiburg/Br. (gegründet 1972). Die drei Schulen, die sich auf den Elysée-Vertrag berufen, arbeiten eng zusammen und gelten als Modell für die europäische Integrationspolitik auf dem Gebiet des Schulwesens (vgl. Stratilaki, 2011). Die Dissertation von Stratilaki (2009) ist eine qualitative und quantitative Studie, für die subjektive Meinungen (von Schülern/Schülerinnen zwischen 10 und 19 Jahren) über Mehrsprachigkeit in Deutschland und Frankreich erhoben

kann nicht mit Sicherheit sagen, ob Sprachkontakt zu Zwei-/Mehrsprachigkeit oder Zwei-/Mehrsprachigkeit zu Sprachkontakt führt. Dennoch kann man behaupten, dass mit der L2 die Grundlage für die Mehrsprachigkeit gelegt wird. Es sollte also in Lehre und beim Lernen das Bewusstsein für Transferpotential und mehrsprachige Kompetenz vorhanden sein, und dies insbesondere in gesellschaftlichen Situationen, in denen Mobilität, Immigration und Sprachkontakte (im Sinne von Interaktion zweier/mehrerer Sprachen) weit verbreitet sind.

In diesem Aufsatz werde ich den Ansatz eines dynamischen Modells vorstellen, aus dem hervorgeht, dass individuelle Mehrsprachigkeit eine zentrale Kompetenz für den schulischen Fremdsprachenunterricht darstellt, dies besonders in einem multilingualen Kontext analog den frankophonen afrikanischen Ländern, in denen ein gutes sprachliches Selbstbewusstsein und eine positive Einstellung gegenüber der eigenen lebensweltlichen Mehrsprachigkeit selten sind.[6] Dabei stelle ich das Lernen von Französisch und Spanisch als zweite (= L2+n) oder dritte Fremdsprache (= L3) anhand von Beispielen in den Mittelpunkt der Analyse. In einem ersten Schritt werden vier primäre Aspekte der mehrsprachigen Erwerbskompetenz berücksichtigt: metasprachliches Bewusstsein, Sprachverhalten, soziale Repräsentationen und Sprachlernstrategien. Im zweiten Schritt stelle ich einige didaktische Überlegungen zu einem sprachvergleichenden Unterricht vor. Im Anschluss daran werde ich zwei Aspekte der Mehrsprachigkeitsdidaktik vorstellen, die meines Erachtens im Fremdsprachenunterricht berücksichtigt werden sollten.

2. Dimensionen und Komponenten mehrsprachiger Erwerbskompetenz

Der bilinguale Mensch soll nach Grosjean (1982, 1992) nicht als zwei monolinguale Menschen in einer Person gesehen werden, sondern als kompetenter jedoch besonderer Sprecher (vgl. hierzu besonders die Publikationen von Gajo, 2001, Coste, 2004, Franceschini, 2001, Kramsch, 2008, Herdina & Jessner, 2002). Metasprachliches Bewusstsein bezieht sich sowohl auf die formalen Unterschiede zwischen den Sprachen

---

wurden, Objekt der Beobachtung war das Sprachverhalten deutsch-französischer Schüler an diesen Gymnasien. Vor diesem Hintergrund erfolgt eine Beschreibung darüber, wie die verschiedenen Sprachen in sozialen Konstellationen bzw. Netzwerken vertreten sind sowie mehrsprachige Identität erfasst werden kann.

6   „Le français, langue officielle, langue de la citoyenneté, c'est-à-dire de l'intégration réussie dans la vie sociale, économique et politique, partage l'espace de la communication sociale avec les langues de souches locales, langues de l'identification culturelle et linguistique du terroir. Posséder le français et, au moins, une langue natale comme outils de communication, conséquence d'une éducation bilingue, fera de l'Afrique de demain un citoyen du monde imbu de ses valeurs culturelles positives et ouvert au souffle fécond du monde extérieur. Le français, langue au service de l'éducation, doit être pensé en fonction des diversités des contextes linguistiques" Daff (2005, S. 72). Siehe auch *Les Etats généraux du français en Afrique* (2003).

als auch auf die Fähigkeit, flexibel und abstrakt über Sprache nachzudenken.[7] Durch die Erfahrung mit zwei oder mehreren Sprachen entwickelt der/die Bilinguale (im Gegensatz zu den Monolingualen) die Fähigkeit, sich auf die Sprache selbst als Diskursobjekt zu beziehen und in der Folge mit Sprache kreativ umzugehen. Sprachbewusstsein manifestiert sich bei bilingualen Kindern auf unterschiedliche Weise und in mehreren Stufen, d.h. einige von ihnen machen auf die Besonderheiten ihres Sprachgebrauchs aufmerksam, andere hingegen nicht. Zudem zeigt sich, dass man, sobald nachgefragt wird, was eigentlich Fremdsprachenlernen für den Einzelnen bedeutet, von jeder Person, die eine oder mehrere Fremdsprachen gelernt hat, jeweils voneinander abweichende persönliche Geschichten, Einstellungen und Überzeugungen als Antworten erhält. Diese Erzählungen (oder Sprachbiographien) zeichnen u.a. ein differenziertes Bild von Erwerbs- und Lernprozessen, also ein Stück Lebensgeschichte, das eng mit Kompetenzen und Fragen der Identität verknüpft ist.[8] Identität bei mehrsprachigen Individuen stellt ein vielschichtiges Konstrukt dar, das auf der Dynamik von individuellem Erleben und sozialen Anforderungen basiert; sie interpretieren Mehrsprachigkeit als vielschichtig sowie dynamisch und begreifen die einzelnen Sprachen als miteinander verbunden (vgl. Stratilaki, 2011). Die folgende Sequenz aus einem Interview[9] zeigt diese Dynamik:

Maria: „ich denke, dass es zur Zweisprachigkeit auch gehört, dass man die Kulturen und die Mentalität kennt und nicht nur die Sprachen kann, sondern sich auch damit identifiziert (…).‟

Isabella: „Zweisprachigkeit bedeutet für mich, zwei Sprachen perfekt zu beherrschen und zwischen diesen ohne Probleme wechseln zu können. Mehrsprachigkeit ist für mich dann

---

7   Hufeisen & Gibson (2003, S. 21) schreiben: „Der grundsätzliche höhere Grad an metalinguistischem Bewusstsein wird als eines der auffälligsten Merkmale multilingualer Lernender und Sprechender beobachtet […]. Durch ihre spezifischen Fremdsprachenlernerfahrungen haben die Lernenden festgestellt bzw. sind darauf aufmerksam geworden, dass Sprache ein *symbolisches* System ist, das beobachtet, kontrolliert und manipuliert werden kann‟ (Hervorhebung der Autorin).

8   De Florio-Hansen & Hu (2007, XI) schreiben diesbezüglich: „Identität und Mehrsprachigkeit sind *Struktur* und *Prozess* zugleich‟ (Hervorhebung der Autorin). Nach Tophinke (2002, S. 1) definiere ich den Begriff der Sprachbiographie wie folgt: „Sprachbiografie dient in einem vorwissenschaftlichen Sinne dazu, den Sachverhalt zu bezeichnen, dass Menschen sich in ihrem Verhältnis zur Sprache bzw. zu Sprachen und Sprachvarietäten in einem Entwicklungsprozess befinden, der von sprachrelevanten lebensgeschichtlichen Ereignissen beeinflusst ist‟. Vgl. auch Franceschini (2002) und den von Marc (2006) verwendeten Begriff des ‚Identitätsaktes‛ (*actes d'identité*).

9   Diese Zitate sind einem Interview mit Schülerinnen und Schülern im Alter von 17 Jahren des Deutsch-Französischen Gymnasiums von Saarbrücken entnommen. Die Interviews fanden auf Französisch und Deutsch statt, die Schülerinnen und Schüler konnten die Sprache in der das Interview geführt wurde, frei wählen. Die Wahl der Sprache deutet darauf hin, dass die Sprecher sich der Tatsache, dass ihr Sprachvermögen im Deutschen und im Französischen deutliche Unterschiede aufweist, sehr bewusst sind.

der Fall, wenn man außer der Muttersprache auch andere Sprachen spricht, diese aber nicht perfekt sondern nur ausreichend beherrscht (…)"

Katerina: „Zweisprachigkeit ist für mich, wenn man beide Sprachen von klein auf fast perfekt beherrscht und sich mit deren Kulturen verbunden fühlt. Mehrsprachigkeit ist das Erlernen von vielen Fremdsprachen, die es einem erlauben, im Beruf weit zu kommen."

Der bilinguale Sprecher besitzt besondere pragmatische Fähigkeiten. Dieser Aspekt der Sprachkompetenz scheint beim bilingualen Sprecher durch seinen ständigen Kontakt mit zwei Sprachkulturen und Sprachsystemen deutlich besser ausgebildet zu sein als beim monolingualen. Unter pragmatischer Fähigkeit verstehe ich die Kompetenz, soziale Beziehungen der Situation angemessen zu gestalten, Registerunterschiede zu berücksichtigen und den Diskurs funktional im Sinne der kommunikativen Intention zu realisieren. So erweist sich der bilinguale Mensch als besonders sensibel, wenn es um die Sprachwahl geht, d.h. um die Frage, wann er mit wem welche Art von Sprache verwenden kann, muss oder soll. Anders ausgedrückt: Das Sprachwechseln bzw. die Sprachmischung wird situationsabhängig zur Regelung sozialer Beziehungen eingesetzt. Zudem ist festzuhalten, dass Sprachkompetenz sich in Abhängigkeit von der Zeit verändert. Denn abhängig von seinen kommunikativen Bedürfnissen (Gesprächsthemen, Gesprächsstile, Verlaufserwartungen) kann der Sprecher verschiedene Kompetenzen *zeigen* oder sogar *verheimlichen*, insbesondere wenn die Sprachbiographie von Sprachen unterschiedlichen sozialen Prestiges geprägt ist:

Daniel : „Le sénégalais est une langue maternelle et une langue locale et je suis Sénégalais aussi (!). Mais le français, il faut le dire, est devenu comme une identité parce qu'avec le français je communique à l'aise et je peux mieux exprimer mes sentiments en français. À la limite, je peux dire que ça fait partie de ma culture. Mais mon identité reste telle! Je suis sénégalais de naissance, j'ai été éduqué dans la société traditionnelle sénégalaise, j'ai évolué dans la société moderne qui a adopté le français comme étant la langue de travail, de l'école et de communication, voilà ce que je puise dire".

Maurice : „Je suis francophone et on a été colonisé par les Français. On étudie en français. C'est la première langue étrangère qu'on apprend au Burkina. Les autres communautés environnantes, ne comprenant pas ma langue maternelle, utilisent le français avec moi. Le français me permet de pouvoir échanger avec d'autres ethnies que je ne pourrais comprendre. C'est le régulateur vers une seule référence".

Pierre : „Le français favorise l'interculturalité dans l'espace francophone et l'expression des sentiments et de sa vision du monde. Si mon père est aujourd'hui instituteur, c'est grâce au français. Le français nous permet de nous ouvrir au monde. Quand il retourne au village, il est respecté".

Ein weiteres Kriterium für den bilingualen Sprecher ist das der sozialen Repräsentationen (Moscovici, 1976). *Les représentations sociales des langues* bezeichnen Gedanken, Wissen, Glauben und Ideen, die von den Mitgliedern einer sozialen Gruppe (communauté discursive) geteilt und durch Interaktionen und Diskurse kommuniziert, verändert und in Umlauf gebracht werden (vgl. Zentrum vs. Peripherie). Sie beziehen sich auf das Umfeld, in dem die Mitglieder leben, auf individuelle und kollektive Handlungen und Kommunikationen: Soziale Akteure kommunizieren in einer Vielzahl verschiedener Kontexte und handeln durch diese Interaktionen ihre Identität aus, dabei unterliegt ihr sprachliches Repertoire einem kontinuierlichen Wandel (z.B. Kunkel & Stratilaki, 2012). Eine zweisprachige Person ist bereits ein „erfahrener" Lerner: Sie weiß, wie schwierig es ist, in einer Fremdsprache alles zu verstehen und wie komplex diese Aufgabe zu bewältigen ist. Sie hat inzwischen Erfahrungen im Fremdsprachenlernen, hat bereits (vielleicht vorerst nur unbewusst) bestimmte Lernstrategien entwickelt (vgl. hierzu auch Hufeisen & Gibson, 2003). Sie weiß, dass die Entwicklung ihres sprachlichen Repertoires insgesamt besonders gefördert werden kann, wenn die Transferpotentiale (Ableitung, Sprachkenntnisse, empfundene Sprachennähe und intra- als auch interlinguale Ähnlichkeiten in der Syntax oder der Lexik) zwischen den vorhandenen zwei Sprachen ihres Repertoires und die der neu hinzukommenden Sprache konstruktiv genutzt werden und somit mehr Transferbasen für Interaktion bilden als z.B. die tatsächliche typologische Nähe bzw. Distanz zwischen den Sprachen und Sprachstrukturen (vgl. Kellerman, 1983, Castellotti, Coste & Moore, 2001, Cenoz, 2001). Die Untersuchungen von Missler (1999) konnten nachweisen, dass je mehr Sprachen erworben werden, auch die Fremdsprachenlernstrategien umso bewusster und gezielter zum Einsatz kommen *(représentation sociale de la distance ou de la proximité linguistique des langues)*. Um dies zu illustrieren, folgt ein kurzer Gesprächsausschnitt:

Melanie : „La langue française est le ciment sociolinguistique du Burkina Faso. Nous avons une soixantaine d'ethnies, si chaque ethnie devait parler sa langue, je ne sais pas à quoi cela pourrait ressembler. Car chaque langue est différente. C'est pourquoi la Constitution a fait de la langue française la langue officielle (….), c'est le français qui est le trait d'union entre cette soixantaine d'ethnies."

Ursula: „Es gibt zwischen Deutsch und Französisch mehrere kleine logische Verbindungen, wie zum Beispiel Fremdwörter im Deutschen oder Verben. Aber trotzdem ist Französisch von Deutsch entfernt. Grundsätzlich ist Deutsch von der Aussprache her schon sehr weit von Französisch entfernt. Englisch ist nicht so weit von Deutsch entfernt und Japanisch zum Beispiel ist noch viel weiter entfernt."

Daniel: „Ich denke nicht, denn jede Sprache ist ähnlich zu einer anderen. Ich finde, vom Deutschen ins Französische gibt es wenige Gemeinsamkeiten in der Sprache. Aber vom Französischen ins Spanische! Da hilft mir Französisch sehr, weil sich so viele Sachen/Wörter ähneln. Man kann viele Wörter ableiten, ich benutze diese Verbindungen ziemlich oft."

Der Bereich der Spracherwerbsstrategien sollte in diesem Zusammenhang nicht unerwähnt bleiben. Die Problematik der sprachlichen Ressourcen, die durch den Sprachkontakt erworben werden, stellt ein dynamisches Feld des Sprachausbaus dar. Man vermutet, dass durch die bereits vorhandene Spracherfahrung Bilingualer bzw. Studierender mit höherem Sprachniveau andere Strategien beim Erlernen einer weiteren Sprache anwenden als z.B. Studienanfänger. Französisch gilt dabei als besonders schöne und klangvolle, zugleich aber auch als schwierige Sprache (zum Beispiel kann der große Unterschied zwischen gesprochener und geschriebener Sprache vielen Lernenden Schwierigkeiten bereiten). Dafür wird Französisch in der fachdidaktischen Literatur zumeist als die ideale Brückensprache zum Verstehen und Erlernen weiterer romanischer Sprachen empfohlen. Das Spanische gilt, für viele Schüler, als grammatikalisch und lexikalisch einfach und damit als schnell und problemlos zu erlernende Sprache. Diese Repräsentationen der Sprachen hängen in erster Linie von dem subjektiv empfundenen Schwierigkeitsgrad, von der Motivation und den Sprachlernerfahrungen sowie der Lernumgebung des jeweiligen Individuums ab.[10] Das folgende Beispiel soll dies verdeutlichen:

> Melanie: „Deutsch, Französisch und Spanisch ähneln sich auf den ersten Blick kaum. Deutsch hat eine ganz andere Sprachmelodie als Französisch oder Spanisch. Jedoch sind einige Vokabeln und grammatikalische Grundregeln ähnlich. Ich versuche jede Sprache einzeln zu erlernen, damit ich möglichst wenig Akzent beibehalte, jedoch gleichen sich die Sprachen schon etwas".

Grafisch lassen sich diese Komponenten mehrsprachiger Kompetenz so veranschaulichen:

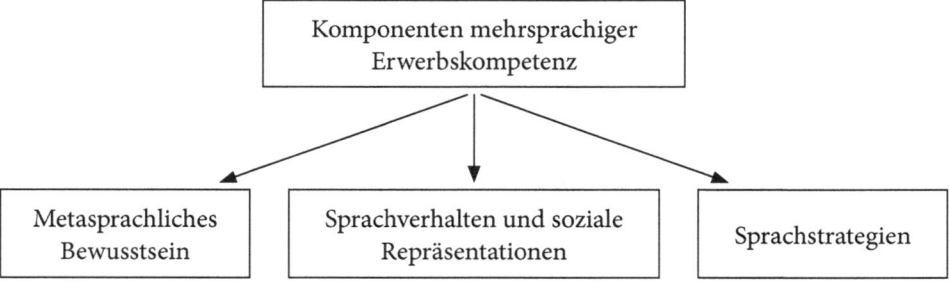

3. Sprachenkonstellationen und Erwerbsprozesse in L3+n

In der Schule ist Sprache nicht nur ein Instrument, das gemeinsame Erwartungen transportiert, sondern auch ein Lernobjekt. Diese Doppelfunktion von ‚Sprache' muss im mehrsprachigen schulischen Umfeld genauer betrachtet werden, um didaktische Zugänge formulieren zu können, die die Vorteile der mehrsprachigen Erwerbsstrategien und Konstellationen nutzbar macht (vgl. Coste & Lee Simon, 2009). Darüber hinaus eignet sich gerade die Kombination aus Französisch und Spanisch dazu, die spezi-

---

10 Tesch (2012, S. 89) führt zum Begriff aus: „Subjektive Theorien sind tief verwurzelte und fest sitzende Überzeugungen (Theorien), die wie ein Filter für die Wahrnehmung der Außenwelt wirken. Implizites Wissen explizit zu machen könnte ein zentraler methodischer Ansatz für die Erforschung gelingenden oder auch nicht gelingenden Transfers didaktischer Theorien sein. Denn implizites Wissen (wie auch subjektive Theorien) können dafür verantwortlich gemacht werden, dass Lern- oder Aneignungsprozesse blockiert werden." (Vgl. auch Kallenbach, 1996).

fischen Vorteile des Erwerbs zweier Sprachen aus einer gemeinsamen Sprachenfamilie zu nutzen, um Sprachbewusstheit, Sprachlernbewusstheit und Sprachlernkompetenz zu entwickeln. Jessner (1999), Moore (2006), Hu (2011) und De Angelis (2011) (um nur wenige Autoren zu nennen) behaupten, dass Lernende ihre mehrsprachige Kompetenz durch ihre Suche nach Ähnlichkeiten und Unterschieden bilden,[11] dies erfolgt zumeist *reaktiv*. Reaktiv (*post*) bedeutet, dass für das Erlernen der zweiten Sprache (hier des Spanischen) gezielt auf die bereits vorhandenen Kenntnisse und Kompetenzen im Französischen zurückgegriffen wird. Diese Nutzbarmachung kann aber auch *proaktiv* (*ante*) erfolgen, indem bereits während des Unterrichts in der ersten Sprache auf nachgelernte Sprachen vorbereitet wird. Dies könnte in der Form stattfinden, dass im Rahmen interlingualer Einheiten gezielt das Spanische und teilweise auch das Italienische in den Französischunterricht eingebaut werden. Dabei erleichtert die nahe Verwandtschaft der beiden Sprachen den Transfer:[12] Der Lerner erlebt, dass sich das im Kontext der ersten romanischen Sprache erworbene Wissen dazu eignet, mit Hilfe eines systematischen Vergleichs, geschickter Kombination vorhandener Wissenselemente und intelligentem Raten, Texte oder Diskurstypen aus einer fremden romanischen Sprache zu verstehen bzw. ihre grammatischen Strukturen und Wortbildungen abzuleiten.

Nehmen wir hierzu ein kurzes Beispiel: Die Schüler wurden aufgefordert eine kurze Geschichte in der Fremdsprache zu erzählen, die sie zu der Zeit gerade lernten (d.h. Spanisch oder Italienisch). Die Lernenden nutzen metasprachliches Wissen, um über die linguistischen Strukturen zu sprechen, die erkannt, verglichen und manipuliert wurden, um z.B. das gegebene lexikalische Problem zu lösen (*die Feuerwehr, die Soldaten des Feuers*), während die Lehrerin zielgerichtet die Vokabel korrigiert (*in Spanisch heißt es eher Feuerwehr*).

Lehrer.	Coleccionan algo ?	*Sammeln sie etwas?*
	Coleccionan algún objeto ?	*Sammeln sie Dinge?*
Schüler.	no	*nein*
Schüler 1.	mi hermano colecciona sellos	*mein Bruder sammelt Briefmarken*
Schüler 2.	cuál es ?	*welches ist das?*
Schüler 1.	des timbres	*Briefmarken*
Schüler 2.	mi padre colecciona sellos	*Mein Vater sammelt Briefmarken*
Schüler.	ah tu padre también	*Ah dein Vater auch*
Schüler 2.	sí… mm…	*Ja… mm…*

---

11 De Angelis (2011, S. 218) interpretiert diese Äußerung folgendermaßen: „Having knowledge of more than one language seems to lead to a heightened awareness of language and to the development of metalinguistic abilities which are put to use during the learning process. With respect to the latter, studies that compared the metalinguistic abilities of monolinguals and bilinguals have repeatedly shown how bilinguals develop a heightened awareness of the forms, meanings and rules of language […] and that such awareness is to put to use when learning additional languages. "

12 „Nous désignerons par *transfert* le processus psycholinguistique consistant à utiliser dans la construction de l'interlangue des ressources tirées de L1" (Porquier & Py, 2004, S. 25).

Schüler 3.	[nach Überlegung] mi hermano **colecciona los figurines de … soldados del fuego**	*[nach Überlegung] mein Bruder sammelt* **die Figuren von … Soldaten des Feuers**
Schüler.	soldados del fuego ?	*Soldaten des Feuers?*
Schüler 1.	ah les pompiers ! [rires]	*Ah die Feuerwehr! [lachen]*
Lehrer.	ah de bomberos	*ah von Feuerwehr*
Schüler 3.	sí	*ja*
Lehrer.	cómo has encontrado eso de soldados del fuego ?	*wie bist du auf Soldaten des Feuers gekommen?*
Schüler 3.	ben/**perche en italiano si dice vigili del fuoco/soldados del fuego**	*Ben, **perche en italiano se dice vigili del fuoco/Soldaten des Feuers***
Lehrer.	aha/soldados del fuego/sí/no	*aha, Soldaten des Feuers/ja/nein*
Schüler 3.	en en Alemania también	*in / in Deutschland auch*
Lehrer.	en espagnol c'est plutôt pompier/ porque bomba es la pompe/ bomberos	*in Spanisch, heißt es eher Feuerwehr/weil bomba ist die Pumpe/bomberos*

Der Erfolg dieser Transferbemühungen hängt im Wesentlichen von drei Faktoren ab: 1. der Wahrnehmung sprachlicher Schemata, 2. der typologischen Ähnlichkeit zwischen Sprachen (je ähnlicher, desto stärker die Transferaktivität) sowie 3. der didaktischen Transfersteuerung (bzw. Sensibilisierung). Welche sprachlichen Formen nehmen diese drei Faktoren nun an? Man kann dieser Frage auf zweierlei Weise nachgehen: a) im Hinblick auf den individuell wahrgenommenen *Ähnlichkeitsgrad* zwischen den interagierenden L2- und L3- Strukturen durch vergleichende bzw. kontrastive Analysen und b) im Hinblick auf *spezifische* Strukturen und Ähnlichkeitsbestimmungen, die zwischen neuen und schon vorhandenen Formen realisiert werden, noch bevor strukturelle Unterschiede ins Bewusstsein der Lernenden treten.

Die pädagogischen Vorteile sind vielfältig: Sie könnten auf die Lerner stark motivierend wirken, sowohl das Weiterlernen der ersten Sprache betreffend als auch im Hinblick auf den Erwerb einer zweiten oder dritten Sprache. Außerdem kann durch den Sprachenvergleich eine hohe Reflexion und Bewusstmachung sprachlicher Phänomene und eigener sprachlicher Kompetenzen erreicht werden, die in vielfacher Hinsicht positiv auf das Sprachenlernen wirken. Letztlich erleichtert dieser Zugang den Erwerb von Selbstständigkeit und Lernautonomie. Hinzu kommt, dass das Fremdsprachenlernen von außersprachlichen Faktoren wie Sprach(lern)biographie[13] und individueller Einstellung (oder psychotypologischer Aspekte, vgl. insbesondere Cenoz, 2001) der Lerner zu den einzelnen Sprachen beeinflusst werden kann. Die vier genanten primären Aspekte der mehrsprachigen Kompetenz, metasprachliches Bewusstsein, Sprachverhalten, soziale Repräsentationen und Sprachlernstrategien, unterstützen nicht nur den Erwerb der romanischen Sprachen, sondern können auf längere Sicht auch für das Erlernen anderer nachfolgender Fremdsprachen an Schu-

---

13 De Florio-Hansen und Hu (2007, VIII) schreiben: „Die Kompetenz des Individuums, Kontinuität, Kohärenz und Integration persönlicher Erfahrungen zu leisten, ist vor allem durch Sprache, also auch durch Zweit- und Fremdsprachen, vermittelt. Identität stellt ein vielschichtiges Konstrukt dar, das auf der Dynamik von individuellem Erleben und sozialen Anforderungen basiert."

len sowie für außer- bzw. nachschulisches Fremdsprachenlernen nutzbar gemacht werden. In diesem Sinne hat Sprache eine sozial-kommunikative Funktion und die Aufgabe der Schule wäre es, die Entwicklung solcher Komponenten mehrsprachiger Kompetenz zu unterstützen: Spielen Motivation und Emotion beim Spracherwerb im Unterricht eine wichtige Rolle, nämlich wie erfolgreich Lernende ihre metalinguistischen Fähigkeiten einsetzen, um komplexe Aufgaben zu lösen? Sicherlich lassen sich hier weitere Fragen und mögliche Variablen aufzählen.

4.   Zusammenfassung und Forschungsdesiderate

Ziel dieses Beitrags ist es, einen ausgewählten Aspekt meines Forschungsprojekts zum Erwerb romanischer Schulfremdsprachen durch SuS mit mehrsprachigem Hintergrund im bilingualen deutsch-französischen Schulkontext vorzustellen sowie entsprechende Konsequenzen für den schulischen Sprachenunterricht zu formulieren. Auch wenn die hier vorgestellten Beispiele nicht für alle multilingualen Kontexte stehen, lässt sich aus den Beschreibungen schließen, dass auf gesellschaftlicher Ebene die Forderung nach individueller Mehrsprachigkeit existiert. Dennoch wird auf institutioneller Ebene, siehe das Beispiel Afrika, diese Zwei- oder Mehrsprachigkeit eher als doppelte Monolingualität verstanden. Diese Spannung/Asymmetrie muss das Individuum selbst kompensieren, um die positiven Effekte der Mehrsprachigkeit im Unterricht besser auszunutzen.

Im Anschluss an diese Ausführungen möchte ich jetzt kurz eine didaktische Überlegung zum Erlernen des Französischen und Spanischen erläutern. Diese besteht darin, dass zwei romanische Sprachen in Form voneinander abhängiger Fächer sukzessive erlernt werden (als zweite oder dritte Fremdsprache), wobei durch kürzere proaktive Module in der ersten Fremdsprache und einen reaktiven Einstieg sowie weiterer reaktiver Phasen in der zweiten Fremdsprache die Vorteile interkomprehensiven Lernens genutzt werden. Das Ziel eines solches Unterrichts ist es, rezeptive wie produktive Kompetenzen in beiden Sprachen zu entwickeln. In den frankophonen Ländern Afrikas ließe sich der Erwerb einer funktionalen Zweisprachigkeit gerade im Hinblick auf konkrete Kontaktsituationen fördern. Da im Unterricht der zweiten Sprache auf die zuerst erlernte zurückgegriffen wird, profitieren beide Sprachen von dieser Verbindung, denn die systematischen Rückgriffe auf die erste Sprache erhöhen sowohl die Verknüpfungen zwischen den Sprachen als auch die Nachhaltigkeit des Erwerbs beider Sprachen deutlich. Aufgrund des sukzessiven Sprachenlernens dürften zudem Verwechslungen und Interferenzen deutlich seltener vorkommen. Für den schulischen Kontext ist weiterhin wichtig, dass ein solcherart gestalteter Fremdsprachenunterricht den Eigenheiten sowohl beider Sprachen als auch den entsprechenden Zielkulturen eher gerecht werden könnte, wobei sich gleichzeitig auch die produktiven Kompetenzen, wie vom Lehrplan gefordert, entwickeln würden. Nicht zuletzt besteht der Vorteil darin, dass Schüler selbst die romanische Mehrsprachigkeit als gewinnbringend und bereichernd erfahren können. Das Einbinden sprachbiographischer Aspekte in Form von Sprachenportfolios fände somit auch im modernen Sprachunterricht statt. Damit werden Teilfertigkeiten in verschiedensten Sprachen sichtbar gemacht. Byram (2003) argumentiert, dass bei der Aus- und Weiterbildung von Fremdsprachenlehrkräften nicht nur die Sprachfertigkeiten im Vordergrund stehen, sondern dass sie auch eine Spracherziehung (*éducation au langage*) erhalten sollen. In diesem Zusammenhang erscheint es mir wichtig, zwei von Cavalli (2005, S. 216–217) erwähnte und dargestellte Unterrichtsprinzipien zu anzuführen: Das Prinzip der Interaktion, im Sinne eines ‚Dialogs zwischen Lehrern und Schülern als wichtiges Mittel der Kommunikation‘ und das Prinzip des ganzheitlichen Lernens, d.h. ‚mit allen Sinnen‘.

Nach den vorherigen Ausführungen möchte ich nun zu meinem Fazit kommen. (Mehr-)Sprachliche Identität kann in Anlehnung an meine Analyse als eine Komponente der individuellen Identität betrachtet werden. Dass Identität in hohem Maße sprachlich bestimmt ist und das Selbstbild der Schüler primär an die Erst- bzw. Umgebungssprache gebunden ist, dürfte ein Grund dafür sein, weshalb Schüler dem Gebrauch insbesondere der zweiten oder dritten, noch nicht gut beherrschten Fremdsprache oft reserviert gegenüberstehen. Meiner Ansicht nach ist es daher ein wichtiger Aspekt multilingualer Kompetenz, wenn Schüler die Bereitschaft zeigen, die Fremdsprache unvollständig oder approximativ zu gebrauchen, fremdsprachliche Intonations- und Kommunikationsmuster zu übernehmen, neuen Situationen verständlich machen zu wollen und die fehlende Sprachkompetenz durch den Gebrauch von Versprachlichungsstrategien auszugleichen. Welche Merkmale multilingualer Kompetenz lassen sich darüber hinaus identifizieren? Ich möchte mich hier auf zwei Aspekte beschränken: *savoir apprendre* und *savoir comprendre*.

Der erste Aspekt, *savoir apprendre*, ist ein reflexiver Prozess, womit gemeint ist, selbstständig Neues über andere Sprachen zu lernen. Der zweite Aspekt, *savoir comprendre*, beschreibt die Möglichkeit, die andere Sprache in ihrer Pluralität und ihrem Kontext zu interpretieren. Beide Aspekte lassen sich sprachlich von unterschiedlichen Seiten betrachten, nämlich auf der Basis einer Mikro- bzw. einer Makroebene. Spezifische sprachliche Formen, wie z.B. Sprachenwechsel, Code-Switching oder autobiographisches Erzählen, können dazu dienen, sowohl die Zugehörigkeit zu unterschiedlichen Gruppen oder Kulturen auszudrücken (entsprechend einer *Makro*ebene) als auch die Aufmerksamkeit der Lehrer auf unbekannte Vokabeln oder neue Formen der Syntax zu lenken, analog einer untergeordneten *Mikro*ebene.

Um dies adäquat zu analysieren, stellt sich zunächst die Frage nach den Motiven, die einem bestimmten Interaktionsverhalten zugrunde liegen: Welche Absichten verfolgen die beteiligten Akteure, wenn sie dieses Verhalten verbalisieren? Wie lassen sich im Unterricht die Vorteile der Mehrsprachigkeit unterstreichen und zur Grundlage eines zukünftigen Fremdsprachenlernens machen? Eine solche Fragestellung lässt sich klären, indem man z.B. bei Schülern, die über umfangreiche Erfahrungen mit dem Lernen und Anwenden von Fremdsprachenlernen verfügen, die oben genannten dynamischen Prozesse der individuellen Mehrsprachigkeit explizit berücksichtigt (nämlich wie zuvor beschrieben metasprachliches Bewusstsein, pragmatische Fähigkeit, soziale Repräsentationen von Sprachen und komplexe Spracherwerbstrategien).

Insbesondere wenn diese Prozesse nicht bewusst und systematisch in das Lernen eingebunden sind. Dabei möchte ich betonen, dass hier sicherlich noch Klärungsbedarf durch systematische Forschung besteht.

Literatur

Aronin, L./Ó Laoire, M. (2003). Exploring multilingualism in cultural contexts: Towards a notion of multilinguality. In: Hoffmann, C./Ytsma, J. (Hrsg.) Trilingualism in Family, School and Community. Clevedon: Multilingual Matters, (11–29).

Brohy, C. (1992). Das Sprachverhalten zweisprachiger Paare und Familien. Freiburg: Universitätsverlag.

Byram, M. (2003). Teacher education – visions from/in Europe. In: Babylonia, 3–4, (7–10).

Castellotti, V./Coste, D./Moore, D. (2001). Le proche et le lointain dans les représentations des langues et de leur apprentissage. In: Moore, D. (Hrsg.) Les représentations des langues et de leur apprentissage. Paris: Didier, (101–131).

Cavalli, M. (2005). Éducation bilingue et plurilinguisme. Le cas du Val d'Aoste. Paris: Didier.

Cenoz, J. (2001). The effect of linguistic distance, L2 status and age on cross-linguistic influence in third language acquisition. In: Cenoz, J./Hufeisen, B./Jessner, U. (Hrsg.) Cross-linguistic influence in third language acquisition: Psycholinguistic perspectives. Clevedon: Multilingual Matters, (8–20).

Coste, D. (2004). De quelques déplacements opérés en didactique des langues par la notion de compétence plurilingue. In: Auchlin, A. et al. (Hrsg.) Structures et discours. Mélanges offerts à Eddy Roulet. Laval: Éditions Nota bene, (67–85).

Coste, D./Lee Simon, D. (2009). The plurilingual social actor. Language, citizenship and education. In: International Journal of Multilingualism, 6(2), (168–185).

Coste, D./Moore/D./Zarate, G. (1997) [1998]. Compétence plurilingue et pluriculturelle. Strasbourg: Conseil de l'Europe.

Daff, M. (2005). Enseigner le français à l'école primaire en Afrique noire francophone. In: Le français dans le monde. Recherches et applications. Numéro spécial, Paris: CLE. (66–74).

De Angelis, G. (2011). Teachers' beliefs about the role of prior language knowledge in learning and how these influence teaching practices. In: International Journal of Multilingualism, 8(3), (216–234).

De Florio Hansen, I./Hu, A. (2007). Einführung: Identität und Mehrsprachigkeit in Zeiten der Internationalisierung und Globalisierung. In: De Florio-Hansen, I./Hu, Ad. (Hrsg.) Plurilingualität und Identität. Zur Selbst- und Fremdwahrnehmung mehrsprachiger Menschen. Tübingen: Stauffenburg, (VII–XVI).

De Pietro, J.-F./Thonhauser, I. (2012). Culture et littérature dans l'enseignement des langues. Introduction. In: Babylonia, 2, (6–11).

Franceschini, R. (2001). Sprachbiographien randständiger Sprecher. In: Franceschini, R. (Hrsg.) Biographie und Interkulturalität. Diskurs und Lebenspraxis. Tübingen: Stauffenburg, (111–125).

Franceschini, R. (2002). Sprachbiographien: Erzählungen über Mehrsprachigkeit und deren Erkenntnisinteresse für die Spracherwerbsforschung und die Neurobiologie der Mehrsprachigkeit. In: VALS-ASLA, 76, (19–33).

Gajo, L. (2001). Immersion, bilinguisme et interaction en classe. Paris: Didier.

Groseva, M. (2000). Dient das L2-System als ein Fremdsprachenlernmodell? In: Hufeisen, B./ Lindemann, B. (Hrsg.) Tertiärsprachen. Theorien. Modelle. Methoden. Tübingen: Stauffenburg, (21–30).

Grosjean, F. (1982). Life with two languages. Cambridge: Harvard University Press.

Grosjean, F. (1992). Le bilinguisme et le biculturalisme. Essai de définition. In: TRANEL, 19, (13–41).

Hammarberg, B. (2001). Roles of L1 and L2 in L3 production and acquisition. In: Cenoz, J./ Hufeisen, B./Jessner, U. (Hrsg.) Cross-linguistic influence in Third Language Acquisition. Psycholinguistic Perspectives. Clevedon: Multilingual Matters, (21–41).

Herdina, P./Jessner, U. (2002). A Dynamic Model of Multilingualism. Perspectives of Change in Psycholinguistics. Clevedon: Multilingual Matters.

Hu, A. (2011). Migrationsbedingte Mehrsprachigkeit und schulischer Fremdsprachenunterricht. Forschung, Sprachenpolitik, Lehrerbildung. In: Faulstich-Wieland, H. (Hrsg.) Umgang mit Heterogenität und Differenz. Baltmannsweiler: Schneider Hohengehren, (121–140).

Hufeisen, B. (1998). L3 – Stand der Forschung – Was bleibt zu tun? In: Hufeisen, B./Lindemann, B. (Hrsg.) Tertiärsprachen. Theorien, Modelle, Methoden. Tübingen: Stauffenburg, (169–183).

Hufeisen, B./Gibson, M. (2003). Zur Interdependenz emotionaler und kognitiver Faktoren im Rahmen eines Modells zur Beschreibung sukzessiven multiplen Sprachlernens. In: VALS-ASLA, 78, (13–33).

Jessner, U. (1999). Metalinguistic awareness in multilinguals: Cognitive aspects of third language learning. In: Language Awareness, 8, (201–209).

Kallenbach, C. (1996). Subjektive Theorien. Was Schüler und Schülerinnen über Fremdsprachenlernen denken. Tübingen: Gunter Narr.

Kellerman, E. (1983). Now you see it, now you don't. In: Gass, S./Selinker, L. (Hrsg.) Language transfer in language learning. Rowley, MA: Newbury House, (112–134).

Kramsch, C. (2007). The Multilingual Subject. In: De Florio-Hansen, I./Hu, A. (Hrsg.) Plurilingualität und Identität. Tübingen: Stauffenburg, (107–124).

Kramsch, C. (2008). Multilingual, Like Franz Kafka. In: International Journal of Multilingualism, Vol. 5 (4), (316–332).

Kunkel, M./Stratilaki, S. (2012). Der Umgang mit Mehrsprachigkeit im französischen Schulsystem. In: Schelle, C./Hollstein, O./Meister, N. (Hrsg.) Schule und Unterricht in Frankreich. Münster: Waxmann, (55–71).

Marc, E. (2006). Psychologie de l'identité: soi et le groupe. Montréal: Dunod.

Missler, B. (1999). Fremdsprachenlernerfahrungen und Lernstrategien. Eine empirische Untersuchung. Tübingen: Stauffenburg.

Moore, D. (2006). Plurilinguismes et école. Paris: Didier/LAL.

Moscovici, S. (1976) [1961]. La psychanalyse, son image, son public. Paris: PUF.

Organisation Internationale de la Francophonie (2003). Les Etats généraux de l'enseignement du français en Afrique subsaharienne francophone. Rapport général. Gabon. URL: http://www.francophonie.org/Rapport-general-sur-les-Etats.html. (09.07.2013).

Porquier, R./Py, B. (2004). Apprentissage d'une langue étrangère: contextes et discours. Paris: Essais.

Spaëth, V. (2005). Didactique des langues: histoire de transpositions. In: Le français dans le monde. Recherches et applications. Numéro spécial, Paris: CLE, (8–17).

Stratilaki, S. (2009). Pratiques discursives et représentations du bi-/plurilinguisme dans trois établissements franco-allemands (Buc, Fribourg, Sarrebruck). Thèse de doctorat sous la direction de Daniel Coste. Paris: Université Sorbonne Nouvelle – Paris 3.

Stratilaki, S. (2011). Discours et représentations du plurilinguisme. Avec une postface de Daniel Coste. Sprache, Mehrsprachigkeit und sozialer Wandel (SMSW) Band 15. Frankfurt/Main: Peter Lang.

Tesch, B. (2012). Sprachendidaktische Innovations- und Transferforschung: Ein Forschungsbereich mit Zukunftspotenzial. In: Zeitschrift für Fremdsprachenforschung, 23(1), (77–98).

Tophinke, D. (2002). Lebensgeschichte und Sprache. Zum Konzept der Sprachbiographie aus linguistischer Sicht. In: VALS-ASLA, 76, (1–14).

Weinrich, H. (1981). Von der Langeweile des Sprachunterrichts. In: Zeitschrift für Pädagogik, 27(2), (169–185).

Zarate, G. (2003) (Hrsg.) Médiation culturelle et didactique des langues. Centre européen pour les langues vivantes. Graz: Éditions du Conseil de l'Europe.

Khadi Fall

Die entwicklungswidrigen Folgen der werkimmanenten Perspektive als privilegierte didaktische Methode in den kolonisierten Ländern Afrikas

Das Beispiel Senegal

1.   Zur Einführung

Vom 18. bis zum 20. Juni 2012 habe ich an einer an der UCAD 2 der Dakarer Universität Cheikh Anta Diop organisierten Tagung über das Thema „Sensibilisation sur le LMD (Licence, Master, Doctorat) et Evaluation de sa mise en oeuvre à l'UCAD" teilgenommen. Sowohl im Laufe dieser Tagung als auch in den Schussfolgerungen der verschiedenen Arbeitsgruppen wurde immer wieder an die Notwendigkeit erinnert, die Lernenden als die Hauptakteure des LMD-Systems zu betrachten. In dieser Hinsicht wurden Stichworte wie „Enseigner autrement, étudier autrement"/„Anders lehren, anders studieren" oder auch „Favoriser l'ouverture et la capacité d'initiative d'étudiant"/„die eigene Initiativefähigkeit der Studierenden zu ermöglichen und zu fördern" mehrmals wiederholt und als eine eher angemessene, allerdings derzeit noch nicht umsetzbare didaktische Methode betrachtet. Im Unterschied dazu kann – bezogen auf den Unterricht der französischen Sprache in den meisten durch Frankreich kolonisierten Ländern Afrikas und in Senegal – bis heute eine in den Grund- und Sekundarschulen üblicherweise gebrauchte phänomenologische Methode beobachtet werden. Diese Methode, auch werkimmanente oder „méthode de l'explication de texte" genannt, führt aber offenbar eher dazu, dass Lernende eingeschüchtert werden.

In dem Programm der Schullehrerausbildung in der Dakarer Hochschule FASTEF (Faculté des Sciences et Technologie de l'Éducation et de la Formation, siehe hierzu auch die Beiträge von Niang, Rabiazamaholy) sollen die Studierenden zwar in moderne Lehrmethoden eingeführt werden, die ihnen helfen, diese von den ehemaligen kolonialen Behörden für die kolonialen Schulen privilegierte Methode zu überwinden. Dazu ist die Methode der so genannten „Lecture méthodique" / „methodisches Lesen" dort schon um die 1990er Jahre eingeführt worden. Dr. Bouna Niang, der zu den Hochschullehrern der FASTEF gehört, die diese Methode dort eingeführt haben, erklärt sie mit folgenden Worten: *„Dans cette méthode, l'élève est, concernant la lecture, confronté au texte sur lequel il donne son point de vue. En grammaire il repère les points qui peuvent être controversés dans la compréhension linguistique, et en dictée, c'est l'auto-correction qui est préconisée"* („In dieser Methode ist der Schüler, was das Lesen betrifft, mit dem Text konfrontiert, zu dem er seinen Standpunkt äußert. In dem

Grammatikkurs macht er Punkte ausfindig, die im linguistischen Verständnis zu Wider-
sprüchen führen können; und für das Diktat ist die Selbst-Korrektur vorgesehen.")[1]

Wenn man jedoch im Bildungsgang der Senegalesen von der Grundschule bis zur
Universität die immer noch schüchternen Verhaltensweisen der Schüler und der Stu-
denten zur Kenntnis nimmt, dann kann man sich fragen, warum diese so genannte
„Lecture méthodique", die die Lernenden in den Grund- und in den Sekundarschulen
Senegals dazu anregen sollte, vor allem im Lernprozess der französischen Sprache das
Wort leichter zu ergreifen und Studien über eigenständig konzipierte Themen durch-
zuführen, bis jetzt kaum gebraucht wird.

In diesem Beitrag werde ich auf die immer noch geltende so genannte SLIPEC-
Unterrichtsmethode (zur Bedeutung der Abkürzung, siehe unten) in den zwei Lernni-
veaus (Grundschule und Sekundarschule) und die besonderen Lehr- und Lernproble-
me an der Universität eingehen. Dabei stütze ich mich nicht nur auf die von dem PDEF
(Programme Décennal de l'Enseignement et de la Formation) veröffentlichten Dokumente, sondern auch auf Gespräche mit Kollegen der drei Unterrichtsstufen, die ich in
ihren jeweiligen Unterrichtsorten besucht habe. Eine von den Schulbehörden Senegals
gestellte Diagnose weist auf die Schwierigkeiten des senegalesischen Ministeriums des
Schulwesens hin, die jährlichen Krisen des Schulsystems zu lösen. In diesen Zusammenhängen sollen die unvermeidlichen Folgen hervorgehoben werden, die mit der
weiteren Anwendung der einflussreichen Unterrichtsmethode des kolonialen Schulsystems verbunden sind. Nicht nur die befürwortete Änderung der Lehrprogramme,
sondern auch und vor allem eine wirkliche Änderung der Lehr- und Lernmethoden
können dazu beitragen, der fortdauernden Krise in dem heutigen Schulsystem Senegals und in den meisten ehemaligen französischen Kolonien zu begegnen.

2. Die Rolle der PDEF als koloniales Lehrprogramm und Lehrmethode im heutigen senegalesischen Schulsystem

Das im Jahre 2006 von dem „Conseil des Ministres" der UEMOA (Union Économique
et Monétaire des États Ouest Africains) angenommene und vor zwei Jahren, d.h.
2010, auch in die „Faculté des Lettres et Sciences humaines" der Universität Cheikh
Anta Diop endgültig eingeführte LMD-System sollte unter anderem dazu dienen,
den Studierenden die Möglichkeit zu geben, aufgeschlossener zu werden und eigene Initiativefähigkeiten zu entwickeln. In der Einleitung des PDEF-Dokuments über
den Unterricht des Französischen und anderer Fächer in der französischen Sprache
in Senegal kann man tatsächlich folgendes lesen: *„Dans notre pays, comme presque*
partout en Afrique, la langue française a longtemps bénéficié de la très forte motivation
des populations pour un instrument qui, de toute évidence, était considéré comme celui
d'une promotion sociale. Ce statut, combiné à un contexte linguistique dominé par une
multitude de langues nationales absentes du milieu scolaire, renforce les enjeux socio-

---

1   Nach einer telefonischen Unterhaltung mit Herrn Dr. Bouna Niang, der mir erlaubte, ihn zu
    zitieren.

économiques placés en l'apprentissage de cette langue, et du même coup, les responsabi-
lités des enseignants chargés de cette lourde mais exaltante tâche. En effet, comme pour
une langue seconde, l'enseignant doit combattre de nombreuses habitudes linguistiques
dues à l'influence de la langue maternelle" [Hervorhebung K. F.].[2]

In dem letzten von mir hervorgehobenen Satz der zitierten Passage aus dem PDEF-
Buch, das als ein Art Lehrerhandreichung für die senegalesischen Lehrer und Lehrerinnen der Grund- und der Sekundarschule verfasst wurde, lässt sich mit dem Verb
„combattre" / „bekämpfen" erkennen, dass auch der senegalesische Französischlehrer im Anschluss an den französischen Französischlehrer zur Zeit der Kolonisierung,
der sich durch seinen gebieterischen Befehl „Tenez-vous-en au texte" auszeichnete,
zu einer fast kriegerischen Haltung gegenüber dem jungen senegalesischen Schüler
mit seinen: „nombreuses habitudes linguistiques"/„zahlreichen linguistischen Gewohnheiten" eingeladen wird. Gerade diese nicht vorurteilsfreie Haltung des Lehrers
seinen jungen Schülern gegenüber erklärt seine Vorliebe für das werkimmanente
Lernverfahren, das sich auf die „phänomenologische Methode", die Methode der so
genannten „Explication de texte" bezieht. Es geht um eine im kolonialen Schulsystem
privilegierte Unterrichtsmethode, die die Persönlichkeit des Lernenden kaum berücksichtigt, denn der Lehrer selbst spielt die Rolle des Hauptakteurs, der nicht nur das
Wort immer wieder ergreift und das Rederecht verteilt, sondern auch die als zu kühn
betrachteten Lernenden rüde zurückweist, falls sie auf den Gedanken kommen, seine
Meinung über die begrenzten zu erforschenden Bereiche der behandelten Texte nicht
zu teilen.

Nur die durch den Lehrer angeschnittenen Themen der behandelten Texte dürfen
von der Lernenden diskutiert werden. Wenn Phantasie und Einbildungskraft eines
Schülers ihn dazu animiert, sich von diesen routinemäßigen, oft in der Lehrerhandreichung enthaltenen Themen zu entfernen, bekommt er sofort eine Abfuhr. Ein gängiges von mir und von den meisten senegalesischen Schülern erlebtes Beispiel kann
dies veranschaulichen. Kamen wir auf den Gedanken, eine Art Parallele zwischen den
Ereignissen, die sich in den erläuterten von französischen Autoren geschriebenen
literarischen Texten abspielen, und den in unseren jeweiligen afrikanischen Milieus
erlebten Erfahrungen zu ziehen, ist uns immer wieder und unausweichlich der Satz
„Tenez-vous-en au Texte!"/„Halten Sie sich an den Text!" wie automatisch eingerichtet worden. Damit ist ein Vorgehen beschrieben, das zwangsläufig unterschiedliche
unangenehme Konsequenzen für die intellektuelle und psychologische Entwicklung
der Lernenden hat.

Es ist davon auszugehen, dass diese repressive didaktische Methode des Lehrers zu
einem psychologischen Bruch zwischen dem Lernenden und seinem afrikanischen,
bzw. senegalesischen soziokulturellen Milieu führt, der sich zum linguistischen Bruch
hinzufügt, denn die Schüler sprechen in der Schule nicht die afrikanischen Kommu-
nikationssprachen, an die sie gewöhnt sind. Diese, auch von dem PDEF befürwortete

---

2   „Maîtriser la didactique des langues" In Fascicule II „Didactique des Disciplines" (Draft1). PDEF,
     Dakar 2007, S. 3.

Unterrichtsmethode, hat zur Folge, dass ein „sich von sich selbst abkapseln" des afrikanischen Schülers akzentuiert und verlängert wird.

Heute noch können sich die jungen und die mittlerweile älter gewordenen senegalesischen Schüler und Studenten leicht an diese Lehrmethode mit dem dauernd wiederholten, schroffen Befehl „Tenez-vous-en au texte!" / „Halten Sie sich an den Text" erinnern. Dabei geht es um einen von den Grundschul- oder Gymnasiallehrern wie selbstverständlich ausgedrückten Befehl.

Diese Methode, die ich die Methode des „Tenez-vous-en au texte!" nenne, entspricht einer strengen werkimmanenten Methode, die dem Lernenden eine analytische statt eine synthetische Annäherung beizubringen versucht bzw. lehrt. Mit dieser Methode wird klar, dass die senegalesische „Commission nationale de Français" keinen wirklichen Abstand von einer kolonialen Lehr- und Lernmethode nimmt, deren Motivation einer kolonialen Ideologie entsprach. Diese Ideologie bemühte sich eher, aus den kolonisierten afrikanischen Schülern assimilierte und gehorsame Aushilfskräfte für das ökonomische Interesse des Koloniallandes zu machen.

In den drei verschiedenen Einleitungen des PDEF-Dokuments erscheinen immer wieder und vorrangig das Substantiv „Analyse" und das Verb „analyser". Dabei wird deutlich, dass die senegalesischen Schüler nur die im literarischen Text präsentierten Geschehnisse „analysieren" dürfen, da ihnen aufgrund jenes PDEF-Dokuments von ihren Lehrern nicht erlaubt ist, etwa durch kritische Vergleiche ihre eigenen afrikanischen Identitäten zu erkennen, um daraus bereichernde synthetische Folgerungen zu ziehen.

3. Recherchen und eigene Beobachtungen in Schulen

Im Rahmen meiner Forschungen über die als entwicklungswidrig betrachteten Unterrichtsmethoden in dem senegalesischen offiziellen/öffentlichen Erziehungssystem bin ich in einige Schulen gegangen, um mich mit den Lehrerinnen und Lehrern zu unterhalten. In den besuchten Schulen stammen die meisten Schüler aus Not leidenden Familien, die über keine finanziellen Möglichkeiten verfügen, um ihre zwischen drei und sechs Jahre alten Kinder in die privaten, oft kostspieligen Kindergärten und Vorschulen zu schicken, wo sie schonend und mit viel Aufmerksamkeit in die französische Sprache eingeführt werden können, bevor sie ihr Studium in den offiziellen/ öffentlichen Grundschulen aufnehmen.

In der Dakarer öffentlichen Grundschule El Hadj Souleymane Wade im Wohnviertel Sicap Liberté 4 zum Beispiel haben mich ein Lehrer des „Cours d´Initiation" CI (Erste Klasse in der Grundschule), eine Lehrerin des „Cours Elémentaire" CE (Dritte Klasse in der Grundschule) und ein Lehrer des „Cours Moyen 2ème Année" CM2 (Letzte Grundschulklasse) in ihren jeweiligen Klassenzimmer empfangen. Bei dieser Gelegenheit haben sowohl die Lehrerin als auch die beiden Lehrer die Schwierigkeit zum Ausdruck gebracht, die traditionelle, in dem ersten Lernniveau als „Enseignement Frontal" (Frontalunterricht) bezeichnete Methode aufzugeben, in dem der Lehrer die Rolle des einzigen Hauptakteurs spielt. In jenem so genannten „enseignement frontal" werden alle Unterrichtselemente vom Lehrer „ex cathedra", ohne eine wirkliche Teilnahme der Schüler weitergegeben. Zwar wissen alle drei Lehrpersonen über die Existenz einer immer mehr befürworteten neuen Methode des kommunikativen/ interaktiven Austauschs zwischen Lehrer und Schüler. Sie haben aber Schwierigkeiten diese Methode zu gebrauchen, weil die Schüler ohne jede Kenntnis der französischen Unterrichtssprache zur Schule kommen, und weil sie als Lehrer/Lehrerin über keine in die Wolof-Sprache übersetzte neue Methode verfügen.

In den ersten Jahren der Sekundarschule, d.h. zwischen der ersten und der vierten Klasse in den so genannten Collèges d'enseignement moyen (CEM) wird die Methode der werkimmanenten Perspektive meistens gebraucht. Die Lehrerin, mit der ich im CEM Ousmane Socé Diop sprach, erklärt, dass neben der Grammatik-, der Orthografie-, der Konjugation- und der Wortschatzstunde die Stunde der „Expression écrite" eine privilegierte Stelle im Unterricht des Französischen genieße. Dabei werde vor allem für die „Expression écrite", das so genannte SLIPEC-Verfahren gebraucht. Die Lehrerin, die von dieser Methode überzeugt zu sein schien, hat bei dieser Gelegenheit darauf bestanden die Abkürzung SLIPEC wie folgt zu erklären:

- „S wie Situation,
- „L" wie Lecture,
- „I" wie Idée générale,
- „P" wie Plan du texte,
- „E" wie Étude détaillée und
- „C" wie Conclusion.

Die „Expression écrite" besteht vor allem in einer „Description de texte" („Textbeschreibung") und einer „Argumentation de texte" („Textbeweisführung"). Dabei wird die Fähigkeit der Lernenden „die französische Sprache zu *analysieren*", „französische Texte zu *analysieren*" als wichtiger betrachtet als eine Synthese durchzuführen, die vielleicht später zu einer literarischen Kreativität beitragen könnte.

In den besuchten CEM-David Diop hat mir der Französisch-Lehrer den Inhalt und die Methode des Unterrichts der französischen Sprache zwischen der ersten und der vierten Klasse erklärt. Er hat den Akzent auf die „auswendig zu lernenden Gedichte", auf die „lecture expliquée", auf die „lecture dirigée" gelegt, wobei sich der Schüler wiederum unbedingt und ausschließlich an den behandelten, meistens nicht gut verstandenen Text halten muss.

Im Gymnasium Lamine Gueye wurde ich von einer Lehrerin empfangen, die bereits seit mehr als zwanzig Jahren die französische Sprache in den drei Klassen des Gymnasiums (Seconde, Première und Terminale) unterrichtet. Mir ist die Gelehrsamkeit der aufgeschlossenen Lehrerin aufgefallen, die darauf stolz zu sein schien, dass auch afrikanische Autoren ab 1974 zum Programm des französischen Unterrichts im ehemals von Frankreich kolonisierten Afrika zählen. Dabei erwähnte sie den Willen der neuen afrikanischen Staaten, die 1972 ihre Schulexperten zum Tananarive-Expertentreffen geschickt haben, damit dem Unterricht der französischen Sprache eine neue, weniger entfremdende Orientierung gegeben wurde.[3]

Dieser neuen Orientierung gemäß konnten auch die Werke von afrikanischen Märchenautoren (Birago Diop und Bernard Dadié u.a.), von afrikanischen Dichtern (Léopold S. Senghor, Aimé Césaire, Léon Gontran Damas u.a.) und auch die Novellen und Romane anderer afrikanischer Schriftsteller wie Cheikh Aliou Ndaw, Henri Lopes oder Roger Dorsinville u.a. ins Programm integriert werden.

Diese Einführung von afrikanischen Autoren, die den Lehrern und den Lernenden dazu verhelfen sollte, sich kulturell zurechtzufinden, oder um es mit den berühmten Worten Senghors auszudrücken: „Enracinement et ouverture" / „Verwurzelung in der eigenen Kultur und Öffnung gegenüber anderen Kulturen", scheint jedoch das Problem der Lehr- und Lernkrise im Schulsystem Senegals und anderer afrikanischen Staaten nicht gelöst zu haben. Vierzig Jahre nach der Einführung der afrikanischen Autoren in die Lehrprogramme der französischen Sprache in Senegal kann man merkwürdigerweise in dem „Exposé des motifs" des 2008 durch das senegalesische Ministerium für das Schulwesen veröffentlichten Dokuments mit dem Titel „Nouveaux programmes de Français / Enseignement secondaire général" folgendes lesen: *L'enseignement du français fait face à de nouveaux défis: l'entrée massive d'enseignants contractuels vacataires ou volontaires, et (surtout) une crise accrue des valeurs qui fait de nos jeunes Sénégalais des extravertis, étrangers à peu de chose près, à leurs propres cultures, à leurs propres langues, à leurs propres valeurs de civilisation*".[4]

Diese von den Behörden selbst beschriebene (ich übersetze die von mir hervorgehobene Passage des Zitats) „zunehmende Krise in den Werten, eine Krise, die aus den jungen Senegalesen extrovertierte Wesen macht, die ihren eigenen Sprachen und Kulturen, ihren eigenen Zivilisationswerten fremd bleiben", ließ sich offensichtlich nicht nur durch die Abwesenheit der afrikanischen Autoren von dem Programm des Unterrichts der französischen Sprache in den senegalesischen Schulen erklären. Ein an der Universität Cheikh Anta Diop arbeitender Hochschullehrer legt seinen Standpunkt dazu dar.

An der Universität Cheikh Anta Diop von Dakar wird die anhaltende Krise von Professor Daff, dem ehemaligen Leiter der französischen Abteilung in der „Faculté des Lettres et Sciences humaines" durch zwei Gründe erklärt. Zum einen, präzisiert er (im Laufe eines Gesprächs mit der Autorin am 10.10.2012), sei der Inhalt der Programme in den Hochschulen unpassend und zum anderen mache die Abwesenheit eines bilingualen Unterrichts alle Bemühungen zunichte. Den Gebrauch der befremdenden werkimmanenten Exklusivmethode mit dem gängigen Befehlssatz „Tenez-vous-en au texte!", kommentiert Herr Daff folgenderweise (ich zitiere ihn): *Avec cette injonction, le texte devient un pâturage clôturé, car cette méthode est à l'antipode de la liberté de création; elle est la conséquence de la servilité éducative et le refus de l'innovation*"/ „Mit

---

3 Vgl.: „Enseignement secondaire général" In: Nouveaux Programmes de Français. Ministère de l'Education. Commission Nationale de Français. Edition 2008, S. 3.

4 „Exposés des motifs" In: Objectifs généraux de l'enseignement du français dans le second cycle général. In: Nouveaux Programmes de Français. Ministère de l'Education. Dakar, 2008, S. 4.

diesem Befehl verwandelt sich der Text in eine eingezäunte Weide, denn diese Methode ist der Freiheit zur Kreativität total entgegengesetzt. Sie ist die Konsequenz der pädagogischen Servilität und die Weigerung der Innovation."

4. Schlussfolgerung

In der Einleitung seines Buchs „Introduction à la pédagogie" schreibt Gaston Mialaret mit Recht: „Quelles que soient les solutions adoptées par les réformes successives de l´enseignement, les questions d´éducation sont appelées à prendre une place de plus en plus importantes dans les préoccupations humaines" (Mialaret, 1973, S. 5). „Welche Rolle können die Literatur- und Geisteswissenschaften in der Entwicklungsforschung Senegals spielen?" war das Thema eines Symposiums, das 1986 von der kanadischen Universität Ottawa und von der Université de Dakar organisiert wurde. Im Laufe meiner seit dieser Periode initiierten Überlegungen zum Thema „Germanistik und Entwicklungsforschung" habe ich bemerkt, dass die Lösung von Schul- und Unterrichtsproblemen weitgehend zur Lösung der wirtschaftlichen Entwicklungsprobleme Senegals beitragen kann (Fall, 2008). In diesem Zusammenhang bin ich zu dem Schluss gekommen, dass den Folgen der heute noch gebrauchten Unterrichtsmethoden (z.B. der textimmanenten Analyse, der reinen Reproduktion) mehr Aufmerksamkeit geschenkt werden muss. Denn offenbar machen diese Methoden nicht nur den Übergang zum weltweit gebrauchten LMD-System schwierig, sie lähmen zudem die Kreativität und den Unternehmungsgeist der meisten Schüler und Schülerinnen in Senegal und in den ehemals von Frankreich kolonisierten so genannten Entwicklungsländern Afrikas.

Die politischen Behörden in Senegal haben gedacht, die Einführung von afrikanischen Autoren in das Unterrichtsprogramm der französischen Sprache würde die Identitätskrise bei den Lernenden lösen. Aus diesem Grund dürfen schon seit bald vierzig Jahren die senegalesischen Schüler und Studenten auch Texte von afrikanischen Autoren in ihren Unterrichtsprogrammen studieren. Trotz dieser Entscheidung der Behörden wird immer noch von verschiedenen Krisen in dem Erziehungssystem Senegals gesprochen, für das zyklische Streikbewegungen charakteristisch sind.

Auch für die relativ neu eingeführten Texte afrikanischer Autoren wird der exklusive Gebrauch einer phänomenologischen Methode durch die meisten Lehrer befürwortet, die den senegalesischen Lernenden ein werkimmanentes Verfahren im Lernprozess des Französischen auferlegt. In dieser Hinsicht sollten die senegalesischen Behörden die Lösungen für die fortdauernde Krise im Schulsystem nicht nur in der Rehabilitierung der afrikanischen Sprachen innerhalb eines bilingualen Schulsystems suchen, sondern auch eine Überarbeitung und Veränderung der Lehr- und Lernmethode befürworten.

Literatur

Diop, C. A. (1981). De l'identité culturelle. In: Introduction à la culture africaine 5. Unesco, Paris, (63–73).

Fall, K. (2008). Education, Culture, Emergence. Dakar: PUD.

Griesebach, M.-M. (1982). Methoden der Literaturwissenschaft. München.

Ki-Zerbo, J. (1990). Eduquer ou périr. UNICEF, Paris.

Mialaret, G. (1973). Introduction à la pédagogie. Paris: PUF.

Bernhard Hauck

„Nous étions extraordinairement attentifs" (Laye)

Autobiographische, realistische und fiktive Darstellungen von Schule in der frankophonen Literatur Westafrikas

1. Einführung

Welche Rolle kann einem Beitrag zur Darstellung von Schule und Unterricht in der frankophonen westafrikanischen Literatur in einer theoretisch, empirisch und praxisorientierten Veröffentlichung zum Thema Lehrerbildung, Schule und Unterricht zukommen? Auf einen zweiten Blick scheint die Antwort nachvollziehbar: Literarische Produktion kann nicht losgelöst gesehen werden von den persönlichen Erfahrungen der Autorinnen bzw. Autoren[1]. Diese Feststellung darf nicht nur für ausdrücklich autobiographisch inspirierte Erzählungen als gültig betrachtet werden. Auch fiktive Geschichten entspringen letztlich stets dem Erfahrungsuniversum oder zumindest dem aus dem Erfahrunguniversum entsprungenem *Vorstellbaren* der Verfasser Insofern ist Literatur als Zeitzeugnis zu verstehen. Dies dürfte insbesondere für so konkrete „Erlebniswelten" wie Schule zutreffen.[2]

Natürlich darf man bei der Betrachtung und Bewertung nicht außer Acht lassen, dass die Erfahrungen mit Schule bei jedem Menschen, sei es aus der Rolle des Schülers oder auch des Lehrers, zutiefst subjektiv geprägt sind. Diesbezüglich ist Literatur als Quelle zur Erforschung von Schule und Unterricht Verfahren gegenüber im Nachteil, die mit technischen Aufzeichnungen das Geschehen in Schule und Unterricht dokumentieren und rekonstruieren, wie etwa die objektive Hermeneutik. Aber auch subjektive Wahrnehmungen von Beteiligten, wie sie z.B. in Befragungen erfasst werden, sind für die wissenschaftliche Beforschung von Interesse.

---

1   Im Folgenden wird vereinfachend die männliche Form als Zusammenfassung von weiblichen und männlichen Personen verwendet.

2   Die Literatur Afrikas gilt als überwiegend „realistische" Literatur. Siehe hierzu Norbert Becker: „Les auteurs africains ne suivent pas l'idéal de l'art pour l'art dans leurs œuvres" (Becker, 1982, S. 166). Ähnliches beobachtet Brigitte Alessandri, auch wenn sie einschränkt, dass die neuere Prosa freiere Formen wählt: „Les premiers romans sont le plus souvent autobiographiques, linéaires, réalistes: [...] Enfin, les romans plus contemporains sont empreints d'une certaine liberté qui se traduit notamment par l'éclatement des normes spatio-temporelles, le mélange des genres" (Alessandri, 2004, S. 161).

2. Zur Darstellung von Schule in der frankophonen westafrikanischen Literatur

2.1 Schulbildung als nicht selbstverständliches Gut

Zugang zu Schulbildung ist in westafrikanischen Ländern auch heute, zu Beginn des 21. Jahrhunderts noch keine Selbstverständlichkeit. Auf der von der kanadischen Universität Sherbrooke veröffentlichten Seite *Perspective Monde*[3], auf der zahlreiche Informationen und Statistiken aus den Bereichen Politik, Wirtschaft und Soziales zu allen Ländern der Welt zusammengestellt sind, finden sich etwa für den Senegal folgende Angaben aus dem Jahr 2000: 70,6 % der Bevölkerung waren in einer Grundschule eingeschrieben, aber nur etwa 40 % der eingeschriebenen Schüler schließen die Grundschule auch ab. Eine weiterführende Schule besuchten sogar nur 16,5 % der Bevölkerung.[4] Für andere westafrikanische Länder finden sich tendenziell ähnliche Zahlen. Angaben über den Alphabetisierungsstand, die man für afrikanische Länder findet, spiegeln diesen Umstand wider. Festzuhalten ist noch der Umstand, dass Mädchen bzw. Frauen von Analphabetentum deutlich stärker betroffen sind als Jungen und Männer.

Diesem Sachverhalt zufolge ist also nicht nur die Darstellung von Schule in der Literatur ein Thema, sondern im Grunde auch die Darstellung der Abwesenheit von Schule.

In *Mademba* (1989), einem Roman von Khadi Fall, Mitautorin in dieser Publikation, zeichnet der jugendliche Titelheld im Glaube, todkrank zu sein, sein Leben mithilfe von Kassettenaufnahmen auf. Er berichtet, wie er von seinem Vater aus der ländlichen Heimat im Alter von fünf Jahren in eine Daara, eine Koranschule im Großraum Dakar, geschickt wird. Dort verbringt er zwei Jahre unter unwürdigen Bedingungen, ehe er davonläuft auf der Suche nach Verwandten mütterlicherseits in Dakar. Der Unterricht in jener Koranschule beschränkt sich auf ein morgendlich einstündiges Rezitieren und Auswendiglernen von Koranversen. Eine öffentliche Schule besucht Mademba nicht. Als der Junge, der sich nach seiner Flucht in der Großstadt als Schuhputzer verdingt, kurz davor steht, seine Familie in Dakar zu finden und möglicherweise aufgenommen zu werden, träumt er davon, endlich zur Schule gehen zu können.

> „Comme le petit cireur avait toujours envié les enfants de son âge qui avaient la possibilité d'aller à l'école, il se voyait déjà le sac au dos en compagnie de plusieurs autres enfants faisant la queue pour entrer dans une salle de classe …“ (Fall, 1989, S. 148f.).

---

3 http://perspective.usherbrooke.ca
4 Nach der seit 2001 eingeführten Verfassung ist die Schule für Kinder bis 16 Jahre kostenlos und verpflichtend. Das öffentliche Schulsystem wird dieser Aufgabe wohl nicht gerecht. Dennoch stieg die Zahl der Abiturienten im Senegal im Jahr 2000 von 9000 auf 30000 im Jahr 2011(vgl. hierzu: http://de.wikipedia.org/wiki/senegal und http://fr.wikipedia.org/wiki/senegal).

Aber das bleibt ein Traum. Mademba wird nicht mehr in eine öffentliche Schule eingegliedert, sondern besucht einen von einer evangelischen Gemeinde organisierten Abendunterricht.

> "... il ne pouvait pas, comme les enfants de sa génération qui étaient entrés à l'école à l'âge de six ans, suivre les cours réguliers du jour, mais devait se contenter de cours du soir donnés à la paroisse protestante du quartier ..." (ebd., S. 149).

Im Roman *Allah n'est pas obligé* (2000) von Ahmadou Kourouma finden wir ein Beispiel für einen frühen Schulabbruch. Birahima, ein Junge von zehn bis zwölf Jahren, sein genaues Alter kennt er selbst nicht, berichtet als Ich-Erzähler, wie er nach dem Tod seiner Mutter von der Elfenbeinküste zu seiner Tante nach Liberia ziehen soll, auf dem Weg aber in die Wirren des Bürgerkriegs gerät und zum Kindersoldaten wird. Die Schule hat er bereits während der dritten Grundschulklasse abgebrochen, weil die Schule bzw. Schulausbildung nichts bringe. Birahima wird zum *enfant de la rue*, zum Straßenkind, zum *„vrai enfant nègre noir africain broussard"* (Kourouma, 2000, S. 11), einem echten afrikanischen Buschkind.

> „Mon école n'est pas arrivée très loin; j'ai coupé cours élémentaire deux. J'ai quitté le banc parce que tout le monde a dit que l'école ne vaut plus rien, même pas le pet d'une vieille grand-mère. […] L'école ne vaut pas le pet de la grand-mère parce que, même avec la licence de l'université, on n'est pas fichu d'être infirmier ou instituteur dans une des républiques bananières corrompues de l'Afrique francophone" (ebd., S. 7).

Eine ähnliche Sichtweise wird in Camara Nangalas Novelle *La paix, rien que la paix* (1995) präsentiert. Darin lässt der Autor seinen depressiv-pessimistischen Erzähler vom „Schicksal tausender Jugendlicher, die das überkommene Schulsystem ausspuckt und sich selbst überlässt"[5] beängstigt sein. Der Autor ist selbst Lehrer. Aus dieser Textstelle lässt sich aber kein generell negatives Schulbild bei ihm ableiten. In einer anderen Erzählung der Sammlung (*Révélation*) findet sich z.B. eine richtige Lobeshymne auf die Grundschullehrer, die sich unermüdlich und aufopfernd für die Wissensvermittlung, ja die *Schaffung* von Menschen und sogar Nationen, einsetzen:

> „Grande était son admiration pour les instituteurs, artisans infatigables du développement et du progrès, qui réussissaient de véritables tours de force en dépit de conditions de travail défiant le bon sens, surtout dans les zones rurales. Il aimait la patience résolue de ces hommes de métier, leur détermination, leur abnégation; le vrai don de soi. Transmettre le savoir, la connaissance, la culture, c'est éveiller la conscience, faire exister des hommes, faire émerger une nation. Enseigner, quelle œuvre exaltante!" (Nangala, 1995, S. 68).

Im Zusammenhang mit den nicht optimalen Bildungsvoraussetzungen und den nur eingeschränkten Möglichkeiten, die sogar ein lokaler Universitätsabschluss bietet, wie

---

5   „Je suis angoissé par le sort de milliers d'adolescents vomis par notre système scolaire désuet et livrés à eux-mêmes" (Nangala, 1995, S. 179).

die weiter oben zitierte Textstelle von Kourouma andeutet, ist das häufige Motiv des Auslandsstudiums zu sehen.

Ein Aufenthalt in Frankreich findet sich in vielen Erzählungen, etwa in den Novellen Mission Cruciale (2011) von Jacques Dalodé, *Chambre d'étudiant* (1979) von Cheick Aliou Ndao oder *L'honnête homme* (1971) von Henri Lopès, um nur einige Beispiele zu nennen. Aber auch in anderen Ländern lassen die Autoren ihre Erzähler studieren. So hat Diouldé in Tierno Monénembos Roman *Les crapauds-brousse* (1979) in Ungarn studiert, ein Umstand, dem er seine Anstellung als Leiter der Osteuropa-Abteilung im Außenministerium verdankt. In Emmanuel Dongalas Novelle *L'étonnante et dialectique déchéance du camarade Kali Tchikati* (1982) begegnen sich zwei ehemalige Schulkameraden, Kuvezo und Kali, von denen der Erste nach dem Abschluß des *Lycée* in den USA und der zweite sechs Jahre in Moskau studiert haben.

2.2 Die Schule als Mittel zur Kolonialisierung

Die französische Kolonialgeschichte Afrikas beginnt im Prinzip schon im frühen 17. Jahrhundert mit der Errichtung erster Außenposten auf dem Gebiet des heutigen Senegal. Eine systematische Eroberung Westafrikas, beginnend mit dem Senegal, erfolgte aber erst ab Mitte des 19. Jahrhunderts. Die französischen Kolonien im subsaharischen Afrika waren in drei Verwaltungsgebiete, Französich-Westafrika, Französisch-Äquatorialafrika und Französische Somaliküste, gegliedert. Die Kolonialherrschaft dauerte bis Mitte des 20. Jahrhunderts an: 1958 wurden die kolonialen Territorien zu Republiken innerhalb der *Communauté française* und 1960 wurden die meisten afrikanischen Staaten unabhängig (vgl. Scholze/Zimmermann/Fuchs, 2001).[6]

Die ehemaligen Kolonialmächte schreiben sich die Befriedung zahlreicher ethnischer Konflikte und Kriege zwischen Stammesgruppen sowie die Zivilisierung im europäischen Sinne und die Modernisierung Afrikas auf die Fahnen. Die Einführung einer einheitlichen Sprache als *Lingua franca* war dazu der Schlüssel. Die Gründung von Schulen in den afrikanischen Kolonien diente also mehreren Zwecken, einerseits der Verbreitung der Kolonialsprache, andererseits einer breiten Qualifizierung der Bevölkerung für verschiedene Tätigkeiten und nicht zuletzt der Schaffung einer afrikanischen Bildungselite durch Vermittlung von Propaganda und Kultur nach französischem Vorbild. Diese Elite sollte den kolonialen Interessen dienen und Führungskräfte hervorbringen, die in wichtigen Positionen arbeiten und zwischen der kolonialen Obrigkeit und der einheimischen Bevölkerung vermitteln würden.

> „A l'époque, les commandants de cercle avaient trois secteurs à alimenter par le biais de l'école: le secteur public (enseignants, fonctionnaires subalternes de l'administration coloniale, medecins auxiliaires, etc.) où allaient les meilleurs élèves; le secteur militaire [...] enfin le secteur domestique, qui héritait des élèves les moins doués" (Bâ, 1991, S. 308).

---

6 Dschibuti (frz. Djibouti) erlangte seine Unabhängigkeit erst 1977. Die beiden ebenfalls frankophonen Länder Burundi und Ruanda, die aber unter belgischer Herrschat standen, gelangten 1962 zur Unabhängigkeit.

Hierzu sei auch auf einen Aufsatz von Joseph Ki-Zerbo, Politiker und Universitätsprofessor für afrikanische Geschichte aus Burkina Faso, verwiesen. Er schreibt Folgendes über das Schulsystem:

> „By its purpose and function, this type of school was an integral part of the colonial system" (Ki-Zerbo, 2005, S. 217).

Und an anderer Stelle präziser:

> „… the principal characteristics of this ‚education' lay in its utilitarian and exploitative aspects. By force of circumstances, these clerks and qualified workers were integrated as auxiliary agents into the vast economic apparatus which tarded their own brothers in slavery. and took agricultural and minerat products in exchange for guns and knickknacks" (Ki-Zerbo, 2005, S. 217)[7].

Diese „Beschulung" geschah in der Anfangszeit nicht immer freiwillig und musste von den französischen Kolonialherren mitunter erzwungen werden. Boubou Hama beschreibt in seiner Autobiographie *Kotia-Nima* (1972), wie er als Achtjähriger ausgewählt wurde für sein Dorf Fonéko auf die sogenannte *École des otages* im westnigerianischen Téra geschickt zu werden. Der Begriff *École des otages*[8], wörtlich mit Schule der Geiseln zu übersetzen, erklärt sich aus dem Umstand, wie die Schüler rekrutiert wurden. Die Dörfer wurden verpflichtet, ein Kind zu der Schule zu schicken; dies waren in der Regel Söhne aus der Familie des Dorfoberhauptes. Damit wurden die Kinder nicht nur nach französischem Vorbild geformt und indoktriniert, sondern sie erfüllten tatsächlich auch die Funktion von Geiseln, die den Widerstand der einheimischen Bevölkerung brechen sollten.

> „J'étais désigné pour être livré au Blanc de Téra, pour être inscrit à l'école de cette ville. Mon père et moi nous devions nous rendre à Téra sans retard, le jour suivant. Le village passa une nuit encore plus atroce que les précédentes. Ma mère avait trop pleuré. […] Sans qu'elle sût pourquoi, après huit années de peine et de veilles, on venait lui arracher son fils pour le donner au Blanc de Téra.
>
> […] D'instinct, je compris clairement que j'allais abandonner Fonéko, ma mère, mon père, ma grand-mère, les contes de celle-ci, ses légendes, sa voix suave, son regard bienveillant, sa présence qui avait protégé mon enfance" (Hama, 1972, in: Olbert, 1982, S. 11f.).

Auch bei der Wahl der erzieherischen Mittel war man in den kolonialen Schulen nicht zimperlich. Für die westfranzösischen Kolonien wurde 1945 erlassen, dass in den Schulen nur Französisch und keine afrikanische Sprache gesprochen werden darf.

---

7   Von diesem Aufsatz liegt mir nur eine Online-Quelle vor: http://archive.lib.msu.edu/DMC/African%20Journals/pdfs/Utafiti/vol1no2/aejp001002007.pdf

8   http://fr.wikipedia.org/wiki/École_des_otages

Es wurde das sogenannte „Symbol" eingeführt, mit dem diejenigen Schüler gebrandmarkt wurden, die gegen das Verbot verstießen.[9]

In Bernard Dadiés Roman *Climbié* (1952) findet sich eine literarische Verarbeitung dieses Themas.[10] Climbié, der Titelheld des Romans, sieht sich als Träger des Symbols den Hänseleien der Mitschüler ausgesetzt. Seine Freunde halten sich ebenfalls von ihm fern:

> „Climbié pour avoir parlé N'zima, dans l'école même, se trouve porteur du Symbole. Il ne peut se fâcher, les élèves qui le chahutent sont trop nombreux. Ses amis ne s'en mêlent pas […] il les regarde danser autour de lui, s'éloigner un à un, prendre chacun la route de la maison.

> Climbié rentre seul chez lui, abandonné par ses propres amis effrayés par la présence du symbole qu'il a en poche" (Dadié, 1952, in Olbert, 1982, S. 8).

Um das Symbol wieder loszuwerden, muss Climbié einen anderen Schüler finden, der achtlos seine Muttersprache spricht. Durch die Weitergabe ist er selbst wieder frei. Gelingt ihm das nicht bis zum Ende der Schule nach dem Nachmittagsunterricht, hat er als Strafarbeit den Schulhof und die Klassensäle zu säubern.

> "… il est pressé de se débarrasser de ce petit cube … S'il n'y réussit avant la sortie du soir, il restera à nettoyer la cour, à balayer seul toutes les salles de classe" (ebd.).

Das Symbol ist aber nicht nur für den einzelnen Schüler ein Albtraum. Es führt zu einer Vergiftung des ganzen Schulklimas. Man kann nicht einmal seinem besten Freund noch vertrauen, denn der könnte einem, wenn man angesprochen arglos in der Muttersprache antwortet, das Symbol weitergeben. Hierzu in *Climbié*:

> „Le symbole! Vous ne savez pas ce que c'est! Vous en avez de la chance. C'est un cauchemar ! Il empêche de rire, de vivre dans l'école, car toujours on pense à lui. On ne cherche, on ne guette que le porteur du symbole" (ebd.).

> „Ainsi, du jour où le symbole parut, un froid régna sur l'école. […] on ne voyait plus maintenant que des petits groupes d'élèves se chuchotant des phrases timides, se méfiant de tout individu passant près d'eux, ou s'asseyant là, comme par hasard. Cet individu se permet de vous parler en dialecte agni. Les interlocuteurs, soupçonneux, lui répondent en français.

---

9   Hierzu findet sich bei Jérémi Kouadio N'Guessan: „En AOF [Afrique orientale française], l'arrêté du 22 août 1945 confirme que l'enseignement primaire élémentaire qui „a pour objet essentiel d'agir sur les populations africaines en vue de diriger et d'accélérer leur évolution est donné uniquement en français". C'est à partir de ce moment que furent placardés sur les portes de toutes les écoles d'Afrique le fameux „Défense de parler les dialectes dans l'enceinte de l'école". De ce jour-là naquit „le symbole", un morceau de bois, une boîte de sardine vide, un crâne d'animal, etc. qu'on accrochait au cou du premier élève surpris en train de parler sa langue maternelle. […]" Kouadio N'Guessan, Jérémie (2008). Le français en Côte d'Ivoire: de l'imposition à l'appropriation décomplexée d'une langue exogène. Absätze 14 & 15.

10   Auch in *Amkoullel, l'enfant peul* von Hampâté Bâ (1991) findet das „Symbol" Erwähnung (S. 338f.).

Mais à un ami, sans méfiance, vous parlez votre dialecte, alors celui-ci joyeux vous remet aussitôt le symbole" (ebd., S. 9).

Andererseits muss man feststellen, dass das koloniale Schulsystem den gewünschten Erfolg zeitigte. Auch hierzu eine Stelle aus Dadiés *Climbié*:

> „Climbié, chaque jour un peu plus, oublie ses sources, sa rizière, la chasse passionnante aux oiseaux, aux insectes, aux papillons. Ses devoirs, ses livres les ont supplantés. Avoir une bonne note, une bonne place, tels sont maintenant ses principaux soucis. Aucun autre sujet grave n'effleure Climbié" (ebd., S. 7).

Der Titelheld identifiziert sich vollkommen mit seinem Leben als Schüler. Die Bücher, Schulaufgaben und das Streben nach schulischem Erfolg haben die früheren Freizeitbeschäftigungen verdrängt.

Ein durchweg positives Bild des kolonialen Schulsystems liefert der Roman *Les trois volontés de Malic* (1920) von Amadou Mapaté Diagne. Es ist Brigitte Alessandri (2004, S. 16) zufolge das erste fiktionale französischsprachige Werk eines Afrikaners überhaupt. In der nur 28seitigen Erzählung lässt Diagne seinen senegalesischen Titelhelden, der aus einer freien, ehrwürdigen Familie stammt, mit seinem ersten Wunsch die neu gebaute französische Grundschule im Dorf statt die Koranschule besuchen. Seine Großväter erlauben dies gegen den Willen der Mutter. Seinen zweiten Wunsch, auf die weiterführende Schule zu gehen, setzt er ebenso durch seine auffallend guten Leistungen durch. Sein dritter Wunsch, Schmied zu werden, stößt auf größeren Widerstand, da dieser Beruf seiner Herkunft nach traditioneller Vorstellung nicht würdig wäre. Aber Malic ist hartnäckig und beruft sich in seiner Argumentation auf den in der französischen Verfassung verankerten Grundsatz der Gleichheit.

> „Ce n'est plus le moment de parler d'origine et de caste. Les hommes ne se distinguent plus que par le travail, par l'intelligence et par leurs vertus. Nous sommes gouvernés par la France, nous appartenons à ce pays où tous les hommes naissent égaux" (Diagne, 1920, S. 27).

Zuletzt bekommt Malic auch diesen Wunsch erfüllt und er erlangt mit seinem Beruf Anerkennung und Wohlstand, wovon auch seine Familie am Ende profitiert. Malics Erfahrungen mit der Schule und dem französischen System sind durchweg positiv. Diagne war selbst Schüler und später Student im frühen kolonialen Senegal und an der Darstellung bleibt kein Zweifel, dass sich der Autor mit der Kolonialmacht voll und ganz identifiziert.[11]

Es darf aber bei allem zum kolonialen Schulsystem Gesagten nicht vergessen werden, dass gerade in der Anfangszeit Schulen sehr selten waren. Ki-Zerbo schreibt, dass Ende des 19. Jahrhunderts im ganzen Gebiet des Senegal nur neun öffentliche

---

11 Jánosz Riesz fragt in seinem Aufsatz *Von der Kolonialliteratur zu den ersten afrikanischen Romanen in französischer Sprache – Das Problem der Authentizität* (in *Französisch heute*, 1985, Nr. 2), ob diese explizite Gleichstellung aller noch im Sinne der Kolonialdoktrin gewesen ist, oder ob hier bereits Kritik am Verhältnis der Kolonialmacht zu den Kolonisierten manifest wird.

Grundschulen existierten, von denen acht von Nonnen und Priestern geleitet wurden (Ki-Zerbo, 2005, S. 217).

So kommt es, dass Romanfiguren manchmal nicht in der Schule ausgebildet werden, sondern individuell von Kirchenmännern. Dies ist zum Beispiel bei Toundi der Fall, dessen Tagebücher die Erzählhandlung von Ferdinand Oyonos Roman *Une vie de boy* (1956) bilden.

> „Le père Gilbert m'a connu nu comme un ver, il m'a appris à lire et à écrire … Rien ne vaut cette richesse" (Oyono, 1956, Ausgabe von 2009, S. 24).

2.3 Zur Darstellung von Unterricht

Wurden bisher Erzählungen zitiert, die von Schule als Institution zeugen, so sollen nun auch einige Beispiele erbracht werden, in denen Unterrichtsgeschehen wiedergegeben wird.

Ein Roman, der zum Teil detaillierte Szenen aus dem Klassenzimmer bietet, ist zum Beispiel *De Tilène au Plateau* (2007) von Nafissatou Diallo. Das Werk ist, wie die Autorin in einem Vorwort explizit erklärt, autobiographisch.[12] Da die Verfasserin 1941 geboren ist, kann man den Roman, obwohl er erst 2007 erschienen ist, nicht als aktuelles Zeitzeugnis bezeichnen, denn die beschriebenen Szenen liegen heute zum Teil schon über sechzig Jahre zurück.

Von ihrer ersten Grundschullehrerin berichtet Nafissatou Diallo sehr positiv:

> „Nous étions une cinquantaine dans la classe de Madame Ndèye, ma première maîtresse, qui enseigne encore. Elle était jolie […] avec son corsage blanc, sa jupe bleue évasée jusqu'à ses mollets. J'admirais les personnes habillées à l'européenne. […] Seules des catholiques ou quelques intellectuelles tolérées par leurs familles s'habillaient à l'européenne" (Diallo, 2007, S. 51f.)[13].

Die Lehrerin war hübsch und nach europäischer Art modern gekleidet, woraus sich für die Autorin ein gewisser Intellekt ableiten lässt. Von der Unterrichtssituation erfahren wir, dass die Kinder zu fünfzigst in der Klasse waren. Der Unterricht wurde in einer vertrauensvollen Atmosphäre geführt, was unter anderem zu guten Lernerfolgen beitrug, wie folgende Textstellen verraten:

> „Mme Ndèye sut nous mettre en confiance" (ebd., 2007, S. 52).

> „Déjà éveillée par l'école coranique, mue par la curiosité de tout savoir, j'assimilais sans peine" (ebd., 2007, S. 53).

---

12 „Voici mon enfance et ma jeunesse telles que je me les rappelle" (Diallo, 2007, S. 5).

13 Der Name der Lehrerin, die zum Zeitpunkt der Niederschrift als Lehrerin noch aktiv war, wurde geändert, wie in einer Fußnote angemerkt wird.

Im zweiten Jahr muss die geliebte Lehrerin ersetzt werden. Sie wird durch eine Kollegin ersetzt, der der Ruf einer an Boshaftigkeit grenzenden Strenge vorausgeht.

> „Madame Acou, qui la remplaça, était réputée pour une sévérité frisant la méchanceté" (ebd., 2007, S. 53).

Und in der Folge berichtet Diallo ausführlich und ganz plastisch von einer einschneidenden Szene im Unterricht, in der die neue Lehrerin ihre Grausamkeit und ihren Sadismus voll auszuleben versucht. Nafissatou wird von einer Mitschülerin durch Androhung von Gewalt unter Druck gesetzt, sie bei einem Diktat abschreiben zu lassen. Als das Mädchen nachgibt, werden die beiden – zur großen und kaum verborgenen Freude der Lehrerin – ertappt. Zuerst wird die Mitschülerin Penda drakonisch durch Schläge mit dem gefürchteten Lineal auf die ausgestreckten Hände bestraft, sie lässt sich aber ihren Schmerz nicht anmerken. Madame Acou – daraufhin noch mehr außer sich – schickt sie schließlich unter ausfälligsten Beschimpfungen auf den Platz zurück.

> „'Safi montre sa feuille à Penda, Madame!'
>
> La maîtresse ne demandait, n'attendait que cela. Avec une mine offusquée qui cachait mal sa joie intime, elle ferma son livre et nous héla : ,Venez ici, toutes les deux!'
>
> Nous nous mîmes des deux côtés de son bureau, Penda calme alors que la peur se lisait en moi. […] Elle se saisit de l'horrible règle tant détestée. ,Tends la main, joins les doigts'.
>
> Impassible, Penda s'exécuta. La maîtresse tapait. Penda supportait stoïquement la douleur. La maîtresse était hors d'elle. Pour une fois elle n'avait pas la satisfaction de ouïr de la souffrance d'autrui. En désespoir de cause, elle renvoya Penda en l'insultant grossièrement, employant des mots que je n'oserais reprendre" (ebd., 2007, S. 54f.).

Dann ist Nafissatou mit ihrer Bestrafung an der Reihe. Vor Angst hat sie die Sprache verloren und macht sich im wahrsten Sinne des Wortes fast in die Hose. Erst als sie geohrfeigt wird, kann sie wieder reden und schreit, dass sie auf Toilette muss. Der folgende Erniedrigungsversuch der Lehrerin, Nafissatou solle urinieren und den Urin dann trinken, gibt dem Mädchen Kraft, sich zur Wehr zu setzen. Sie schreit so laut sie kann, worauf Madame Acou sie aus Angst, ihre Quälereien, die sie ohne Wissen des Direktors betreibt, könnten offenkundig werden, gehen lässt.

> „Ce fut mon tour et je fus prise d'une soudaine envie d'uriner. Je tremblais et piétinais sur place, anxieuse de demander ,la permission' et ne pouvant ouvrir la bouche.
>
> ,On danse en classe maintenant? On va appeler le tambour major!'
>
> ,Meu … Meu …' fis-je. Aucun son articulé ne pouvait sortir de ma bouche. Je ne pouvais plus me retenir.
>
> ,Quoi? Tu es devenue muette?' Telle une fusée, elle se propulsa vers moi et me donna deux gifles à toute volée. Je surmontai ma peur, ma répugnance et ma douleur. Ma langue se

délia: ‚Je veux sortir, je veux sortir! J'ai envie d'uriner, j'ai envie d'uriner!' hurlai-je, je ne sais combien de fois.

‚Pisse ici et tu le boiras!'

Je criai plus fort, espérant attirer l'attention du Directeur, car, ses martyrs, Acou les faisait discrètement à l'insu de la Direction, et nous n'osions nous plaindre. Celle qui en parlait à l'extérieur était considérée comme une réprouvée. L'humiliation me donna du courage. Il me fallait assouvir ma vengeance en alertant M. Ndiaye. L'instant passé, je n'aurais plus le courage de le faire. Acou prit peur et me dit: ‚Fous le camp, petite garce!'" (ebd., 2007, S. 55f.).

Nach diesem Zwischenfall bleibt zwischen der Erzählerin und ihrer Lehrerin nur Hass. Und Nafissatou wird fortan ignoriert. Zu ihrem Glück, und das ist ein interessantes Detail, kann die Lehrerin sie nicht mit ungerecht schlechten Noten strafen, da die schriftlichen Arbeiten nicht von ihr allein korrigiert werden:

„Depuis cet incident, je détestais Madame Acou de toutes mes forces. Devant elle j'étais incapable de ressentir autre chose que de la haine. Je crois n'avoir jamais haï personne de la sorte. Mais elle m'ignorait, m'ayant placée au dernier rang des bancs. Si elle avait pu me faire redoubler, elle l'aurait fait, mais les compositions n'étaient pas laissées à son seul contrôle et je terminai l'année parmi les premières" (ebd., 2007, S. 56f.).

Das Motiv der grausamen Züchtigung durch den Grundschullehrer findet sich auch bei Camara Layes *L'enfant noir* (1953). Der Lehrer setzt die Abfrage an der Tafel als Instrument des Schreckens ein; der kleinste Fehler, eine nur leicht unsaubere Schrift genügt für eine Tracht Prügel mit dem Stock, den er mit einer „vergnügten Deftigkeit" gebraucht:

„… nous vivions dans la crainte perpétuelle d'être envoyé au tableau. Ce tableau noir était notre cauchemar […] un rien l'effarouchait. Or, si nous voulions ne pas être gratifiés d'une solide volée de coups de bâton, il s'agissait, la craie à la main, de payer comptant. C'est que le plus petit détail ici prenait de l'importance: le fâcheux tableau amplifiait tout; et il suffisait en vérité, dans les lettres que nous tracions, d'un jambage qui ne fût pas à la hauteur des autres, pour que nous fussions invités soit à prendre, le dimanche, une leçon supplémentaire, soit à faire visite au maître, durant la récréation […] pour y recevoir sur le derrière une correction toujours mémorable. […] il examinait nos copies à la loupe et puis nous distribuait autant de coups de trique qu'il avait trouvé d'irrégularités. […] il maniait le bâton avec une joyeuse verdeur!" (Laye, 1953, Ausgabe von 2008, S. 85)[14].

Bemerkenswert ist, dass der Unterricht bei eben diesem Lehrer gleichzeitig als spannend und interessant dargestellt wird:

---

14 Von anderen Formen der Strafe für ältere Schüler der Grundschule, Fronarbeiten insbesondere, wird ebenfalls berichtet.

„… nous étions extraordinairement attentifs et nous l'étions sans nous forcer: pour tous, quelque jeunes que nous fussions, l'étude était chose sérieuse, passionnante ; nous n'apprenions rien qui ne fût étrange, inattendu et comme venu d'une autre planète ; et nous ne nous lassions jamais d'écouter" (ebd., S. 84).

Brigitte Alessandri schreibt in ihrer Untersuchung, dass die körperliche Züchtigung und Demütigung die Basis der pädagogischen Praxis in Afrika sei.[15] Als ein weiteres Beispiel zitiert sie aus dem Roman *Mission terminée* von Mongo Béti (1957), dass „die Kinder den ganzen Tag lang geschlagen werden".[16] Ihr zufolge wäre diese Züchtigungspraxis Teil der traditionellen Kultur, die Autoren würden davon aber bevorzugt im Zusammenhang mit Schule schreiben.[17] Sie selbt führt ein anderes Gegenbeispiel an, einen Lehrer aus *Les Gardiens du Temple* (1961) von Cheikh Hamidou Kane, der, obwohl streng und fordernd, durch seine Freude am Unterrichten und den Glauben an die Kinder ohne körperliche Strafen auskommt und der die Schüler belohnt und lobt.[18] Es handelt sich dabei allerdings nicht um einen Lehrer an einer öffentlichen Schule, sondern um den Meister einer Koranschule.

Die bereits zitierte Nafissatou Diallo berichtet auch vom Unterricht an den weiterführenden Schulen Collège und Lycée. Hier hat sich bei ihr das Bild von Täter und Opfer zum Teil gedreht.

„La sixième ,2' était, à la vérité, une classe indisciplinée. Nous rendions impossible la vie à certains professeurs, surtout celui de musique; mais avec le professeur d'anglais qui ne nous parlait qu'en anglais, nous savions être sages et dociles" (Diallo, 2007, S. 133f.).

Und in der Tat, sie beschreibt eine Szene, in der die Musiklehrerin in sehr gemeiner Weise zum Gespött gemacht wird (Diallo, 2007, S. 134ff.). Die Englischlehrerin dagegen bewahrt nicht nur ihre Autorität. Sie versteht es auch, auf die Schüler einzugehen und sie zu fördern, und im entscheidenden Moment Humor zu zeigen.[19]

Am Lycée bezeichnet Nafissatou Diallo die Schüler als noch disziplinloser als im Collège. Sie berichtet, wie sie wie Hähne im Unterricht krähen und es werden unverhohlen Nachrichten und Zettel mit Obszönitäten durch den Saal geworfen.

„Les garçons, au milieu du cours, imitaient le chant du coq, jetaient aux filles des cailloux ou des bouts de papiers couverts d'obscénités" (ebd., S. 181).

---

15 „La pratique systématique des brimades corporelles et de l'humiliation à l'école est l'assise même de toute pratique pédagogique en Afrique noire" (Alessandri, 2004, S. 80); siehe auch S. 60 und S. 64.

16 „Les enfants sont ,rossés à longueur de journée'" (Alessandri, 2004, S. 65).

17 „… les châtiments corporels font partie de la culture traditionnelle et sont utilisés fréquemment par les Africains. Cependant les auteurs sont plus enclins à en parler lorsqu'il s'agit de l'école …" (Alessandri, 2004, S. 67).

18 Alessandri, 2004, S. 68. Sowie Kane, 1961, verw. Ausgabe 1995, S. 47f.

19 „Madame X … l'interrogeait souvent, non toutefois pour la punir, mais pour lui donner plus de confiance en elle […] Madame X … rit aux larmes; néanmoins, Astou fut la mieux notée ce jour-là" (ebd., S. 134)

Fatou Diomes surrealistischem Roman *Kétala* (2006) zufolge, in dem die Gegenstände der verstorbenen Mémoria ein Eigenleben führen und nach dem Tod ihrer Herrin versuchen, deren Leben nachzuzeichnen, bevor sie durch die Erbschaft in alle Winde zerstreut werden, ist der Französischunterricht im Lycée sehr anspruchsvoll. *Montre*, die eingebildet dargestellte Armbanduhr, gibt immer wieder mit literarischer Bildung und Kenntnissen von Fremdwörtern an; Wissen, das sie im Französischunterricht ihrer Trägerin erworben hat. Es erscheint mir allerdings fraglich, ob diese Textstellen zwangsläufig als valide zu betrachten sind. Die Autorin Diome lässt die verstorbene Mémoria diese im Roman ostentativ präsentierten, hervorragende Bildung im Lycée erhalten haben. Dafür können andere Gründe in Frage kommen: z.B. der Wunsch den Lesern Bildung zu vermitteln oder einfach die Charakterzeichnung von *Montre*. Diome selbst kann diese Belesenheit auch in ihrer Zeit in Frankreich (Studium ab 1994) erworben haben.

Explizit über Unterrichtsmethoden informieren Textpassagen, die wir bei Amadou Hampâté Bâ finden. An mehreren Stellen beschreibt er im ersten Teil seiner Memoiren, *Amkoullel, l'enfant peul* (1991), den auf Hören, Nachsprechen, mehrfaches Wiederholen (einzeln oder im Chor), Auswendiglernen und auswendig Aufsagen ausgelegten Unterrichtsstil. Es geht dabei hervor, dass dies der Unterrichtsmethodik der traditionellen Koranschule entspricht. Hierzu ein Textbeispiel:

> „… les élèves devaient apprendre et réciter par cœur un texte que le maître énonçait bien distinctement en français, mot par mot puis phrase par phrase. Les élèves répétaient chaque mot après lui, puis chaque phrase, d'abord tous en chœur, puis chacun l'un après l'autre. […] Ma mémoire auditive, comme celle de tout bon élève d'école coranique était dressée à ce genre de gymnastique, habitués que nous étions à apprendre par cœur des pages entières du livre sacré sans en comprendre le sens" (Bâ, 1991, S. 332).

Eine weitere wichtige Technik wird in diesem Buch beschrieben: Die Schüler müssen ihre Gesten und Bewegungen laut verbalisieren bzw. zu dem Gesagten entsprechende Bewegungen und Handlungen ausführen.

> „La principale méthode utilisée était celle du ‚langage en action'. Chaque élève devait dire tout haut les mots (enseignés au départ par le maître) qui décrivaient ses gestes et son action du moment" (ebd., 1991, S. 339).

3.   Zusammenfassung

Durch die Ausgangssituation bedingt stellt dieser Artikel eine gewisse Gratwanderung dar. Einerseits ein prinzipiell literarischer Aufsatz, erscheint er doch andererseits im Rahmen einer pädagogischen Publikation. Dies erfordert eine Orientierung an empirischen Daten und Fakten, in diesem Fall also an konkreten Belegen, die anzuführen sind. Da es sich aber um frankophone Quellen handelt und der an der pädagogischen Fragestellung interessierte Leser nicht zwangsläufig des Französischen mächtig ist, ist zusätzlich eine ständige Periphrasierung der zitierten Stellen unumgänglich. Durch die gebotene Kürze des Beitrags mussten viele Aspekte wie z.B. die Gliederung und Organisation der Schulsysteme, Fragen des Schulmaterials und der Kleiderordnung oder auch der Wahrnehmung von Schule in ihrer Wirkung durch die Bevölkerung oder innerhalb der Familien weitgehend ausgeklammert werden. Auch die ausgewählten Schwerpunkte Schule und Unterricht konnten nicht umfassend, sondern letztlich nur anhand einzelner Beispiele beleuchtet werden. Trotz dieses Mangels an Vollständigkeit der Untersuchung sind einige Dinge klar zu erkennen.

Schule bzw. Schulbesuch ist noch immer keine Selbstverständlichkeit in allen Ländern und Gegenden Afrikas. Die Schule nicht zu besuchen oder vorzeitig abzubrechen, ist kein abwegiges Schicksal und findet sich in der Literatur beschrieben.

Die Einrichtung von Schulen war zu Zeiten der Kolonialherrschaft ein effektives Mittel, die eigene Machtstellung zu sichern. Mithilfe des Unterrichts wurde die französische Sprache systematisch verbreitet. Dabei wurden z.B. mit der Einführung des „Symbols" massive Druckmittel eingeführt, um die afrikanischen Sprachen zurückzudrängen und den Erfolg zu sichern. Das Ziel, eine gewisse Bildungselite unter den Einheimischen zu schaffen, die geeignet wäre, das Kolonialsystem zu stützen, wurde – wie die Geschichte zeigt – nur eine gewisse Zeit erreicht. Gebildete Menschen, die die Schule hervorbringt, werden mündige und kritische Bürger. In der entstehenden afrikanischen Literatur äußert sich daher als logische Folge Kritik am Kolonialsystem, auch am kolonialen Schulsystem, wie angeführte Beispiele zeigen konnten. Die Vermittlung der Prinzipien *Freiheit, Gleichheit, Brüderlichkeit*, die Ideale der Französischen Revolution, auf die die Franzosen stets stolz waren und sind, musste natürlich zum Nährboden für das Streben nach Unabhängigkeit bei den Eliten der kolonialisierten Völker werden.

Viele Literaturbeispiele berichten von Gewalt, Unterdrückung und Demütigung in Schule und Unterricht. Diese Elemente scheinen, wie etwa die Untersuchung von Brigitte Alessandri bereits hervorgehoben hat, weit verbreitet gewesen zu sein. Es lassen sich jedoch auch Gegenbeispiele für verständnisvolle, ohne Gewalt auskommende Lehrer in der Literatur finden. Im Bereich der Unterrichtsmethoden fallen Nachsprechen, Sprechen im Chor, Auswendiglernen und Aufsagen des Gelernten auf.

Wir dürfen aber bei allem einen weiteren wichtigen Punkt nicht vergessen. So berechtigt es ist, literarische Zeugnisse zur Beschreibung von Schule zu berücksichtigen, so bilden literarischen Quellen doch *kein aktuelles* Bild ab. Sie können aus pädagogischer Sicht nur historisch gewertet werden, da die beschriebenen Zustände und Situationen ihre Vorbilder zum Zeitpunkt der Niederschrift bzw. des Erlebens durch die Autoren haben und damit teilweise mehrere Jahrzehnte zurückliegen.

Des Weiteren bieten Texte wie die hier angesprochenen oder auch Auszüge daraus die Möglichkeit, über das pädagogische Interesse hinaus Lebensumstände, soziale Praktiken und eben Erfahrungen zum Lebensfeld Schule kennen zu lernen. Dies kann insbesondere im Schulunterricht fruchtbar geschehen, in dem die Schüler zu einer kritisch reflektierenden Auseinandersetzung mit der Erfahrungswelt in anderen Kulturen angeregt werden. Der Französischunterricht der Oberstufe, in dem die Texte (auszugsweise) im Original gelesen werden können, bietet hierzu die Möglichkeit.

Literatur

Primärliteratur

Bâ, Amadou Hampâté. (1991). Amkoullel, l'enfant peul. Arles: Actes Sud.

Béti, Mongo. (1957). Mission terminée. Paris: Buchet/Chastel.

Dadié, B. (1952). Climbié. Auszug aus Olbert, J. (Hrsg.) Dossiers francophones. Au carrefour de deux civilisations. Frankfurt/Berlin/München: Diesterweg.

Dalodé, J. (2011). Très bonnes nouvelles du Bénin. (Nouvelles). Paris: Gallimard.

Diagne, A. M. (1920). Les trois volontés de Malic. Paris: Larousse.

Diallo, N. (2007). De Tilène au Plateau. Une enfance dakaroise. Dakar: NEAS.

Diome, F. (2006). Kétala. Paris: Flammarion.

Dongala, E. (2007). Jazz et vin de palme. (Nouvelles). Paris: Hatier. (1982). (verw. Ausgabe: Paris: Groupe Privat/Le Rocher).

Fall, K. (1989). Mademba. Paris: Editions L'Harmattan.

Hama, B. (1972). Kotia-Nima. In: Olbert, J. (Hrsg.) (1982). Dossiers francophones. Au carrefour de deux civilisations. Frankfurt/Berlin/München: Diesterweg.

Kane, C. H. (1961). Les Gardiens du Temple. Paris: Juliard. (verw. Ausgabe: Paris: Stock, 1995).

Kourouma, A. (2000). Allah n'est pas obligé. Paris: Editions du Seuil.

Laye, C. (1953). L'enfant noir. Paris: Plon.

Lopès, H. (1971). Tribaliques. (Novellensammlung.) Yaoundé: Éditions Clé.

Monénembo, T. (1979). Les crapauds-brousse. Paris: Editions du Seuil.

Nangala, C. (1995). Révélations. Nouvelles. Abidjan: Nouvelles Editions Ivoiriennes.

Ndao, C. A. (1979). Le marabout de la sécheresse. Nouvelles. Dakar: Nouvelles Editions Africaines. (verw. Ausgabe von 2010).

Oyono, F. (1956). Une vie de boy. Paris: Julliard. (verw. Ausgabe: Paris: Pocket, 2009).

Sekundärliteratur

Alessandri, B. (2004). L'école dans le roman africain: des premiers écrivains francographes à Boubacar Boris Diop. Paris: L'Harmattan.

Becker, N. (1982). Eléments d'une didactique de textes africains d'expression française. In: Französisch heute (Heft 2). Seelze/Velber: Kallmeyer.

Ki-Zerbo, J. (2005). The historical evolution of education in French speaking Africa and the question of development. URL: http://archive.lib.msu.edu/DMC/African%20Journals/pdfs/Utafiti/vol1no2/aejp001002007.pdf (13.07.2013).

Kouadio N'Guessan, J. (2008). Le français en Côte d'Ivoire: de l'imposition à l'appropriation décomplésée d'une langue exogène. In: Documents pour l'histoire du français langue étrangère ou seconde, Nr. 40/41. URL: http://dhfles.revues.org/125 (13.07.2013).

Olbert, J. (Hrsg.) (1982). Dossiers francophones. Au carrefour de deux civilisations. Frankfurt/Berlin/München: Diesterweg.

Scholze, U./Zimmermann, D./Fuchs, G. (2001). Unter Lilienbanner und Trikolore. Zur Geschichte des französischen Kolonialreiches. Darstellung und Dokumente. Leipzig: Leipziger Universitätsverlag.

Riesz, J. (1985). Von der Kolonialliteratur zu den ersten afrikanischen Romanen in französischer Sprache. Das Problem der Authentizität. In: Französisch heute (Heft 2). Seelze/Velber: Kallmeyer.

III
Rekonstruktionen unterrichtlicher Wirklichkeiten

Christophe Straub

Darstellungen nord- und westafrikanischen Lebens in Schulbüchern für den Politikunterricht aus Frankreich und Deutschland

Zwischen Differenzierung und Defizitkonstruktion

1. Einleitung

> *„Die bundesdeutsche Gesellschaft ist im rassistischen Diskurs verstrickt, der – u.a. durch Politik, Medien, Bildungswesen und Sprache – beständig reproduziert wird.[...] Dies manifestiert sich besonders deutlich in den dominanten Afrikabildern der bundesdeutschen Gesellschaft, in denen koloniale Perspektiven auf Afrika und Afrikaner/innen bis heute nahezu ungebrochen fortwirken" (Arndt, 2001b, S. 9).*

Diese These von Susan Arndt beschreibt in drastischer Art und Weise den in Deutschland und weiten Teilen der westlichen Welt vorherrschenden Diskurs über Afrika. Bis heute manifestieren sich längst widerlegte Stereotype und undifferenzierte Vorstellungen in nahezu allen Bereichen der Gesellschaft, speziell jedoch in Literatur, Medien und – obschon man anderes annehmen und erwarten dürfte – in politischen und schulischen Kontexten. Betrachtet man die gängige mediale Berichterstattung der letzten Jahre und Jahrzehnte, konzentrieren sich die Beiträge neben exotisisch-verklärenden Klischeedarstellungen, wie man sie beispielsweise in Reisekatalogen findet, in aller Regel auf Schilderungen von Bürgerkriegen, Hungersnöten oder politischen Instabilitäten. Chancen und Perspektiven, technologischer und wirtschaftlicher Fortschritt oder urbane (Sub-)Kulturen, die sich in Metropolen wie Dakar oder Lagos, Abidjan oder Kinshasa aufgetan haben, finden in der Öffentlichkeit kaum Beachtung. Unzulässige Pauschalisierungen, etwa dass alle Afrikaner und Afrikanerinnen in einfachen Hütten auf dem Land wohnten, gute Tänzer seien und exotisch anmutenden Schmuck tragen würden, sind allgegenwärtig und werden der Realität in keiner Weise gerecht (vgl. Arndt, 2001a, S. 22, Guggeis, 2004, S. 262ff.).

Ziel dieses Beitrages[1] ist es, die in einem französischen und einem deutschen Politikschulbuch[2] vorherrschenden Afrikabilder exemplarisch hermeneutisch-rekon-

---

1 Dieser Beitrag ist in ein Promotionsprojekt eingebettet, das sich weit ausführlicher – und nicht auf Afrika beschränkt – mit den Inhalten in Politikschulbüchern aus Frankreich und Deutschland auseinandersetzt.

2 Auf die genauen Funktionen von Schulbüchern soll an dieser Stelle nicht eingegangen werden, jedoch ist es wichtig zu betonen, dass das Schulbuch nach Wiater immer auch ein Politikum darstellt: es ist Produkt gesellschaftlicher Verhältnisse und somit durch gesellschaftliche Faktoren beeinflusst (vgl. Wiater, 2003, S. 12).

struktiv zu analysieren[3] und zu schauen, ob sich darin Gemeinsamkeiten und/oder Unterschiede feststellen lassen. Die Wichtigkeit dieses Vorhabens ergibt sich in erster Linie aus der großen Bedeutung von Schulbüchern für die Bildung von Kindern und Jugendlichen. Zudem gilt es „die Vorstellungen der Europäer von anderen und von sich selber zu untersuchen" (Poenicke, 1995, S. 13) und durch gewonnene Erkenntnisse Perspektiven für die Schulbuchentwicklung aufzuzeigen. Vor dem Hintergrund der im Juli 2012 an der Johannes Gutenberg-Universität Mainz stattgefundenen Tagung zum Thema *Schule und Unterricht in Frankreich, im frankophonen Nord-/Westafrika und in Deutschland* wird geographisch eine Beschränkung auf dieses Gebiet vorgenommen. Interessant an diesem binationalen Schulbuchvergleich ist die Tatsache, dass Frankreich und Deutschland höchst unterschiedliche – geschichtliche als auch gegenwärtige – Verflechtungen zu dieser Region haben. Während Deutschland gezwungen war, eigene afrikanische Kolonien, die sich weitestgehend im Süden und Osten des Kontinents befunden haben, nach dem ersten Weltkrieg abzutreten, blieben die französischen Kolonien, die große Teile Nordwest-Afrikas bedecken, bis in die 1960er Jahre in unterschiedlicher administrativer Form unter der Kontrolle Frankreichs. Selbst heutzutage stehen viele unabhängige Staaten unter starkem französischem Einfluss, was sich etwa an der (Amts-)Sprache Französisch oder den intensiven politischen und wirtschaftlichen Beziehungen/Implikationen sehen lässt. Auch die heute in Frankreich lebenden Immigrantinnen und Immigranten und ihre alltäglichen Erfahrungen etwa im Bereich der Bildungspolitik, oder aber der noch immer unzureichend aufgearbeitete Algerienkrieg tragen dazu bei, dass sich Frankreich als postkoloniale Gesellschaft in besonderer Weise mit dieser Region auseinandersetzen müsste: „Strukturen und Wahrnehmungsweisen, die durch die koloniale Ordnung geschaffen wurden, bestehen fort und belasten nicht nur die Vergangenheit, sondern auch die Gegenwart. Frankreich bleibt insofern eine postkoloniale Republik" (Grindel, 2006, S. 26). Werden sich diese Zusammenhänge auch in der Analyse der Schulbuchausschnitte zeigen, rekonstruieren lassen?

Im Folgenden geht es zunächst um die Konstruktion des Fremden, und es zeigt sich, dass diese Art des Diskurses eng mit der europäischen Kolonialgeschichte zusammenhängt (vgl. Arndt, 2001a, S. 17ff.; Geller, 2006, S. 20ff.; Grindel, 2006, S. 22ff.). Weiterhin werden einige frühere Forschungsergebnisse zum Thema Afrikabilder in Schulbüchern vorgestellt, bevor zwei Lehrbücher, eines aus Frankreich, eines aus Deutschland, rekonstuktiv auf ihre „Afrikabilder" untersucht werden. Ein Fazit soll auf noch bestehende Herausforderungen bezüglich der Entwicklung von differenzierten, mehrperspektivischen Lernangeboten in Schulbüchern aufmerksam machen.

---

3   Hier angelehnt an Auswertungsmethoden, die sich zunächst dem optischen Bestand der Abbildung und dann der Bedeutungsebene unter Hinzuziehung von Kontextwissen nähern (vgl. Pilarczyk/Mietzner, 2005).

2.   Afrika – der fremde Kontinent

Viele Menschen assoziieren mit Afrika das Gefühl einer diffusen Fremdheit. Dies mag vor allem daran liegen, dass die allermeisten diesen Kontinent, seine Länder und Menschen nur aus Erzählungen und Literaturberichten, aus Fernsehreportagen oder kurzen Urlaubsreisen in die Touristenregionen kennen. Die (vermeintliche) Mischung aus auf der einen Seite paradiesischer Exotik, einer vielfältigen Tier- und Pflanzenwelt und einer Bevölkerung, die auf den ersten Blick so anders als die kontinentaleuropäische zu sein scheint, und auf der anderen Seite Armut, Krieg und Elend mag dieses Gefühl noch verstärken. Aus heutiger Sicht zeichnen insbesondere auch die Berichte aus der Kolonialzeit ein vollkommen verzerrtes, undifferenziertes Bild des Kontinents, indem exotistische Naturbilder gepaart mit einer abwertenden Beschreibung der Bevölkerung im Mittelpunkt stehen. Eine wünschenswerte Differenzierung oder Neubewertung hat bis zum heutigen Tag kaum stattgefunden, was nach Arndt vor allem an Unwissenheit und Desinteresse liegt. „Die fehlende Sensibilisierung für das Nicht-Wissen sowie die Unwissenheit selbst lassen sich am ehesten mit einem stark ausgeprägten gesellschaftlichen und individuellen Desinteresse am afrikanischen Kontinent erklären, […]. Desinteresse ist jedoch […] die beste Garantie dafür, dass Unwissenheit auch bestehen bleibt" (Arndt, 2001a, S. 35). Das Ergebnis dessen ist, dass Stereotype in der deutschen Gesellschaft weiterhin Bestand haben (vgl. ebd., S. 35ff.).

Doch wie lässt sich Fremdheit, wie lässt sich Fremdsein eigentlich beschreiben? Das gefühlte „Fremdeln" mit dem Kontinent Afrika hängt direkt mit dem in der Kolonialzeit geprägten Bild von den Menschen und Ländern Afrikas zusammen, es sind gerade die dort entstandenen Stereotypen und Rassismen, die eine Erklärung für die wahrgenommene Andersartigkeit Afrikas bieten (vgl. Reinwald, 2006, S. 3). Zu dieser Zeit wurde vor allen Dingen auf vermeintliche rassische Unterschiede rekurriert, die beispielsweise besagten, dass Schwarze nicht dazu fähig wären, mit Intellekt und Vernunft vorzugehen, sondern infantil, hilfsbedürftig und triebgesteuert seien – Vorstellungen, die auch heute auf latenter Ebene weiterhin den öffentlichen Diskurs in verschiedenen Medien über Afrika bestimmen. In Anlehnung an Matthes können Stereotypen in diesem Zusammenhang als eine Art vorgefertigtes, unhinterfragtes Weltbild betrachtet werden, die fernab eigener Erfahrungen stehen, subjektiv, emotional und wertend sind (vgl. Matthes, 2004, S. 232f.). Sie erlauben weiterhin eine klare Trennung zwischen *uns* und *den anderen*, was als Ausdruck einer (westlichen) Überheblichkeit gedeutet werden kann. In diesem Sinne finden Distinktion und Hierarchisierung statt, die auch schon Kernstück des rassistischen Denkens nicht ausschließlich der Kolonialzeit waren: Weiße sind höherwertiger als Schwarze, Europa ist fortschrittlicher als Afrika, kurzum: eine Typisierung in „gut und böse" (vgl. Pöggeler, 2004, S. 22). Afrika wird in diesem Zusammenhang stets als defizitär inszeniert bzw. konstruiert sowie im Vergleich zu Europa als primitiv und rückständig dargestellt: Stereotypen avancieren hiermit zu normativen Charakterisierungen, die sich in den Köpfen festsetzen. Hierbei wird deutlich, dass zwischen den Fremdheitswahrnehmungen einerseits und dem eigenen Selbstbild andererseits eine enge Beziehung besteht.

So sagt das Afrikabild der europäischen Bevölkerung mehr über Habitus und Mentalität der westlichen Welt aus, als über Afrika selbst. Nach Geller zeigt sich, „dass bei den imaginären Identitätszuschreibungen nicht nur die Bilder des Anderen geschaffen werden, sondern auch das eigene Selbstbild. Der Andere dient dabei als Negativspiegel des vermeintlich Eigenen, er ist Folie eines spiegelverkehrten ‚Sich-Ansehens'" (Geller, 2006, S. 21). Das Afrikabild ist nämlich als Summe aller oder Verbindung einiger Stereotypen zu verstehen (vgl. Arndt, 2001a, S. 35 ff.).

Neben der eben erwähnten „identitätsstiftenden" Funktion haben Stereotype weitere wichtige Funktionen: Einerseits legitimieren sie politische Ziele und Handlungsweisen und entlasten von der daraus resultierenden moralischen Verantwortung, andererseits dienen sie auch als Projektionsfläche für Bedrohungsängste und Wünsche (vgl. Arndt, 2001a, S. 36f.; Matthes, 2004, S. 232ff.). Für Frantz Fanon, ein berühmter französischer Literat und Psychiater mit karibischen Wurzeln, der sich zu einem Vordenker der Entkolonialisierung entwickelte, werden die kollektiven Gedankengänge der westlichen Gesellschaft deutlich: Afrika wird in den Köpfen der Europäer so konstruiert, dass eine moralische Legitimation für Ausbeutung, Kolonialisierung und Unterdrückung gegeben werden kann. Indem die Kolonialisierung mit der Hilfsbedürftigkeit der afrikanischen Bevölkerung und dem Zivilisierungsgedanken der Europäer begründet wird, wird jede Kritik daran obsolet (vgl. Arndt, 2001b, S. 37). Wie aktuell diese Gedanken in Frankreich und Deutschland sind, kann etwa an der Reaktion der deutschen Regierung auf die Völkermordanschuldigungen der Herero in Namibia gesehen werden. Hierin bekennt sich die Bundesrepublik Deutschland – nach langen Jahren des Ignorierens – zwar zu einer moralischen Verantwortung, vermeidet aber explizit den Begriff Schuld, um sich vor etwaigen Schadensersatzklagen zu schützen (vgl. Melber, 2005, S. 14ff.). Ein anderes Beispiel ist eine Gesetzesinitiative der französischen Regierung aus dem Jahr 2005, die zum Ziel hatte, den Schulen (und somit indirekt auch den Schulbuchverlagen) die positive Rolle Frankreichs während der Kolonialzeit vorzuschreiben. Nach heftigen Protesten wurde das Gesetz allerdings im Jahr 2006 wieder zurückgenommen (vgl. Grindel, 2006, S. 23). An diesem Beispiel ist erkennbar, wie stark das Ringen um historische Deutungshoheit in westlichen Gesellschaften ausgeprägt ist, und dass bisher keine konsequente Aufarbeitung der kolonialen Vergangenheit stattgefunden hat.

3. Bisherige Studien zur Darstellung afrikanischen Lebens in Schulbüchern

Viele Publikationen haben sich vornehmlich, aber nicht ausschließlich in den 1970er und 1980er Jahren mit der Frage der verschiedenen Darstellungen des afrikanischen Kontinents in Schulbüchern beschäftigt, und das fächerübergreifend. Bevor nun mit der eigentlichen Analyse begonnen wird, sollen Ergebnisse ausgewählter Untersuchungen, die für das Vorhaben von besonderer Relevanz sind, vorgestellt werden.[4]

---

4 Eine gelungene und nahezu vollstände Übersicht findet sich in Poenicke (2001).

An dieser Stelle kann eine aktuelle Untersuchung von Weißeno aus dem Jahr 2012 vorangestellt werden, der sich zwar nicht mit der Repräsentation Afrikas in Schulbüchern auseinandersetzt, aber versucht, im Rahmen einer politikdidaktischen Schulbuchanalyse zum Fachkonzept Wahlen etwaige Besonderheiten französischer Politikschulbücher zu skizzieren (vgl. Weißeno, 2012b). Er merkt an, dass sich verschiedene genuin französische Aspekte der dortigen „politischen Bildung" auch in Schulbüchern wiederfinden lassen, beispielsweise die deutliche Fokussierung auf den *citoyen* und die *citoyenneté*, oder einen stark appellativ-moralisierenden Grundton, der in Deutschland in dieser Form nicht denkbar wäre. Sein Fazit lautet, dass die beiden von ihm untersuchten französischen Politikschulbücher eher die technische Aufgabe der Wissensvermittlung auf Kosten anderer Kompetenzbereiche erfüllen (vgl. ebd., S. 196f.).[5]

Unter den älteren Studien zu den Bildern über Afrika findet sich eine Schulbuchanalyse von Fohrbeck et al. aus dem Jahr 1971, die sich mit der Darstellung der sogenannten *Dritten Welt* in Schulbüchern der Fächer Erdkunde, Geschichte und Sozialkunde auseinandersetzen. Herausgearbeitet werden konnte, dass Schulbücher aus allen drei Fächern Afrika (genauso wie Asien und Lateinamerika) defizitär präsentieren und eurozentrische Maßstäbe in den Bereichen Kultur, Politik, Wirtschaft und Fortschrittsbewusstsein ansetzen. Bei Sozialkundebüchern gilt dies insbesondere für Vorstellungen über die politische Ordnung sowie das politische System (vgl. Fohrbeck, Wiesand & Zahar, 1971, S. 26ff.). Im französischen Raum ist die Studie „Ethnocentrisme et Histoire" aus dem Jahr 1975 von Preiswerk und Perrot entwickelt worden, die aus heutiger Sicht erstaunlich reflektiert vorgehen. In ihrer Untersuchung mehrerer Geschichtsbücher aus aller Welt konnten sie nachweisen, dass ethnozentrische und nationalistische Sichtweisen das (westliche) Geschichtsbild dominieren, unter anderem weil Wesensmerkmale anderer Kulturen kaum Berücksichtigung finden. Aus diesem Grund regen sie zu einer deutlich umsichtigeren Verfahrensweise bei der Konzeption von Schulbüchern an (vgl. Preiswerk & Perrot, 1975, S. 35ff.). Das Ziel soll hierbei die Erarbeitung einer „universellen Geschichte" sein, also einer gerechten, unverfälschten Geschichte, die ohne Ausgrenzungen und Dominanzen ein ausgewogenes, differenziertes und realistisches Bild nachzeichnet. Diese Intersubjektivität bei der Präsentation geschichtlicher Ereignisse soll vorwiegend durch eine kulturelle Multiperspektivität in der Planung erreicht werden, die alle Sichtweisen berücksichtigt: „L'histoire universelle ne se réalisera que dans l'intersubjectivité. Elle sera donc le résultat d'une comparaison de versions différentes où chacun apporte le récit de l'histoire de sa propre culture et de celle des autres" (ebd., S. 352f.).[6] Dies ist eine Erkenntnis, die auch heute noch Allgemeingültigkeit besitzt und die Gefahren kultureller Dominanz verdeutlicht.

---

5   Eine weitere Publikation, die sich mit Politikschulbüchern in Frankreich und Deutschland beschäftigt, stammt von Christian Schmidt. Hierin weist er auf Parallelen zwischen der politischen Kultur und dem Politikunterricht auch mittels einer Schulbuchanalyse hin (vgl. Schmidt, 2011)

6   In Fußnoten werden, wo es nötig erscheint, pragmatische Übersetzungsvorschläge ins Deutsche angegeben. In diesem Fall: Die universelle Geschichte lässt sich nur durch Intersubjektivität erzielen. Sie wird also das Resultat eines Vergleiches verschiedener Versionen sein, bei denen jeder die Geschichtsschreibung seiner eigenen Kultur und die der anderen mit einbringt.

In den 1980er Jahren finden sich unter anderem zwei Studien im Bereich der Geographiedidaktik, die jeweils Erdkundeschulbücher – national und international – auf ihre Afrikabilder untersuchen. Joachim Engel analysierte im Jahr 1972 die Darstellungen über Afrika in deutschen, französischen, britischen, italienischen, niederländischen und US-amerikanischen Schulbüchern und kommt zu dem Schluss, dass (erdkundliche) Schulbücher „nationale, aus der sozio-kulturellen Entwicklung abzuleitende Denkgewohnheiten wider[spiegeln]" (Engel, 1972, S. 60) und in Folge eurozentrische Denkweisen ausdrücken:

> „Die Affinität zu Denkkategorien einer verflossenen Zeit, fremde Menschen als Primitive zu betrachten, einfache ländliche Lebensformen als für Völker der Dritten Welt adäquat hinzustellen, europa- und amerikazentrische Wertungen vorzunehmen, wird an vielen Stellen der hier untersuchten Lehrbücher besonders deutlich. Vorindustrielle und kolonial-imperialistische Beurteilungsweisen kommen dadurch zum Ausdruck" (ebd., S. 393).

Interessant ist ebenfalls, dass französische Schulbücher, im Vergleich etwa zu Schulbüchern aus Deutschland Afrika, deutlich mehr Raum zugestehen und deshalb auch thematisch differenzierter vorgehen, was der Autor mit der engen kolonialen Verflechtung erklärt (vgl. ebd., S. 123ff.). Die andere Studie stammt aus den frühen 1980er Jahren und beschäftigt sich mit der Darstellung Ostafrikas in deutschen Geographieschulbüchern. Diese Arbeit kommt ebenfalls zu dem Schluss, dass sich im Bereich der Vorstellungen über Afrika bei vielen Büchern unzulässige eurozentrische Pauschalisierungen und Vereinfachungen feststellen lassen, die seitens der ethnographischen und geographischen Forschung schon längst widerlegt sind (vgl. Geißler, 1981, S. 86).

Anke Poenicke analysierte in ihrer Dissertation aus dem Jahr 1995 die Afrikabilder in Lehrbüchern für die französische Sprache in den Ländern Deutschland, England und Frankreich sowie in ausgewählten außerschulischen Medien. Sie hat festgestellt, dass offene rassistische Darstellungen seltener werden und oft von deutlich subtileren Formen abgelöst wurden, die jedoch gleichermaßen stereotyp und undifferenziert sind. Nichtsdestotrotz gibt es aber auch positive Beispiele an Schulbüchern, die althergebrachte Darstellungen kritisch thematisieren und die Schülerinnen und Schüler zur (Selbst-)Reflexion anleiten. Neben dieser Erkenntnis ist interessant, dass es auch nationale Unterschiede in der Darstellung gibt: Während in Deutschland ein thematisch verhältnismäßig differenziertes Bild vorherrscht, verweisen englische Schulbücher oft auf die vermeintliche Helferrolle des Westens und versäumen es, die historischen Hintergründe zu beleuchten; Sachthemen, die eigentlich genuin politisch sind, finden hier Einzug in Lehrbücher für den Französischunterricht. Schulbücher aus Frankreich hingegen sind eher literarisch orientiert und widmen sich deutlich seltener sach- und zeitgenössischen Sujets (vgl. Poenicke, 1995, S. 351).

Auch in den ersten Jahren des 21. Jahrhunderts entstanden verschiedene Arbeiten zu Afrikabildern in Schulbüchern. So hat Eva Matthes deutsche Geographieschulbücher aus verschiedenen Epochen (Kaiserreich, Weimarer Republik, Nationalsozialismus, Nachkriegszeit) auf Stereotype hin untersucht und kam zu dem Urteil, dass es zwischen den Epochen beträchtliche Unterschiede gibt. Während vor 1945 (und insbesondere während des Nationalsozialismus) kolonialrevanchistische, auf der Rassenlehre beruhende Darstellungen dominierten, verschwanden genuin rassistische Erläuterungen in der Nachkriegszeit relativ schnell. Eine Wende zu bedeutend differenzierteren Schulbüchern kann allerdings erst ab den 1970er Jahren festgestellt werden (vgl. Matthes, 2004). In einer Studie aus dem Jahr 2006 widmet sich Nadja Thoma den Afrikabildern in österreichischen Musikschulbüchern. Sie kommt zu dem Urteil, dass sich alte Klischees und Stereotype größtenteils gehalten haben, dass Sachverhalte immer noch pauschalisierend und undifferenziert präsentiert werden und dass eine Orientierung an Forschungsergebnissen aus der Musikethnologie nicht erfolgt ist (vgl. Thoma, 2006, S. 136f.).

Wie sich an dieser Stelle gezeigt hat, gab es zwar im Laufe der Zeit qualitative Verbesserungen, die dazu beigetragen haben, offene Rassismen größtenteils zu vermeiden, jedoch kann noch lange nicht von einer differenzierten, reflektierten und stereotypfreien Darstellung der Menschen und Regionen in Afrika gesprochen werden.

4. Beispiele aus zwei Politikschulbüchern aus Frankreich und Deutschland

Im Anschluss erfolgt nun die Interpretation verschiedener Materialien aus zwei Schulbüchern, eines aus Frankreich, das andere aus Deutschland. In einem ersten Schritt wird analysiert, in welchen Themenkomplexen Nord- und Westafrika eine Rolle spielen, bevor im Anschluss jeweils ein Material – exemplarisch – rekonstruiert und interpretiert wird.[7] Beide Bücher richten sich an junge Lernerinnen und Lerner, das französische Schulbuch ist für den *cycle 3* konzipiert, also die letzten drei Jahre der Grundschule, das deutsche Schulbuch (am Beispiel Rheinland-Pfalz) für die Sekundarstufe I.

4.1 „Education à la citoyenneté" – Bürgertum als Programm

Das französische Grundschul-Politikbuch „Éducation à la citoyenneté" (Hatier-Verlag) stammt aus dem Jahr 2008 und deckt eine große Anzahl ganz verschiedener Themen ab, von denen sich jedoch viele auf den politischen Nahbereich, etwa die Schule, die Kommune oder die Region beziehen. Abgesehen von gelegentlichen Anspielungen in Themen wie Frankophonie, Rassismus oder die Geschichte der Sklaverei finden sich im letzten Kapitel „Se préparer à être citoyen de l'Union européenne, de la francophonie et du monde"[8] die meisten Bezüge zum frankophonen Nord- und Westafrika.

---

7   Dabei werden nicht nur Texte betrachtet, sondern insbesondere auch Abbildungen und Bilder. Die Wichtigkeit einer solchen Herangehensweise ist u.a. auch bei Besand (2003, S. 187) nachzulesen, die sich mit den ästhetischen Dimensionen politischen Lernens auseinandersetzt.

8   Übersetzt: Sich vorbereiten, Bürger/-in der Europäischen Union, der Frankophonie und der Welt zu sein.

Quelle: Le Callenec et al., 2008, S. 121

Ein erstes Dokument findet sich bereits im Kapitel „Se préparer à être citoyen en France"[9], in dem es um die (außenpolitische) Rolle des französischen Staatspräsidenten[10] geht. Zu sehen ist ein Foto des damaligen Präsidenten Valéry Giscard d'Estaing während eines Staatsbesuchs in Algerien im Jahr 1975 (S. 121). Es zeigt den Präsidenten neben seinem algerischen Gastgeber in einer freundlich-offenen Pose, als beide in Begleitung verschiedener algerischer Offizieller sowie begleitet von Sicherheitspersonal und abgeschirmt von der Bevölkerung durch die Hauptstadt Algier spazieren. Anscheinend betrachtet Giscard d'Estaing etwas, denn sein Blick geht in die Richtung des ausgestreckten Armes seines algerischen Amtskollegen, der ihn wohl auf eine bestimmte Sache aufmerksam macht. Die Atmosphäre zwischen beiden Präsidenten wirkt vertraut, sie gehen eng beisammen und scheinen sich angeregt zu unterhalten. Die Thematisierung dieses Staatsbesuchs in Algerien, der erste eines französischen Staatspräsidenten überhaupt seit dem Algerienkrieg und der daraus resultierenden Unabhängigkeit Algeriens ist sicherlich nicht dem Zufall geschuldet. Frankreich hat durch den Algerienkrieg eine besondere, gesellschaftlich und politisch schwierige Beziehung zu dem nordafrikanischen Land, und insofern kommt diesem Staatsbesuch eine tragende Bedeutung zu. Die Abbildung zeigt zum einen die spezielle außenpoli-

---

9 Übersetzt: Sich vorbereiten, Bürger/-in Frankreichs zu sein.

10 Die Rolle des französischen Staatspräsidenten unterscheidet sich fundamental von der des deutschen Bundespräsidenten bzw. des deutschen Bundeskanzlers. Insbesondere in der Außen- und Sicherheitspolitik kommt dem Staatspräsidenten eine bedeutende Rolle zu. Weitere Informationen zum politischen System Frankreichs und der Stellung des Präsidenten sind nachzulesen bei Kempf (2007).

tische Dimension der Rolle des französischen Staatspräsidenten und das dafür nötige „Fingerspitzengefühl", um auch kritische Momente der Geschichte zu bestehen, zum anderen erinnert sie an eine Geste der Versöhnung und impliziert eine Normalität der bilateralen Beziehung zwischen beiden Ländern, die sich beispielsweise darin ausdrückt, dass sich Präsidenten gegenseitig einladen und Zeit für gemeinsame Aktivitäten nehmen, oder darin, dass sich gute Beziehungen trotz einer gemeinsamen und schwierigen Geschichte verwirklichen lassen.

Die weitaus meisten Afrikadarstellungen finden sich wie erwartet im erwähnten Kapitel „Se préparer à être citoyen de l'Union européenne, de la francophonie et du monde", beginnend mit zwei Abbildungen im Unterthema „La francophonie: une langue et une communauté"[11]. Zwei Fotos (aus Platzgründen werden nicht alle Fotos/ Abbildungen wiedergegeben), das eine in schwarz-weiß, das eine 1934 stattgefundene Schulstunde in Marokko in französischer Sprache zeigt, sowie das andere ein Foto zweier Kinder aus dem ländlichen frankophonen Afrika, die beide begeistert in ein französischsprachiges Astérix-Comicheft schauen, sollen mit kurzen Einführungstexten die Bedeutung der französischen Sprache im Rahmen der Frankophonie verdeutlichen (S. 151). Am Beispiel einer Fotographie ghanaischer Kinder, die als Fischer arbeiten, wird in die Problematik der Kinderarbeit eingeführt (S. 163), im Unterkapitel „La solidarité internationale" findet sich die Abbildung einer Impfkampagne im Niger (S. 170, mehr dazu siehe unten), und das Foto eines Touareg in der malischen Wüste, der mit Satellitentelefon und großem Geländewagen fotografiert ist, stellt einen Bezug zum Thema „La communication" her (S. 176). Alles in allem wirken diese Darstellungen eher inszeniert. Sie stellen keine differenziert-kritische Darstellung der vielperspektivischen Realität dar und beschränken sich auf die Reproduktion bestehender Klischees.

Näher betrachtet werden soll nun das bereits genannte Foto zur Impfkampagne, auch unter Einbeziehung der bereitgestellten Fragen an die Schülerinnen und Schüler. Die Überschrift des Teilkapitels „La solidarité internationale" impliziert bereits, dass der dargestellte Inhalt auf einem asymmetrischen Verhältnis beruht, insbesondere, wenn man sich die im Buch gegebene Definition von Solidarität vor Augen führt: „Se sentir solidaire pousse à agir pour aider ceux qui en ont besoin"[12] (S. 170). Überschrieben ist das Foto mit „Tous engagés: améliorer la vie des plus pauvres", „Campagne de vaccination des enfants par l'association Médecins sans Frontières, Niger, 2005"[13]. Das Bestreben ist es also, eine Impfkampagne für Kinder – dem Titel zufolge die *Allerärmsten* – durch eine französische Hilfsorganisation zu zeigen. Tatsächlich sieht man im Vordergrund einen Mann mit dunkler Hautfarbe, der sich – in weiß gekleidet, mit umgehängtem Stethoskop, Fieberthermometer in der Hand und einem weißen „Médecins sans frontières" T-Shirt – einem Kleinkind zuwendet. Links und rechts

---

11 Übersetzt: Die Frankophonie: eine Sprache und eine Gemeinschaft.

12 Übersetzt: Sich solidarisch fühlen treibt zum Handeln an, um denen zu helfen, die es nötig haben.

13 Übersetzt: Alle sind engagiert: Das Leben der Ärmsten verbessern. Impfkampagne für Kinder durch die Organisation Ärzte ohne Grenzen, Niger, 2005.

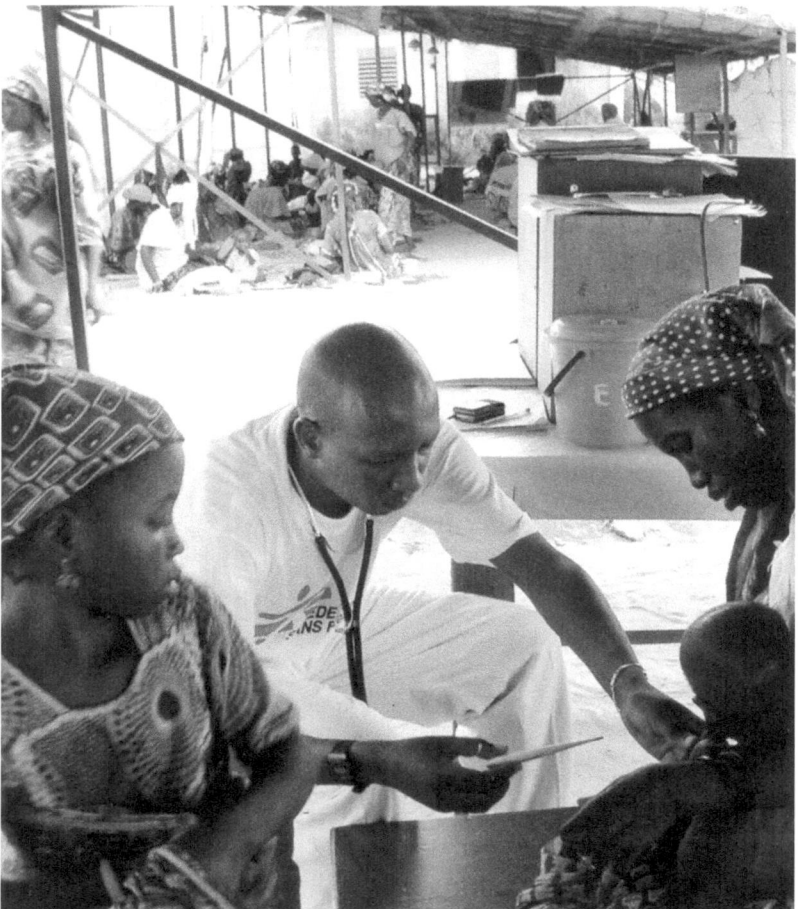

Quelle: Le Callenec et al., 2008, S. 170

vor ihm sind zwei nigerische Frauen in traditionellen Gewändern zu sehen, wovon eine das Kind in der Hand hält und die Szenerie mit aufmerksamem Blick beobachten. Im Hintergrund des Fotos werden die örtlichen Gegebenheiten sichtbar: Direkt hinter den beschriebenen Personen steht ein Tisch mit verschiedenen Utensilien: ein Handy ist zu sehen, ein blauer, beschrifteter Plastikeimer sowie Kisten und allerlei Papiere, alles wirkt improvisiert, gerade nicht wie in einer klinisch-medizinischen Umgebung, lässt aber dennoch eine eigene Ordnung erahnen. In den Boden gesteckte Eisenstangen stützen eine Hüttenkonstruktion, Menschen sitzen auf Teppichen auf dem Boden, unterhalten sich. Über manchen Eisenstangen sind Handtücher bzw. Teppiche gehängt, Lampen an der Decke installiert. Mit den improvisiert wirkenden Gegebenheiten scheinen sich die Menschen zu arrangieren. Interessant ist, dass – mit Ausnahme des erwähnten Arztes oder Pflegers, der als Mitglied der Organisation zu erkennen ist – kein anderes, lokales medizinisches Personal zu erkennen ist. Dies erweckt den Anschein, dass die medizinische Versorgung alleine durch die französische Hilfsorganisation gewährleistet ist, die sich um das Wohl einer bedürftigen afrikanischen Bevölkerung kümmert. Dieser Eindruck wird insbesondere durch die ersten beiden Arbeitsfragen an die Schülerinnen und Schüler verstärkt. Der erste Arbeitsauftrag lautet: „Décris cette scène"[14]. Zuerst einmal ist hierzu anzumerken, dass diese Szene als beschreibungsbedürftig angesehen wird, sie soll für die französischen Schülerinnen und Schüler keine alltägliche Selbstverständlichkeit darstellen sondern zur Auseinandersetzung anregen. In Verbindung mit der zweiten (Suggestiv-)Frage „Où dans le monde cette photographie a-t-elle été prise?"[15] entsteht die im Theorieteil angesprochene hierarchisierende Dichotomie zwischen Europa einerseits und Afrika andererseits. Beide Fragen zielen bewusst auf Unterschiedlichkeiten zwischen beiden Kontinenten, wobei Europa die Helfer- und Zivilisationsrolle zugesprochen wird, auf die Afrika angewiesen ist. Der Lerneffekt dieses Materials soll anscheinend darin bestehen, die Qualität der medizinischen Versorgung zwischen Afrika und Europa zu thematisieren und als Fazit festzuhalten, dass Frankreich Hilfe leistet, die weniger aus Geld- und Sachleistungen besteht, sondern vielmehr eine Art Hilfe zur Selbsthilfe darstellt. Durch die Organisation ‚Ärzte ohne Grenzen' – der Name wird hier zum Programm – gelangt die Hilfe auch über nationalstaatliche Grenzen hinweg, ganz im Sinne einer Völkerverständigung. Dies würde auch in Kontinuität zu einem der Fundamente des französischen Politikunterrichts stehen, dem Thema Menschenrechte und ihre Umsetzung im Alltag (vgl. Weißeno, 2012b, S. 183). Doch kann die Situation nicht auch dahingehend gedeutet werden, dass durch die Thematisierung dieser Hilfe in einem so essentiellen Bereich wie der Gesundheitsversorgung neue Abhängigkeiten geschaffen werden? Dass Afrika an dieser Stelle als hilfsbedürftig dargestellt wird, als eine Region, die für die medizinische Grundversorgung der Bevölkerung auf Hilfe von außen angewiesen ist? Und Frankreich als ein Land präsentiert wird, das stolz hilft bzw. sich aus vermeintlich schlechtem Gewissen engagiert, etwa um „alte Schulden" zu begleichen?

Zusammenfassend kann festgehalten werden, dass in diesem Schulbuch zwar keine genuin rassistischen Äußerungen auszumachen sind, jedoch verbleiben die Autorinnen und Autoren kontinuierlich einem eurozentrischen Weltbild verhaftet: Die Rolle Frankreichs ist es, im frankophonen Afrika zu helfen und dort westlichen Fortschritt und Technik zu gewährleisten. Der afrikanische Kontinent bleibt in diesen Darstellungen hilfsbedürftig und existentiell bedroht. Es bräuchte an dieser Stelle entsprechende authentische Berichte aus den betroffenen Ländern und Regionen, die eigenen Fortschritt beschreiben und thematisieren. Das Autorenteam ist zwar um eine breite Themenauswahl in Bezug auf das frankophone Afrika bemüht, bleibt aber zu oft in alten stereotypen Vorstellungen verhaftet, was zu einer defizitären Konstruktion und zu einer Reduktion auf die – durchaus vorhandenen – Probleme führt.

---

14 Übersetzt: Beschreibe diese Szene.
15 Übersetzt: Wo in dieser Welt wurde dieses Foto aufgenommen?

4.2 Demokratie heute – Mündigkeit als Credo

Das deutsche Politikschulbuch „Demokratie heute – Sozialkunde" (Schroedel-Verlag) für das Bundesland Rheinland-Pfalz stammt aus dem Jahr 2009 und ist für Hauptschule/Realschule bzw. Realschule Plus konzipiert. Im Hinblick auf die Darstellung Nord- und Westafrikas existieren viele Themen, die für einen Bezug prädestiniert sind, etwa „Wirtschaft und Umwelt", oder „Friedenssicherung als Aufgabe internationaler Politik". Als ein erstes Ergebnis kann bereits festgehalten werden, dass genuin afrikanische Bezüge jedoch sehr selten sind, meistens handelt es sich um beiläufige Erwähnungen, etwa bei den Themen Migration oder Rechtsradikalismus.

Quelle: Deiseroth et al., 2009, S. 162f.

Die erste eindeutige Darstellung „Afrikas" befindet sich im Kapitel „Wirtschaft und Umwelt" und ist dem Thema „Bedürfnisse und Bedarf" (S. 162f.) zugeordnet. Hierbei sollen die verschiedenen Bedürfnisse von Menschen und ihre unterschiedliche Gewichtung thematisiert werden. Als vermeintlich lebensnahe Praxisbeispiele dienen 6 Kästen, die jeweils ein Foto einer Person sowie die Vervollständigung des Satzes „Ich wünsche mir …" beinhalten. Der Satz in Kasten 2 lautet „… dass ich immer genug zu essen habe", daneben findet sich das Foto eines auf dem Boden sitzenden dunkelhäutigen Kindes[16], dessen Kopf im Verhältnis zum schmächtigen abgemagerten Körper

---

16 Auch wenn es sich hierbei nicht zwangsläufig um ein Kind aus dem frankophonen Nord- bzw. Westafrika handelt, wird dieses Material wegen seiner offenbar gewollten Repräsentanz für den ganzen Kontinent in diesem Aufsatz herangezogen.

übergroß erscheint, und das spärlich bekleidet ist. Es hat einen überdimensionierten Löffel in der Hand, halbvoll mit Hirse oder Reis, und schaut mit großen, offenen Augen und traurigem Blick in die Kamera. Die Perspektive ist so gewählt, dass „von oben nach unten" fotografiert wurde, was eine optische Verzerrung zur Folge hat, insofern dass sich das Kind im Vergleich zum Betrachter und/oder Fotograf in einer unterwürfigen Position befindet, es entsteht der Eindruck eines bettelnden Kindes. Auffällig ist, dass alle anderen Personen (mit Ausnahme der Reiterin) von vorne fotografiert sind, in der Fotografie auch *Normalperspektive* genannt, die von Fotografen für Personenaufnahmen aufgrund ihrer authentischen Wiedergabe am häufigsten genutzt wird.

An diesem Beispiel wird deutlich, dass Afrika (vertreten durch das Hunger leidende Kind) immer noch als bedürftiger, defizitärer Kontinent dargestellt wird, der mit existentiellen Problemen wie der Nahrungsmittelversorgung der Gesellschaft zu kämpfen hat, während Europa einzig vor „Luxusprobleme[n]" steht, wie symbolisch aus den Kästen 3 („… eine Karte für das Jugendfestival") und 5 („… so sehr, dass meine Eltern mir ein Reitpferd kaufen") sichtbar wird, in denen europäische Kinder ihre Bedürfnisse und Wünsche schildern – wiederum Klischees, die in dieser Form nicht stimmen. Diese dualistische Sichtweise spiegelt sich aber nicht nur in den Fotos, sondern auch in den Texten wider: Hier kommt die monetär-materialistische Weltanschauung großer Teile der westlichen Welt zum Vorschein, wenn davon gesprochen wird, dass Geld nötig sei, um seine Grundbedürfnisse zu stillen (S. 162). Diese Ansicht schließt beispielsweise Formen von Subsistenzwirtschaft aus, die in manchen Gebieten Afrikas üblich ist, und die gerade dafür sorgt, dass die Versorgung mit Nahrungsmitteln trotz materieller Armut gesichert ist – eine Lebensform, die in weiten Teilen der westlichen Hemisphäre selten geworden ist. Eine besonders drastische Darstellung des Defizitgedankens findet sich im Dokument „Die Verwandlung der Familie Jäger" (S. 163). Hierin wird die Veränderung einer deutschen Familie hin zu einer Familie in einem „unterentwickelten" Land beschrieben – eine Begriffswahl, die bereits für sich spricht. Ausführlich wird nun beschrieben, wie verschiedene Gegenstände aus dem Leben der Familie verschwinden, angefangen mit den Möbeln, hin über Nahrungsmittel zu Infrastruktur wie etwa fließendem Wasser oder Strom. Polemisch wird sich einem Klischee nach dem anderen gewidmet, etwa wenn es um Lebensmittel geht: „Die alten Kartoffeln werden aus dem Abfalleimer wieder hervorgeholt. Sie ergeben das Abendessen." Auch die Wohnsituation wird plakativ dargestellt: „Ja, wir nehmen das ganze Haus weg. Die Familie muss in den Werkzeugschuppen umziehen." Gleichermaßen süffisant wie zynisch ist folgende Bemerkung: „[…] Ganz großzügig sind wir, wenn wir der Familie ein einfaches Radio belassen." Ein solch unreflektiertes Dokument, das übrigens in keiner der Arbeitsaufgaben aufgegriffen wird, spricht dafür, dass eine differenzierte Darstellung des Kontinents, seiner Länder, Menschen und Regionen, die eine kritische Auseinandersetzung ermöglicht, noch lange nicht erreicht ist.

Im Kapitel „Friedenssicherung als Aufgabe internationaler Politik" zeigen sich deutlich mehr Bezüge, dieses Mal auch spezifisch zum frankophonen Nord- bzw. Westafrika. So findet sich im Unterkapitel „Globalisierung und Entwicklungsländer" ein über die wirtschaftlichen Probleme Burkina Fasos informierender Text des

Bundesministeriums für wirtschaftliche Zusammenarbeit und Entwicklung mit der Überschrift „Burkina Faso – „Verlierer" der Globalisierung" sowie ein Foto von spielenden Kindern in der Elfenbeinküste (S. 279). Weitere Materialen aus Westafrika, die allerdings keinen Bezug zu frankophonen Ländern haben, finden sich im Unterkapitel „Unterentwicklung – ein globales Problem" sowie auf der zusammenfassenden Seite „Das Wichtigste in Kürze". Zum einen handelt es sich um ein Foto von Regierungssoldaten aus Liberia, martialisch posierend mit einem Totenkopf in der Hand und etlichen Maschinengewehren (S. 281) sowie um ein Foto eines Kindersoldaten aus Sierra Leone, ebenfalls mit Maschinengewehr (S. 288).

Zusammenfassend lässt sich feststellen, dass Afrika in diesem Schulbuch an vielen Stellen als defizitär und rückständig im Verhältnis zu Deutschland bzw. Europa dargestellt wird. Armut, Hunger und Krieg sind die im Vordergrund stehenden Themen und werden wie Erkennungszeichen für Afrika verwendet. Verstärkt wird dieser Eindruck insbesondere durch die Suggestivkraft von Fotos. Interessant ist die Tatsache, dass andere Regionen wie etwa Asien deutlich differenzierter dargestellt werden, etwa durch die Erwähnung politischer und wirtschaftlicher Potentiale. Im Rahmen des Themenkomplexes Globalisierung wird Afrika als chancenloser Verlierer konstruiert.

5.   Fazit

Welche Erkenntnisse bringt diese Analyse hervor, welche Gemeinsamkeiten, welche Verschiedenheiten lassen sich konstatieren? Was die Länder- und Themenauswahl angeht, so ist festzuhalten, dass sich die kolonialen Verflechtungen deutlich stärker auf das französische Schulbuch auswirken, als auf das deutsche. So entstammen beispielsweise im französischen Schulbuch die allermeisten Länderbeispiele dem geographischen Gebiet der ehemaligen französischen Kolonien, Themen wie die Verbreitung der französischen Sprache oder die Sklaverei werden thematisiert, wohingegen sich dies im deutschen Schulbuch nicht finden lässt.

Was die Darstellungen Afrikas angeht, lassen sich sowohl Gemeinsamkeiten, als auch Verschiedenheiten feststellen. Zuerst ist festzuhalten, dass sich nach Analyse verschiedener, durchaus gut gemeinter Materialien viele als unausgewogen, undifferenziert und in der Latenz entwertend herausgestellt haben. Subtile Rassismen, Berichte, die die verschiedenen kulturellen und politischen Gegebenheiten nicht anerkennen, sowie die Verwendung und Verstärkung von Stereotypen finden sich jedoch in beiden Schulbüchern. Thematisch lassen sich unterschiedliche Schwerpunkte erkennen: Im französischen Schulbuch wird sehr viel mehr auf die zivilisatorisch helfende Rolle der westlichen Welt rekurriert und es findet ein deutlich stärkerer Bezug zur französischen Kolonialzeit und deren Folgen statt, während im deutschen Schulbuch bestehende Problematiken vornehmlich aus entwicklungspolitischer Perspektive dargestellt und zur Diskussion freigegeben werden. Bezüge zur deutschen Kolonialzeit oder Materialien, die Handlungsmöglichkeiten der Politik eröffnen, finden sich äußerst selten. Ferner ist beiden Büchern gemeinsam, dass genuin „afrikanische" Perspektiven und politische

„Erfolgsstorys", etwa die Etablierung der Afrikanischen Union, nicht zu finden sind und bestehende Zuschreibungen durch Aufgabenstellungen und Materialienauswahl vergrößert werden; entwicklungsbedeutsame Gemeinsamkeiten wie etwa die Entstehung urbaner Zentren oder die zunehmende wirtschaftliche Entwicklung kommen in aller Regel nicht zur Sprache. Diese Art und Weise der Darstellung begünstigt die im theoretischen Teil thematisierte Defizitkonstruktion der Länder Afrikas, denn vermeintliche Unterschiede werden betont und in eine vergleichende Perspektive zu Europa gebracht.

Diese Befunde stimmen bedenklich, hinsichtlich der Entwicklung und Förderung von interkultureller Kompetenz und für politisches Lernen unabdingbaren politischen Urteilskompetenz, wie sie in verschiedene fachdidaktische Kompetenzmodelle eingebunden ist (vgl. Besand, 2011, S. 138; vgl. Weißeno, 2012a). Schule und Schulbücher sollten Stereotypenbildung entgegenwirken und Schülerinnen und Schüler befähigen, bestehende Unterschiede, aber auch Gemeinsamkeiten reflektiert in Kontexte einordnen zu können. Dies bedeutet nicht, dass bestehende Konflikte, dass Bürgerkrieg und politische Probleme nicht thematisiert werden, sondern es bedeutet, eine Mehrperspektivität herzustellen, die alle Seiten zu Wort kommen lässt und somit die Länder Afrikas von defizitären Assoziationen loslöst. Dies schlägt auch Macgilchrist vor, wenn sie davon spricht, den Begriff „Fremdsein" vom geographischen Aspekt zu entkoppeln und eine hybride Herangehensweise einzuschlagen, die bestehendes Differenzdenken minimieren soll (vgl. Macgilchrist, 2009, S. 10f.). Hierfür ist vor allem ein bewusster Sprachgebrauch von Seiten der Schulbuchautorinnen und -autoren notwendig sowie eine Auswahl von Thematisierungen und Dokumenten, bei denen auch die Betroffenen zu Wort kommen als Expertinnen und Experten des eigenen Kontinents, des eigenen Landes, der eigenen Region, wie dies etwa auch Grammes vorschlägt, wenn er davon spricht, dass „über sie [...] statt mit ihnen gesprochen wird" (Grammes, 2010, S. 43). In jedem Fall kommt es auf die didaktische Umsetzung durch die Lehrkraft an, die grundsätzlich eine kritische Auseinandersetzung mit dem Schulbuch anregen kann, um etwa „Schwachstellen" in der Darstellung oder einseitige Betrachtungen kriteriengeleitet zum Vorschein zu bringen (vgl. Langer, 2010).

Literatur

Arndt, S. (2001a). Impressionen. Rassismus und der deutsche Afrikadiskurs. In: Arndt, S. (Hrsg.) AfrikaBilder. Studien zu Rassismus in Deutschland (11–68). Münster: Unrast-Verlag.

Arndt, S. (2001b). Vorbemerkung. In: Arndt, S. (Hrsg.) AfrikaBilder. Studien zu Rassismus in Deutschland (9–10). Münster: Unrast-Verlag.

Besand, A. (2003). Angst vor der Oberfläche. Zum Verhältnis ästhetischen und politischen Lernens im Zeitalter Neuer Medien. Schwalbach/Ts: Wochenschau-Verlag.

Besand, A. (2011). Zum kompetenzorientierten Umgang mit Unterrichtsmaterialien und -medien. In: Autorengruppe Fachdidaktik (Hrsg.) Konzepte der politischen Bildung. Eine Streitschrift (133–146). Schwalbach/Ts.: Wochenschau-Verlag.

Deiseroth, D./Gollon, M./Wolf, H. (2009). Demokratie heute – Sozialkunde. Braunschweig: Schroedel.

Engel, J. (1972). Afrika im Schulbuch unserer Zeit. Hamburg: Schriften der Stiftung Europa-Kolleg Hamburg.

Fohrbeck, K./Wiesand, A./Zahar, R. (1971). Heile Welt und Dritte Welt. Medien und politischer Unterricht. Opladen: Leske.

Geißler, J. (1981). Die Darstellung Ostafrikas in neueren Geographielehrbüchern der Bundesrepublik Deutschland. Trier: Geographische Gesellschaft Trier.

Geller, M. (2006). Bilder ohne Ende. Zur Konstruktion des Fremden in der Geschichte und Gegenwart. In: iz3w, Heft März 2006, (20–22).

Grammes, T. (2010). Interpretative Fachunterrichtsforschung. In: Lange, D./Reinhardt, V. (Hrsg.) Basiswissen Politische Bildung. Handbuch für den sozialwissenschaftlichen Unterricht. Band 4 (39–49). Baltmannsweiler: Schneider Verlag.

Grindel, S. (2006). Histoire postcoloniale ou fin de la repentance ? In: Eckert – Das Bulletin, Heft 6/2009, (22–26).

Guggeis, K. (2004). Der Mohr hat seine Schuldigkeit noch nicht getan – Afrika und seine Bewohner in zeitgenössischen Schulbüchern aus ethnologischer Sicht. In: Matthes, E./Heinze, C. (Hrsg.) Interkulturelles Verstehen und kulturelle Integration durch das Schulbuch? Die Auseinandersetzung mit dem Fremden (251–269). Bad Heilbrunn: Klinkhardt.

Kempf, U. (2007). Das politische System Frankreichs. 4. Aktualisierte und erweiterte Auflage. Wiesbaden: VS-Verlag.

Langer, F. (2010). Schulbuch. In: Besand, A./Sander, W. (Hrsg.) Handbuch Medien in der politischen Bildung (432–443). Schwalbach/Ts.: Wochenschau-Verlag.

Le Callenec, S. et al. (2008). Éducation à la citoyenneté – cycle 3. Paris: Hatier.

Macgilchrist, F. (2009). Postkolonialismus und Schulbuchentwicklung. Ein Blick aus der Schulbuchpraxis. In: Eckert – Das Bulletin, Heft 6/2009, (9–11).

Matthes, E. (2004). Die Vermittlung von Stereotypen und Feindbildern in Schulbüchern – allgemeine Überlegungen und ausgewählte Beispiele anhand der Darstellung Schwarzafrikaner in deutschen Geographieschulbüchern vom Wilhelminischen Kaiserreich bis in die 70er Jahre des 20. Jahrhunderts. In: Matthes, E./Heinze, C. (Hrsg.) Interkulturelles Verstehen und kulturelle Integration durch das Schulbuch? Die Auseinandersetzung mit dem Fremden (231–249). Bad Heilbrunn: Klinkhardt.

Melber, H. (2005). Der deutsche Sonderweg? Einleitende Bemerkungen zum Umgang mit dem Völkermord in Deutsch-Südwestafrika. In: Melber, H. (Hrsg.) Genozid und Gedenken. Namibisch-deutsche Geschichte und Gegenwart (13–21). Frankfurt/Main: Brandes & Apsel.

Pilarczyk, U./Mietzner, U. (2005). Das reflektierte Bild: die seriell-ikonografische Fotoanalyse in den Erziehungs- und Sozialwissenschaften. Bad Heilbrunn: Klinhardt.

Poenicke, A. (1995). Die Darstellung Afrikas in europäischen Schulbüchern für Französisch am Beispiel Englands, Frankreichs und Deutschlands. Frankfurt/Main: Peter Lang.

Poenicke, A. (2001). Afrika in deutschen Medien und Schulbüchern. Sankt Augustin: Konrad-Adenauer-Stiftung.

Pöggeler, F. (2004). Fremde und Fremdheit im Schulbuch und der Wandel der Pädagogik. In: Matthes, E./Heinze, C. (Hrsg.) Interkulturelles Verstehen und kulturelle Integration durch das Schulbuch? Die Auseinandersetzung mit dem Fremden (17–34). Bad Heilbrunn: Klinkhardt.

Preiswerk, R./Perrot, D. (1975). Ethnocentrisme et Histoire. L'Afrique, l'Amérique indienne et l'Asie dans les manuels occidentaux. Paris: Editions Anthropos.

Reinwald, B. (2006). „Afrika hierzulande". Eine Bilder-, Text- und Beziehungsgeschichte. Einführung. In: Wiener Zeitschrift für kritische Afrikastudien, Heft 10/2006, (3–14).

Schmidt, C. (2011). Politische Bildung als Spiegel politischer Kultur? Ein deutsch-französischer Vergleich. Marburg: Tectum.

Thoma, N. (2006). Das Afrika-Bild in österreichischen Schulbüchern im Fach Musikerziehung – eine kritische Lektüre. In: Wiener Zeitschrift für kritische Afrikastudien, Heft 10/2006, (125–139).

Weißeno, G. (2012a). Dimensionen der Politikkompetenz. In: Weißeno, G./Buchstein, H. (Hrsg.) Politisch Handeln. Modelle, Möglichkeiten, Kompetenzen (156–177). Berlin & Farmington Hills: Verlag Barbaba Budrich.

Weißeno, G. (2012b). Éduation civique – konzeptuelles Lernen mit Schulbüchern. In: Schelle, C./Hollstein, O./Meister, N. (Hrsg.) Schule und Unterricht in Frankreich. Ein Beitrag zur Empirie, Theorie und Praxis (183–199). Münster: Waxmann.

Wiater, W. (2003). Das Schulbuch als Gegenstand pädagogischer Forschung. In: Wiater, W. (Hrsg.) Schulbuchforschung in Europa – Bestandsaufnahme und Zukunftsperspektive (11–22). Bad Heilbrunn: Klinkhardt.

Sandra Früchtenicht/Mamadou Mbaye

Zum Umgang mit „Fehlern" im Deutschunterricht einer senegalesischen Schule – eine binationale Rekonstruktion

Wolof Ndiaye nee na „Nit ku dul juum amul. Té ba la ngay xam, xamadi xaw la ray" – Wolof Ndiaye hat gesagt: „Es gibt keinen Menschen, der nie einen Fehler macht. Und bevor man dies erkennt, wird man von der Unwissenheit gequält."[1]

Les fautes et les erreurs constituent la clé qui ouvre la porte de la perfection et de la sagesse. – Aus Fehlern wird man klug, darum ist einer nicht genug.

Vorbemerkung

Redeweisen und Sprichwörter über das Fehlermachen finden sich in verschiedenen Sprachräumen wieder – wie hier im Wolof, im Französischen und im Deutschen – und setzen „Fehler" mitunter in einen Zusammenhang mit Lernen. Inhaltlich ähneln sich die Redeweisen dahingehend, dass sie Fehler eher als positiven Bestandteil von Lernprozessen ansehen, die das Lernen voranbringen und den Menschen zu Weisheit und Klugheit führen.

Auch als Lernender einer anderen Sprache strebt man danach, sich – zunächst irgendwie – notfalls mit „Händen und Füßen" wie man im Deutschen sagt dann in einfachen Sätzen, und später in komplexeren, stilvollen, gelehrigen Wendungen zu verständigen. Doch auf dem Weg dorthin, in der alltäglichen Kommunikation mit Muttersprachler/innen wie auch im Unterricht, begegnen dem Lernenden so manche Sprachhürden, die zu „Fehlern", beispielsweise hinsichtlich der allgemein als richtig anerkannten Wortbedeutung oder der Aussprache, führen. Auf welche Art und Weise mit sprachlichen Herausforderungen von Schüler/innen- und Lehrer/innenseite aus umgegangen wird, soll anhand des Deutschunterrichts an einer senegalesischen Schule in diesem Beitrag untersucht werden.

1.   Vorgehen, Fragestellungen

Die Autorin und der Autor, beide Doktoranden im Bereich Unterrichtsforschung mit dem Schwerpunkt Fremdsprachenunterricht, begegneten sich erstmals im Rahmen der dieser Publikation zu Grunde liegenden internationalen Tagung. Aufgrund ähnlicher Forschungsinteressen und -fragen entstand die Idee zur Erarbeitung einer gemeinsamen Interpretation. Die Besonderheit dieses Vorhabens liegt dabei einerseits im Format der Kommunikation, die aufgrund der räumlichen Trennung beider

---

1   Hierbei handelt es sich um eine sinngemäße Übersetzung. Bei diesem und den folgenden Sprich-
     wörtern handelt es sich um mündlich tradierte Redewendungen.

Autoren ausschließlich auf elektronischem Wege erfolgte. Andererseits kann das Einbringen der jeweils spezifischen Horizonte und Perspektiven, die sich aus den unterschiedlichen Vorrausetzungen, beispielsweise hinsichtlich der Sprachräume sowie der schulischen und wissenschaftlichen Sozialisation ergeben, als charakteristisch angesehen werden. Der jeweilige Blickwinkel von Autorin und Autor steht ebenso in Zusammenhang mit den jeweils (berufs-) biografischen Erfahrungen in Bezug auf das Erlernen und Vermitteln von Fremdsprachen:

Die Autorin, Sandra Früchtenicht, deutsche Doktorandin an der Johannes Gutenberg-Universität in Mainz, verfügt über Erfahrungen in der Beobachtung von Unterricht, insbesondere von Deutschunterricht in Frankreich, und ist ausgebildete Deutsch als Fremdsprache (DaF)-Lehrerin. Da sie bislang eher auf Erzählungen und Erlebnisberichte anderer angewiesen war, bleiben ihre Vorstellungen vom Deutschunterricht in dem ihr unbekannten Land vage und mit Fragen behaftet: Handelt es sich bei senegalesischem Deutschunterricht möglicherweise um einen eher rezeptiv orientierten Unterricht? Kommunizieren Schüler/innen und Lehrer/innen miteinander auf Deutsch oder sprechen sie überwiegend Französisch oder andere Muttersprachen? Wird der grammatischen, lexikalischen und phonetischen Sprachkorrektheit ein hoher Stellenwert beigemessen? Was passiert, wenn ein/e Schüler/in einen Fehler macht? Vor diesem Hintergrund war sie neugierig etwas über die Unterrichtswirklichkeit, über die konkrete Unterrichtspraxis, im senegalesischen Deutschunterricht zu erfahren. Die Coautorenschaft eröffnete ihr dazu die Möglichkeit.

Der Autor, Mamadou Mbaye, senegalesischer Doktorand an der Universität Cheikh Anta Diop Dakar und ausgebildeter Lehrer für Deutsch an *Collège* und *Lycée*, schildert erste Eindrücke zum Deutschunterricht an einer senegalesischen Schule, den er beobachtet hat: „Meinen ersten eigenen Beobachtungen in senegalesischen Schulen zufolge zeigen sich die Schüler/innen im Deutschunterricht meist still und verunsichert. Trauen sie sich nicht das Wort zu ergreifen? Kommunizieren sie kaum auf Deutsch, aus Angst davor, Fehler zu begehen? Ist es vornehmlich die Lehrkraft, die im Zentrum des Unterrichts steht, die jederzeit jeden unterbricht und korrigiert?" Handelt es sich, nach ersten Beobachtungseindrücken, bei den sprachlichen Fehlern, die seitens der Deutschlehrkräfte korrigiert werden, tatsächlich häufig um sogenannte „Interferenzfehler" (Kleppin, 1998, S. 31), bei denen eine systematische Beeinflussung der Zielsprache durch die Ausgangssprache(n), im vorliegenden Kontext durch die Mutter-/Nationalsprache(n) und/oder durch die zuvor erlernten Sprachen Französisch oder Englisch, stattfindet (vgl. Kleppin, 1998, Königs, 2007)?

Auch wenn diese ersten Beobachtungseindrücke Zuordnungen zu Fehlerarten hervorbringen, soll es in unserem Vorhaben vielmehr um den Umgang mit Fehlern gehen und weniger um eine Klassifizierung oder Kategorisierung dieser nach Ursachen oder Typen (z.B. phonetische, morphologische, syntaktische, lexikalische, kontextuelle, stilistische, pragmatische Fehler), wie sie vor allem in den 60er und 70er Jahren in der fremdsprachendidaktischen Forschung vorgenommen wurden (vgl. Corder, 1967; Selinker, 1972) und die in ihrer Weiterentwicklung zu Folgeuntersuchungen mit unterschiedlichsten Aspekten zum Phänomen der *Fehlerkorrektur* führten. Dabei wurde das Thema der *mündlichen Fehlerkorrektur* allerdings lange Zeit vernachlässigt. Diesem Desiderat begegneten im DaF-Bereich erstmals die Forscher/in Bahr, Bausch und Helbig (1996), Kleppin und Königs (1991) mit einer umfangreichen, empirisch gesicherten Bestandsaufnahme, die im Rahmen des Bochumer Tertiärsprachenprojekts (Bahr, Bausch & Helbig, 1996) durchgeführt wurde.

Die einleitenden Vorüberlegungen sowie der knappe Einblick in die Forschung des DaF-Bereichs deutet die Vielschichtigkeit des Themas *Fehlerkorrektur* bereits an. Der Fokus unseres Erkenntnisinteresses ist im Rahmen dieses Beitrags auf die Fragestellung gerichtet, wie in einer Deutschstunde im Senegal mit „Fehlern" umgegangen wird, und wie auf sie reagiert wird. Die Untersuchung wird dabei anhand eines Unterrichtsausschnitts durchgeführt und orientiert sich an der Auswertungsmethode der Objektiven Hermeneutik (vgl. Wernet, 2000), das heißt, an der wortwörtlichen und sequentiellen Rekonstruktion. In unserem Verständnis von Unterricht schließen wir uns dabei einer gängigen Auffassung in den Erziehungswissenschaften an, nach der Unterricht als Interaktions- und Kommunikationsgeschehen betrachtet wird (vgl. Schelle, Rabenstein & Reh, 2010), in dem Lehrer/innen- und Schüler/innen gemeinsam Bedeutungsaushandlungen in der sprachlichen Kommunikation vornehmen. Da Unterricht ein hochkomplexes Geflecht von Ereignissen darstellt, das ein bewusstes, geplantes Handeln erschwert und bisweilen unmöglich macht, gehen wir davon aus, dass sich Lehrer/innen ihres Korrekturverhaltens – unabhängig vom je kulturellen Kontext – und der möglichen Auswirkungen auf den Fremdsprachenlernprozess vielleicht gar nicht immer bewusst sind. Schließlich haben sie im alltäglichen Geschäft des Fremdsprachenunterrichts oft sekundenschnell eine Entscheidung darüber zu treffen, ob überhaupt, woraufhin und wie sie eine(n) Schüler/in korrigieren (vgl. Königs, 2007). Vor diesem Hintergrund werden wir in unserer Analyse folgenden Leitfragen nachgehen:

- Wer korrigiert wen?
- Was wird korrigiert und welche Reaktionsmöglichkeiten bestehen bzw. erfolgen tatsächlich?
- Was kennzeichnet eine Korrektur bzw. das Handeln der Lehrperson?
- Inwiefern lassen sich Strukturmuster in den Interpretationen zu Formen mündlicher Fehlerkorrektur von Seiten der Lehrenden oder der Schüler/innen beschreiben?

Mit dem forschungsmethodischen Vorgehen ist nahe gelegt, dass wir uns dem Transkript möglichst unvoreingenommen nähern. Dennoch bringen wir uns als Interpreten, wenn auch unbewusst, mit unseren kulturellen und (fremd-)sprachlichen Sozialisationshintergründen sowie mit unseren ‚Seh- und Denkgewohnheiten' (Hollstein, Schelle & Meister, 2012, S. 281) in den Deutungsprozess der Unterrichtssequenz aus dem ‚eigenen' bzw. ‚fremden' kulturellen Kontext, ein. Daher sind wir gefordert, unsere Rolle als Forscher/in in den unterschiedlichen Kontexten einer senegalesischen und deutschen Forschung zu reflektieren: Werden unsere Deutungen konvergieren oder differieren? Inwiefern werden ‚kulturspezifische Imprägnierungen' des eigenen Blicks (ebd.) auf den Deutschunterricht im Senegal eine Rolle spielen?

Bevor wir die Analyse vorstellen, werden wir zunächst auf die Rahmenbedingungen, das heißt auf die Sprachensituation im Senegal sowie auf die Situation von Deutsch als Fremdsprache im senegalesischen Schulwesen eingehen. Anschließend geben wir einen kurzen Überblick zum deutschsprachigen Forschungsstand der Fehlerkorrektur im DaF-Unterricht. Der Darstellung des Unterrichtstranskripts und unserer Deutungen folgt abschließend eine Zusammenfassung der zentralen Rekonstruktionen sowie eine Retrospektive der gesammelten Erfahrungen im binationalen Interpretationsprozess.

2. Zur Sprachensituation im Senegal

Aufgrund ihrer historischen Entwicklung sind die afrikanischen Länder, darunter der Senegal, multikulturell, multiethnisch und mehrsprachig. Jeder Staat zeichnet sich durch eine Vielzahl an unterschiedlichen Kulturen und Sprachen aus, monokulturelle und monolinguale Nationen existieren nicht. Insgesamt geht man von mehr als 2000 afrikanischen Sprachen aus, darunter mehr als 600 gesprochene Hauptsprachen (vgl. Diop, 2004, S. 34).

Im Senegal ist die am häufigsten gesprochene afrikanische Sprache das Wolof, das von ca. 50% der Senegalesen als Erstsprache gesprochen wird, wobei es mehr Senegalesen gibt, die die Muttersprache sprechen, als zur Bevölkerungsgruppe der Wolof gehören. Etwa 22% der Senegalesen verwenden Wolof (neben Französisch) als Zweitsprache und gelten somit als bilingual. Die Entwicklungstendenz des Wolof hin zu einer interethnischen Kommunikationssprache, die landesweit, besonders in den Städten, als Lingua Franca dient (vgl. Böhm, 2003, S. 342; Diop, 2004, S. 34), zeigt in Bezug auf die Funktionszuweisung der Sprachen im Senegal einen Paradigmenwechsel an. Neben dem Wolof sind die einheimischen afrikanischen Sprachen Diola, Malinke/Malinka, Fula/Pulaar, Serer und Soninké seit 1971 als Nationalsprachen anerkannt. Diese sogenannten „langues nationales" werden von ca. 86% der Bevölkerung vor allem in familiären und informellen Situationen gesprochen (vgl. Böhm, 2003; Diop, 2004).

Die Amtssprache des Landes ist laut Artikel 1 der senegalesischen Verfassung Französisch: „La langue officielle de la République du Sénégal est le Français" (Diop, 2004, S. 35). Obschon Französisch im Land nur über eine relativ kleine Anzahl von Muttersprachlern verfügt und die Französischkenntnisse der Bevölkerung in Abhängigkeit vom Bildungsgrad erheblich divergieren, sieht sich der Staat als mehrsprachig an.

2.1 Zur Situation von Deutsch als Fremdsprache im senegalesischen Schulwesen

Die besondere Sprachsituation des Senegals ist ebenfalls für das senegalesische Schulwesen und das Erlernen weiterer (Fremd-)Sprachen von Bedeutung. Die Schüler/innen wachsen mit den unterschiedlichsten Mutter-/Nationalsprachen auf und erlernen ab dem ersten Schuljahr, dem *CI – Cours d'Initiation,* die französische Sprache, sodass das Französische in seiner Funktion als Unterrichtssprache und aufgrund seines Status als Amtssprache die wichtigste europäische Sprache im Senegal ist (vgl. Böhm, 2003). Dem Unterricht weiterer (Fremd-)Sprachen wird im Senegal eine ausgesprochen große Bedeutung beigemessen, was sich durch ein vielfältiges Sprachenangebot an Senegals *Collèges* und *Lycées* auszeichnet.[2] Als erste Fremdsprache (*LV1 – langue vivante étrangère*) wird fast ausschließlich Englisch, verpflichtend ab der 6ème (Jahrgangsstufe 7), unterrichtet. Deutsch steht als zweite Fremdsprache (*LV 2 – langue vivante étrangère 2*) an dritter Stelle hinter Spanisch und Arabisch[3], wobei Spanisch – wie auch in Frankreich – im Gegensatz zu Deutsch als leichter erlernbar gilt.

Deutsch wurde bereits 1922 von der französischen Kolonialmacht als Schulfremdsprache eingeführt und nach der Unabhängigkeit des Landes beibehalten. Die Entwicklung des Deutschen im Senegal ist untrennbar mit der Persönlichkeit des ersten senegalesischen Staatspräsidenten, Léopold Sédar Senghor, verbunden, der sich vehement für den Ausbau des schulischen Deutschunterrichts und die Schaffung eines Germanistikstudiengangs in Dakar einsetzte (vgl. Böhm, 2003, S. 345).[4]

Im *Collège* kann Deutsch ab der *4ème* (Jahrgangsstufe 9), im *Lycée* ab der *Seconde* (Jahrgangsstufe 11) als Wahlpflichtfach gewählt werden. Wird Deutsch ab der *4ème* als „LV2 régulière" gewählt, so erhalten die Schüler/innen in der *4ème* und *3ème* vier Stunden pro Woche Deutschunterricht.

Im *Lycée* haben die Schüler/innen ab der *Seconde* (Jahrgangsstufe 11) - wie im französischen Bildungssystem – die Wahl zwischen zwei Fachrichtungen: „L" wie „Litteraire" (Sprachen, Geographie und Geschichte als Hauptfächer) oder „S" wie „Scientifique" (Mathe, Physik, Chemie, Biologie etc. als Hauptfächer). Von der *Seconde* bis zur *Terminale* (Abiturklasse) werden drei Stunden pro Woche erteilt, es sei denn die Schüler/innen haben Deutsch als „Grands commençants" (Spätanfänger) ab der *Seconde* gewählt. In diesem Fall haben sie fünf Stunden pro Woche Deutschunterricht in *Seconde* und *Première* und drei Stunden wöchentlich Deutschunterricht in der *Terminale.*

2.2 Fehler(-korrektur) im Deutschunterricht – zum deutschsprachigen Forschungsstand

Den eingangs beschriebenen Beobachtungen zufolge, scheint eine flüssige, umfangreiche mündliche Kommunikation im senegalesischen Deutschunterricht kaum stattzufinden. Vermutet werden kann, dass ein an Fehlern zentrierter Unterrichtsstil

---

2   Schüler/innen können z.B. Englisch, Deutsch, Arabisch, Spanisch, Portugiesisch, Italienisch und Russisch lernen (Böhm, 2003, S. 345).

3   Dem Arabischen kommt aufgrund der islamischen Bevölkerungsgruppen eine besondere Bedeutung zu (ebd., S. 345).

4   1973 wurde an der Universität in Dakar die erste germanistische Abteilung eröffnet (Böhm, 2003, S. 345).

der Lehrkräfte für das Fach Deutsch dazu beiträgt, dass sich die Schüler/innen kaum beteiligen, aus Angst davor etwas Falsches zu sagen.

Doch was ist überhaupt ein „Fehler" und was bedeutet es, etwas zu verbessern bzw. zu korrigieren? In Fachlexika, Überblicksartikeln, diversen Forschungsarbeiten zu diesem Thema werden Fehler in der Regel als „Abweichung vom Regelsystem der Sprache (ich lernt)" (Kleppin, 2010a, S. 224) und/oder als „Verstöße gegen eine sprachliche Norm (Fleißigkeit), wie sie in Grammatiken, Wörterbüchern oder Institutionen festgelegt wurde" bezeichnet. Eine genaue Fehlerdefinition ist abhängig vom jeweiligen Erkenntnisinteresse (z.B. Fehleranalyse, Fehlerdidaktik) bzw. vom Stellenwert in der Bewertung von Lernerleistungen. Fehler können, je nach Standpunkt, ebenso als Verstoß gegen die Sprachpragmatik, gegen die Situationsangemessenheit bzw. soziokulturelle Gepflogenheiten angesehen werden sowie lernstandsbezogenen Kriterien unterliegen (vgl. Kleppin, 2010b). Ergänzend erwähnt sei die in vielen Beiträgen zum Fehler vorgenommene Aufteilung in „Performanz- und Kompetenzfehler", die auf Corder (1967) zurückgeht. Zu Performanzfehlern werden meist Verstöße gerechnet, die vom Lernenden erkannt und evtl. selbst korrigiert werden können, sobald sie ihm bewusst gemacht werden. In diesem Fall läge dann eine sogenannte „fremdinitiierte Selbstkorrektur" (Kleppin, 1998, S. 87) vor. Weiter unterteilt werden können Performanzfehler in solche, die durch eine unvollständige Automatisierung von Regeln und Strukturen bedingt sind, und solche, die reine Flüchtigkeitsfehler bzw. Versprecher darstellen. Zu Kompetenzfehlern zählen Fehler, die vom Lernenden nicht selbst erkannt werden können, da sie z. B. eine Struktur noch gar nicht gelernt haben oder etwas falsch verstanden haben (ebd., S. 41f.). Sie bedürfen einer „fremdinitiierte[n] Fremdkorrektur" (ebd., 1998, S. 87), d.h. ein/e Mitschüler/in oder die Lehrperson nimmt die Initiation vor.

Der Stellenwert sowie die Einschätzung von Fehlern und Korrekturen im Fremdsprachenunterricht stehen in Zusammenhang mit fachlichen Orientierungen und grundsätzlichen Überzeugungen, die sich im Laufe der theoretischen und methodischen Entwicklungen im Fach DaF in den letzten Jahrzehnten gewandelt haben. Im „traditionellen Fremdsprachenunterricht" (Grammatik-Übersetzungsmethode) wurden Fehler noch als Mängel, als vermeidbares Übel angesehen. Schüler/innen wurden als „lernfaul" abgewertet, da ihre Fehler als Zeichen für ihre unzureichende Anstrengungs- und Übungsbereitschaft galt (vgl. Schweckendiek, 2008, S. 125f.).

Die von Corder (1967) und Selinker (1972) initiierten fehleranalystischen Forschungen der 80er und 90er Jahre führten zu einer breiten Akzeptanz der Auffassung, dass Fehler ein notwendiger Bestandteil bei der Aneignung einer fremden Sprache seien. Diese Einschätzung von Fehlern spiegelt sich in den Postulaten der sogenannten kommunikativen Wende (Decke-Cornill & Küster, 2010, S. 85) im Fremdsprachenunterricht wider, nach denen die Mitteilungsabsicht gegenüber der Sprachkorrektheit Vorrang habe.

Das mündliche Korrekturverhalten senegalesischer Deutschlehrer/innen scheint – nach den oben dargestellten Beobachtungen – den Anforderungen dieses kommunikativen didaktischen Modells kaum zu entsprechen. Nicht die kommunikative Absicht, der Inhalt der Schüleräußerungen, steht im Mündlichen primär im Vordergrund, sondern nach wie vor die Sprachkorrektheit. Diese Beobachtungen lassen vermuten, dass bezüglich des mündlichen Korrekturverhaltens und des eigenen Rollenverständnisses als Fremdsprachenlehrer/in die Annahme vorherrscht, Fehler müssten permanent korrigiert werden, um den Erwerb der fremden Sprache für die Schüler/innen zu garantieren. Mit Blick auf die empirische Unterrichtsforschung im DaF-Bereich kann eingeräumt werden, dass sich diese Auffassung auch bei DaF-Lehrkräften in Deutschland oder beispielsweise Belgien wiederfindet. Bei einer Untersuchung mit Lehrerbefragung zur Rolle der mündlichen Fehlerkorrektur im belgischen DaF-Unterricht konnten drei Korrekturtypen herausgearbeitet werden (vgl. Lochtmann, 2003). Der fehlerintolerante Korrekturtyp handelt nach der Überzeugung, dass die ständige, konstante Fehlerkorrektur eine lernfördernde Rolle hätte und er dem „Dogma der Korrekturpflicht und -notwendigkeit" (Henrici & Herlemann, 1986, S. 18) nachkommen müsse. Die lernfördernde Rolle der Fehlerkorrektur ist in der Fachliteratur und nach unterschiedlichen Sprachlerntheorien jedoch nach wie vor umstritten (Lochtmann, 2003, S 3).

3.   Ein Fallbeispiel „Riesen- oder Reiseüberraschung?"

Im Rahmen der Datendarstellung beschreiben wir zunächst den Kontext, um der/dem Leser/in eine Vorstellung von der beobachteten Unterrichtssituation zu ermöglichen. Der Interpretationsprozess selbst erfolgte unter Berücksichtigung des Prinzips der Kontextfreiheit (vgl. Wernet, 2000), das bedeutet, dass der pragmatische Kontext, in dem die Situation sich zugetragen hat, zunächst vernachlässigt wird, um möglichst viele Lesarten/Bedeutungsexplikationen zu entwickeln.

Die Unterrichtshospitation und -aufzeichnung wurde im Jahr 2012 an einem *Lycée* in der Hauptstadt des Senegals von Mamadou Mbaye durchgeführt. Die Hospitation fand in einer *„Première L grand commençant"* (2. Jahr Oberstufe, Jahrgangsstufe 12, Fachrichtung „Littéraire", Spätanfänger) statt, das heißt, die Schüler/innen haben Deutsch als *LV2* mit Beginn der *Seconde* erlernt und sind im 2. Lernjahr. Am Tag der Hospitation waren vier Mädchen und 18 Jungen anwesend. Inhaltlich wurde ein Text aus der ersten Lektion des Lehrwerks erarbeitet. Die Interaktion setzt nach einer Partnerarbeit zum Textverständnis ein:[5]

> (…)
> Lehrerin: c'est bon (…) on va corriger on va corriger hmm Gora et Masse corrigez
>   quelqu'un pour corriger c'est quoi la première question? Masse c'est quoi la
>   première question?
> Masse: Von welcher Reisenüberraschung
> Lehrerin: Riiiiiiesen
> Masse: Riesenüberraschung spricht Markus?
> Lehrerin: Gora réponds

---

5   Die Namen wurden anonymisiert.

Gora:	Markus ersalt
Lehrerin:	c'est pas ersalt heen
Gora:	ersalt
Lehrerin:	Markus erzählt
Gora:	erzählt ... von E-Mail
Lehrerin:	Markus erzählt von Eeee-Mail
Gora:	von E-Mail... von Herr Rodeck
Lehrerin:	Markus erzählt von E-Mail von Herr Rodeck. Quelqu'un qui propose autre chose ? (...) Salif
Salif:	Markus spricht von...
Lehrerin:	sehr gut. Il a dit Markus spricht. Ou bien vous dites Markus spricht oder Markus erzählt von ja ?
Salif:	Markus spricht von Einladung in Deutschland
Lehrerin:	Markus spricht von der Einladung nach Deutschland. Sehr gut il y'a beaucoup de fautes mais c'est acceptable heen. Markus spricht von der Einladung nach Deutschland. On dit die Einladung mais die décliné au C.O.I ça donne der die devient der au datif on verra tout ça. Salif vas au tableau sehr gut c'est bien.
(...)	

Wie einleitend dargestellt, handelt es sich im Folgenden um eine gemeinsame Interpretation von Autorin und Autor. Aufgrund der räumlichen Distanz und dem Interesse, sichtbar zu machen, inwiefern die jeweiligen Deutungen sich ähneln oder voneinander differieren, haben die Autorin und der Autor in einem ersten Schritt jeder für sich das Transkript sequentiell interpretiert. Nach der Übermittlung der Interpretationen auf elektronischem Wege, haben sie in einem zweiten Schritt die jeweiligen Deutungen abgeglichen. Nachfolgend sind die übereinstimmenden Lesarten ohne weiteren Kommentar dargestellt, auf den Umgang mit differierenden Lesarten wird am Ende des Beitrags eingegangen.

Lesarten und Interpretationen

Zu Beginn der Sequenz wird die sprechende Person in ihrer Berufsrolle als „Lehrerin" bezeichnet. Sie äußert in französischer Sprache ein „c'est bon", das sich aus dem Subjekt „c", dem im Präsens konjugierten Verb „est" und dem prädikativen Adjektiv „bon" zusammensetzt. Unabhängig voneinander entwarfen der/die Coautor/in ähnliche Geschichten: Kontextfrei betrachtet könnte diese Äußerung zum Beispiel während einer Mahlzeit fallen, um eine Person, die ein schmackhaftes Essen gekocht hat, dafür zu loben. Dieser Satz könnte in einer Situation fallen, in dem eine Mutter oder ein Vater eine Leistung ihres/seines Kindes als gut qualifiziert, oder von einem/er Chef/in kommen, der/die mit der Arbeit seines/seiner Arbeiter/in zufrieden ist.

Aus dem vorliegenden schulischen Kontext wissen wir, dass eine Partnerarbeit stattgefunden hat, daher könnte es sich bei dem „c'est bon" um eine Art Feststellung seitens der Lehrerin handeln, die den Abschluss dieser Arbeitsphase einleitet. Die Äußerung könnte (auch) eine Bewertung implizieren, z.B. in dem Sinne, dass eine Aufgabe zum Textverständnis zufriedenstellend bearbeitet worden ist und von ihr als „gute

Leistung" anerkannt wird, wobei noch offen bleibt, ob die Lehrerin eine(n) einzelne(n) Schüler/in, ein Schülerpaar oder das Klassenkollektiv adressiert.

Bevor die Lehrerin weiterspricht, macht sie eine Pause, vielleicht, um über den Satzanschluss nachzudenken. An die kurze Sprechpause fügt sie den Satz „on va corriger" an. Einigkeit besteht darin, dass die Sequenzeinheit die vorherige Lesart des „c'est bon" verstärkt und die Markierung einer Zäsur darstellt, die die Schüler/innen implizit dazu auffordert, die Partnerarbeit zu beenden und die Übung im Plenum zu besprechen. In dieser Lesart könnte das „on va corriger" dann auch als eine Art Interjektion wie „o.k." oder „so" fungieren, um die Aufmerksamkeit der Schüler/innen auf die Lehrerin und die anschließende Unterrichtsphase zu lenken. Gleichzeitig kann die Formulierung „on va corriger" als Widerspruch zum vorangegangenen „c'est bon" betrachtet werden, da die Lehrerin die Arbeit zuerst als „gut" qualifiziert, anscheinend aber doch etwas korrigiert werden muss.

Des Weiteren ist die zeitliche Dimension des „on va corriger" bedeutsam: Die Lehrerin benutzt in ihrer an die Schüler/innen gerichteten impliziten Aufforderung das *Futur proche*, das eine Handlung in der nahen Zukunft bezeichnet, das heißt, die Besprechung der Ergebnisse bzw. „die Korrektur", wie sich die Lehrerin ausdrückt, steht unmittelbar bevor. Geht man tatsächlich von einer nun folgenden „Korrekturphase" aus, so wird deutlich, dass der Zeitpunkt „der Korrektur", der die Frage nach dem Wann anbetrifft, direkt beim Vortragen der Ergebnisse erfolgen soll.

Zu folgenden übereinstimmenden Deutungen kommen Autorin und Autor bezüglich des Indefinitpronomens „on", das mit dem unpersönlichen deutschen „man" bzw. dem Personalpronomen „wir" übersetzt werden kann: Die Verwendung des Indefinitpronomens „on" zeigt, dass die Lehrerin sich nicht an eine bestimmte Person wendet, sie adressiert die gesamte Klasse. Das „on" verdeutlicht zudem, dass die Lehrperson bereit ist, an der Besprechung der Ergebnisse teilzunehmen, sie versteht sich als Teil der Klassengemeinschaft, somit geht es ihr um eine gemeinsame Verbesserung der Übung. Durch die erneute Wiederholung des „on va corriger" hebt die Lehrerin den Gemeinschaftssinn noch hervor. Die Wiederholung ist gleichzeitig als Aufmerksamkeitsindikator deutbar, der möglicherweise auch diejenigen erreichen soll, die noch schreiben und die die Übung nach der erstmaligen Aufforderung noch nicht beendet haben.

Das von der Lehrerin geäußerte „hmm" lässt sich als Verzögerungspartikel interpretieren, die einen Moment der Überlegung kennzeichnet, und der Lehrerin Zeit verschafft, um zwei Schüler oder Schülerinnen auszuwählen, die das erste Ergebnis vortragen. Dem Transkript ist dabei nicht zu entnehmen, ob sich Schüler/innen melden oder nicht. Die Lehrperson wählt die beiden Schüler Gora und Masse aus, indem sie sie direkt mit ihren Vornamen adressiert. Damit verlässt sie die indefinite Adressierungsebene der ganzen Klasse.

In ihrer Aufforderung zur „Korrektur" beschränkt sich die Lehrerin auf das Verb „corrigez" und sagt beispielsweise nicht „corrigez les fautes". Es handelt sich augenscheinlich eher um die Aufforderung, das Ergebnis der Übung vorzutragen, es sei denn, es handelte sich in der Übung um fehlerhafte Sätze, die im Rahmen einer „Richtig-/Falschübung" erkannt und durch die richtige Aussage verbessert bzw. ersetzt werden sollten.

In einer zweiten Lesart könnten Gora und Masse lediglich angerufen werden, um ihre noch andauernde Übung in Partnerarbeit zu beenden und ihre Aufmerksamkeit auf die Lehrerin zu richten. In diesem Fall würde das der Anrufung Masse und Goras folgende „corrigez" das gesamte Klassenkollektiv adressieren und alle Schüler/innen zum Aufzeigen auffordern, um die Übungsergebnisse vorzutragen.

Das anschließende „quelqu'un pour corriger" kann als Bestätigung der zweiten Lesart angesehen werden. Die Lehrerin benötigt noch immer „jemanden" zum Vortragen/zur Korrektur, da sich scheinbar noch kein Schüler- oder Schülerinnenpaar (es handelte sich ja um eine Partnerarbeit) gemeldet hat bzw. die Klasse der Aufforderung der Lehrerin nicht zu folgen scheint. Würde sich die Aufforderung auf Gora und Masse beziehen, wäre sie widersprüchlich, da beide namentlich zum Vortrag aufgefordert worden wären, die Lehrerin ihnen aber keine Zeit gelassen hätte, ihr Rederecht auszuüben. Die unvollständige Formulierung „quelqu'un pour corriger" anstelle von „on a besoin de quelqu'un pour corriger" wirkt insgesamt „abgehackt" und sehr fordernd, und erweckt den Eindruck, als wäre die Lehrerin ungeduldig und stünde unter Zeitdruck.

Dieser Eindruck bestätigt sich durch die direkt anschließende Frage nach der ersten Fragestellung (zum Textverständnis): „c'est quoi la première question?". Die Lehrerin spezifiziert durch diese Frage, die sich nun nicht auf eine etwaige Korrektur, sondern konkret auf die Benennung der ersten Frage bezieht, ihre Aufforderung, und gibt den Schüler/innen damit implizit zu verstehen, was sie von ihnen erwartet: das Vorlesen der ersten Frage. Wiederum verlässt sie die anonyme Adressierungsebene, indem sie sich direkt dem Schüler Masse zuwendet, den sie bereits zuvor namentlich adressiert hatte. Sie fordert ihn indirekt zum Vortragen der ersten Frage auf: „Masse c'est quoi la première question?" anstelle direkt zu formulieren „Lis la première question, s'il te plaît."

Strukturell fällt an der Kommunikationsweise der Lehrerin bereits nach der Deutung der ersten Sequenzeinheiten auf, dass sie zwischen einer indirekten und einer direkten Anrede der Schüler/innen hin- und herpendelt. Einerseits fordert sie den Schüler Masse direkt zur Mitarbeit auf, andererseits formuliert sie ihre Erwartungen implizit.

Auf die indirekt formulierte Aufforderung der Lehrerin reagiert Masse mit dem Vorlesen der ersten Frage „Von welcher Reisenüberraschung?", die er jedoch nicht beenden kann, da ihn die Lehrerin sogleich unterbricht. Sowohl als Muttersprachler/in als auch als Kundige(r) der deutschen Sprache fällt sofort das Wort „Reise*n*überraschung" auf, das es so im Deutschen nicht gibt. Was kann es dennoch bedeuten? Eine Reise mit Überraschungen? Jemanden mit Reisen überraschen? Eine Überraschungsreise? Durch das Vertauschen der Substantive oder das Herausnehmen einzig allein eines Buchstabens, des Fugen-n, würde das Kompositum verändert werden und das Wort würde durchaus Sinn erhalten (Überraschungsreise/Reiseüberraschung). Oder handelt es sich lediglich um einen Versprecher bzw. einen „Verleser", bei dem die Reihenfolge der Buchstaben verdreht wurde, das heißt bei der das „ie" mit dem Diphthong „ei" verwechselt wird, wodurch die „Riesenüberraschung" zur „Reisenüberraschung" wird? In diesem Fall könnte der Versprecher dann als Lese- oder als Aussprachefehler interpretiert werden. Über die Ursachen für diesen „Verleser" kann also nur spekuliert werden: Vielleicht hat Masse das Wort „Reisen" auch bereits häufiger als das Wort „Riesen" gelesen und war beim Lesen nicht aufmerksam genug, was für einen Performanzfehler sprechen würde.

In ihrer unverzüglichen Intervention wendet die Lehrerin das Verfahren der „explizite(n) Fehlerkorrektur" (Kleppin, 1998, S. 89) an, das heißt sie setzt unmittelbar mit der Korrektur ein, indem sie den ersten Teil der Zusammensetzung vorspricht: „Riiiiesen [riːzən]". Dabei betont sie das lange „i", das als „ie" verschriftlicht ist, und das Masse als „ei" vorgelesen hatte, überdeutlich, um ihn auf seinen Fehler und die richtige Aussprache hinzuweisen. Es scheint ihr wichtig, diesen Fehler, der zu einer Bedeutungsänderung bzw. Bedeutungslosigkeit des Wortes führen würde, selbst direkt zu korrigieren, ohne dass Masse seinen Fragesatz vollenden kann. Durch ihr Handeln stuft sie den „Verleser" als bedeutsam und als möglichen Störfaktor für die Kommunikation ein, stellt aber den Unterschied zur „Reise(n)überraschung" oder zur „Überraschungsreise" nicht heraus, was im Sinne einer Unterscheidung der Wortsemantik und der Bauweise von Zusammensetzungen in der deutschen Sprache für die Schüler/innen durchaus aufschlussreich wäre, und als Lernanlass für die Wortschatzarbeit aufgegriffen werden könnte. Denn nicht nur zur Wortschatzvermittlung, sondern auch im Sinne einer Förderung der „Sprach(lern)bewusstheit" (language awareness) (Decke-Cornill & Küster, 2010, S. 11) sowie der Reflexion über Sprache bietet sich der Lesefehler an. Masse übernimmt daraufhin kommentarlos die Verbesserung der Lehrerin. Er wiederholt „Riesen(…)", fügt das Wort hinzu, das er richtig ausgesprochen hatte, „(…)überraschung", und liest die Frage zu Ende. Er liest den Satz dabei nicht erneut von Beginn an, sondern lediglich den zweiten Teil: „(…) Riesenüberraschung spricht Markus?", sodass das Sinnverständnis nicht gegeben ist, und auch von seiner Seite der sprachlichen Korrektur somit mehr Bedeutung als der inhaltlichen Aussage beigemessen wird. Mit der Wiedergabe des richtig ausgesprochenen Wortes ist die Fehlerkorrektur von Lehrer- und Schülerseite aus abgeschlossen.

Nach der Lektüre der Frage fordert die Lehrerin Gora in französischer Sprache direkt auf, die von Masse gelesene Frage zu beantworten, sodass auch die nächste Interaktion dem Kommunikationsmuster Lehrerinnenfrage/-aufforderung – Schüler/innenantwort – (positives oder negatives) Lehrer/innenfeedback (vgl. Schweckendiek, 2008, S. 136) folgt. Die Aufforderung der Lehrerin ist wieder kurz und befehlstonartig: „Gora réponds." Gora antwortet: „Markus ersalt …". Die Lehrerin bricht gleich ab und weist ihn darauf hin, dass etwas in seinem Satz falsch ist: „c'est pas ersalt". Sie beendet ihre Aufforderung mit „heen", wahrscheinlich um die Aufforderung zur Korrektur noch zu verstärken. Im Gegensatz zur vorherigen direkten Vornahme der Korrektur ist die Lehrerin jetzt verhaltener und gibt lediglich zu bedenken, dass es nicht „ersalt" heißt. Indem sie verbal nur auf den Fehler verweist, nimmt sie eine eher „implizite Korrektur" (Kleppin, 1998, S. 51) vor und gibt sie den Anstoß zu einer fremdinitiierten Selbstkorrektur, die Gora jedoch nicht aufgreifen kann. Er wiederholt das Wort mit gleicher Aussprache: „ersalt". An dieser Sequenzstelle zeigen sich unterschiedliche Deutungen, die vermutlich mit unseren kulturellen und (fremd-)sprachlichen Sozialisationshintergründen zu tun haben:

„Ersalt" bleibt dem nicht auf Fremdsprachenlerner/innen ausgerichtetem deutschen Ohr eher unverständlich. Um die Bedeutung des Wortes in einem authentischen Dialog zu erschließen, ist der/die Gesprächspartner/in darauf angewiesen, auf den vorherigen Kontext, auf die Frage „Von welcher Riesenüberraschung spricht Markus?", zurückzugreifen. In einer realen Gesprächssituation könnte an dieser Stelle eine Nachfrage durch den/die (deutsche) Gesprächspartner/in erfolgen, um das Verständnis zu sichern, im Sinne von: „Ich bin mir nicht sicher, ob ich dich richtig verstanden habe. Meinst du das Wort „erzählt"?" Aus senegalesischer Sicht hingegen ist sofort ersichtlich, dass es sich hier um eine Interferenz handelt, die durch den Einfluss der französischen Sprache hervorgerufen wird: Gora hat das Wort „erzählt" phonologisch wie im Französischen artikuliert, und zwar das „z" als [s] und das „ä" wie [a].

Der Schüler Gora wiederholt das Wort mit identischer Aussprache, kann also die Selbstkorrektur nicht umsetzen. Dieser Befund ist insofern interessant, als dass es ein Ergebnis des „Bochumer Tertiärsprachprojekts" (Bahr, Bausch & Helbig, 1996) widerspiegelt, nach dem lehrerseitige Initiierungen zur Selbstkorrektur in der überwiegenden Anzahl von den Lernenden nicht durchgeführt werden können (Königs, 2007, S. 380). Da Gora die fremdinitiierte Selbstkorrektur nicht umsetzen kann, greift die Lehrkraft anschließend erneut zur expliziten Korrektur, korrigiert selbst, und betont dabei die von Gora falsch artikulierten Buchstaben: „Markus erzählt". Alternativ hätte die Lehrperson die Frage nach der Korrektur an die ganze Klasse richten können: „Corrigez la faute, (s'il vous plaît)." oder „Comment lit-on ce mot?". Das Vorsprechen der Lehrerin scheint erfolgreich zu sein, denn Gora imitiert ihre Aussprache und kann das Verb „erzählt" phonetisch korrekt wiedergeben. Wie auch Masse wiederholt er den Satzbeginn nicht, sondern macht nach „erzählt" eine kleine Pause und fügt das Objekt „von E-Mail" hinzu. Dabei spricht der Schüler das Wort „E-Mail" wie auf Englisch [i:meɪl] aus. Er scheint mit der englischen Aussprache vertraut zu sein, da er keine Schwierigkeit mit dem Lesen des Wortes hat. Die Lehrerin ist offensichtlich anderer Meinung, denn sie interveniert und verbessert das aus dem Englischen stammende Wort, das Gora richtig vorgelesen hatte: Sie wiederholt den ganzen Satz, artikuliert betonend das „E" von „E-Mail" dabei wie das erste „e" in dem Wort „elektronisch". Möglicherweise ist es ein Versuch, das Lexem zu „verdeutschen", also an die deutsche Phonologie anzupassen, jedoch nimmt die Lehrerin nur Bezug auf das „E" und nicht auf das Morphem „Mail". Damit korrigiert sie in diesem Satz einen aus ihrer Sicht vermeintlichen Aussprachefehler, geht jedoch nicht auf den Grammatikfehler ein, denn zwischen der Präposition „von" und dem Substantiv „E-Mail" fehlt ein un-/bestimmter Artikel: „Markus erzählt von *einer/der* E-Mail". Vielleicht hat sich die Lehrerin, „wie im Falle eines Virusinfekts", von dem Fehler des Schülers „anstecken" lassen und ihn unbewusst übernommen, oder sie hat sich mehr auf die Aussprachekorrektur des Worts „E-Mail" fokussiert. In Ergänzung und unter Einbezug des Kontextes wäre ebenfalls denkbar, dass der Deutschlehrerin, die keine Muttersprachlerin ist, nicht auffällt, dass an dieser Stelle im Deutschen ein Artikel stehen müsste.

Gora wiederholt das Wort „E-Mail", jedoch ohne das „E" besonders zu betonen, sodass anhand der Transkription nicht eindeutig ersichtlich ist, ob er die Aussprache der Lehrerin imitiert und somit ihre Korrektur an- bzw. übernimmt. Auch wenn diese Annahme nicht gesichert ist, zeigt sich im Umgang mit der Fehlerkorrektur von Schülerseite aus an dieser Transkriptstelle dennoch eine strukturelle Reproduktion: Wie zuvor verzichtet Gora darauf, den vollständigen Satzbeginn zu wiederholen. Nach dem „E-Mail" macht er erneut eine kurze Pause und fügt anschließend die neue Information hinzu, dass die E-Mail „von Herr Rodeck" komme. Es scheint ihm bedeutsam zu sein, den Verfasser der E-Mail zu benennen, wobei der Wechsel vom informelleren „Markus" zum formelleren „Herr(n) Rodeck" auffällt.

Anschließend wiederholt die Lehrerin den ganzen Satz: „Markus erzählt von E-Mail von Herr Rodeck". Wiederum nimmt sie keine Korrektur der Grammatikfehler, des fehlenden Artikels vor E-Mail sowie des fehlenden Suffixes „-n" nach „Herr" als Kasusmarkierung, vor. Eine Kommentierung zum Inhalt findet ebensowenig statt. Wie ist dieses Übergehen der Grammatikfehler deutbar? Denkbar ist, dass die Lehrerin dieses Mal dem kommunikativen Aspekt mehr Bedeutung beimisst als der sprachlichen Korrektheit, oder dass sie die Fehlerkorrektur vernachlässigt, da sie den fehlenden Artikel sowie das fehlende „-n" nach Herr überhört hat, vielleicht weil sie von den bisherigen Korrekturen erschöpft ist. Möglicherweise spielt auch die zeitliche Ökonomie eine Rolle, da sie bemerkt, dass der Unterricht nicht wie gewünscht oder nur langsam voranschreitet.

Am Ende dieser langen „Face-to-face"-Interaktion, das heißt der Schüler-Äußerung und der Korrektur durch die Lehrerin, wendet sich diese – nun wieder in französischer Sprache – an die ganze Klasse und fragt nach einem anderen Vorschlag: „quelqu'un qui propose autre chose?". Allem Anschein nach ist sie mit Goras Antwort nicht zufrieden und sucht daher nach weiteren Vorschlägen. Man könnte auch annehmen, dass sie, nachdem sie sich für eine gewisse Zeit nur auf Gora konzentriert hat, nun die gesamte Klasse wieder miteinbeziehen möchte und eine ergänzende Informationssammlung anstrebt. Möglicherweise handelt es sich auch um eine sehr implizite Aufforderung zur Korrektur der Grammatikfehler im Satz „Markus erzählt von E-Mail von Herr Rodeck", was der vorangegangenen Strukturlogik entspräche. Offenbar meldet sich dann ein Schüler. Die Lehrerin nennt seinen Namen, „Salif", um ihm das Rederecht zu erteilen. Salif antwortet: „Markus spricht von …". Auf semantischer Ebene tauscht Salif das Verb „erzählt" nun wieder gegen das Verb „spricht" vom Anfang der Sequenz aus, beendet den Satz aber nicht oder kann ihn nicht beenden. Angesichts der bisher herausgearbeiteten Struktur wäre erwartbar, dass die Lehrerin Salif in seinem Sprachfluss unterbricht – auch wenn auf den ersten Blick kein Fehler erkennbar ist – und der Schüler den Satz daher nicht vervollständigen kann.

Der faktische Verlauf zeigt, dass die Lehrerin Salif tatsächlich ins Wort fällt, jedoch nicht zu Korrekturzwecken. Zum ersten Mal in dieser Sequenz lobt die Lehrerin einen Schüler, bewertet Salifs Antwort positiv nicht nur mit „gut", sondern gesteigert mit

„sehr gut" und erläutert den anderen Schüler/innen ihr Lob: „il a dit Markus spricht." Obwohl bereits genannt, hat die Verwendung der anderen Variante der Lehrerin offenbar besonders gefallen. Offen bleibt, ob Salif davon ausging, die vorangegangene Formulierung „Markus erzählt" sei semantisch unkorrekt, oder ob er ihre Frage als Wortschatzerweiterung aufgefasst hat.

Die Lehrerin profitiert in dieser Situation von Salifs Vorschlag, um den Schüler/innen, teils in französischer, teils in deutscher Sprache, die semantische Ähnlichkeit der Ausdrücke zu erläutern: „ou bien vous dites Markus spricht oder Markus erzählt von". Sie beendet ihre Erklärung mit einem fragenden „ja?", möglicherweise, um sich zu vergewissern, dass die Schüler/innen ihre Erklärung verstanden haben, es sei denn, es handelt sich um ein rein rhetorisches „ja?". Aus dem Transkript geht keine bejahende oder verneinende Schülerreaktion hervor. Salif wiederholt den Satz erneut und vollendet seine Antwort: „Markus spricht von Einladung in Deutschland". Der erste Satzteil „Markus spricht von Einladung" könnte als „Simplifizierung" (vgl. Kleppin, 1998: S.32f) seitens des Schülers gedeutet werden, da der Artikel weggelassen wurde, vielleicht auch aus Angst davor, einen Kompetenzfehler zu begehen oder aus Unwissen um die Verwendung der bestimmten Artikel im Deutschen und ihrer Verwendung im Dativ. Möglicherweise könnte es sich um einen negativen Transfer aus dem Wolof handeln, da das Wolof keinen Artikel und keine morphologischen Markierungen für Kasus besitzt (Diop, 2004, S. 37).

Im Anschluss an Salifs Aussage, geht die Lehrerin allerdings auf die Grammatikfehler ein, indem sie sie direkt nach ihrem Auftreten durch Überformung korrigiert: „Markus spricht von *der* Einladung *nach* Deutschland." Dadurch greift sie ihre explizite Korrekturstrategie wieder auf. Salifs Antwort ergänzt inhaltlich diejenige von Gora, bei der „Riesenüberraschung" handelt es sich um eine „Einladung nach Deutschland". Die Lehrerin bewertet Salifs Antwort erneut auf Deutsch mit dem Prädikat „sehr gut", das sich nicht nur auf die sprachliche Formulierung, sondern auch auf den Inhalt beziehen könnte. Anschließend wechselt sie wieder ins Französische und relativiert ihr Lob: „il y a beaucoup de fautes". In dieser Sequenz bezeichnet die Lehrerin Unkorrektheiten damit zum ersten Mal explizit als „Fehler". Einerseits wird deutlich, dass sie viel Wert auf die Sprachkorrektheit legt, andererseits räumt sie ein, dass (die) Fehler – vielleicht vor dem Hintergrund des Lernstandes – akzeptabel seien. Sie beendet ihren Satz mit „heen", das „alles klar?", „einverstanden?" oder „hast du alles verstanden?" bedeuten könnte und ihrer Vergewisserung dient, verstanden worden zu sein. Interessant ist, dass die Lehrperson an dieser Sequenzstelle auf die Metaebene wechselt und zu den Schüler/innen über den Sprachlernprozess spricht. Sie macht ihre Einschätzung den Schüler/innen gegenüber transparent, bleibt dabei auf der anonymen Adressierungsebene, ohne zu individualisieren und ohne nach der Selbsteinschätzung der Schüler/innen zu fragen.

Im Anschluss wiederholt die Lehrperson erneut die Antwort Salifs in korrigierter Form, ohne den Artikel *der* oder die Präposition *nach* durch Betonung hervorzuheben: „Markus spricht von der Einladung nach Deutschland." Sie erklärt den Schüler/innen, weshalb die Präposition „von" in diesem Satz durch „nach" zu ersetzen ist:

„on dit die Einladung mais die décliné au C.O.I ça donne der". Die Lehrerin formuliert ihre Erklärung in französischer Sprache und verwendet die Abkürzung „C.O.I." des französischen Begriffs „complément d'objet indirect", um zu erläutern, dass aus dem Nominativ „die Einladung" das Objekt „der Einladung" wird. Dann nennt sie den Begriff auf Deutsch „die devient der au datif".[6], jedoch ohne näher auf das Grammatikphänomen der Dativ-Ergänzung einzugehen. Sie sichert den Schüler/innen aber zu, dass sie „all dies" („tout ça") noch „sehen" („verra"), noch durchnehmen werden. Die Tatsache, dass die Schüler/innen den Dativ noch nicht gelernt haben, könnte eine weitere Erklärung dafür sein, dass Gora und Salif dazu tendieren, die Artikel im Dativ wegzulassen. Abschließend fordert die Lehrerin Salif auf, an die Tafel zu gehen, vermutlich, um die Antwort an die Tafel zu schreiben und die korrekte Antwort auf die Frage schriftlich zu sichern. Nicht eindeutig rekonstruierbar ist, worauf sich das in deutscher Sprache formulierte erneute Lob der Lehrerin bezieht. Muss sie sich selbst gegenüber „vergewissern", dass die Antworten der Schüler trotz der vielen Fehler „sehr gut" sind, oder hat Salif bereits an die Tafel geschrieben und die Lehrerin kommentiert die schriftliche Version mit dem Prädikat „sehr gut"? Sollte sich die nachfolgende, in französischer Sprache formulierte Qualifikation „c'est bien", ebenso auf den Tafelanschrieb beziehen, ist verwunderlich, dass die Leistung auf Französisch „nur noch" als „gut" qualifiziert wird. Das c'est bien könnte auch als Markierung einer Zäsur gelesen werden und die Beendigung dieser Arbeitsphase ankündigen.

4.   Zusammenfassung

Zusammenfassend kann festgehalten werden, dass sich in der binationalen Rekonstruktion der vorliegenden Sequenz aus dem senegalesischen Deutschunterricht bestimmte Handlungsweisen im Umgang mit sprachlichen Herausforderungen bzw. „Fehlern" im Unterrichtsgespräch beschreiben lassen.

Das Handeln der Lehrperson ist gekennzeichnet durch direkte Unterbrechungen, die erfolgen, sobald ein Schüler bei der Produktion einer deutschsprachigen Äußerung einen Fehler macht, wobei in diesem Sequenzausschnitt vor allem Aussprachefehler dominieren. Diese, auch vermeintliche, wie die englische Aussprache des Wortes „E-Mail", werden unmittelbar, meist durch (betontes) Vorsprechen, seltener durch Initiation zur Selbstkorrektur, verbessert. Daraus lässt sich schließen, dass der korrekten Aussprache ein besonderer Stellenwert in der mündlichen Sprachproduktion der Schüler/innen beigemessen wird.

Im Umgang mit Grammatikfehlern zeigen sich zwei Reaktionsweisen. Kleinere Grammatikfehler, wie fehlende Artikel und fehlende Kasusmarkierungen, werden von der Lehrerin unkommentiert übergangen („Markus erzählt von __ E-Mail von Herr_ Rodeck."), wobei eingeräumt werden muss, dass es sich in diesem Beispiel eher um

---

6   Aus sprachdidaktischer Sicht wäre nach Mamadou Mbaye zu überlegen, was überhaupt ein Dativ ist und weshalb in diesem Satz ein Dativ stehen muss. Des Weiteren stellt sich die Frage, ob der Dativ mit dem französischen Begriff „C.O.I" bezeichnet werden kann.

„grammatikalische Feinheiten" handelt und das Verständnis nicht beeinträchtigt ist. Bei einer weiteren Schüleräußerung korrigiert die Lehrerin die Grammatikfehler direkt nach ihrem Auftreten („Markus spricht von *der* Einladung *nach* Deutschland.") und erläutert den Schüler/innen zusätzlich die fachliche Entscheidung – Berücksichtigung des aktuellen Lernstandes – für ihr Korrekturverhalten. Während der Korrekturstil oder die „persönliche Korrekturroutine" (Lochtmann, 2003, S. 15) der Lehrkraft zuvor eher als „fehlerintolerant" beschrieben werden kann, die ihre Aufgabe darin sieht, Fehler unmittelbar zu korrigieren, kann diese Zuschreibung an dieser Transkriptstelle relativiert werden. Durch ihre Erläuterungen macht die Lehrerin deutlich, dass sie den Umgang mit Fehlern durchaus reflektiert. Sie erkennt, dass noch viele Fehler in den Schüleräußerungen enthalten sind, sie diese aber angesichts des Lernstands tolerieren muss.

Die Umgangsweisen der Schüler mit Korrekturhandlungen der Lehrkraft weisen dahingehend strukturelle Ähnlichkeiten auf, dass sie meist mit Nachsprechen des zu korrigierenden Wortes oder allenfalls kurzer Wortgruppen auf die Verbesserungen der Lehrerin reagieren. Dadurch begrenzt sich ihre mündliche Sprachproduktion auf sehr kurze Sprechakte, eine wünschenswerte flüssige und umfangreiche Kommunikation zwischen Schüler/innen und Lehrerin kann sich nicht entfalten. Dieser Befund stützt die einleitend dargestellten Beobachtungen. Inwiefern sich ähnliche strukturelle Handlungsweisen im Umgang mit Fehlern auch in weiteren Sequenzen im senegalesischen Deutschunterricht rekonstruieren lassen, bleibt zu untersuchen.

Erfahrungen mit der Vorgehensweise des binationalen Rekonstruierens

Der gemeinsame Interpretationsprozess, im Zuge dessen wir einen Abgleich unserer Deutungen vornahmen, war für beide Seiten insofern bereichernd, als dass wir durch diese Vorgehensweise zu weitaus differenzierteren Interpretationen im ‚eigenen' bzw. ‚fremdem' kulturellen Kontext gelangten, als dies alleine, in nationalen Interpretationsteams, möglich gewesen wäre. Überraschend war, dass wir vor dem Hintergrund unserer jeweils spezifischen Horizonte und Perspektiven oftmals zu übereinstimmenden Deutungen kamen. Allerdings setzten wir auch unterschiedliche Schwerpunkte beim Interpretieren, die zunächst die Begrenztheit der eigenen Seh- und Denkgewohnheiten deutlich machte, durch den Dialog aber Möglichkeiten eröffnete, den eigenen „Seh- und Denkhorizont" zu erweitern. Diesen Prozess möchten wir abschließend exemplarisch anhand zweier Sequenzstellen nachskizzieren: Die Autorin, deutsche Muttersprachlerin mit Französischkenntnissen, mobilisiert an der Sequenzstelle „on va corriger" offenbar andere Erfahrungshorizonte beim Interpretieren als der Autor, da sie die Verwendung des Verbs „corriger" in dieser Situation im Gegensatz zu dem wolof- und französischsprechenden Autor irritiert. Sie rekurriert dabei auf Beobachtungen aus dem Unterricht in Deutschland, in denen eine Ergebnissicherungsphase seitens der Lehrkräfte mehrfach eher mit den Worten „Wir vergleichen jetzt die Ergebnisse." oder „Wir besprechen jetzt die Übung." eingeleitet wurde. Für die Autorin liegt daher die Deutung nahe, dass es nicht um das Vortragen der Resultate, sondern um das Korrigieren geht. Die Lehrerin nimmt bereits von Vornherein an, dass die Resultate der Schüler/innen fehlerhaft und verbesserungswürdig sein werden. Dadurch konstruiert sie die Schüler/innen hinsichtlich ihrer Sprachkompetenz im Deutschen als defizitär.

Auf den Autor wirkt die Aufgabenaufforderung kaum irritierend und kann daher mit Kenntnis der anderen Denkgewohnheiten (und des kulturellen Kontextes) relativiert werden: Er fasst das Verb „corriger" als „Jetzt hören wir ihren Vorschlag." auf. Hätte die Lehrerin hingegen „corrigez les fautes" gesagt, wäre dies für ihn irritierend gewesen. Nach seinen Erfahrungen handelt es sich bei der Formulierung „on va corriger" um eine gängige Aufforderung im senegalesischen Deutschunterricht, die teilweise noch um das Objekt „les exercices" („on va corriger les exercices") ergänzt wird, und selbst dann verwendet wird, wenn Aufgaben (fast) fehlerfrei gelöst worden sind. Trotz der scheinbar geläufigen Aufforderung zeigt zunächst kein/e Schüler/in freiwillig auf, wobei spekulativ bleibt, inwiefern ihre Zurückhaltung bzw. Nicht-Beteiligung mit Angst vor möglichen Fehlern einhergeht.

An einer weiteren Sequenzstelle („Markus ersalt") wurde deutlich, dass ein „kulturspezifisch imprägnierte[r] Blick" (Hollstein, Schelle & Meister, 2012, S. 281) zu unterschiedlichen Schwerpunkten in den Deutungen führte. Während die Autorin den Blick zunächst auf die Ausdeutung des semantischen Sinngehalts des Worts „ersalt" richtete, rekonstruierte der Autor direkt einen Sprachtransfer aus dem Französischen, der zu einem Interferenzfehler in der Aussprache des deutschen Wortes „erzählt" führte. In Einklang steht diese Deutung mit Untersuchungen senegalesischer Forscher/innen, nach denen das Französische die phonetische Basis für Transferprozesse bilde und nicht Nationalsprachen wie z.B. das Wolof, da das Französische im senegalesischen Schulsystem so omnipräsent sei, dass die Schüler/innen alles, was mit dem Wolof zu tun habe, vor der Schultür ließen (vgl. Diop, 2004, S. 37f., vgl. Schelle in dieser Publikation). Da es sich bei dem vorliegenden Aussprachefehler, der Aussprache des „z", um einen fehlerfrequenten Laut handelt, der weder im Französischen noch im Wolof vorkommt, könnte die Lehrerin an geeigneter Stelle einen kontrastiven Sprachvergleich anstreben, um den Schüler/innen die Aussprachedifferenzen transparent und bewusst zu machen und damit die Sprach(lern)bewusstheit zu fördern. Die Rekonstruktionen konnten den ersten Eindruck, nach dem Interferenzfehler eine häufige Fehlerursache seien, zumindest in dieser Sequenz nicht bestätigen.

Die dargestellten Beispiele verdeutlichen den Zugewinn an Erkenntnissen, die im Verlauf des binationalen, rekonstruktiven Verfahrens „aus der Konkretion der Sache selbst" (Dersch & Oevermann, 1994, S. 27) erarbeitet werden konnten. Sie zeigen aber auch, dass die „jeweiligen Eigenarten fremder Kulturen" (ebd.) in fremdkulturellen Texten an einigen Sequenzstellen kaum hinreichend durch Nicht-Muttersprachler/innen gedeutet werden können. Daher ist es wünschenswert, die internationale Kooperation im Bereich der Unterrichtsforschung, beispielsweise in internationalen Workshops, auszuweiten.

Literatur

Bahr, A./Bausch, K.-R./Helbig, B. (1996). Forschungsgegenstand Tertiärsprachenunterricht. Ergebnisse eines empirischen Projekts. Bochum: Brockmeyer.

Böhm, M. A. (2003). Deutsch in Afrika. Die Stellung der deutschen Sprache in Afrika vor dem Hintergrund der bildungs- und sprachpolitischen Gegebenheiten sowie der deutschen Auswärtigen Kulturpolitik. Frankfurt/Main: Peter Lang. Europäischer Verlag der Wissenschaften.

Corder, S. P. (1967). The significance of Learner's Errors. In: International Review of Applied Linguistics, 5, (161–170).

Decke-Cormill, H./Küster, L. (2010). Fremdsprachendidaktik. Eine Einführung. Tübingen: Narr Verlag.

Dersch, D./Oevermann, U. (1994). Methodisches Verstehen fremder Kulturräume. Bäuerinnen im Wandlungsprozeß in Tunesien. In: Peripherie, Nr. 53, (26–53).

Diop, E. H. I. (2004). Die Vermittlung des Deutschen als Fremdsprache unter den Bedingungen des senegalesischen Bilinguismus. In: Deutsch als Fremdsprache, 41. Jahrgang, Heft 1, (33–39).

Henrici, G./Herlemann, B. (1986). Mündliche Korrekturen im Fremdsprachenunterricht. München: Goethe-Institut.

Hollstein, O./Schelle,C./Meister, N. (2012). Die kulturelle Imprägnierung des eigenen Blicks – ein Fallbeispiel aus der Lehrerbildung an der Universität Mainz. In: Schelle, C./Hollstein, O./Meister, N. (Hrsg). Schule und Unterricht in Frankreich. Ein Beitrag zur Empirie, Theorie und Praxis. Münster: Waxmann, (289–297).

Kleppin, K. (1998). Fehler und Fehlerkorrektur (Fernstudieneinheit 19). Fernstudienprojekt „Deutsch als Fremdsprache und Germanistik" des DIFF, der GhK Kassel und des Goethe-Instituts. Berlin, München: Langenscheidt.

Kleppin, K. (2010a). Fehler, Fehlerkorrektur, Fehlerbewertung. In: Hallet, W./Königs F. G. (Hrsg.). Handbuch Fremdsprachendidaktik. Seelze: Kallmeyer, (224–228).

Kleppin, K. (2010b). Fehler. In: Barkowski, H./Krumm, H.-J. (Hrsg.) Fachlexikon Deutsch als Fremd- und Zweitsprache. Tübingen und Basel: A. Francke Verlag, (79–80).

Kleppin, K./Königs, F. G. (1991). Der Korrektur auf der Spur. Beobachtungen und Analysen zum mündlichen Korrekturverhalten von Fremdsprachenlehrern. Bochum: Brockmeyer.

Königs, F. G. (2007). Fehlerkorrektur. In: Bausch, K.-R. (Hrsg.) Handbuch Fremdsprachenunterricht. Tübingen [u.a.]: Narr Verlag, (377–382).

Lochtmann, K. (2003). Die mündliche Fehlerkorrektur im DaF-Unterricht. In: German as a foreign language. Gfl-journal, No. 3, (1–19).

Schelle, C./Rabenstein, K./Reh, S. (2010). Unterricht als Interaktion. Ein Fallbuch für die Lehrerbildung. Bad Heilbrunn: Klinkhardt.

Schweckendieck, J. (2008). Fehler und Fehlerkorrektur im DAZ-Unterricht. In: Kaufmann, S. et al. (Hrsg.) Qualifiziert unterrichten. Fortbildung für Kursleitende Deutsch als Zweitsprache. Band 3 Unterrichtplanung und -durchführung. Ismaning: Hueber, (123–171).

Selinker, L. (1972). Interlanguage. In: International Review of Applied Linguistics, 10, (209–231).

Wernet, A. (2000). Einführung in die Interpretationstechnik der Objektiven Hermeneutik. Opladen: Leske und Budrich.

Oliver Hollstein

Die kommunikative Herstellung von Verständigung in der deutschen und senegalesischen Unterrichtsinteraktion

1. Einleitung: das Scheitern eines normativ imprägnierten Verständigungsbegriffs

Es ist noch nicht lange her, als der Begriff der „Verständigung" in der deutschen Erziehungswissenschaft in aller Munde war. Mit dem Ideal einer zwanglosen Verständigung unter gleichberechtigten Kommunikationspartnern hatte der Sozialphilosoph Jürgen Habermas für eine ganze Generation von Pädagogen ein neues „Bildungsideal" (Uhle, 1989, S. 188) entworfen, mit dem man sich von überkommenen autoritären Erziehungsvorstellungen emanzipieren wollte. Das Gründungsdokument dieser verständigungsorientierten Pädagogik stellt das 1972 erschienene Buch „Theorien zum Erziehungsprozess" von Klaus Mollenhauer dar. Mollenhauer glaubte damals, den „Herrschaftszusammenhang, den Erziehung immer schon enthält" (ebd., S. 15) auf dem Weg eines argumentativen Diskurses zwischen dem Erzieher und seinem Educandus in einen Zustand aufheben zu können, den er programmatisch als eine „Verständigung und gemeinschaftliches Handeln unter Gleichen" (ebd.) bezeichnet hatte.

Bereits am Ende der 1970er Jahre wurden allerdings erste Zweifel laut, ob sich Erziehung und Bildung wirklich in einen kooperativen Einigungsprozess überführen lassen. Interessanterweise war es Mollenhauer selbst, der im Jahr 1978 sein – mittlerweile breit und teilweise euphorisch rezipiertes – pädagogisches Programm wieder in Zweifel zog. Auf dem im gleichen Jahr abgehaltenen DGfE-Kongress in Tübingen macht er deutlich, dass Erziehungsverhältnisse auf einer unüberbrückbaren „Macht-Differenz" (Mollenhauer & Rittelmeyer, 1978, S. 85) zwischen dem Erzieher und seinem Zögling aufbauen. Das Kind entwickele „im Verlauf des Bildungsprozesses erst allmählich die Kompetenz zur moralischen Beteiligung" (ebd.) und deshalb sei der Pädagoge gehalten, den Verständigungsprozess „auf weiten Strecken als *simulierten* Diskurs mit sich selbst, als Selbstgespräch zu führen" (ebd.; Herv. im Orig.).

Es ist also 1978 nicht mehr die direkte argumentative Auseinandersetzung mit dem Kind, sondern der Erzieher soll nun mit sich selbst zu Rate gehen und sich die Frage stellen, wie die Erziehung am besten einzurichten ist. In einem solchen Selbstgespräch habe er dann stellvertretend die Position seines Zöglings einzunehmen. Mit diesem Schritt fällt Mollenhauer allerdings wieder in eine traditionelle Erziehungskonzeption zurück. Denn die Versicherung, dass man ‚für das Kind nur das Beste wolle', ist offensichtlich eine Legitimationsformel, der sich die Pädagogen aller Zeiten bedient haben, um ihre doch mitunter recht grausamen Erziehungsmaßnahmen zu rechtfertigen. Insofern scheinen sich die Hoffnungen, die man sich bei der Übernahme des Habermas'schen Verständigungsbegriffs gemacht hatte, bereits 1978 wieder erschöpft zu haben.

Diese kurze Erinnerung an eine auch in der deutschen Erziehungswissenschaft nahezu vergessene Diskussion kann den Blick auf ein *methodologisches Problem* lenken, das man sich unweigerlich einhandelt, wenn man untersuchen will, ob und unter welchen Umständen eine Verständigung zwischen einem Pädagogen und seinem Educandus zustande kommt. Einmal angenommen, man kann als wissenschaftlicher Beobachter eine gelungene Verständigung zwischen einem Lehrer und seinem Schüler dokumentieren. Woher will man dann aber wissen, ob der Schüler seinem Lehrer wirklich aufrichtig und aus freien Stücken zugestimmt hat? Muss man nicht bei jeder Zustimmung des Schülers den Verdacht hegen, dass dieses Einverständnis aufgrund von möglichweise versteckten Zwängen zustande gekommen ist? Dieser Zweifel an der Güte des jeweils erreichten Einverständnisses speist sich aus einem recht einfachen Umstand: Im Prozess der Zustimmung kann weder der Erzieher noch der Analytiker von Erziehungsprozessen dem Educandus in den Kopf schauen. Niemand kann wissen, ob ein Schüler sein Einverständnis äußert, weil er von den Vorschlägen und Maßnahmen seines Lehrers *aufrichtig überzeugt ist* oder weil es für ihn möglicherweise vorteilhafter ist, in der jeweiligen Situation kooperativ *zu erscheinen*.

Dieses methodologische Problem kommt bereits in dem wegweisenden theoretischen Entwurf zur Sprache, auf den sich Mollenhauer bei seiner ersten Konzeption einer verständigungsorientierten Pädagogik im Jahr 1972 gestützt hatte. In den „Vorbereitende[n] Bemerkungen zu einer Theorie der kommunikativen Kompetenz", mit denen Habermas seine Auseinandersetzung mit dem Soziologen Niklas Luhmann eröffnet, stellt er am Ende des zweiten Teilkapitels die interessante Frage, wie man „zwischen einem ‚wahren' (wirklichen) und einem ‚falschen' (täuschenden) Konsensus" (Habermas, 1971a, S. 114) unterscheiden könne. Diese Frage wird dann allerdings in diesem Text nicht mehr aufgegriffen. Erst in der 1981 erschienenen „Theorie des kommunikativen Handelns" kann man dann nachlesen, wie Habermas dieses Problem lösen will. Die Güte eines Einverständnisses lässt sich seiner Meinung nach beurteilen, wenn man sich die „impliziten Gründe vor Augen führen kann, die die Beteiligten (eines Verständigungsprozesses; O.H.) zu ihren Stellungnahmen bewegen" (Habermas, 1987, Bd. 1, S. 169). Sobald der Beobachter eines Einigungsprozesses aber den Eindruck hat, dass eine Zustimmung nicht durch nachvollziehbare Gründe, sondern „bloß durch externe Umstände verursacht" (ebd.) ist, sei der Verständigungsprozess ein falscher (täuschender) Konsens.

Diese Bestimmung hat Habermas von soziologischer Seite viel Kritik eingetragen. Neben Ulrich Oevermann (1983; 2000) war es vor allem Niklas Luhmann, der – an seine Auseinandersetzung mit Habermas aus den 1970er Jahren anschließend – immer wieder auf den Unterschied zwischen einer *soziologisch orientierten Rekonstruktion* von Einverständnissen und dem Begriff eines *wahren Konsensus* aufmerksam gemacht hat. Seiner Meinung nach sind die ‚wahren' Motive, die die Handelnden zu einer Übereinkunft bewegen, dem Soziologen – wie Luhmann (1998, S. 25) an einer Stelle schreibt – „intransparent". Der Soziologe könne zwar das kommunikative Prozedere analysieren, das zu einem Einverständnis führt, in den Kopf der sich Einigenden habe er aber keinen Einblick, um solchermaßen zwischen einem wahren und einem falschen Konsensus zu unterscheiden. In diesem Sinne findet sich dann auch in Luhmanns letzter ausführlichen Auseinandersetzung mit der Habermasschen Gesellschaftstheorie die folgende polemische Bemerkung: „Die Systemtheorie würde ihrerseits natürlich jede Art von Einverständnis rekonstruieren können, würde aber nicht sehen, wieso man bestimmte Arten von Einverständnissen besonders auszeichnen sollte, bloß weil ein Subjekt meint, dass andere Subjekte meinen, die Gründe seien vernünftig" (Luhmann, 1995, S. 175).

Das Zitat macht deutlich, dass Luhmann die Auszeichnung von „bestimmten Arten von Einverständnissen" – respektive diejenigen, die für einen wahren wirklichen Konsensus gehalten werden – für undurchführbar hält. Anders gesagt: Natürlich ereignen sich in der gesellschaftlichen Wirklichkeit beständig Prozesse der Verständigung, ob diese Verständigungsprozesse aber auf intersubjektiv nachvollziehbaren Gründen aufruhen oder aber durch einen subtilen Zwang zustande gekommen sind, wird man vermutlich kaum abschließend klären können.

Diese Auseinandersetzung zwischen dem Sozialphilosophen Habermas und dem Soziologen Luhmann macht retrospektiv deutlich, worin die Schwäche der von Mollenhauer inaugurierten verständigungsorientierten Pädagogik lag. Das Ideal einer zwanglosen Verständigung zwischen dem Erzieher und seinem Zögling lässt sich zwar postulieren, aber im Grunde ist es nicht mehr als eine normative Forderung, deren Verwirklichung oder Scheitern sich zudem nicht überprüfen lässt. Was sich demgegenüber mit Hilfe von empirischer Forschung überprüfen lässt, ist die Frage, welche kommunikativen Mittel ein Lehrer einsetzt, um sich mit seinen Schülern zu verständigen. Ob aber diese Einigungsprozesse letztlich auf der authentischen Zustimmung der Schüler beruhen oder ob diese aufgrund von Überredung und latentem Zwang zur Einigung bewegt wurden, wird man auch mit den ausgefeiltesten Fragemethoden nicht herausbekommen.

Ein Forschungsprogramm, mit dem sich die von Luhmann in Aussicht gestellten „Rekonstruktionen von Einverständnissen" realisieren lässt, brauchte im Anschluss an die ‚Hochphase' der verständigungsorientierten Pädagogik in Deutschland nicht erst entwickelt zu werden. Es hatte sich in den USA bereits seit den 1960er Jahren in der Nachfolge der Arbeiten von Harold Garfinkel unter dem Namen „Ethnomethodologische Konversationsanalyse" etabliert und wurde mit einer Verspätung von etwa zehn Jahren in der westdeutschen Erziehungswissenschaft rezipiert. In diesem Sinne beobachtet Mollenhauer am Beginn der 1980er Jahre nach dem Scheitern der verständigungsorientieren Pädagogik „eine neue Welle" (Mollenhauer, 1980, S. 100) der Ethnomethodologie in der westdeutschen Erziehungswissenschaft. Diese Welle scheint aber bereits am Ende der 1980er Jahre wieder abzuebben. Die ethnomethodologische Konversationsanalyse wird heute nur noch von einigen wenigen deutschsprachigen Erziehungswissenschaftlern verfolgt (vgl. zur Literaturlage Lüders, 2003, S. 146ff.).

Im Folgenden geht es mir darum, die Fruchtbarkeit dieses mittlerweile fast wieder in Vergessenheit geratenen Forschungsprogramms anhand eines Vergleichs zwischen den Verständigungsprozessen in deutschen und senegalesischen Schulklassen zu demonstrieren. Dazu stelle ich in einem ersten Schritt zunächst die wesentlichen Analyseschritte der ethnomethodologischen Konversationsanalyse mit Hilfe eines kurzen Beispiels dar (2.). Die Anwendung dieser Forschungsmethode auf den Schulunterricht hat dann am Ende der 1970er Jahre dazu geführt, dass im europäischen und amerikanischen Schulunterricht ein Kommunikationsmuster identifiziert werden konnte, das meist als der Dreischritt von Lehrerfrage, Schülerantwort und Rückmeldung durch den Lehrer gefasst wird (3.). Beobachtet man vor dem Hintergrund dieses idealtypischen Musters die Kommunikation in senegalesischen Schulklassen, dann fällt recht schnell eine signifikante Abweichungen von diesem Muster auf (4.). Mit dieser Gegenüberstellung zweier schulischer Kommunikationsformate soll nicht nur eine aus europäischer Sicht ‚fremde' Form des Unterrichts in den Blick genommen werden, sondern vermittelt über das ‚Fremde' soll auch ein neuer Blick auf das ‚Eigene' respektive die deutsche Unterrichtskommunikation eröffnet werden (5.).

2. Die normativ-abstinente Untersuchung von Verständigungsprozessen durch die ethnomethodologische Konversationsanalyse

Wie es in dem eingangs wiedergegebenen Zitat von Luhmann schon angesprochen wurde, versucht die ethnomethodologische Konversationsanalyse *sämtliche Formen von Einverständnissen* zu erforschen, ungeachtet dessen, ob diese Verständigungsprozesse durch einen latenten Zwang oder durch authentische Zustimmung zustande gekommen sind.[1] Im Unterschied zur Habermas'schen Diskurstheorie kommt es der Konversationsanalyse nicht darauf an, ob der Beobachter eines Verständigungsprozesses bei den Handelnden ‚vernünftige' Gründe für das Zustandekommen eines Konsensus identifizieren kann. Von Interesse ist aus einer strikt analytischen Perspektive vielmehr nur, welche „Ethnomethoden" die Interagierenden einsetzen, um sich einander verständlich zu machen. Bei diesen Ethnomethoden kann es sich um ganz unscheinbare Praktiken handeln, mit denen man seinem Gegenüber verdeutlichen will, was dieser von den eigenen Handlungen zu halten hat. So kann sich beispielsweise ein Mitarbeiter beim Durchqueren eines Großraumbüros mit der flachen Hand auf die Stirn schlagen, bevor er vor den Augen seiner Kollegen auf dem Absatz kehrt macht. Mit solch einfachen Gesten zeigen wir unseren Mitmenschen an, wie sie unsere Handlungen zu deuten haben (vgl. Schneider, 2002, S. 31). Verständigungsprozesse beginnen aus der Perspektive der Ethnomethodologie also nicht erst mit der argumentativen Beilegung von ‚Großkonflikten', deren Reinform Habermas (1971b) in die

---

1 Zu den Übereinstimmungen zwischen der Systemtheorie Luhmanns und der ethnomethodologischen Konversationsanalyse vgl. Hausendorf, 1992; 1997. Interessant ist in diesem Zusammenhang auch, dass Habermas die Definition von Verständigung, wie man sie bei Garfinkel findet, aus der Perspektive seines normativ imprägnierten Verständigungsbegriffs in der folgenden Art und Weise kritisiert hat: „Garfinkel (…) unterscheidet nicht zwischen einem gültigen Konsensus, für den die Teilnehmer erforderlichenfalls Gründe angeben könnten, und einer geltungsfrei d.h. de facto herbeigeführten, sei es auf Sanktionsdrohung, rhetorischer Überrumpelung, Kalkül, Verzweiflung oder Resignation beruhenden Zustimmung" (Habermas, 1987, Bd. 1, S. 186).

Entstehungszeit der bürgerlichen Öffentlichkeit verlegt hatte. Vielmehr geht die Konversationsanalyse davon aus, dass bereits mit einer unscheinbaren Antwort auf eine Frage, die Kommunikationspartner in einen Prozess der Verständigung eingetreten sind.[2] Um die ethnomethodologische Analyse solcher alltäglicher Abstimmungsprozesse exemplarisch zu demonstrieren, kann ich mich auf ein Beispiel stützen, das von dem Konversationsanalytiker Emanuel Schegloff (1988, S. 57) aufgezeichnet wurde:

Mother:	Do you know who's going to that meeting?
Russ:	Who.
Mother:	I don't kno:w
Russ:	Oh ... Prob'ly Missiz McOwen (n'desta) en prob'ly Missiz Cadry and some of the teachers

Betrachtet man zunächst einmal nur die Ausgangsfrage der Mutter, dann sieht man, dass ihre Frage mindestens in zwei Hinsichten verstanden werden kann.[3] Einmal kann sie als eine *Informationsfrage* gedeutet werden. So gesehen würde die Mutter sich nach denjenigen Personen erkundigen, die zu dem von ihr erwähnten „meeting" erwartet werden. Zweitens könnte man ihre Frage aber auch als eine *Ankündigung* verstehen, etwa in dem Sinne: ‚Nun stell dir mal vor, wer zu diesem Treffen kommt?' Auch hier gilt, dass kein Analytiker dieses Kommunikationsprozesses der Mutter in den Kopf schauen kann. Beide Bedeutungen ihrer Frage sind gleichermaßen möglich. Die Intransparenz der Köpfe gilt aber nicht nur für den Beobachter dieser Kommunikation, sondern auch für Russ, der zudem noch vor dem Problem steht, im nächsten Moment auf die Frage seiner Mutter antworten zu müssen.

Schaut man sich nun die zweite Sequenzstelle an, dann zeigt sich, dass Russ offenbar die Bedeutungsmöglichkeit *Ankündigung* gewählt hat. Mit einem „Who" scheint er darauf zu warten, dass ihm seine Mutter die Teilnehmer des Treffens aufzählt. Auch hier gilt genauso wie an der ersten Sequenzstelle der Grundsatz, dass der psychische Binnenzustand von Russ sowohl für seine Mutter, als auch für den Beobachter dieser Sequenz intransparent ist. Ob sich Russ aus bestimmten taktischen Gründen ‚dumm stellt' oder ob er die Frage seiner Mutter ‚wirklich' so versteht, wie er dies auf der kommunikativen Ebene ausdrückt, lässt sich allein aufgrund der Analyse dieses Transkriptauschnitts nicht beurteilen. Der Konversationsanalytiker kann bis zu dieser Stelle nur sehen, dass Russ der Frage seiner Mutter eine bestimmte Bedeutung zuschreibt.

Entscheidend ist nun wie die Mutter an der dritten Sequenzstelle reagiert. Entscheidend ist diese Stelle deshalb, weil man hier ablesen kann, ob Russ aus der Sicht

---

2   Jeder sprachliche Vollzug setzt also voraus, dass die Kommunizierenden der Teilnahme an dem Gespräch – wenn auch nur implizit – bereits zugestimmt haben. Diese konsensuelle Grundlage einer jeden Kommunikation besteht sogar dann, wenn die Interagierenden in einen Streit geraten. Auch die Streitenden müssen sich nach Ansicht der Konversationsanalyse konsensuell auf die Erwartungen einlassen, die mit dem Aktivitätstypus „Konflikt" verbunden sind. Nur so sind sie überhaupt in der Lage, ihren Streit fortzusetzen (vgl. dazu die Analyse des ‚gescheiterten' Konflikts zwischen einer Deutschen mit einem Chinesen in Schneider, 2002, S. 72f.).

3   Ich stütze mich im Folgenden auf die Interpretation, die Schneider (2002, S. 62f.) anhand dieser Sequenz entwickelt hat.

seiner Mutter ihre Eingangsfrage ‚richtig' oder ‚falsch' verstanden hat. Würde die Mutter nun damit beginnen, die Teilnehmer des „meetings" aufzuzählen, dann hätte Russ offenbar die ‚richtige' Bedeutungsselektion vollzogen. Das Gegenteil ist aber offenbar der Fall. Mit ihrem „I don't kno:w" macht sie Russ darauf aufmerksam, dass sie über das bevorstehende Treffen nichts weiß. Für die Konversationsanalyse hat diese dritte Sequenzposition eine wichtige kommunikationsstrukturierende Funktion, denn an dieser Stelle entscheidet sich, ob sich die Kommunikation in den Bahnen eines unspektakulär verlaufenden Abstimmungsprozesses bewegt oder ob es ein Missverständnis auszuräumen gilt. In diesem Sinne hat die Konversationsanalyse für diese Sequenzposition den Begriff der „third position repair" (Heritage zit. nach Fuchs, 1993, S. 50) geprägt. Obwohl die Absichten, die die Mutter mit ihrer ersten Äußerung verbunden hatte, für ihren Sohn nicht unmittelbar einsichtig sind, ist es doch möglich, diese Absichten auf der kommunikativen Ebene an der dritten Sequenzstelle deutlich zu machen. Nach dieser Weichenstellung kann der Sohn an vierter Sequenzstelle nun die aus ihrer Perspektive offenbar gewünschte Antwort geben.

Nach dieser überblickshaften Darstellung der Vorgehensweise der ethnomethodologischen Konversationsanalyse sieht man etwas genauer, was die soziologische Analyse von der normativ orientierten Diskurstheorie Habermas'scher Provenienz unterscheidet. Aufgrund des Theorems der Intransparenz ist diese Interpretationsmethode weit davon entfernt, die Güte von Verständigungsprozessen beurteilen zu können (vgl. Schneider, 2002, S. 21). Was rekonstruiert werden kann, sind die verschiedenen Ethnomethoden, die die Beteiligten benutzen, um mit ihrem Gegenüber zu einer Verständigung zu kommen. So stellt die Struktur von Frage und Antwort (die sogenannten „adjacency pairs"; vgl. Schneider, 1994a, S.179ff.) in unserem Fall die erste „Ethnomethode" dar, die von der Mutter eingesetzt wird, um ihren Sohn zu einer Antwort zu veranlassen. Eine weitere Ethnomethode ist die an dritter Stelle zum Einsatz kommende Korrektur der Antwort des Sohnes. Dort wird versucht, das Verstehen von Russ in Richtung auf eine Verständigung zwischen den beiden Kommunikationspartnern zu lenken.

3. Die kommunikative Herstellung von Verständigung im deutschen Schulunterricht

Die ethnomethodologische Konversationsanalyse hat diese Praktiken der – wie es Wolfgang Ludwig Schneider (1994b) einmal ausgedrückt hat – „kommunikativen Konstruktion von Intersubjektivität" (ebd., S. 234) mittlerweile in den unterschiedlichsten gesellschaftlichen Kontexten untersucht. Diese Untersuchungen haben dann seit dem Ende der 1970er Jahre auch die Verständigungsprozesse in Schulklassen in den Blick genommen. Um auch hier ein Beispiel zu geben, sei eine Interaktion aus dem Geschichtsunterricht einer 11. Klasse zitiert, die einer Arbeit von Herbert Kalthoff (2000, S. 434) entnommen ist:

Lehrer: Dieses sizilianische Abenteuer hat ähm große Folgen für Athen (2 Sek.). Welche?
Schüler: Die sind übergelaufen, die sind dann nachher übergelaufen, die Spartaner.
Lehrer: Wunderbar, richtig. (…).

Anders als in alltäglichen Interaktionssituationen scheint dieser Lehrer nicht etwas zu erfragen, was er noch nicht weiß. Vielmehr zeichnen sich sogenannte ‚Lehrerfragen‘ dadurch aus, dass der Fragesteller die richtige Antwort auf seine Frage bereits kennt. Im hier vorliegenden Fall wird offenbar auf ein Wissen rekurriert, das die Schüler im Vorangegangenen schon behandelt haben. Dementsprechend knapp kann dann auch die Antwort des Schülers an zweiter Sequenzstelle ausfallen. An der dritten Sequenzstelle wird nun die Antwort des Schülers in *zweifacher* Hinsicht bewertet. Mit dem Wort „Wunderbar" gibt der Lehrer nach Kalthoff seiner Zufriedenheit Ausdruck, dass *dieser bestimmte* Schüler den zu lernenden Stoff beherrscht. Mit dem nachgestellten „richtig‘ wird den *restlichen* Schülern angezeigt, dass diese Schülerantwort auch in Zukunft als gültiges Wissen verwendet werden kann.

Diese beiden Funktionen der „third position repair" werden nun von Kalthoff mit den Begriffen „Askription" und „Deskription" systematisiert (vgl. ebd., S. 435). Deskription meint, dass der Lehrer eine Schülerantwort in die Kategorien von ‚richtig‘ oder ‚falsch‘ einordnet. Ein kurzes ‚richtig‘ oder ein ‚ja genau‘ reicht hier meist aus, um der Klasse anzuzeigen, dass das geäußerte Wissen in Zukunft wiederverwendet werden darf. Die Funktion der ‚Askription‘ bezieht sich demgegenüber auf die individuelle Leistung eines Schülers, der unter Umständen mit einem „wunderbar" gelobt oder mit einem „das musst du dir noch einmal genauer anschauen" korrigiert wird.

Die Entscheidung, ob ein Lernprozess geglückt ist oder nicht, bekommt der Schüler nach der Logik dieses Modells normalerweise an dritter Sequenzstelle angezeigt. Insofern kann man davon sprechen, dass an der dritten Sequenzstelle der unterrichtlichen Kommunikation beständig ‚kleine‘ Selektionsentscheidungen produziert werden, die sowohl dem jeweiligen Schüler, als auch der Klasse anzeigen, ob die intendierten Lernschritte zur Zufriedenheit des Lehrers vollzogen wurden. Im Rahmen ihrer diesbezüglichen Untersuchungen haben John Sinclair und Malcolm Coulthard diesen Dreischritt bereits am Ende der 1970er Jahre als die *„Eröffnung"-*„Schüler-Antwort"-*„Rückmeldung* (feed-back)" (alle Sinclair/Coulthard, 1977, S. 50; Herv. im Orig)-Struktur unterrichtlicher Kommunikation bezeichnet. Da ich mich in dem folgenden Vergleich zwischen der deutschen und der senegalesischen Unterrichtskommunikation vor allem auf die dritte Sequenzposition beziehen werde sei hier noch eine zweite Sequenz wiedergegeben, in der eine – im Vergleich zu der Sequenz von Kalthoff – wesentlich variantenreichere Steuerung der Unterrichtkommunikation vorgenommen wird. Die Sequenz stammt aus einer Studie von Andreas Gruschka (2005, S. 226) und wurde im Mathematikunterricht der 5. Klasse einer integrierten Gesamtschule aufgenommen:

Lehrer: Gut, wer erklärt mir mal den Unterschied zwischen einer Strecke und einer Geraden? (…) Hannah!

> Hannah: Also eine Strecke ist genau von dem Punkt zu dem Punkt. Also von A zu B, genau. Und die Strecke ist kürzer als die Gerade, die beginnt vor A und geht durch B.
>
> Lehrer: Okay, Hannah hats verstanden aber man kann es noch genauer erklären. Christian![4]

Hannah wird in dieser Situation an der „third-position-repair" zwar ein individueller Lernerfolg bescheinigt, aber für die vom Lehrer geforderte klassenöffentliche Erklärung reicht ihre Antwort anscheinend nicht aus. Diese soll nun durch den am Ende der Sequenz aufgerufenen Christian erbracht werden. Wenn ein bestimmter Lernerfolg noch nicht erreicht ist, wird die Frage an einen anderen Schüler weitergegeben und man kann sich gut vorstellen, dass sich möglicherweise nach Christian noch mehrere Schüler an der Beantwortung der Frage des Lehrers versuchen.

Nun kann man anhand von zwei eher zufällig ausgewählten Sequenzen gewiss keine allgemeingültigen Aussagen bezüglich aller Varianten dieses unterrichtstypischen Kommunikationsmusters treffen. Zieht man allerdings die zu diesem Problem schulischer Kommunikation verfügbare Literatur hinzu, dann lässt sich Folgendes festhalten (vgl. zusammenfassend Lüders, 2003, S. 153ff.). Sämtliche Untersuchungen, die im US-amerikanischen und deutschen Sprachraum – meist Ende der 1970er und Anfang der 1980er Jahre – durchgeführt wurden, kommen zu dem Ergebnis, dass „das ‚Frage-Antwort-Rückmeldungs-Muster' als eine Kernstruktur des Unterrichtsdiskurses begriffen werden" (ebd., S. 154) muss. Dabei wird von den verschiedenen Autoren die systematische Nutzung der „third-position-repair" als „obligatorisch eingestuft" (ebd., S. 158), weil „die Schüler erfahren müssen, ob ihre Reaktion adäquat war" (ebd.).

Besondere Aufmerksamkeit wird in diesen Arbeiten vor allem der Korrektur von Schülerantworten beigemessen. Hier wurde beobachtet, dass es bei solchen Korrekturen zu einer deutlichen Unterbrechung des Unterrichtsgeschehens kommt. Gert Henrici (1983) findet in dem von ihm untersuchten Fremdsprachenunterricht Korrekturen etwa der folgenden Art: „Ich finde die Belege, die du genannt hast, noch unzureichend", „Du willst doch nicht behaupten, dass", „Das hast du völlig falsch interpretiert" (alle ebd., 233). Hans Ramge (1980) erkennt in den von ihm analysierten Deutschstunden sogar ein ganz bestimmtes Unterbrechungsmuster, das er folgendermaßen beschreibt: „Der ablaufende Diskurs wird mit dem Ziel unterbrochen, eine Verständigung über das Gemeinte bzw. dessen Berechtigung herbeizuführen" (ebd., S. 142). Mit welcher Häufigkeit solche aufwendigeren Formen der kommunikativen Konstruktion von Intersubjektivität vorkommen, wird von Ramge aber leider nicht mitgeteilt.

---

4   Die Pseudonyme der Schülernamen wurden von mir (O. H.) hinzugefügt.

4. Die Ausgestaltung der „third-position-repair" im senegalesischen Schulunterricht

Soweit die zugegebenermaßen recht grobe Zusammenfassung der Studien, die sich mit diesem elementaren Muster schulischer Kommunikation befassen. Anhand dieser Studien lässt sich gewissermaßen der Blick rekonstruieren, den ein im deutschen Schulsystem sozialisierter Erziehungswissenschaftler ganz selbstverständlich auf die Kommunikation in Schulklassen appliziert. Es war dann auch dieses Vorverständnis, vor dessen Hintergrund uns bei der Analyse senegalesischer Schulstunden relativ schnell aufgefallen ist, dass in diesem Kommunikationsformat die dritte Sequenzposition von Seiten des Lehrers entweder überhaupt nicht oder nur durch äußerst knappe Markierungen besetzt wird.[5] Obwohl das von uns erhobene Material nicht sehr umfangreich ist, lassen sich für diese These eine ganze Fülle von Belegen beibringen, von denen ich im Folgenden zwei Varianten genauer untersuchen möchte.[6]

Die erste Sequenz stammt aus dem Französischunterricht an einer katholischen Privatschule in Dakar (siehe Beitrag Schelle in dieser Publikation).[7] Die 41 Schüler sind im Alter von 8–10 Jahren und gehen in den sogenannten „cours élémentaire première année (CE 1)". Zu Beginn der Stunde wurde den Schülern zunächst der Stoff der vorangegangenen Stunde in Erinnerung gerufen, in der die Endungen der weiblichen Substantive auf ée behandelt wurden. Nachdem diese Wiederholung des Stoffs beendet ist, werden die Schüler von ihrer Lehrerin mit dem in der ersten Zeile des Transkriptausschnitts zu sehenden „Vous suivez" und einem „alors on suit là" zur Aufmerksamkeit gerufen, um dann ein neues Thema in das Unterrichtsgespräch einzuführen:

1.	L:	Vous suivez (3 Sek.). Heh (.) alors on suit là (.) qu'est-ce que je fais? ((la maîtresse casse une craie en deux)) j'ai cass//donc qu'est-ce que j'ai fait?
2.	S(m):	tu l'as cassé
3.	L:	et qu'est-ce que je fais? ((la maîtresse donne un morceau de craie à un élève))
4.	S(m):	tu lui donnes
5.	L:	qu'est-ce que je lui ai donné? (2 Sek.) qu'est-ce que je lui ai donné?
6.	S(m):	de la craie ((plusieurs élèves appellent: maîtresse))
7.	L:	Abdullah

---

5 Die dieser Untersuchung zugrunde liegenden Daten wurden im Rahmen einer Vortragsreise nach Dakar erhoben, die der Verfasser gemeinsam mit Carla Schelle im Jahr 2011 durchgeführt hat. Der Datenkorpus besteht aus fünf audiovisuell aufgezeichneten Unterrichtsstunden. Diese Daten wurden dann in einer von Carla Schelle geleiteten Forschungswerkstatt an der Universität Mainz unter der Mitarbeit von Sandra Früchtenicht, Boris Zizek, Christophe Straub und Papa Omar Fall ausgewertet.

6 Im Anschluss an den französischen Text wurde zur einfacheren Orientierung jeweils eine Übersetzung in deutscher Sprache angefügt.

7 Angemerkt werden muss an dieser Stelle noch, dass die Schüler die französische Sprache als eine Art Fremdsprache erlernen. Ihre Erstsprache ist vermutlich das in der Region um Dakar vorwiegend gesprochene Wolof.

| 8. | Abdullah: | tu lui as donné de la craie |
| 9. | L: | de la craie (4 Sek.) Regardez bien la craie donne ta craie.[8] |

Deutsche Übersetzung:

1.	L:	Passt auf (3 Sek.) Ähm (.) Also schaut her. Was mache ich? ((die Lehrerin bricht ein Stück Kreide entzwei)). Ich habe zer//also was habe ich gemacht?
2.	S(m):	Du hast es zerbrochen
3.	L:	und was mache ich? ((die Lehrerin gibt ein Stück Kreide an einen Schüler))
4.	S(m):	Du gibst ihm
5.	L:	Was habe ich ihm gegeben? (2 Sek.) Was habe ich ihm gegeben?
6.	S(m):	Kreide ((mehrere Schüler rufen: „Lehrerin"))
7.	L:	Abdullah
8.	Abdullah:	Du hast ihm Kreide gegeben
9.	L:	Kreide (4 Sek.). Schaut die Kreide an. Gib deine Kreide.

Sieht man sich die ersten drei Redezüge an, dann fällt die nicht vollzogene Evaluation der Schülerantwort (2)[9] an der dritten Sequenzstelle auf. Nachdem der Schüler das von seiner Lehrerin demonstrativ vollführte Zerbrechen der Kreide in Worte gefasst hat, setzt diese an der dritten Sequenzstelle das Unterrichtsgespräch mit einem „et" (3) fort. Dieses „et" scheint die einzige Markierung zu sein, mit der die Lehrerin anzeigt, dass sie ihre Rede nach einer Unterbrechung durch einen Schüler fortsetzt. Die Konjunktion „et" wird normalerweise zur Fortsetzung einer thematischen Reihung verwendet, so wird beispielsweise etwa einem bestimmten Thema durch „et" ein weiterer Beitrag hinzugefügt. Die Lehrerin führt an dieser Stelle also ein Thema fort, das aber offensichtlich nicht durch die Schülerantwort in die Kommunikation gekommen ist. Vielmehr scheint sie an ihre vorangegangene Äußerung „qu'est-ce que j'ai fait" (1) anzuschließen. Nach der Markierung „et" werden die Schüler von der Lehrerin dann mit der Frage „qu'est-ce que je fait" (3) abermals nach deren Tun gefragt.

Gleichsam in Reinform wiederholt sich dieses Muster von der dritten bis zur fünften Sequenz. Nachdem die Lehrerin mit dem „qu'est-ce que je fait" (3), den Schülern eine neue Aufgabe gestellt hat, antwortet ihr ein Schüler an vierter Stelle mit „tu lui donnes" (4). Dieser Äußerung fehlt zwar das Pronomen „la", aber auf diesen Fehler wird von Seiten der Lehrerin an fünfter Stelle nicht eingegangen. Auch an dieser Sequenzstelle findet sich also keine wie immer geartete Qualifizierung der Schülerantwort an vierter Sequenzposition. Vielmehr stellt die Lehrerin mit der Frage „Qu'est-ce que je lui ai donné?" (5) ihren Schülern eine weitere Aufgabe. Die Antwort auf diese Frage

---

8 Bei dieser und der folgenden Transkription wurden die folgenden Transkriptionszeichen verwendet: [ ] Überlappung zweier Äußerungen; (( )) Kommentare der Transkribierenden; S(m)/ S(w) namentlich nicht identifizierbare Schüler/in; L. Lehrer/in; (.) Minipause; (2 Sek.) Pause von zwei Sekunden; // Wortabbruch. Die im Transkript erhaltenen Schülernamen wurden vom Verfasser anonymisiert.

9 Die Zahlen in den Klammern beziehen sich auf Sprecherpositionen im Transkript.

scheint zunächst in dem von mehreren Schülern gerufenen „maîtresse" unterzugehen, sodass der Schüler Abdullah explizit mit Namen aufgerufen werden muss (vgl. 7), um daraufhin mit „tu lui as donné de la craie" (8) offenbar die erwünschte Antwort zu geben. Auch an der letzten „Feedback-Position" wird die Antwort von Abdullah nicht nach richtig oder falsch qualifiziert. Allerdings scheint nun durch das Wiederholen des Wortes „de la craie" (9) die Antwort von Abdullah als richtig markiert zu werden.

Anhand dieses ersten Durchgangs durch die Sequenz wird deutlich, dass eine Bewertung der einzelnen Schülerbeiträge in diesem Kommunikationsformat nahezu nicht vorkommt. Vielmehr scheint es den Beteiligten um die möglichst reibungslose Fortsetzung der Kommunikation zu gehen, was diesem Unterrichtsgespräch den Charakter einer gegenseitig sich ergänzenden Wechselrede verleiht. Betrachtet man nun diese Sequenz noch einmal vor dem Hintergrund der Frage nach der kommunikativen Konstruktion von Intersubjektivität, dann muss die in diesem Unterricht erreichte Verständigung zwischen den Kommunikationspartnern offenbar nicht in den Zusammenhang mit einzelnen Schülerbeiträgen gebracht werden. Das von der Lehrerin als richtig erachtete Ergebnis muss weder an jeder dritten Sequenzstelle als ‚richtig' markiert werden (deskriptive Funktion) noch einem bestimmten Schüler als individuelle Leistung zugerechnet werden (askriptive Funktion). Die Bestätigung, dass sich die unterrichtliche Kommunikation in den Bahnen akzeptierten Wissens bewegt, wird vielmehr unabhängig von dem je einzelnen Leistungserbringer erst nach einer ganzen Reihe stattgefundener Schülerbeiträge deutlich gemacht. Während also die askriptive Funktion der „third-position-repair" in diesem Kommunikationsformat überhaupt nicht zu finden ist, wird die deskriptive Funktion an bestimmten herausgehobenen Momenten der Unterrichtskommunikation – wie minimal auch immer – erfüllt.

Ausgehend von diesem ersten Befund stellt sich nun die Frage, wie in diesem Kommunikationsformat mit einem ‚Fehler' umgegangen wird – scheinen doch „Fehler" die Einnahme der „third-position-repair" – zumindest aus europäischer Sicht – zwingend nahezulegen. Eine solche Fehlerkorrektur lässt sich in unserem Material am Beginn einer Chemiestunde während der Wiederholung der Ergebnisse der vorangegangenen Stunde beobachten. Der Lehrer hatte die Schüler eines sogenannten „Cours moyen deuxième année" (CEM 2–57 Schüler[10] im Alter von etwa 12 Jahre) aufgefordert, Substanzen zu nennen, mit denen die Klasse in der letzten Stunde im Labor Experimente gemacht hatte. Die Schüler nennen daraufhin Stoffe wie Brot, Reis, Mehl, Eier und Zucker. Mit der Nennung des Zuckers durch einen Schüler beginnt der folgende Gesprächsausschnitt:

1. S(m):   du sucre
2. L: On avait aussi du sucre. Mais quel sucre?
3. S(plusieurs):   M'sieur, M'sieur ((les élèves claquent avec les doigts)).
4. L: Oui (.) On avait du (2 Sek.)
5. S(m): s   ucre
6. L: glucose. Mais on avait un autre sucre.

---

10 Zur Rolle der Gruppengröße/Großgruppen für das Unterrichten siehe Hamann in dieser Publikation.

7. S(plusieurs): M'sieur, M'sieur
8. S(m):   [du saccharose]
9. S(plusieurs): [du charose]
10. L: le (2 Sek.)
11. S(en chœur):   [Sa (.)ccha (.) rose]
12. L: [Sa (.) ccha (.) rose]

Deutsche Übersetzung

1. S(m):   Zucker
2. L: Wir hatten auch Zucker. Aber was für einen Zucker?
3. S(mehrere):   M'sieur, M'sieur ((die Schüler schnipsen mit den Fingern))
4. L: Ja (.) Wir hatten (2 Sek.)
5. S(m):   Zucker
6. L: Glucose. Aber wir hatten noch einen anderen Zucker.
7. S(mehrere):   M'sieur, M'sieur
8. S(m):   [Saccharose]
9. S(mehrere):   [Charose]
10. L: die (2 Sek.)
11. S(im Chor):   [Sa (.)ccha (.) rose]
12. L: [Sa (.)ccha (.) rose]

An die Schülerantwort in Zeile 1 schließt der Lehrer mit einer bestätigenden Wiederholung an, die man schon an der letzten Sequenzstelle des vorangegangenen Transkriptausschnitts aus der Französischstunde beobachten konnte. Im Anschluss an diese Wiederholung stellt er dann die Nachfrage „Mais quel sucre?" (2). Mit dieser Frage will er offenbar einen spezifischeren Begriff für den bereits genannten Zucker von seinen Schülern hören. Der gesuchte Begriff kann also offenbar nicht wiederum „sucre" sein. Insofern ist es auch nicht schwer zu sehen, dass das von dem nächsten Schüler genannte „sucre" (5) offenbar nicht der gesuchte Begriff ist.

Interessant ist nun, wie der Lehrer auf diese Schülerantwort reagiert. Statt die Antwort dem Schüler als eine individuelle Fehlleistung zuzurechnen oder aber die Frage an die Klasse zurückzugeben, nennt der Lehrer mit „glucose" (6) den gesuchten Begriff selbst. Auch diese Form der Fehlerkorrektur vermittelt den Eindruck, dass es in diesem Kommunikationsformat nicht so sehr um die Evaluation von Lernerfolgen bzw. -misserfolgen einzelner Schüler geht, als vielmehr um die möglichst ‚reibungslose' Durchführung und Aufrechterhaltung der unterrichtlichen Kommunikation.

Nachdem der Lehrer mit „glucose" (6) eine Form des Zuckers genannt hat, stellt er die Frage nach einer weiteren Unterkategorie des Zuckers, die anscheinend ebenfalls schon in der vorangegangenen Stunde behandelt wurde (vgl. 6). In den an diese Frage anschließenden sich einander überlappenden Schülerantworten ist bereits der gesuchte Begriff „saccharose" (8) zu hören. Mit einem abwartenden „le" (10) fordert der Lehrer die Schüler nun offenbar auf, den bereits genannten Begriff noch einmal im Chor zu sagen. In diese im Chor gesprochene Wiederholung stimmt dann abschließend auch der Lehrer ein (vgl. 12). An dieser Stelle übernehmen also alle Anwesenden die deskriptive Funktion der Feedbackkommunikation, indem Lehrer wie Schüler das richtige Ergebnis im Chor aussprechen. Dieses Sprechen im Chor könnte man als eine Art Variation der am Anfang der Sequenz zu beobachtenden Wiederholung des Wortes „sucre" (2) deuten. In beiden Fällen geht es offenbar *nicht* darum, zu evaluieren, ob ein bestimmter Schüler etwas Richtiges oder Falsches gesagt hat, sondern nur um die klassenöffentliche Nennung des gesuchten Ergebnisses. Die askriptive Funktion der „third-position-repair" tritt in diesem Verständigungsprozess also weder bei der Nennung eines ‚Fehlers' noch bei der Nennung einer richtigen Antwort auf. Die deskriptive Funktion dagegen kommt nur an herausgehobenen Stellen der Unterrichtskommunikation zum Einsatz.

5. Schluss: Formen unterrichtlicher Verständigung und die mit ihnen einhergehenden Individualisierungsspielräume

Mit den vorangegangenen Fallanalysen sollte die Fruchtbarkeit der ethnomethodologischen Konversationsanalyse für eine international vergleichende Unterrichtsforschung demonstriert werden. Ausgehend von der Untersuchung alltäglicher Verständigungsprozesse wurde in einem ersten Schritt gezeigt, wie alltäglich verwendete Ethnomethoden im Kontext der Unterrichtskommunikation in spezifizierter Weise eingesetzt werden. So wird die „third-position-repair" im Schulunterricht nicht nur genutzt, um ad hoc auftretende Missverständnisse zu bereinigen, sondern das ‚richtige' oder ‚falsche' Verstehen des Schülers wird – zumindest im deutschen und US-amerikanischen Unterricht – an der dritten Sequenzposition systematisch aufgegriffen und bewertet. Zudem werden im Unterricht Fragen nicht nur gestellt, wenn es gilt, den eigenen Wissensstand zu erweitern, sondern die sogenannte Lehrerfrage steht ebenfalls im Dienst der Anbahnung einer Evaluation des Schülerwissens.

Mit der Analyse von zwei Sequenzen aus dem senegalesischen Schulunterricht sollte dann ein ‚fremder Blick' auf die im deutschen Schulunterricht eingesetzten Verständigungsformate eröffnet werden. Während die Lehrerfrage in beiden Kontexten offenbar eine äquivalente Funktion erfüllt, scheint die Rückmeldungsfunktion im senegalesischen Unterricht in *zwei* Hinsichten anders besetzt zu werden, als es die einschlägigen Studien für den europäischen und US-amerikanischen Unterricht nahelegen. *Einmal* wird diese Funktion anscheinend nur an herausgehobenen Punkten der Ergebnissicherung genutzt. Das Feedback des Lehrers wird im senegalesischen Schulunterricht also gleichsam ‚hinausgezögert' und sein Einsatz scheint sich zudem eher am *thematischen* Ablauf der Unterrichtskommunikation zu orientieren, als an den Antworten der einzelnen Schüler. *Zweitens* – und das scheint der auffälligste Unterschied zu sein – wird die Markierung eines ‚richtigen' oder ‚falschen' Ergebnisses nicht auf den je individuellen Lerner zurückbezogen – wie überhaupt die askriptive Dimension der Bewertungsoperation in dem von uns erhobenen Material nicht vorzukommen scheint. Am eindrucksvollsten zeigte sich dieser Befund in der zuletzt vorgeführten Sequenz, in der eine ‚unerwünschte' Schülerantwort von Seiten des Lehrers recht unproblematisch durch den gesuchten Begriff ersetzt wurde.

Im senegalesischen Unterricht lässt sich demnach eine Form der Verständigung beobachten, die die ablaufende Kommunikation von den Produzenten des Gesprächs sehr viel weitergehender *abkoppelt* als das in deutschen Klassenzimmern der Fall ist. Anders gesagt: Die Zurechnung von Kommunikationsbeiträgen auf die Interagierenden ist im senegalesischen Unterricht weit weniger ausgeprägt als in deutschen Klassenzimmern. Insofern könnte man davon sprechen, dass in diesem unterrichtlichen Kommunikationsformat der Schüler als individueller Lerner nur äußerst marginal in Erscheinung tritt. Kehrseitig dazu wird aus der Perspektive der senegalesischen Unterrichtskommunikation der hohe Grad von Individualisierung deutlich, der die Unterrichtskommunikation in den Vereinigten Staaten und Westeuropa zu prägen scheint. Wie diese beiden unterschiedlichen Formen schulischer Verständigung *pädagogisch zu bewerten* sind, lässt sich aus der Perspektive einer ethnomethodologischen Konversationsanalyse gerade nicht entscheiden, denn diese Form der Analyse hat – wie oben mehrfach betont – keinen Zugriff auf das Erleben der Schüler. Was gezeigt werden kann, sind allein die Ethnomethoden, mit denen sich die Interagierenden verständigen.

Literatur

Fuchs, P. (1993). Moderne Kommunikation. Zur Theorie des operativen Displacements. Frankfurt/Main: Suhrkamp.

Gruschka, A. (2005). Auf dem Weg zu einer Theorie des Unterrichtens. Die widersprüchliche Einheit von Erziehung, Didaktik und Bildung in der allgemeinbildenden Schule. Frankfurt/Main: Frankfurter Beiträge zur Erziehungswissenschaft.

Habermas, J. (1971a). Vorbereitende Bemerkungen zu einer Theorie der kommunikativen Kompetenz. In ders./Luhmann, N. (Hrsg.) Theorie der Gesellschaft oder Sozialtechnologie, (101–141). Frankfurt/Main: Suhrkamp.

Habermas, J. (1971b). Strukturwandel der Öffentlichkeit. Untersuchungen zu einer Kategorie der bürgerlichen Gesellschaft. Neuwied: Luchterhand.

Habermas, J. (1987). Theorie des kommunikativen Handelns, (2 Bde.). Frankfurt/Main: Suhrkamp.

Hausendorf, H. (1992). Das Gespräch als selbstreferentielles System. Ein Beitrag zum empirischen Konstruktivismus der ethnomethodologischen Konversationsanalyse. In: Zeitschrift für Soziologie, 21 (2), (83–95).

Hausendorf, H. (1997). Konstruktivistische Rekonstruktion. Theoretische und empirische Implikationen aus konversationsanalytischer Sicht. In: Sutter, T. (Hrsg.) Beobachtung verstehen, Verstehen beobachten. Perspektiven einer konstruktivistischen Hermeneutik, (254–272). Opladen: Westdeutscher Verlag.

Henrici, G. (1983). Zurückweisungen im Fremdsprachenunterricht. In: Jahrbuch Deutsch als Fremdsprache, 9, (229–247).

Kalthoff, H. (2000). „Wunderbar, richtig". Zur Praxis mündlichen Bewertens im Unterricht. In: Zeitschrift für Erziehungswissenschaft, 3 (3), (429–446).

Lüders, M. (2003). Unterricht als Sprachspiel. Eine systematische und empirische Studie zum Unterrichtsbegriff und zur Unterrichtssprache. Bad Heilbrunn: Klinkhardt.

Luhmann, N. (1995). Intersubjektivität oder Kommunikation: Unterschiedliche Ausgangspunkte soziologischer Theoriebildung. In: ders. (Hrsg.) Soziologische Aufklärung 6. Die Soziologie und der Mensch, (169–188). Opladen: Westdeutscher Verlag.

Luhmann, N. (1998). Die Wissenschaft der Gesellschaft. Frankfurt/Main: Suhrkamp

Mollenhauer, K. (1972). Theorien zum Erziehungsprozess. München: Juventa.

Mollenhauer, K. (1980). Einige erziehungswissenschaftliche Probleme im Zusammenhang der Erforschung von „Alltagswelten Jugendlicher". In: Lenzen, D. (Hrsg.) Pädagogik und Alltag. Methoden und Ergebnisse alltagsorientierter Forschung in der Erziehungswissenschaft, (97–112). Stuttgart: Klett-Cotta.

Mollenhauer, K./Rittelmeyer, C. (1978). Einige Gründe für die Wiederaufnahme ethischer Argumentation in der Pädagogik. In: Blankertz, H. (Hrsg.) Die Theorie-Praxis-Diskussion in der Erziehungswissenschaft, 15. Beiheft der Zeitschrift für Erziehungswissenschaft, (79–85). Weinheim: Beltz.

Oevermann, U. (1983). Zur Sache. Die Bedeutung von Adornos methodologischem Selbstverständnis für die Begründung einer materialen soziologischen Strukturanalyse. In: Friedeburg. L.v./Habermas, J. (Hrsg.) Adorno Konferenz, (234–288). Frankfurt/Main: Suhrkamp.

Oevermann, U. (2000). Das Verhältnis von Theorie und Praxis im theoretischen Denken von Jürgen Habermas – Einheit oder kategoriale Differenz? In: Müller-Doohm, S. (Hrsg.) Das Interesse der Vernunft. Rückblicke auf das Werk von Jürgen Habermas seit ‚Erkenntnis und Interesse‘, (411–464). Frankfurt/Main: Suhrkamp.

Ramge, H. (1980). Korrekturhandlungen von Lehrern im Deutschunterricht. In: ders. (Hrsg.) Studien zum sprachlichen Handeln im Unterricht, (132–157). Gießen: Beiträge zur deutschen Philologie.

Schegloff, E. A. (1988). Presequences and Indirection. Applying speech act theory to ordinary conversation. In: Journal of Pragmatics 12, (55–67).

Schneider, W. L. (1994a). Die Beobachtung von Kommunikation. Zur kommunikativen Konstruktion sozialen Handelns. Opladen: Westdeutscher Verlag.

Schneider, W. L. (1994b): Intersubjektivität als kommunikative Konstruktion. In: Fuchs, P./Göbel, A. (Hrsg.) Der Mensch – das Medium der Gesellschaft?, (189–238). Frankfurt/ Main: Suhrkamp.

Schneider, W. L. (2002). Grundlagen der soziologischen Theorie. Band 2: Garfinkel – RC – Habermas – Luhmann. Opladen: Westdeutscher Verlag.

Sinclair, J./Coulthard, M. (1977). Analyse der Unterrichtssprache. Ansätze zu einer Diskursanalyse. Heidelberg: Quelle & Meier.

Uhle, R. (1989). Verstehen und Pädagogik. Eine historisch-systematische Studie über die Begründung von Bildung und Erziehung durch den Gedanken des Verstehens. Weinheim: Beltz.

Carla Schelle

Zur Sache, bei der Sache – wie wird der Gegenstand konstituiert?

Interpretation einer Unterrichtssequenz aus einer senegalesischen Schule

Vorbemerkung

Im Unterricht geht es immer um eine Sache, um einen Gegenstand. Aus eigenen Forschungen aus Schulunterricht in Deutschland geht hervor, dass die Konstituierung des Gegenstandes im Unterricht kommunikativ erfolgt über Prozesse des Aushandelns und dass es dabei einer hermeneutischen Anstrengung bedarf, um andere zu verstehen bzw. um verstanden zu werden (vgl. Schelle, 2003, 2010a). Wie sieht es damit im Unterricht in anderen kulturellen Kontexten aus? Wir wissen bislang kaum etwas über das Unterrichtsgeschehen in den Ländern Afrikas. Hier wird nun mit der Interpretation einer Unterrichtssequenz aus Dakar der Blick gewagt in ein aus deutscher Perspektive weitgehend noch unbekanntes Unterrichtsgeschehen. Diese Ausführungen[1] verstehen sich als Beitrag zu einer kultur-hermeneutischen Didaktik im Bereich einer reflexiven Unterrichtsforschung (vgl. Friebertshäuser, 2006), die sich auch darüber im Klaren ist, dass sie Methoden, Zugänge, Theorien verwendet, die europäischen Ursprungs sind (vgl. Schelle, 2012). Joachim Matthes thematisiert vor mehr als zehn Jahren diesen blinden Flecken „fremdkulturelle Forschung": „Wenig wird darüber nachgedacht, wie sehr der Bestand an sozialwissenschaftlichen Forschungsmethoden in den Kulturmustern jener (europäischen) Gesellschaften gründet, in denen er entwickelt worden ist" (zit. in Cappai, 2010, S. 144).

1. Erste Unterrichtsbeobachtungen an Schulen in Dakar

Im Rahmen einer Vortragsreise[2] im Jahre 2011 hatte ich erstmals die Möglichkeit, Unterricht in einem afrikanischen Land, im Senegal, teilnehmend zu beobachten und aufzuzeichnen. Die besonderen Umstände eines Streiks im staatlichen Schulwesen führten damals dazu, dass die Beobachtungen zunächst an einer katholischen Privatschule stattfanden, an der nicht gestreikt wurde und in der – so wurde uns erläutert – unter anderem aus diesem Grunde senegalesische Eltern, die es sich leisten können, ihre Kinder beschulen lassen. Die meisten Schülerinnen und Schüler und wohl

---

1 Hierzu hat die Autorin einen thematisch ähnlichen Vortrag gehalten mit dem Titel „Des faits! Comment se construit l'objet? Des séquences de cours au Sénégal et en Allemagne" am 13.02.2013 an der FASTEF (zu FASTEF siehe Beiträge von Niang und Rabiazamaholy) der UCAD Dakar.
2 Gemeinsam mit O. Hollstein, siehe dessen Beitrag in dieser Publikation.

auch die meisten Lehrerinnen und Lehrer sind, anders als wir es für eine katholische Schule erwartet hätten, muslimisch (zu Schul-, Bildungssystem und Konfession vgl. Adick, 2013, vgl. Wiegelmann, 2002, vgl. Bierschenk, 2007). Während einer zweiten Vortragsreise 2013 konnten wir erneut Unterricht beobachten an der bereits bekannten katholischen Privatschule, aber auch an verschiedenen öffentlichen Schulen, in verschiedenen Schulformen (école maternelle, Collège, Lycée), unterschiedlichen Jahrgangsstufen und in unterschiedlichen Schulfächern (Französisch, Mathematik, Lebens-/Erdkunde). Während der beiden Aufenthalte sind (Video- und Audio-)Aufzeichnungen aus mehr als vierzehn Unterrichtsstunden entstanden, die zur Erstellung von Transkripten und Beschreibungen genutzt werden können.

Während des zweiten Aufenthaltes ließen sich manche Beobachtungen, die wir zwei Jahre zuvor gemacht hatten, bestätigen, andere wurden eher widerlegt und es kamen neue, unbekannte Erfahrungen hinzu. So konnte etwa der im aufmerksam zugewandten Gespräch mit den Schulkindern entwickelte Französischunterricht einer Lehrerin, der auf Dialogen (Rollenspielen) der Schulkinder basierte, unterbrochen von Gruppenarbeitsphasen, und der spielerische und bewegungsintensive Unterricht unter freiem Himmel einer école maternelle im Bereich motorische Fähigkeiten dokumentiert werden. Vor dem Hintergrund eigener, über mehrere Jahre hinweg durchgeführten Beobachtungen von Unterricht an Schulen in Frankreich kann nicht ignoriert werden, dass bestimmte Vorgehensweisen, etwa die einer stark durch die Schrift/das Schreiben oder die mathematische Beweisführung (vgl. Knipping, 2003) strukturierte Unterrichtstätigkeit, sicherlich den französischen Lehr-Lernmethoden näher stehen als die häufig im deutschen schulpädagogischen Diskurs anzutreffende Fokussierung auf das Schülersubjekt. Und dennoch: Ganz so einfach lassen sich die Beobachtungen nicht kategorisieren oder gar national zuschreiben (vgl. Hollstein, Schelle & Meister, 2012). Vielmehr scheinen sich schon auf Grund der Klassengröße in vielen senegalesischen Schulklassen (in den Collèges, die wir besuchten, häufig über 50, über 60 Schülerinnen und Schüler und dem Hörensagen nach manchmal noch viele mehr) sich situativ und kontextuell eigene Stile und Strategien zu entwickeln und zu bewähren (siehe Beitrag von Hamann in dieser Publikation). Das im Titel geführte „zur Sache" wurde im Laufe der Beobachtung bisweilen zu einem „bei der Sache": Inhalte und Themen sind stark strukturiert und strukturieren die Kommunikation, die überwiegend geordnet abläuft. Dabei erzeugen die Akteure mit ihren Praktiken eine eigene (für Außenstehende nicht ohne Weiteres zu verstehende) Ordnung des Unterrichts (vgl. Reh, Rabenstein & Idel, 2011). So reagieren die Schülerinnen und Schüler auf Fragen der Lehrperson teilweise mit überschwänglichem Fingerschnippen und lebhaften Lehreranrufungen/-adressierungen „monsieur, monsieur, …" oder „maîtresse, maîtresse, …". Gleichzeitig wird etwa von Ausbildungsseite moniert, dass die Schülerinnen und Schüler im Unterricht stärker einzubeziehen sind und auch mehr selbständig in Gruppen gearbeitet werden müsste. Insgesamt erinnert dies an die Diskussion, wie sie in Frankreich innerhalb der Schulforschung geführt wird, in der eine tradierte „forme scolaire" zunehmend in Kritik gerät (vgl. Montandon, 2012, S. 44).

Mit Christel Adick, die das Bildungssystem und Schulen im Senegal beforscht (siehe Beitrag in dieser Publikation), ist auch zwanzig Jahre nach Erscheinen ihrer wegweisenden Publikation zur „Universalisierung der modernen Schule" davon auszugehen, dass die moderne Schule als relativ kulturunspezifisches Werkzeug in der langen sozio-kulturellen Entwicklung des Menschen betrachtet werden kann: „Moderne Schulstrukturen enthalten eine pädagogische Eigendynamik und können mit verschiedenen Hintergrundkulturen koexistieren; dies erklärt ihre relativ ungebrochene weltweite Verbreitung. […] ihre pädagogische Autonomie ist eine relative, begrenzt durch die Imperative der sie umgebenden und tragenden gesellschaftlichen Machtstrukturen […] (Adick, 1992, S. 285). Andererseits fragt Adick, „ob man den afrikanischen Eltern, Lehrern, Schülern und Bildungspolitikern nicht zugestehen muß, ihre Schule auch als ‚ihre' und nicht als ‚fremde' Schule zu betrachten" (ebd., S 46). Mit diesem Blickwechsel gilt es zu berücksichtigen, dass das Schul- und Unterrichtswesen im Senegal französisch geprägt ist, dass aber die Lehrperson und die Schülerinnen und Schüler als Gestalterinnen und Gestalter, als Expertinnen und Experten ihres Unterrichts zu betrachten sind.

2. Unterricht als Aushandeln von Bedeutungen[3]

Für die qualitativ-rekonstruktive Unterrichtsforschung – wie sie hier angewendet wird – ist die Vorstellung entscheidend, dass Unterricht als soziale Situation durch die kommunikativen Handlungen von den Anwesenden erzeugt wird und dass Unterricht „ein gewisses Maß an Eigendynamik, Eigenständigkeit und Beständigkeit" aufweist (Krummheuer zit. in Rabenstein, 2010, S. 37). Es ist das Anliegen rekonstruktiver Unterrichtsforschung „zu beschreiben, wie im alltäglichen Unterricht die Bedeutung von Wissen unter den jeweiligen Bedingungen und von den jeweils Anwesenden situativ hervorgebracht wird" (Rabenstein, 2010, S. 38, die sich hier unter anderem auf Krummheuer, 2002 bezieht).

In vorliegenden Fallanalysen wird dabei häufig das Problem beschrieben, dass Äußerungen, die Schüler in Bezug auf die Sache herstellen, übergangen oder zurückgewiesen werden, ohne dass verständlich wird, warum dies geschieht. Eine Beispielsequenz aus einer früheren Studie mag dies verdeutlichen (vgl. Schelle, 2003).

Es handelt sich hier um eine 8. Klasse einer Gesamtschule in einer Großstadt in Deutschland. Thematisch geht es in dieser Sequenz aus dem Politikunterricht um den Roman „Der Herr der Fliegen" von William Golding.

Oskar:	*ja anscheinend sieht das auf der Insel gar nicht so schlecht aus, denn es gibt Wasser, Früchte und wilde Schweine, die man auch jagen kann, ja und am Ralph, der Typ da, lässt Hütten bauen, ehm ach ja und Signalfeuer*
(SCH:	*Wa???*)
Lehrer:	*in diesem kurzen Text ehm, was erscheint euch ganz wichtig zu sein? Petra?*
Petra:	(ein Lachen unterdrückend) *dass die Erwachsenen sterben*

---

3 Folgende Ausführungen sind angelehnt an Schelle, Rabenstein & Reh, 2010.

[Gelächter]
Lehrer: *Tim*
Tim: *ja der da, dass da der eine Typ den Anführer macht*
Lehrer: *sieht so aus, ne, gut [...]*

Die Schülerin Petra spricht etwas Wesentliches des Romans an, denn die besondere Situation auf der Insel besteht darin, dass die Jungen dort alleine sind. Der Umstand, dass dabei Erwachsene ums Leben gekommen sind, scheint sie allerdings irgendwie zu belustigen. Bricht sich hier ein normalerweise nicht zu äußerndes Tabu Bahn? Ist das angedeutete Lachen ein Zeichen dafür, dass die Schülerin sich damit von dieser Äußerung distanziert? Von der Sinnlogik her betrachtet weckt die Äußerung eine Vorstellung davon, dass man ohne Erwachsene unter sich bleiben kann. Damit klingt eine „unverhoffte" Situation an, dass man nämlich ohne Erwachsene, also ohne Eltern, ohne Lehrpersonen sein Leben ohne Einsprüche und Maßregelungen aufbauen kann und muss. Zugleich ist darin aber auch die Gefahr angelegt, ohne einen möglichen Schutz, ohne Fürsorge mit der Ernstsituation konfrontiert zu sein. Vermutet werden kann daher, dass dieses unterdrückte Lachen und die Äußerung ambivalent Furcht und Wunsch wiedergeben. Nun muss man aber um die Bedeutung von solchen Sinnschichten wissen, weil sie ansonsten wie im vorliegenden Beispiel dazu führen, dass die Chance verpasst wird, den Generationenkonflikt zu thematisieren, der hier für den Politikunterricht bedeutsam wäre.

Gerade ein solcher – manchmal auch spontan erzeugter – Sachbezug ist ein besonderes Merkmal des Unterrichts, der den Eigensinn schulischen Lernens unterstreicht. Es kann davon ausgegangen werden, dass Themen und Gegenstände immer erst im Unterricht von Lehrern und Schülern konstruiert werden müssen. Beobachten lässt sich immer wieder, dass die Sache nicht von allen Beteiligten gleichermaßen verstanden und aufgefasst wird, dass es vielmehr unterschiedliche Vorstellungen von einem Gegenstand gibt bzw. geben kann. Nimmt man die konstruktivistische Lernforschung und die These des konstruktiven Charakters jeden Lernens ernst, dann muss dies auch so sein. Unterricht ist bestimmt durch Aushandlungen, durch das ständige Bemühen, sich anderen verständlich zu machen und andere zu verstehen, durch das Erzeugen anschlussfähiger Äußerungen nach bestimmten Regeln (vgl. Lüders, 2003) und es obliegt der eigenen *hermeneutischen Anstrengung*, sich eine noch unbekannte, fremde Bedeutung anzueignen (Lorenzer, 1992, S. 24).

Es geht in diesem Sinne also hier darum zu schauen, ob bzw. inwiefern die Akteure in ihren beobachtbaren und beschreibbaren sozialen Praktiken, die sprachlich und nicht-sprachlich sein können, die Bedeutung des Gegenstandes konstruieren (vgl. Reckwitz, 2003, vgl. Reh, Rabenstein & Idel, 2011).

3. Eine Unterrichtssequenz aus Dakar hermeneutisch rekonstruiert

Im Folgenden soll das Dokument unter Berücksichtigung der Leitfragen: *Wie wird der Gegenstand konstituiert, welche Lernerfahrung wird ermöglicht* (vgl. Combe & Gebhardt, 2007, 2012)? *Welches Wissen wird in diesem Zusammenhang situativ hervorgebracht und erzeugt?* interpretiert werden. Zuvor ist in aller Kürze auf die dazu angewendete Auswertungsmethode der objektiven Hermeneutik (vgl. Oevermann, 2002, vgl. Wernet, 2000) einzugehen.

3.1 Zur Auswertungsmethode der objektiven Hermeneutik

Hier kann nun gleichsam exemplarisch interpretative Unterrichtsforschung vorgestellt werden, wie sie an der Universität in Mainz im Bereich Schulpädagogik/Didaktik in Lehre und Forschung vertreten wird (vgl. Schelle, 2010b). Damit geht auch der Versuch einher, sich methodengeleitet Dokumenten aus anderen kulturellen Kontexten zu nähern (mehr dazu siehe unten).

Andreas Wernet schlägt zur Interpretation nach der Objektiven Hermeneutik fünf Prinzipien vor (Wernet, 2000, S. 21ff.). Im Überblick sind dies:

1. Kontextfreiheit: Zunächst einmal ist gedankenexperimentell zu überlegen, in welchem Kontext der Text eingelagert sein kann.
2. Wörtlichkeit: Die Lesarten haben sich an dem zu orientieren, was der Text aussagt und nicht etwa daran, was man meint, was der Text aussagt.
3. Sequentialität: Die Auswertung erfolgt von Sequenz zu Sequenz, späteren Textstellen wird nicht vorgegriffen.
4. Extensivität: Alle Textelemente sind zu berücksichtigen und es sind extensiv – also so viele wie sinnvoll mögliche – Lesarten zu entwickeln.
5. Sparsamkeit: Voreilige und unvernünftige, am Text nicht näher nachvollziehbare Lesarten und Fallstrukturhypothesen sind fallen zu lassen.

Was das erste Prinzip der Kontextfreiheit anbelangt, so bedeutet dies nicht etwa, „dass der Kontext keine Rolle spielt. Es bedeutet vielmehr, dass die Einbeziehung des Kontextes erst dann eine methodisch kontrollierte Operation darstellt, wenn zuvor eine kontextunabhängige Bedeutungsexplikation vorgenommen wurde" (ebd., S 22). Nach der erschöpfenden Interpretation eines Satzes bzw. einer Frage, bevor man die Anschlussäußerung heranzieht, gilt es zu überlegen: Was geschieht als Nächstes? Welche Möglichkeiten gibt es an der Stelle zu reagieren und warum? Welche Handlungsoption wird ergriffen? Vor diesem Hintergrund erst lassen sich das Ausmaß und die Bedeutung der tatsächlich getroffenen Entscheidung in ihrer besonderen Struktur freilegen. Es geht also darum, anhand einer Sequenz die Strukturlogik herauszuarbeiten und als These zu formulieren; anschließend kann geprüft werden, ob diese sich an anderen Stellen des Unterrichtsprotokolls aufrechterhalten lässt.

Die Deutungen und Interpretationen fächern vielschichtige Aspekte und Sinnstrukturen auf, die es ermöglichen, das Handeln der Beteiligten aus Blickwinkeln, die wir ansonsten nicht einnehmen, zu reflektieren. Es reichen wenige Fälle, um zu umfassenden Aussagen (vgl. Oevermann, 2002, S. 32) über Kommunikationsstrukturen bestimmter Unterrichtsformen zu gelangen.

3.2 „Qu'est-ce que je lui ai donné?" – ein Unterrichtsbeispiel

Die Sequenz stammt aus dem Französischunterricht an einer katholischen Privatschule in Dakar und wurde Anfang März 2011 aufgezeichnet. Die 17 Schülerinnen und 24 Schüler sind zwischen 8 und 10 Jahren alt (Cours élémentaire première année) und es ist davon auszugehen, dass ihre Erstsprache/Muttersprache das im Senegal vorwiegend gesprochene Wolof[4] ist; sie lernen also die französische Sprache als eine Art Fremdsprache (wobei beispielsweise verwendete Lehrwerke aus Frankreich offenbar nicht als Lehrwerke für Französisch als Fremdsprache konzipiert sind). Die Stunde beginnt mit der Wiederholung des Stoffes der vorangegangenen Stunde. Behandelt wurden die Endungen der weiblichen Substantive auf ée. In diesem Zusammenhang erläutert die Lehrerin eine Ausnahme: „sauf clé on a dit que les noms en e accent aigu prennent e à la fin sauf clé qui s'écrit de deux façons + avec f ou bien e accent + aigu mais tous les noms en e accent aigu e s'écrivent généralement avec e accent aigu e sauf clé donc c'était ça la règle très bien". Dann werden die Schülerinnen und Schüler mehrmals gebeten, ihre Tafeln zu wischen: „effacez vos ardoises". Jedes Schulkind besitzt eine eigene kleine Tafel, auf der mit Kreide z.B. Ergebnisse notiert und für die Lehrperson sichtbar hochgehalten werden können. Mit „Vous suivez" und einem „alors on suit la" ruft die Lehrerin die Schülerinnen und Schüler zur Aufmerksamkeit auf. Mit der nächsten Sequenz (die Namen sind anonymisiert durch Kürzel) soll die Interpretation[5] hier beginnen:

---

4   In einer mikroethnographischen Studie über Gespräche bei den Wolof [Wolof bezeichnet sowohl das Volk, die ethnische Gruppe der Wolof als auch deren einheimische Sprache C. S.] kann Christian Meyer die Rolle von Körper, Sinnen, Blickverhalten bei den Wolof nachzeichnen: „die Interaktanten nehmen sich wechselseitig peripher wahr, aber der wechselseitige Blickkontakt wird nicht hergestellt" (S. 107). Der Blick ist kaum Instrument zur Koordination der Konversation, stattdessen findet eher Berührung statt (vgl. S. 111). Vor allem scheinen Wolof besser zu hören. Damit kann Meyer zeigen, dass „die kulturelle Praxis der Sinne nicht universell ist" (Meyer, 2011, S. 112). Dies dürfte für eine rekonstruktive Forschung, die Unterricht als Interaktion/als Kommunikation versteht, hoch bedeutsam sein.

5   Erstmals wurde eine Interpretation dieser Sequenz im Rahmen eines Vortrages von O. Hollstein und der Autorin auf einer ESSA-Tagung im Mai 2012 an der Universität in Mainz vorgestellt – hier handelt es sich um eine stark überarbeitete und erweiterte Fassung. Für die Vorarbeiten zu dieser Interpretation ist den Mitgliedern der Forschungswerkstatt *Unterricht aus Frankreich und Senegal analysieren* zu danken: Christophe Straub, Sandra Früchtenicht, Zeinab Abdelsalam, Boris Zizek und vor allem Papa Oumar Fall, der viele Kenntnisse beisteuern konnte, die allen anderen vermutlich unbekannt geblieben wären.

Transkriptionsregeln

((*Kommentare*)); (.) kurze Pause; // Wortabbruch; S(m) Schüler; S(w) Schülerin; SCH: mehrere Schülerinnen und Schüler; L: Lehrerin

L:	Vous suivez (3 Sek.). Prêt? (.) Alors on suit la (.). ((la maîtresse casse une craie en deux)) Qu'est-ce que je fais? J'ai cass//donc qu'est-ce que j'ai fait?
S(m):	Tu l'as cassé
L:	et qu'est-ce que je fais? ((la maîtresse donne un morceau de craie à un élève))
S(m):	Tu lui donnes
L:	Qu'est-ce que je lui ai donné? (2 Sek.) qu'est-ce que je lui ai donné?
S(m):	de la craie ((plusieurs élèves appellent: maîtresse))
L:	Ra(m)
Ra(m):	Tu lui as donné de la craie
L:	de la craie (4 Sek.) Regardez bien la craie donne ta craie (4 Sek.) comment sont les deux craies (4 Sek.) Oui? Qui a levé la main tu n'as pas levé la main
S(w):	les deux craies sont é(.)gales
L:	les deux craies sont égales alors qu'est ce que je lui donne? Je lui ai donné quoi? Est-ce que je lui ai donné de la craie? Oui?
S(w):	une partie
L:	une partie ou bien on peut dire//on peut dire une partie ou bien?
SCH:	maîtresse maîtresse
L:	une partie ou bien
SCH:	maitresse maîtresse
L:	c'est bien mais je ne veux pas une partie moi je veux une/un autre mot
SCH:	maîtresse maîtresse
L:	eh doucement (3 Sek.). Oui?
S(w):	une moitié
L:	une moi (2 Sek.) [tié]
SCH:	[tié] ((les élèves terminent le mot ensemble))
L:	je lui ai donné la moitié donc qui peut me faire la phrase? (3 Sek.) Oui?
S(m):	maîtresse a donné à Am(m) une moitié de la craie

Eine (Arbeits-)Übersetzung in deutscher Sprache

L:	Passt auf (3 Sek.) Fertig? (.) Also schaut her. ((die Lehrerin bricht ein Stück Kreide entzwei)) Was mache ich? Ich habe zer//also was habe ich gemacht?
S(m):	Du hast es zerbrochen
L:	und was mache ich? ((die Lehrerin gibt ein Stück Kreide an einen Schüler))
S(m):	Du gibst ihm
L:	Was habe ich ihm gegeben? (2 Sek.) Was habe ich ihm gegeben?
S(m):	Kreide ((mehrere Schüler rufen: „Lehrerin"))
L:	Ra(m)
Ra(m):	Du hast ihm Kreide gegeben
L:	Kreide (4 Sek.) Schaut die Kreide an. Gib deine Kreide (4 Sek.) Wie sind die beiden Kreidestücke (4 Sek.) Ja? Wer hat die Hand gehoben du hast die Hand nicht gehoben
S(w)	Die zwei Kreidestücke sind gl(.)eich

L:	Die zwei Kreidestücke sind gleich. Also was gebe ich ihm? (3 Sek.) Was habe ich ihm gegeben? Habe ich ihm Kreide gegeben? Ja?
S(w):	ein Teil
L:	ein Teil oder anders man kann sagen//man kann sagen ein Teil oder anders
SCH:	Lehrerin, Lehrerin
L:	das ist gut aber ich möchte nicht ein Teil ich möchte eine/ein anderes Wort.
SCH:	Lehrerin, Lehrerin
L:	vorsichtig, vorsichtig
S(w):	eine Hälfte
L:	eine Hälf (2 Sek.) [te]
SCH:	[te] ((Schüler nennen im Chor das Ende des Wortes))]
L:	Ich habe ihm die Hälfte gegeben also wer kann mir den Satz sagen? (3 Sek.) Ja?
S(m):	die Lehrerin hat Am(m) eine Hälfte der Kreide gegeben

Zu Beginn der Sequenz bricht die Lehrerin ein Stück Kreide entzwei und schnell wird deutlich, dass es damit etwas Besonderes auf sich hat. Die Schüler/innen sollen genau zur Kenntnis nehmen und kommentieren, was die Lehrerin getan hat. Dazu stellt sie Fragen wie „qu'est-ce que j'ai fait". Anschließend gibt sie dann ein Stück bzw. die Hälfte der Kreide an einen Schüler weiter und fragt: „qu'est-ce que je lui ai donné?". Frage(n) und Antwort(en) wechseln sich ab, ähnlich einem Schlagabtausch. Mehrere Schüler adressieren die Lehrerin „maîtresse". Schließlich kann Ra(m), der mit Namen aufgerufen wird, antworten: „tu lui as donné de la craie". Durch das Wiederholen des Wortes „de la craie" ist meinem Verständnis nach für solche Wiederholungen im Unterricht nahe gelegt, dass es sich um die gewünschte Antwort handelt. Doch es geht noch weiter … bis die Lehrerin schließlich eine Schüleräußerung („une partie") als „bien" qualifiziert und dann erklärt, dass sie auf ein anderes Wort hinaus will („je veux une/un autre mot"). So langsam kommen die Lehrerin und die Schulklasse „der Sache", um die es gehen soll, näher. Jetzt wird der gesuchte Begriff „moitié" genannt, von der Lehrerin als Wortbeginn aufgegriffen, und dann wie in einem Chor gemeinsam vervollständigt. Diese Sequenz des gemeinsamen Sprechens im Chor ist bemerkenswert, nicht zuletzt, weil es auch in anderen Schulstunden beobachtet werden konnte.[6] In einem anderen Forschungszusammenhang hat Rose Marie Beck, Expertin für Afrikanische Sprachen, in Gesprächen Jugendlicher im Rahmen der HIV-Prävention offenbar etwas Ähnliches beobachtet und formal beschrieben:

„Der Sprecher bricht seinen Redebeitrag an prosodisch hervorgehobenen Stellen gegen Ende einer Phrase mitten im Wort ab, die TeilnehmerInnen vervollständigen mit unterschiedlichen Echoverfahren die Phrase. […] Es ist ein im Swahili-Kontext weit verbreitetes sprachliches Verfahren, das mit autoritärem Argumentieren, und didaktischen Hierarchien […] konnotiert ist, bei dem der Sprecher das prinzipielle Einverständnis der Zuhörer voraussetzt und durch diese Form der institutionalisierten ‚Reparatur' explizit macht. Denn die Zuhörer müssen in der Lage sein, die Phrase zu Ende zu führen. Es wird ein gemeinsames,

---

6   Siehe Hollstein in dieser Publikation, der die Lehrerin-Schüler-Kommunikation mit John Sinclair und Malcolm Coulthard (1977) als „Initiation–Reply–Feedback"-Struktur oder auf Deutsch die „Frage–Antwort–Rückmeldungs"-Struktur beschreibt.

geteiltes Wissen vorausgesetzt, dessen Wahrheitswert zum einen durch das Echo, die Wiederholung dieses Sachverhalts, bestätigt, aber auch legitimiert wird." (Beck, 2011, S. 123f.).

Vor dem Hintergrund der Fragestellung nach der Gegenstandskonstituierung, der Lernerfahrung und dem Erzeugen von Wissen wäre zu überlegen, was es im vorliegenden Fall mit „didaktischen Hierarchien" auf sich haben kann und inwiefern sich „ein gemeinsames, geteiltes Wissen" identifizieren lässt. Bemerkenswert ist für diesen Unterricht, dass die kommunikative Konstruktion des Gegenstandes offenbar nicht in Zusammenhang mit den einzelnen Schülerinnen und Schülern gebracht wird. Die von der Lehrerin als richtig erachtete Antwort kann vielmehr unabhängig von einzelnen Schülern nach mehreren Beiträgen genannt werden. Gleichsam wird mit der abschließenden Wiederholung offenbar deutlich gemacht, was als „gemeinsames, geteiltes Wissen" – wie Beck sagt – anzusehen ist. Die didaktische Hierarchie tritt zum Vorschein, insofern die eine Person (hier also die Lehrerin) das gesuchte Wort kennt, auf das sie hinaus will. Die anderen (hier die Schüler) müssen – wie in der Schule üblich – noch zeigen, dass sie auch wissen, wie das gesuchte Wort heißt.

Zudem kann hier die Kreide (obschon oder gerade weil sie ihrem eigentlichen Zweck entfremdet ist: nämlich sichtbare Zeichenspuren auf der Tafel zu hinterlassen) in Anlehnung an den Titel der Dissertationsschrift von Tobias Röhl als „Ding[e] des Wissens" betrachtet werden (Röhl, 2012). In dieser ethnographischen Perspektive auf das Geschehen im Unterricht werden auch die Erfahrungen, die Menschen machen und die sich in die Körper einschreiben, stärker berücksichtigt. Bei Röhl heißt es: „Die Interaktionsordnung des Unterrichts muss dementsprechend erweitert werden. Es ist nicht nur die (oft sprachlich gefasste) Interaktion der Unterrichtsteilnehmer, die Unterricht konstituiert. In je unterschiedlichem Maße sind auch Dinge, Zeichen und Körper daran beteiligt" (ebd., S. 25). Und an späterer Stelle sagt Röhl: „Mein Körper ist ferner bereits durch die Institution Schule gegangen. Ihr Wissen hat sich in ihm eingeschrieben und ihn diszipliniert" (ebd. S. 35).

Es ist die Lehrerin, die kommunikativ, sprachlich verwoben mit Gesten des Zeigens und Darstellens (das „Ding des Wissens" für alle sichtbar machend) als Grundoperationen didaktischen Handelns (vgl. Strobel-Eisele, 2003) die Aufmerksamkeit und den Lernprozess anzustoßen versucht und die den Kontakt zur Lerngruppe trotz Hemmnisse nicht abbrechen lässt. Vielleicht – so kann gefragt werden – gibt es Gründe, warum die Schüler mit dem „Unterrichtsgegenstand" zunächst etwas anderes verbinden, nicht „zurechtkommen"? Vielleicht ist hier ein Bruch zu den Erfahrungen, die die Schüler ansonsten haben und machen, zu groß? Vielleicht liegt hier eine Art Fremdheitszumutung vor, die die Schüler so schnell nicht in ihre Vorerfahrungen/ Horizonte integrieren können (vgl. Combe & Gebhard, 2012, S. 13, 21). Sind die Schüler vielleicht deshalb nicht – wie es sich die Lehrerin gewünscht hat – mit ihr in den Sog eines (kleinen) Problems geraten (also eine weitere Abweichung von einer Regel zu finden) (vgl. Rumpf, 2004)? Kommt hier vielleicht zum Vorschein, was sich allerorts im schulischen Unterricht beobachten lässt und wovon man sich vermutlich „in der Regel keine Vorstellung" macht, nämlich „wie groß die Distanz zwischen der Eigenwelt von Schülern einerseits und der fachlichen Sinnwelt des Unterrichts andererseits sein könne" (Combe & Gebhard, 2012, S. 61 mit Bezug auf Ziehe)? Wobei hier Lehrerin *und* Schulklasse die unterrichtete und zu erlernende Fremdsprache nicht als Muttersprache sprechen, also möglicherweise für beide Seiten Fremdheitszumutungen einhergehen (siehe Beitrag Fall in diesem Band).

Die Lehrerin zeigt im Laufe der Stunde Hilfestellung und Lösungsmöglichkeiten auf, indem Sie ein Wort, auf das sie hinaus will, gewissermaßen in Szene setzt, und versucht, es im Gespräch mit den Schülerinnen und Schülern einzuholen. Mit Bezug auf Strobel-Eisele lässt sich daher sagen, dass die Lehrerin bemüht ist um die „sachliche Dimension des Unterrichts", und dass sie sicherstellt, „dass es sich um relevante Wissensbestände handelt, derenthalben" sie „um distanzüberbrückende Maßnahmen" (die Kreide als „Ding des Wissens" par excellence in dieser Szene) zum Lerner hin orientiert ist. Ob allerdings die „Vermittlung als rückgekoppelter Prozess" gelingt und ob hier „Darstellen und Lernen […] aufeinander bezogen werden", kann zu diesem Zeitpunkt der Unterrichtsstunde bzw. bis zu dieser Stelle im Transkript nicht beurteilt werden. Dazu wären unter anderem Analysen zu weiteren Sequenzen notwendig.[7]

Sofern es sich (wie hier angenommen) bei der Kreide-Sequenz nicht um ein gängiges „Lehrstück"[8] handelt, kann gewissermaßen von einer „Risikobereitschaft" der Lehrerin gesprochen werden, den Umständen des Lernens entsprechend (einfache Räumlichkeiten, wenig Ausstattung, große Lerngruppe) situativ und kontextangemessen zu handeln (vgl. Hamann in dieser Publikation). Hier könnten nun kontrastierend Sequenzen anderer Unterrichtsstunden hinzugezogen werden, in denen z.B. weniger auf Gegenstände/Dinge verwiesen ist. In denen etwa – wie im Mathematikunterricht in einer vergleichbaren Altersstufe zum Thema Gewichte/Gewichtseinheiten, der im Februar 2013 aufgezeichnet wurde – „abstrakt" auf jede Anschauung verzichtet wurde.

Auf einen weiteren wichtigen Aspekt machte ein senegalesischer Teilnehmer in der Interpretationsgruppe (siehe Fußnote 5) aufmerksam. Als Wolof-Muttersprachler wies er darauf hin, dass es in der Sprache Wolof keine Bezeichnung/kein Wort für craie/ Kreide gibt. Was kann dies nun für die Interpretation des Lehrer- und Schülerhandelns bedeuten? Kann dies ein Grund dafür sein, dass die Schüler auf die erste Frage der Lehrerin hin, was sie macht/e, das Wort „craie" nennen? Nehmen sie vielleicht an, dass es mit der ersten Aktion der Lehrerin um ein für sie in dieser Orthographieübung neues Wort (nämlich Kreide) gehen soll? Braucht es deshalb vielleicht relativ lange, bis allen Beteiligten klar werden kann, dass hier etwas anderes gefragt ist? Vielleicht nehmen sie auch an, dass es sich um ein Wort mit der Endung *ée* handelt (in manchen Ohren mag es so klingen, und geschrieben kennen sie das Wort vielleicht noch nicht)?

In dieser Lesart ist das Wechselspiel zwischen dem, was die Lehrerin erwartet, worauf sie hinaus will: „moitié" (Endung ohne stummes e) und dem, was die Schüler

---

7 Vielleicht wird hier auch deutlich, wie Combe/Gebhard sagen, dass „Sinn und Bedeutung […] nicht von außen verabreicht werden" kann. „[…] Sinn und Bedeutung eines Unterrichtsgegenstandes muss jeder selbst herstellen – ein höchst individueller, eigenständig-konstruktiver Vorgang und Entwurfsprozess, der nicht delegierbar ist" (2012, S. 8).

8 In dem Schulbuch (BLED CP/CE1 *Grammaire, Orthographe, Conjugaison*), das hier vermutlich zu Grunde liegt, ist in der Lektion 32 die Orthographie von „moitié" lediglich als Beispielwort für Ausnahmen von der Regel angegeben.

hier als didaktische Rekonstrukteure (Diederich, 1988) leisten, eingebettet in die besonderen Sprachstrukturen, die besonderen Bedeutungsgehalte im Französischen und im Wolof. Es kann an der Stelle mit Adick hinterfragt werden, wie sich die Sprachsituation „auf die Kinder in Senegal auswirken muss, die in einem französischsprachigen staatlichen Schulwesen eingeschult werden, ohne Französisch zu beherrschen" (Adick, 2002). Dieser Aspekt findet sich in ähnlicher Weise kritisiert bei Fall. Sie zitiert aus einem offiziellen Dokument (PDEF-*Maitriser la didactique des disciplines*, in dem es kämpferisch heißt: „En effet, comme pour une longue seconde, l'enseignant doit combattre de nombreuses habitudes linguistiques dues à l'influence da la langue maternelle" (PDEF, Dakar, 2007, S. 3 zit. bei Fall in dieser Publikation). Zugespitzter noch schreibt Diop: „Bekanntlich steht die Bildungspolitik in engem Zusammenhang mit einer gerechten Sprachplanungspolitik. Eine Bildungspolitik, die keine Rücksicht auf den mehrsprachigen Charakter des Landes nimmt, ist infolgedessen zum Scheitern verurteilt" (Diop, 2006, S. 211).

4. Ausblick – gemeinsam kooperieren und interpretieren

Die hier vorgestellte Interpretation stellt eine Art Pilotstudie dar und mag zu Reinterpretationen anregen. Freilich hätte damit auch eine Diskussion über geeignete Methoden zur Erforschung von Unterricht aus anderen kulturellen Kontexten anzusetzen. Zu klären wäre, ob ethnographische Methoden etwa des dichten Beschreibens von Beobachtungen und hermeneutisch rekonstruktive Methoden, die auf Transkriptionen technischer Aufzeichnungen beruhen – anders als es gängige Meinung ist (vgl. Heinzel, 2009) –, nicht doch miteinander kombiniert werden könnten. Vielleicht kann es gelingen, dauerhaft auch so etwas wie eine vergleichende interpretative Unterrichtsforschung mit Ländern Afrikas zu etablieren,[9] bei der ähnlich wie hier beschrieben Sequenzen aus Unterricht in gemischten Forschungsteams (siehe Früchtenicht/Mbaye in dieser Publikation) gemeinsam interpretiert werden, um die Perspektivität auf das Geschehen zu steigern.

Es ist davon auszugehen, dass mit unseren Beobachtungen und unseren Lesarten dazu immer auch unsere eigene Sozialisation thematisiert ist: unser Eingeschweißtsein in Sinnsysteme (vgl. Ritsert, 1988), die uns selbstverständlich sind, die für uns Deutungen bereitstellen, die uns helfen, Selbst und Welt zu verstehen (oder auch nicht). Um sich möglichst sensibel den schulischen Interaktionen in unterschiedlichen kulturellen Kontexten zuwenden zu können, scheint daher die Methode des Rekonstruierens in kleinen Schritten und in Gruppen, an denen eigenen Erfahrungen nach *Einheimische* beteiligt sein sollten, besonders geeignet, um, wie es Dersch/Oevermann sagen, „[...] die jeweiligen Eigenarten fremder Kulturen hervortreten zu lassen, indem

---

9   Die lehrerausbildende Fakultät (FASTEF) der Université Cheik Anta Diop Dakar und der Arbeitsbereich Schulpädagogik/Didaktik der Johannes Gutenberg-Universität in Mainz streben dies zumindest an und sind dabei, Kooperationen im Bereich der Unterrichtsforschung/Lehrerbildung zu konsolidieren.

die verallgemeinerungsfähigen Typen und Strukturen aus der Konkretion der Sache selbst heraus zum Sprechen gebracht werden" (Dersch & Oevermann, 1994, S. 27). Mit Gabriele Cappai lässt sich untermauern, dass die rekonstruktiven Verfahren besonders geeignet sind, fremdkulturelle Phänomene zu erforschen, weil das rekonstruktive Paradigma auf Erkenntnis kultureller Regelhaftigkeit abzielt und über die nötige Selbstreflexivität verfüge (Cappai, 2010, S. 153). Gewarnt sei aber dennoch vor einem Hochmut qualitativer Verfahren, denn „[i]hre besondere Sensibilität für ,Differenz' ist eine notwendige, jedoch keine ausreichende Bedingung für empirische Forschung in fremdkulturellen Lagen" (ebd., S. 151).

Meines Erachtens ist davon auszugehen, dass die Erhebung, Entstehung, Auswahl und die Interpretation von Dokumenten aus anderen kulturellen Kontexten und Sprachräumen mit der/dem Forschenden (Habitus, berufsbiografischer Werdegang, Sinnzuschreibung) stärker verwoben ist, als wir es uns bislang eingestehen. Dieser Umstand kann auch in Anbetracht einer sequentiell hermeneutischen Auswertungsmethode, die uns ermöglicht, den Strukturen sozialen Handelns auf die Spur zu kommen, nicht ausgeblendet bleiben.

Literatur

Adick, C. (1992). Die Universalisierung der modernen Schule. Eine theoretische Problemskizze zur Erklärung der weltweiten Verbreitung der modernen Schule in den letzten 200 Jahren mit Fallstudien aus Westafrika. Paderborn u. a. O.: Ferdinand Schöningh.

Adick, C. (2002). Vorwort. In: Wiegelmann, U. (Hrsg.) Afrikanisch – europäisch – islamisch? Entwicklungsdynamik des Erziehungswesens in Senegal. Frankfurt/Main, London: IKO Verlag für interkulturelle Kommunikation, (1–2).

Adick, C. (2013). Bildung in Subsahara-Afrika. In: Adick, C. (Hrsg.) Bildungsentwicklungen und Schulsysteme in Afrika, Asien, Lateinamerika und der Karibik. Münster u. a. O.: Waxmann, (125–146).

Beck, R. M. (2011). Über die Sprachtheoretische Konstitution von Wissensordnungen. In: Schareika, N./Spies, E./Le Meur, P.-Y. (Hrsg.) Auf dem Boden der Tatsachen. Festschrift für Thomas Bierschenk. Köln: Rüdiger Köppe Verlag, (119–133).

Bierschenk, T. (2007). L'éducation de base en Afrique de l'Ouest francophone. Bien privé, bien public, bien global. In: Bierschenk, T./Blundo, G./Jaffré, Y./Tidjani Alou, M. (Hrsg.) Une anthropologie entre rigueur et engagement. Essais autour de l'œuvre de Jean-Pierre Olivier de Sardan. Paris: APAD-Karthala, (251–276).

Cappai, G. (2010). Kultur und Methode – Über die Relevanz rekonstruktiver Verfahren für die Erforschung fremdkultureller Lagen. In: Cappai, G./Shimada, S./Straub, J. (Hrsg.) Interpretative Sozialforschung und Kulturanalyse. Bielefeld: transkript, (129–155).

Combe, A./Gebhard, U. (2007). Sinn und Erfahrung. Zum Verständnis fachlicher Lernprozesse in der Schule. Opladen/Farmington Hills: Barbara Budrich.

Combe, A./Gebhard, U. (2012). Verstehen im Unterricht. Die Rolle von Phantasie und Erfahrung. Wiesbaden: Springer VS.

Dersch, D./Oevermann, U. (1994). Methodisches Verstehen fremder Kulturräume. Bäuerinnen im Wandlungsprozess in Tunesien. In: Peripherie, Nr. 53, (26–53).

Diederich, J. (1988). Didaktisches Denken. Eine Einführung in Anspruch und Aufgabe. Möglichkeiten und Grenzen der Allgemeinen Didaktik. Weinheim: Juventa.

Diop, I. (2006). Bildung in der Krise. Krise in der Bildung – Überlegungen zu Grundfragen in der senegalesischen Bildungspolitik und zur Finanzierung der Bildung. In: Interkulturell und global, Heft 3/4, (210–230).

Friebertshäuser, B. (2006). Verstehen als methodische Herausforderung für eine reflexive empirische Forschung. In: Friebertshäuser, B./Rieger-Ladich, M./Wigger, L. (Hrsg.) Reflexive Erziehungswissenschaft. Forschungsperspektiven im Anschluss an Pierre Bourdieu. Wiesbaden: VS Verlag für Sozialwissenschaften, (231–251).

Heinzel, F. (2009). Methoden der Erforschung schulischer Mikroprozesse (mit Schwerpunkt Ethnografie). In: Blömeke, S./Bohl, T./Haag, L. u. a. (Hrsg.) Handbuch Schule. Bad Heilbrunn: Klinkhardt, (149–152).

Hollstein, O./Schelle, C./Meister, N. (2012). Die kulturelle Imprägnierung des eigenen Blicks – ein Fallbeispiel aus der Lehrerbildung an der Universität Mainz. In: Schelle, C./Hollstein, O./Meister, N. (Hrsg.) a. a. O., (279–297).

Knipping, C. (2003). Beweisprozesse in der Unterrichtspraxis. Vergleichende Analysen von Mathematikunterricht in Deutschland und Frankreich. Hildesheim: Franzbecker.

Krummheuer, G. (2002). Eine interaktionistische Modellierung des Unterrichtsalltags – entwickelt in interpretativen Studien zum mathematischen Grundschulunterricht. In: Breidenstein, G./Combe, A./Helsper, W./Stelmaszyk, B. (Hrsg.) Forum Qualitative Schulforschung 2. Interpretative Unterrichts- und Schulbegleitforschung. Opladen Leske & Budrich, (41–60).

Lorenzer, A. (1992). Das Konzil der Buchhalter. Die Zerstörung der Sinnlichkeit. Eine Religionskritik. Frankfurt/Main: Fischer Wissenschaft (Original 1981).

Lüders, M. (2003). Unterricht als Sprachspiel. Eine systematische und empirische Studie zum Unterrichtsbegriff und zur Unterrichtssprache. Bad Heilbrunn: Klinkhardt.

Meyer, C. (2011). Körper und Sinne bei den Wolof Nordwestsenegals. Eine mikroethnographische Perspektive. In: PAIDEUMA Mitteilungen zur Kulturkunde, 57, (97–120).

Montandon, C. (2012). Unterricht, interkulturelle Bildung und Schule. In: Schelle, C./Hollstein, O./Meister, N. (Hrsg.) a. a. O., (35–54).

Oevermann, U. (2002). Klinische Soziologie auf der Basis der Methodologie der objektiven Hermeneutik – Manifest der objektiv hermeneutischen Sozialforschung [URL: http://www.objektivehermeneutik.de] [überarbeitete Fassung von 1996].

Rabenstein, K. (2010). Was ist Unterricht? Modelle im Vergleich. In: Schelle, C./Rabenstein, K./Reh, S. (Hrsg.) a. a. O., (25–42).

Reckwitz, A. (2003). Grundelemente einer Theorie sozialer Praktiken. Eine sozialtheoretische Perspektive. In: Zeitschrift für Soziologie, Jg. 32, Heft 4, (282–301).

Reh, S./Rabenstein, K./Idel, T.-S. (2011). Unterricht als pädagogische Ordnung. Eine praxistheoretische Perspektive. In: Meseth, W./Proske, M./Radtke, F.-O. (Hrsg.) Unterrichtstheorien in Forschung und Lehre. Bad Heilbrunn: Klinkhardt, (209–222).

Ritsert, J. (1988). Gesellschaft. Einführung in den Grundbegriff der Soziologie. Frankfurt/Main, New York: Campus Studium.

Röhl, T. (2012). Dinge des Wissens. Schulunterricht als sozio-materielle Praxis. Dissertationsschrift Universität Mainz.

Rumpf, H. (2004). Diesseits der Belehrungswut. Pädagogische Aufmerksamkeiten. Weinheim, München: Juventa.

Schelle, C. (2003). Politisch-historischer Unterricht hermeneutisch rekonstruiert. Von den Ansprüchen Jugendlicher, sich selbst und die Welt zu verstehen. Bad Heilbrunn: Klinkhardt.

Schelle, C. (2010a). Die Ko-Konstruktion von Themen im Gespräch und schwierige Aushandlungsprozesse. In: Schelle, C./Rabenstein, K./Reh, S. (Hrsg.) a. a. O., (99–148).

Schelle, C. (2010b). Wie sind Unterrichtstranskripte zu interpretieren? In: Schelle, C./Rabenstein, K./Reh, S. (Hrsg.) a. a. O., (43–69).

Schelle, C. (2012). Selbst- und Weltverstehen – didaktisches Handeln und Lernanlässe im Schulunterricht in Frankreich. In: Schelle, C./Hollstein, O./Meister, N. (Hrsg.) a. a. O., (165–182).

Schelle, C./Hollstein, O./Meister, N. (Hrsg.) (2012). Schule und Unterricht in Frankreich. Ein Beitrag zur Empirie, Theorie und Praxis. Münster u. a. O.: Waxmann.

Schelle, C./Rabenstein, K./Reh, S. (Hrsg.) (2010). Unterricht als Interaktion. Ein Fallbuch für die Lehrerbildung. Bad Heilbrunn: Klinkhardt.

Sinclair, J./Coulthard, M. (1977). Analyse der Unterrichtssprache. Ansätze zu einer Diskursanalyse. Heidelberg: Quelle & Meier.

Strobel-Eisele, G. (2003). Unterricht als pädagogische Konstruktion. Die Logik des Darstellens als Kern von Schule. Weinheim, Basel, Berlin: Beltz.

Wernet, A. (2000). Einführung in die Interpretationstechnik der Objektiven Hermeneutik. Opladen: Leske & Budrich.

Wiegelmann, U. (Hrsg.) (2002). Afrikanisch – europäisch – islamisch? Entwicklungsdynamik des Erziehungswesens in Senegal. Frankfurt/Main, London: IKO Verlag für Interkulturelle Kommunikation.

Eva Hamann

Große Klassen – große Klasse?

Zum Umgang mit Großgruppen am Beispiel des Faches Deutsch an Sekundarschulen in Westafrika

1. Einführung

Der Beitrag kontextualisiert zunächst das Phänomen von Großgruppen in Westafrika, indem er auf demografische Entwicklungen und auf Bildungsstrategien eingeht, die Auswirkungen auf Schulklassengrößen haben. Anschließend umreißt er die laut Forschungsstand aufgezeigten Definitionsversuche für Großgruppen und Forschungsschwerpunkte. Ausgehend von der Kritik an einem präskriptiven Ansatz stütze ich mich auf einen deskriptiven und verstehenden Ansatz, der das Erfahrungswissen der Lehrer im Umgang mit großen Lernergruppen rekonstruiert. Dafür greife ich auf Fallbeispiele aus Gruppendiskussionen zurück, in denen Strategien für die Gruppeneinteilung, Evaluierung und Interaktion in Großgruppen analysiert werden.

2. Kontextualisierung: Demografie und Bildungspolitik

Dass der afrikanische Kontinent nicht nur der mit dem größten Bevölkerungswachstum, sondern auch der mit der jüngsten Bevölkerung ist, ist allgemein bekannt. Dafür werden immer wieder Statistiken ins Feld geführt, die dies für die Großregion ‚Subsahara Afrika' aufzeigen:

- Von den 10 Ländern der Welt mit dem größten Bevölkerungswachstum liegen 6 in Afrika südlich der Sahara (Benbow, Mizrachi, Oliver & Said-Moshiro, 2007, S. 2).
- Den Hauptanteil der Bevölkerung in Afrika südlich der Sahara bilden Kinder und Jugendliche mit einem Alter von bis zu 15 Jahren mit über 40 Prozent. Zählt man Jugendliche bis zu 24 Jahren dazu, dann sind es sogar über 60 Prozent (UN Population Division in: UNESCO, 2012, S. 178).
- Afrika südlich der Sahara verzeichnet mit einem Anstieg um 21% den größten Zuwachs an Kindern im Schulalter (UIS, 2006, S. 13). Für 2015 werden geschätzte 140 Millionen Kinder in Afrika südlich der Sahara erwartet (Benbow et al., 2007, S. 4).

Eine der aus dieser demografischen Entwicklung resultierenden Implikation für das Bildungssystem sind große Lernergruppen. Dieser Aspekt findet schon seit Jahren immer wieder in zahlreichen Kolloquien Beachtung, bei denen spezielle Instrumentarien für die Methodik/Didaktik im Umgang mit großen Klassen entwickelt werden und in der Veröffentlichung von diversen Handreichungen resultieren (Ngamassu, 2005,

o. S.).[1] Ein Bewusstsein für das Phänomen ist also durchaus konstatierbar, ebenso wie die Einsicht, dass sich diese Entwicklung nur noch fortsetzen wird.

Ein weiterer Aspekt ist die hohe Zahl an Kindern, die keinen Zugang zu Bildung erhalten. Schon 1961 wurde deshalb auf der internationalen Bildungskonferenz in Addis Abeba das Ziel gesetzt, die Zahlen für Primar-, Sekundar- und Tertiärbereich zu erhöhen. Unter anderem sollte bis 1980 kostenloser und verpflichtender Primarschulunterricht für alle Kinder durchgesetzt werden (Adick, 2013, S. 132). Mit dem von der UNESCO postulierten Recht auf Bildung für Alle ergriff auch die UNO dahingehende Maßnahmen. So wurde auf der Weltbildungskonferenz in Jomtien, Thailand 1990 die globale UNO-Initiative *Education for All* ins Leben gerufen, mit dem Ziel, den Zugang zu Bildung für alle Menschen bis zum Jahr 2015 zu verwirklichen. Sie stellte zu diesem Zweck sechs Teilziele auf, die auf der Folgekonferenz in Dakar im Jahr 2000 nach ersten Evaluierungen eine Präzisierung erfuhren.

Bei der Umsetzung dieser Ziele haben die meisten Regierungen den Fokus auf die Verbesserung des Bildungszugangs gelegt, der mit der Senkung oder dem Erlass von Schulgebühren im Primarschulbereich einherging (Benbow et al., 2007, S. 2). Seitdem ist ein Ansteigen der Schülerzahlen in der Primarschule zu verzeichnen.[2] Die Reduzierung der Umsetzung der Ziele auf die Ermöglichung einer Grundbildung für alle Kinder ist aus mehreren Gründen problematisch: Ziel der Bildungsoffensive ist die Erleichterung eines Berufseintritts, um eine Senkung der Armutsgrenze zu erreichen. Jedoch ist der Eintritt ins Berufsleben mit dem Abschließen der Primarschule noch nicht gewährleistet.[3] Außerdem sind Bildungsreformen mit rein quantifizierenden Zielformulierungen der Qualität der Bildung nicht zuträglich, wirken sich doch steigende Einschulungsraten im Primarschulbereich auch auf den Sekundar- und Tertiärbereich aus, die oft noch nicht adäquat ausgelegt sind, wachsende Schülerzahlen aufzunehmen (Langthaler, 2005, S. 15). Es fehlt an Schulen, ihrer Ausstattung sowie an Ausbildung und Einstellung zusätzlicher Lehrer. Eine der Folgen ist, dass Afrika südlich der Sahara die höchste Lehrer-Schüler-Ratio aufweist (UIS, 2006, S. 89).

Speziell für das Fach Deutsch an den Sekundarschulen sieht die Lehrer-Schüler-Ratio im ‚frankofonen'[4] West- und Zentralafrika folgendermaßen aus:

---

1   Hier seien exemplarisch jährliche Treffen der *Association des Professeurs de Français* aufgeführt: Khartum 1987, Sèvres 1988, Thiès 1988, Bordeaux 1989 und 1990, N'Djamena 1991, Dakar 1995, etc. (Ngamassu, 2005, o. S.).

2   Trotzdem besuchten 2004 nur 66 Prozent aller schulpflichtigen Kinder in Subsahara Afrika die Primarschule und nur 24 Prozent die Sekundarschule (UIS, 2006, S. 17).

3   Ein weiterer Kritikpunkt des EFA-Programms ist die Fortsetzung einer postkolonialen Einflussnahme auf die Bildungspolitik durch die Vergabe von Krediten der Weltbank nur unter der Bedingung, die für sie ‚richtige' Bildungspolitik durchzuführen (Brock-Utne zit. in: Adick, 2013, S. 133).

4   Frankofon ist in Anführungszeichen gesetzt, da Französisch in diesen Ländern zwar Amtssprache ist, aber oft nur der Bildungselite zugänglich ist. Neben der Sprache wurde auch das französische Bildungssystem übernommen und somit ist Deutsch als zweite oder dritte Fremdsprache als Wahlpflichtfach im Lehrplan verankert.

Tabelle 1:   Zahlen für Deutsch-Schüler und Deutschlehrer (Netzwerk Deutsch, 2010, S. 4–11)

	Deutsch-Schüler	**Deutschlehrer**	**Lehrer-Schüler-Ratio**
Benin	14.000	130	1:108
Burkina Faso	33.159	200	1:166
Côte d'Ivoire	250.000	1.170	1:214
Kamerun	200.000	1.000	1:200
Mali	140.000	154	1:909
Senegal	9.000	145	1:62
Togo	67.278	418	1:161

Die angegebenen Lehrer-Schüler-Ratio geben natürlich nicht das tatsächliche Bild der Klassenräume wieder: So existieren große Disparitäten zwischen urbanen und ruralen Gegenden, zwischen privaten und öffentlichen Schulen und selbst innerhalb von Regionen sind große Unterschiede zu verzeichnen (Ngamassu, 2005, o. S.).

Halten wir also fest, dass aufgrund von demografischen Entwicklungen in Verbindung mit Entwicklungen in der Bildungspolitik Schulklassen sehr groß und zukünftig nur noch größer werden. So bleibt nur übrig, mit dieser Entwicklung umzugehen und die Strategien zum Umgang mit Großgruppen zu erforschen, die eine hohe Bildungsqualität erlauben. Das Phänomen der Großgruppen – nicht nur im Deutschunterricht – verdient wesentlich mehr Aufmerksamkeit als bisher, wie ein Blick auf den Forschungsstand zu Großgruppen aufzeigen wird.

3.   Forschungsstand: Definitionsversuch und Forschungsschwerpunkte zu Großgruppen

Um es vorweg zu nehmen: Eine eindeutige Definition von Großgruppen gibt es nicht. In der Forschungsliteratur finden sich verschiedene Angaben je nach Region und Bildungsbereich: Gelten in Westeuropa und Nordamerika Klassen ab 30 Schüler als groß, so tun sie dies in Südkorea, Japan und Singapur ab 50 (Benbow et al., 2007, S. 5), in China 50 bis 100 (Wang & Zhang, 2011, S. 1), in Pakistan ab 62, an einer Universität in Nigeria ab 52 (Coleman, 2006, S. 116), im Primarschulbereich in der Côte d'Ivoire ab 40 bis 50 (Fofana, 2011, S. 59), in Mosambik 50 bis 70 (Mombe, 2012, S. 72). Eine exakte Festlegung mit einer rein quantifizierenden Beschreibung ist nicht möglich, obwohl Begrifflichkeiten wie *classes pléthoriques, classes surchargées, classes à effectifs élevés* dies suggerieren (Ngamassu, 2005, o. S.).

Neben der quantitativen Größe spielen auch Faktoren wie Fachgebiet, Lernziele, Methoden, Unterrichtsbedingungen, Vorhandensein materieller und zeitlicher Ressourcen und Lerner- und Lehrereigenschaften wie Alter, Erfahrung, Lehr- und Lerntraditionen sowie Motivation eine Rolle (Fofana, 2011, S. 59; Loo, 2007, S. 26; Ngamassu, 2005, o. S.). Loo hat in ihrer Habilitationsschrift eine gestufte Typologie entworfen, die Faktoren und Klassengröße zueinander in Bezug setzt: kleine Groß-gruppen mit ca. 30, mittelgroße mit ca. 50, große mit ca. 60 bis 80 und besonders gro-ße Großgruppen mit über 80 Personen (Loo, 2007, S. 26). In ihrem Praxis-Handbuch weist sie jedoch darauf hin, dass es keine einheitliche Definition gäbe (Loo, 2012, S. 1). Ausschlaggebend sind neben den genannten Faktoren auch die subjektiven Wahr-nehmungen der Lehrer, was sie als groß oder zu groß empfinden: Obanya führt dazu die Aussage eines Lehrers an, die dieser auf einem UNESCO Regional-*Workshop on Teaching and Learning in Higher Education* an der Moi Universität, Eldoret, Kenia traf: *„There is nothing like a large class. The large class is only in the mind of the orthodox teacher"* (Obanya, Shabani & Okebukola, 1998, o. S.).

Anschließend an die Ausführungen zu Definitionsversuchen von Großgruppen möchte ich im Folgenden auf die wenigen Studien eingehen, die Aussagen zum Um-gang mit großen Klassen treffen. Hauptsächlich ist hier das *Lancaster-Leeds Language Learning in Large Classes Research Project* zu nennen (LoCastro, 2001, S. 493), welches in den 1980er Jahren maßgeblich bei der Bearbeitung von Fragen zu subjektiven Leh-rerwahrnehmungen von großen Lernergruppen beteiligt war und 12 Forschungsbe-richte veröffentlichte (Watson Todd, 2006, S. 7).

Weiterhin überwiegen Studien, die Korrelationen von Klassenstärke und Lern-ergebnissen untersuchen. Eine Studie im ‚frankofonen' Westafrika von Michaelowa stellte 2001 eine inversive Beziehung zwischen Klassengröße und Lernergebnissen fest, d.h. je größer die Klassenstärke, umso geringer das Lernen der Schüler, welche bei einem Schwellenwert von 62 Schüler pro Lehrer effektiv stoppe (vgl. Benbow et al., 2007, S. 7). Fofana hingegen führt Studien an, die keinen Zusammenhang von Klas-sengröße und Lernerfolg aufweisen (Fofana, 2011, S. 58). Allgemeingültige Schluss-folgerungen zu treffen, ist schwierig, da zu viele Faktoren die Ergebnisse beeinflussen (Watson Todd, 2006, S. 2).

Speziell für den Fremdsprachenbereich *„in Westafrika"* liegen Studien zu Groß-gruppen für Französisch im Primarschulbereich von Ngamassu für Kamerun (2005) und von Fofana für die Côte d'Ivoire (2011) vor. Studien direkt für Deutsch in West-afrika gibt es nicht, punktuell wird die Problematik jedoch thematisiert. Richtungwei-send für die Diskussion um eine spezielle Didaktik für Großgruppen im Fach Deutsch als Fremdsprache sind die Forschungsarbeiten von Yang & Loo (2007), die in Asien lokalisiert sind und die sich wiederum an Studien aus der Englischdidaktik in Asi-en orientieren (Wang & Zhang, 2011). Immerhin hat das Phänomen der Arbeit mit Großgruppen in der „Einführung Deutsch als Fremdsprache" von Rösler mit einem Kapitel seinen Niederschlag gefunden (2012, S. 102), und es gibt vermehrt Dissertati-onen (Mombe, 2012) und Magisterarbeiten, die sich mit dieser Thematik auseinan-dersetzen (Loo, 2012, S. 18).

Insgesamt ist die Bilanz der Studien zum Umgang mit Großgruppen im Fremd-sprachenunterricht bescheiden und beschränkt sich in Afrika südlich der Sahara auf einige wenige Pilotprojekte im Primarschulbereich. Forschungsbedarf besteht sowohl für die Sekundarstufe als auch speziell für Deutsch in der Region, wozu die vorliegen-de Studie einen Beitrag leisten möchte.

4. Kritik am präskriptiven Ansatz und Argumentation für einen deskriptiven Ansatz

Obwohl ein empirischer Nachweis für Lernerfolgsdefizite in großen Klassen nicht eindeutig erbracht wurde, werden Großgruppen per se unabhängig vom Kontext als problematisch dargestellt und Lösungsvorschläge erbracht. Die Herausforderungen[5] von Großgruppen werden nach verschiedenen Kategorien aufgelistet (vgl. LoCastro, 2001, S. 494; Obanya et al., 1998, o. S.; Watson Todd, 2006, S. 4), zu denen Klassenorganisation, Interaktion und Abwechslung, Evaluierung, sowie Ressourcen und Rahmenbedingungen zählen, die ich näher ausführen möchte.

Eine Herausforderung ist die Klassenorganisation: Der Unterricht mit Großgruppen würde von Lehrenden als frustrierend und demotivierend (Obanya et al., 1998, o. S.) bzw. als belastend empfunden, da die Unterrichtssituation gesteigerte Wahrnehmungs- und Sozialkompetenz erfordere, um auf zahlreiche Impulse zu reagieren und sie zu verarbeiten, sowie viele Schüler gleichzeitig anzusprechen, einzubeziehen und ihren Erwartungen gerecht zu werden. Der dadurch höhere Lehraufwand ist nicht zu unterschätzen. Als Abhilfe schlägt Pasigna (1997, S. 4) das Aufstellen von Regeln im Klassenumgang und die Einteilung in kooperative Gruppen vor, die nach bestimmten Regeln gebildet werden, und deren Teilnehmer verschiedene Niveaus haben sollen (Benbow et al., 2007, S. 9; Obanya et al., 1998, o. S.).

Eine weitere Herausforderung ist die Interaktion: Die große Heterogenität einer Großgruppe ist eine Herausforderung für eine effektive Binnendifferenzierung und individuelle Zuwendung. Gerade bei langen Frontalphasen mit wenig Interaktion (Obanya et al., 1998, o. S.) und bei Sozial- und Arbeitsformübergängen kommt es zu Konzentrationsabbrüchen oder Disziplinschwierigkeiten. Außerdem fördere die Anonymität in einer Großgruppe eine größere Passivität der Schüler. Vor allem im Fremdsprachenunterricht treten Sprechhemmungen auf, wodurch sich die Passivität noch potenziert. Abwechslung und Lerneraktivierung werden deshalb als zentrale Prinzipien für den Großgruppenunterricht angesehen (Yang & Loo, 2007, o. S), um die unterschiedlichen Lernstile, Niveaustufen und Aufmerksamkeitsspannen berücksichtigen zu können. Dazu werden wieder zahlreiche Vorschläge aufgeführt, wie man den dominierenden Frontalunterricht aufbrechen kann, etwa durch kollektives Lernen wie chorisches Sprechen oder Singen. Eine Lerneraktivierung erreicht man auch durch verschiedene Sozial- und Arbeitsformen. Vor allem mit kooperativer Gruppen- und Paararbeit soll Interaktion und Lernerfolg signifikant verbessert werden. Bedingung ist, dass Gruppenarbeit eingeübt, angeleitet und nach den Regeln des kooperativen Lernens durchgeführt wird (Fofana, 2011, S. 77; Obanya et al., 1998, o. S.). Laut Loo ergeben sich allerdings aus Gruppenarbeiten neue Probleme: Kontrollverlust, Trittbrettfahrer, unterschiedlich schnell arbeitende Gruppen und vermehrte Verwendung von Erst- bzw. Nationalsprachen (Loo, 2012, S. 103).

---

5   Verschiedene Autoren listen auch positive Aspekte von Großgruppen auf (vgl. Wang & Zhang, 2011, S. 3).

Eine Herausforderung der Evaluierung von Großgruppen stellt die regelmäßige Korrektur der zahlreichen Aufgaben und Prüfungen dar, genauso wie individuelle Rückmeldungen an die Schüler (Obanya et al., 1998, o. S.). Die Subjektivität des Lehrers erhöhe sich bei der Korrektur von Hunderten Kopien. Ngamassu schlägt deshalb eine rotierende Auswahl der Korrektur vor, d.h. entweder immer nur die Hausaufgaben einer bestimmten Gruppe oder von allen Schülern jeweils nur Teilaspekte der Hausaufgaben zu korrigieren. Eine weitere Variante ist, die Hausaufgaben von Schülern korrigieren zu lassen, hier schlägt er für Grammatik und Diktate die Selbstkorrektur vor, ansonsten eine Korrektur durch die Mitschüler. Klassenarbeiten könnten auch anonym von Schülern einer anderen Klasse korrigiert oder Gruppennoten vergeben werden: So könne der Lehrer eine Klasse von 120 in 12 Gruppen einteilen, in der jeweils ein Gruppenverantwortlicher bestimmt wird. Bei schriftlichen Aufgaben macht sich zunächst jeder selbst Gedanken, in der zweiten Phase wird eine Synthese der guten Ideen gebildet und in der dritten Phase wird der Text ins Reine geschrieben. Nach der Korrektur durch den Lehrer erhalten die Gruppenmitglieder eine kollektive Note (Ngamassu, 2005, o. S.).

Bei den Herausforderungen für Ressourcen und Rahmenbedingungen sind vor allem zeitliche, räumliche und infrastrukturelle Unzulänglichkeiten zu nennen. Die Organisation der Klasse und das Geben von Anweisungen und Instruktionen brauche in einer Großgruppe viel mehr Zeit (Benbow et al., 2007, S. 6). In zu kleinen Klassenräumen werden die Großgruppen als besonders groß wahrgenommen (Yang & Loo, 2007, o. S.). Feste Bestuhlung und fehlende Bänke schränken die Handlungs- und Bewegungsfreiheit von Schülern und Lehrern ein. Erschwerend kommen fehlende Unterrichtsmaterialien hinzu (Benbow et al., 2007, S. 6). Oft werden hier Vorschläge aufgeführt, wie die Erhöhung der Anzahl von qualifizierten Lehrern, höhere Lehrergehälter, der Bau von mehr Klassenzimmern und die Verbesserung der Einrichtungen. Darauf hat eine Lehrkraft aber wenig Einfluss und kann diese Vorschläge nur, falls überhaupt, in geringem Maße umsetzen (Benbow et al., 2007, S. 10). Unzulänglichkeiten bei Ressourcen und Rahmenbedingungen lassen sich in naher Zukunft kaum zufriedenstellend beseitigen.

Eine Zusammenstellung von Lösungsvorschlägen findet sich in entsprechenden Kompendien und Handbüchern. Für die Region Westafrika sind hier allgemeindidaktische Ratgeber wie das *Répertoire méthodologique sur les techniques d'organisation et d'enseignement dans les classes à effectifs pléthoriques* von CONFEMEN (Conférence des Ministres de l'éducation des pays ayant en commun le français) (vgl. Ngamassu, 2005, o. S.), der *Guide to Teaching and Learning in Higher Education* von BREDA (Regional Office for Education in Africa) und *Maximising Learning in Large Classes* (Shamim et al. 2007) vom British Council zu nennen. Speziell für Deutsch als Fremdsprache, aber regional- und zielgruppenunspezifisch, ist das Praxis-Handbuch von Loo erschienen (2012).

Trotz dieser zahlreichen Methodenhandbücher ist zu konstatieren, dass es kaum Studien gibt, die die systematische Anwendung der vorgeschlagenen Strategien und Methoden untersuchen (Benbow et al., 2007, S. 7) oder einen empirischen Nachweis bzw. eine Evaluierung ihrer Wirksamkeit erbringen (Watson Todd, 2006, S. 6). Die Vorschläge scheinen außerdem sehr wenig Anwendung zu finden und noch weniger wirksame Abhilfe zu leisten (Ngamassu, 2005, o. S.). Coleman kritisiert deshalb den simplifizierenden „präskriptiven" Ansatz, der mit Vorschlägen eine sofortige technische Lösung erbringen möchte. Wie oben dargelegt, sind Großgruppen eben kein homogenes Phänomen und Strategien nicht von universeller Anwendbarkeit. Fofana weist vor allem auf die Nichtumsetzbarkeit von zeitraubenden Strategien hin, da sie bei den oft dichten Lehrplänen wie in der Côte d'Ivoire nicht anwendbar sind (2011, S. 58). Die Sinnhaftigkeit des Methodentransfers kann in Zweifel gezogen werden, denn sie führt bei Lehrern vielmehr zu einem Gefühl der Inadäquatheit (Coleman, 2006, S. 117). Coleman warnt, dass Vorschläge „unforeseen repercussions elsewhere in the academic ecosystem" haben können (Coleman, 2006, S. 118). Er fordert genauso wie Ngamassu Lösungsvorschläge, die spezieller auf den Kontext zugeschnitten sind, und die dem soziokulturellen Hintergrund der Lerner und Lehrer mehr Beachtung schenken (Coleman, 2006, S. 118; Ngamassu, 2005, o. S.). Deshalb favorisiert Coleman einen beschreibenden und verstehenden Ansatz. In diesem Sinne plädiert auch Fofana für die Beobachtung von Ad-hoc-Strategien (Fofana, 2011, S. 57), die Lehrer während des Unterrichts anwenden, da Lehrer ja durchaus bereits Strategien für den Unterricht in Großgruppen entwickelt haben:

> En effet, envisagée comme un genre interactionnel spécifique, avec ses modes constitutifs, ses contraintes, ses contextes, ses acteurs, considérée comme lieu social, la classe devient alors le lieu de déploiement de stratégies, de méthodes, de modes interactionnels, dont l'approche permet de mieux saisir la pluralité des événements qui entourent, escortent l'appropriation d'une langue enseignée, ainsi que la manière dont les interactants s'y prennent pour arriver à leurs fins (Fofana, 2011, S. 77).

Deshalb soll auch für diese Studie von der präskriptiven Normativität Abstand genommen werden und stattdessen mit einer empirischen Untersuchung beschrieben werden, wie unter den gegebenen institutionellen Rahmenbedingungen Lehrer mit den komplexen Anforderungen umgehen und welche typischen Handlungsmuster sie zur Bewältigung der beruflichen Situation ausgebildet haben. Lehrer wissen, was von ihnen erwartet wird, sie kennen die Anforderungen des Lehrplans, die Erwartungen der Schüler und haben eventuell schon an einer Grund- oder Weiterbildung für Großgruppendidaktik teilgenommen. Die entscheidende Frage ist, wie Lehrer Vorgaben und Richtlinien umsetzen, wie sie Vorschläge adaptieren, damit sie in ihren eigenen speziellen situativen Kontext passen. So hat sich die Studie zum Ziel gesetzt, Lehrerhandlungswissen zu erfassen.

Forschungstheoretisch geht die Untersuchung von Strukturen, die Deuten und Handeln generieren, auf die „Rekonstruktive Sozialforschung" zurück (Bohnsack, 2003, S. 10). Sie zielt auf die Erfassung von milieuspezifischen Wissensbeständen als dem handlungspraktischen Erfahrungswissen der Lehrer, welches durch Rekonstruktion zu einer ‚begrifflich-theoretischen Explikation' gebracht werden soll. Als Erhebungsverfahren wurden Gruppendiskussionen gewählt, da Lehrer als Angehörige einer gemeinsamen sozialen Lage, hier einer Berufsgruppe, bestimmten Milieus zugeordnet sind, die gemeinsame Wissensbestände und kollektive Erfahrung teilen (Bohnsack, 2003, S. 108). Deshalb stellt die Gruppendiskussion einen validen empirischen Zugang zu habitualisiertem, d. h. immer wieder reproduziertem Erfahrungswissen und angeeigneten Handlungspraktiken dar. Die Forschenden identifizieren Handlungsstrategien und erkunden akteursrelevante, situative und kontextuelle Bedingungen (Bohnsack, 2008, S. 378).

5. Deutsch in Westafrika: Fallbeispiele und Rekonstruktion

Im Rahmen eines Promotionsprojekts zur professionellen Kompetenz von Lehrkräften sind 2012 Gruppendiskussionen mit Lehrern und Experteninterviews mit Fachberatern und Inspektoren in Benin, Côte d'Ivoire, Senegal und Togo durchgeführt worden, und zwar sowohl in den jeweiligen Hauptstädten als auch in ländlichen Gegenden. Die Größe der Lehrergruppen variierte zwischen 8 und 16 Personen und die Dauer der Interviews zwischen einer Stunde und knapp drei Stunden. Die Lehrer arbeiten an Gymnasien, in denen Deutsch 3 bis 5 Jahre lang unterrichtet wird. Für die vorliegende Teilstudie wurden nur die Gruppendiskussionen mit Lehrenden ausgewählt, die in Klassen von 70 bis 120 Schülern unterrichten und die Arbeit in Großgruppen thematisieren. Anhand von zwei Fallbeispielen möchte ich den Umgang mit Evaluierung, Interaktion und Gruppeneinteilung je nach Arbeits- und Sozialform rekonstruieren.

Fallbeispiel 1: Evaluierung und Interaktion

> „c'est au niveau des rangées. je peux prendre les copies de cette rangée donner à celle-ci ainsi de suite. là c'est pour tester si l'élève peut détecter une erreur dans ce que l'autre a écrit. c'est tout ce que je fais mais après je ne vais pas considérer ces notes-là. ça fait partie de schülermotivation aussi. il faut qu'ils se sentent responsabilisés ( ). un jour si je deviens enseignant, bon moi aussi je peux corriger ainsi de suite et ça leur permet au même moment aussi de lire. puisque ils ne vont pas quand même corriger sans lire, et en lisant ils font attention aux mots. si le mot est bien écrit, ils donnent ça. mais si c'est mal écrit, en soulignant déjà, demain eux-mêmes ils ne vont pas mal écrire ce mot. donc ce sont des stratégies pour pouvoir les amener à apprendre aussi. mais c'est que ça prend ( ) du temps parfois" (I8, Z56, L5).

Aus diesem kurzen Interviewausschnitt lassen sich die folgenden drei Aspekte zur Evaluierung entnehmen: die Art der Fehlerkorrektur, die Förderung des Leseverstehens und die zugrunde liegende Lerntheorie.

Der Lehrer geht von der Prämisse aus, dass Korrigieren lernförderlich ist und wendet somit Fehlerkorrektur als Lernstrategie an. Er trainiert das Fehlerbewusstsein und bietet die Gelegenheit, von den Fehlern anderer für sich selbst zu lernen. Dafür lässt er die klassische Negativfehlerkorrektur durch Unterstreichen des betreffenden Wortes anwenden. Die sprachliche Korrektheit bezieht sich aufgrund seiner Aussage, ‚ein Wort zu unterstreichen' wahrscheinlich auf den Bereich der Lexik, Morphologie, Syntax, Orthografie oder Grammatik. Vom Ausdrucksvermögen ist nicht die Rede.

Ein Vorteil speziell in Bezug auf die Großgruppen ist, dass der Lehrer in diesem Fall die Korrektur nicht selbst vornehmen muss und sich so die Korrektur von Hunderten von Texten erspart. Bemerkenswert ist seine Antizipation, dass Schüler auch einmal Lehrer werden (wollen). Er sieht in der Zuweisung der verantwortungsvollen Rolle, als Lehrer zu handeln, Motivationspotenzial. Nach Loo (2012, S. 137) sei eine Korrektur durch Mitschüler nur bei geschlossenen Fragen ratsam, aber der Lehrer wendet diese bei einem offenen Korrekturverfahren an. Durch das gemeinsame Korrigieren und die Verantwortungsübernahme für die Korrektur seiner Mitschüler wird der als Herausforderung dargestellten Passivität entgegengewirkt. Von einem Gesichtsverlust gegenüber den Mitschülern spricht er nicht. Stattdessen wird implizit soziales Lernen angestoßen, da die Schüler einen Konsens finden müssen, ob eine Normabweichung vorliegt oder nicht.

Weiterhin weiß der Lehrer um die Bedeutung des Lesens. Verbunden mit einer konkreten Aufgabe ist ein intensiveres und zielführenderes Leseerlebnis zu erwarten. Für das detaillierte Lesen ist eine erhöhte Konzentration notwendig. Er geht davon aus, dass durch das angewendete Diagnoseverfahren eine Leseförderung bei den Schülern verstärkt wird.

Der Lehrer wendet ein konstruktivistisches Lernverfahren an, indem er den Schülern eine Lerngelegenheit anbietet. Er rückt sie in den Mittelpunkt und animiert sie zur aktiven Mitarbeit sowie zum autonomen Lernen. Dabei teilt er die Klasse nach Schulbankreihen ein. Er lässt die Schüler induktiv vorgehen, d.h. sie müssen die Fehler ohne Vorgabe selbst finden und entscheiden, ob ein Normverstoß vorliegt oder nicht.

Fallbeispiel 2: Gruppeneinteilung für verschiedene Arbeits- und Sozialformen

> „j'allais dire que dans une classe il n'y a pas une rangée des faibles et une rangée des forts. donc tout est mélangé et ça dépend du travail qu'on leur donne. le travail peut être à deux si c'est un dialogue par exemple. le travail peut être par rangée, le travail peut peut-être par deux rangées forment un groupe. ça dépend du travail. si c'est un dialogue c'est partenariat. bon si c'est un texte constitué de plusieurs paragraphes, je prends ihr und wir plus2 adama stellt seine gastfamilie vor, il y a 4 personnages et dans nos classes il y a souvent 4 rangées. bon telle rangée, vous nous travaillez sur tels informationen über sara, über frau holdeck ( ) oder herr holdeck ( ). donc chacun prend ( ) chaque rangée travaille sur un même personnage. ça dépend du travail. si c'est un travail sur structure, bon analysez cette phrase, trouvez-moi comment ça se fait. bon on dit, cette rangée vous me travaillez sur cet aspect, cette partie de rangée vous me travaillez sur tel aspect, ainsi de suite. c'est que, moi je n'ai pas un groupe fixe du début de l'année jusqu'à la fin. le groupe se transforme automatiquement …" (I3, Z42, L2).

Das verbindende Element für die Bildung von Gruppen, ganz gleich ob für Paararbeit oder Gruppenarbeit, ist geografisch: für Partnerarbeit der Nachbar, für Gruppenarbeit die Bank bzw. die Bankreihe. Der Lehrer geht davon aus, dass sich in jeder Gruppe Schüler mit unterschiedlichem Lernstand befinden und so starke Schüler schwächeren Schüler Hilfestellung leisten können. Er legt Wert darauf, dass die Gruppen variieren und keine feste Lernergruppe entsteht. Wie dies bei der geografischen Limitation realisiert wird, darauf geht er nicht ein.

Die Gruppenbildung macht er von der Aufgabenform abhängig und zeigt klare Vorstellungen, welche Arbeitsform mit welcher Sozialform kombiniert werden kann. Eine sinnvolle Sozialform hängt eben von den Arbeitsaufträgen ab. Dialogen ordnet er Partnerarbeit zu, Textarbeit oder Grammatik eine oder mehrere Bankreihen. Interessant ist die weitere Differenzierung der Aufgabenform. Für Textarbeit lesen die verschiedenen Gruppen verschiedene Abschnitte, bzw. arbeiten Informationen zu je einem Charakter im Text aus. Für die Grammatik geht er genauso vor – nicht alle Schüler erarbeiten das gleiche grammatikalische Phänomen. Damit gewährleistet er zum einen kooperatives Lernen und die Mitarbeit aller, da sie Informationen und Wissen auch für andere erarbeiten. Zum anderen ist das Zuhören bei der Ergebnissicherung gewährleistet, da die Schüler die fehlenden Informationen ergänzen müssen und sich in einer positiven gegenseitigen Abhängigkeit befinden.

Der Lehrer wendet also Partner- und Gruppenarbeit für kooperatives Lernen an, welches sowohl auf einer sprachlichen als auch auf einer sozialen Ebene erfolgt. Mit dem Wechsel an Sozial- und Arbeitsformen erzielt er genau die Abwechslung und Interaktion, die für Großgruppen gefordert wird.

6. Schlussfolgerungen und Ausblick

Der Klassenraum ist eine situative und soziale Konstruktion, in dem Lehrer, Schüler, Werte und Erwartungen aufeinander treffen, die sich mit steigender Zahl der Lerner erhöhen und diversifizieren. Den Interviewausschnitten ist zu entnehmen, dass Lehrende bereits über Strategien und Methoden zum Umgang mit Großgruppen verfügen, die sowohl der Lernerorientierung dienen als auch den Lehrer entlasten. Sie gehen bewusst Kompromisse ein, wie sie entsprechend der Umstände handeln. Sie haben ihre eigenen Zielvorstellungen und den vorgegebenen Lehrplan, den zu erfüllen sie verpflichtet sind. Ihr Vorgehen und die entwickelten Strategien entsprechen einer lokalen Anpassung und einem professionellen Lehrerhandeln.

Wichtig ist der Austausch mit anderen Lehrern, der regelmäßig und systematisch durchgeführt, besonders effektiv ist, denn das Teilen von entwickelten, erprobten und modifizierten Verfahren und Maßnahmen, die genau den speziellen Bedingungen vor Ort – Ressourcen, Umsetzbarkeit, Akzeptanz – angepasst sind, ist sehr hilfreich (Loo, 2007, S. 128). Eventuelle Kritik wäre deplatziert, da gerade die entwickelten Strategien dem entsprechen, was einer momentanen und situativen Anpassung am besten entspricht.

Um zur Ausgangsfrage in der Überschrift zurückzukehren, ob große Klassen ‚große Klasse‘ sind, so möchte ich dies nicht auf die Rahmenbedingungen beziehen, sondern auf die Strategien der Lehrkräfte zum Umgang mit Großgruppen, und mit den Worten eines Lehrers enden, die diese ‚Klasse‘ genau treffen und die im besonderen Maße für Großgruppen gilt:

c'est par rapport à la situation que tu vis dans ta classe, que tu élabores d'abord tes stratégies d'enseignement. rien n'est prédéfini. tout ce que toi tu as concu à la maison; si tu tiens à cela, ce serait un fiasco. tu vas rater ton cours. c'est ce que tu verras en face de toi qui va déterminer tes stratégies et tes méthodes d'enseignement (2s). et c'est ca qui fait de l'enseignant un enseignant. parce qu'il doit pouvoir s'adapter à tout moment à toutes les situations possibles (I6, Z245, L1).

Literatur

Adick, C. (2013). Bildungsentwicklungen und Schulsysteme in Afrika, Asien, Lateinamerika und der Karibik. Münster: Waxmann (Historisch-vergleichende Sozialisations- und Bildungsforschung, 11).

Benbow, J./Mizrachi, A./Oliver, D./Said-Moshiro, L. (2007). Large Class Sizes in the Developing World. What Do We Know and What Can We Do? U.S. Agency for International Development.

Bohnsack, R. (2003). Rekonstruktive Sozialforschung. Einführung in qualitative Methoden. 5. Aufl. Opladen: Leske & Budrich.

Bohnsack, R. (2008). Gruppendiskussion. In: Flick, U./von Kardorff, E./Steinke, I. (Hrsg.) Qualitative Forschung. Ein Handbuch (369–384). 6. Aufl., Orig.-Ausg. Reinbek bei Hamburg: Rowohlt-Taschenbuch-Verlag.

Coleman, H. (2006). Darwin and the Large Class. In: Gieve, S./Miller, I. K. (Hrsg.) Understanding the language classroom (115–135). New York: Palgrave Macmillan.

Fofana, A. (2011). Typologie des interactions dans les grands groups. Exemple de l'enseignement du langage oral au cours préparatoire. (Revue electronique internationale de sciences du langage, 16). URL: http://www.sudlangues.sn/IMG/pdf/Article_Pedagogie_des_ grands_ groupes_2.pdf [Stand: 03.02.2013].

Langthaler, M. (2005). Die internationale Bildungsinitiative Education For All im Rahmen der Bildungszusammenarbeit. Entstehung, Stand der Umsetzung und Erfahrungen. Österreichische Forschungsstiftung für internationale Entwicklung. URL: http://www.oefse.at/ Downloads/publikationen/Bildungsinitiative_Education_for_All_im_Rahmen_der_BZA. pdf [Stand: 03. 02.2013].

LoCastro, V. (2001). Large Classes and Student Learning. In: TESOL Quarterly, 35 (3), (493–496).

Loo, A. (2007). Teaching and learning modern languages in large classes. Aachen: Shaker.

Loo, A. (2012). Deutsch-Unterricht in großen Lerngruppen international. Ein Praxis-Handbuch. Aachen: Shaker.

Mombe, D. (2012). Lehren und Lernen in Klassen mit hohen Schülerzahlen. Neue Ansätze für zentrale Entwicklungsaufgaben des mosambikanischen Bildungssystems. Berlin: Logos-Verlag.

Netzwerk Deutsch (2010). Statistische Erhebungen 2010. Die deutsche Sprache in der Welt. München. URL: http://www.goethe.de/mmo/priv/5759818-STANDARD.pdf [Stand: 08.02.2013].

Ngamassu, D. (2005). Problématique des grands groupes et didactique du français au Cameroun. In: CORELA. Université de Poitiers (3). URL: http://corela.edel.univ-poitiers.fr/ index.php?id= 503 [Stand: 02.02.2013].

Obanya, P./Shabani, J./Okebukola, P. (1998). Guide to Teaching and Learning in Higher Education. Regional Office for Education in Africa (Breda). URL: http://breda-guide.tripod.com/ New 5.htm [Stand: 10.02.2013].

Pasigna, A. (1997). Tips on How to Manage a Large Class. Institute for International Research. URL: http://www.ieq.org/pdf/largeclass.pdf [Stand: 03.02.2013].

Rösler, D. (2012). Deutsch als Fremdsprache. Eine Einführung. Stuttgart: Metzler.

Shamim, F./Negash, N./Chuku, C./Demewoz N. (2007). Maximising Learning in Large Classes. Issues and Options. The British Council. Addis Abbaba. URL: http://www.teachingenglish. org.uk/ sites/teacheng/files/ELT-16-screen.pdf [Stand: 03.02.2013].

Unesco (2012). Youth and skills. Putting education to work. Paris: United Nations Educational Scientific and Cultural Organization (EFA Global Monitoring Report, 10.2012).

Unesco Institute for Statistics (2006). Teachers and educational quality. Monitoring global needs for 2015. Montreal: UNESCO Inst. for Statistics.

Wang, Q./Zhang, N. (2011). Teaching Large Classes in China – English as a Foreign Language. Beijing Normal University. URL: http://www2.warwick.ac.uk/fac/soc/al/research/projects/ telc/5_wang_qiang_overview_of_china_research_0.pdf [Stand: 10.02.2013].

Watson Todd, R. (2006). Why investigate large classes? In: rEFLections: KMUTT Journal of Language Education (Large Classes, 9), (1–12). URL: http://arts.kmutt.ac.th/sola/rEFL/ Vol9_Reflections_ Large_Classes.pdf [Stand: 08.02.2013].

Yang, J./Loo A. (2007). Vom Notfall zur Innovation? Zur Großgruppendidaktik im chinesischen DaF-Unterricht. In: German as a foreign language, 3. URL: http://www.gfl-journal. de/3–2007/yang_ loo.html [Stand: 03.02.2013].

Autorinnen und Autoren

Prof. em. Dr. Christel Adick, Lehrstuhl für Vergleichende Erziehungswissenschaft, Ruhr-Universität Bochum.

Dr. Simplice Agossavi, Neuere Deutsche Literaturwissenschaft, Université d'Abomey-Calavi, Benin.

Sekou Bocoum M.A., Deutsch und Russisch als Fremdsprachen mit dem Schwerpunkt Deutsche Literatur und Landeskunde, École Normale Supérieure de Bamako, Mali.

Dr. phil. Maike Bouassida, Linguistin und Didaktikerin in der Lehreraus- und Lehrerfortbildung, Universität Manouba, Tunesien.

Brice Martial Chuepo Tcheumbeua, Deutsch als Fremdsprache, DAAD Yaoundé, Université de Yaoundé I, Kamerun.

Melanie David, DAAD-Lektorin, Université de Ouagadougou, Burkina Faso.

Prof. Dr Christine Delory-Momberger, Science de l'éducation, Université Paris 13/Nord, Frankreich.

Prof. Dr Khadi Fall, Interkulturelle Germanistik, Université Cheikh Anta Diop Dakar, Senegal.

Sandra Früchtenicht, Schulpädagogik/Schulforschung, Johannes Gutenberg-Universität, Mainz.

Eva Hamann, Deutsch als Fremdsprache, Herder-Institut, Universität Leipzig.

Bernhard Hauck, Studienrat für Französisch und Chemie, Elisabeth-Langgässer-Gymnasium, Alzey.

Dr. Oliver Hollstein, Schulpädagogik/Schulforschung, Johannes Gutenberg-Universität, Mainz.

Sarah Lange, International und Interkulturell Vergleichende Erziehungswissenschaft, Promotionsstipendiatin der Bayerischen Eliteförderung, Friedrich-Alexander-Universität Erlangen-Nürnberg.

Prof. Dr. Annette Scheunpflug, Allgemeine Erziehungswissenschaft, Friedrich-Alexander-Universität Erlangen-Nürnberg.

Frederick Fondzenyuy Njobati, Leiter der Lehrerfort- und Lehrerweiterbildungsmaßnahme ‚In-Service Training Programme' (ISTP) in Bamenda, Kamerun.

Mamadou Mbaye M.A. Doktorand, DAAD-Stipendiat, Universität Cheikh Anta Diop Dakar, Senegal; Schulpädagogik/Schulforschung, Johannes Gutenberg-Universität Mainz.

Dr. Jérôme Mbiatong, Science de l'éducation, Université Paris Est Créteil, UPEC, Frankreich.

Christina Möller, Studentin im Master Erziehungswissenschaft mit dem Schwerpunkt Sozialpädagogik im internationalen/transnationalen Kontext, Johannes Gutenberg-Universität, Mainz.

Prof. em. Dr. Christiane Montandon, Sciences de l'éducation, Université Paris Est Créteil, UPEC, Frankreich.

Dr. Bouna Niang, Faculté des Sciences et Technologie de l'Education et de la Formation (FASTEF) Université Cheikh Anta Diop Dakar, Senegal.

Prof. Dr. Harisoa Rabiazamaholy, Faculté des Sciences et Technologie de l'Education et de la Formation (FASTEF) Université Cheikh Anta Diop Dakar, Senegal.

Prof. Dr. Carla Schelle, Schulpädagogik/Schulforschung, Johannes Gutenberg-Universität, Mainz.

Ass.-Prof. Dr. Sofia Stratilaki, Maître de Conférences, Sprachwissenschaft mit Schwerpunkt Mehrsprachigkeit, Université Sorbonne Nouvelle, Paris, Frankreich.

Christophe Straub, Schulforschung/Schulpädagogik, Johannes Gutenberg-Universität, Mainz.

Christel Adick (Hrsg.)

Bildungsentwicklungen und Schulsysteme in Afrika, Asien, Lateinamerika und der Karibik

Historisch-vergleichende Sozialisations- und Bildungsforschung, Band 11, 2013, 320 Seiten, br., 34,90 €, ISBN 978-3-8309-2785-3
E-Book-Preis: 30,99 €

Bildungsentwicklungen außerhalb der ‚westlichen' Welt sind Thema dieses Sammelbandes. Teil 1 enthält Regionalstudien zu Bildung in den Arabischen Staaten, der Karibik, Lateinamerika, den Ostasiatischen Staaten, der Pazifikregion, Subsahara-Afrika und Süd- und Westasien. In Teil 2 finden sich Länderstudien zum Bildungswesen einzelner Staaten dieser Regionen: Brasilien, China, Nigeria, Indien, Japan, Mexiko und Südafrika.

Die Verdienste des Bandes liegen zweifelsohne darin, den westlich fixierten Blick zu dezentrieren und daran zu erinnern, dass aus globaler Perspektive betrachtet, der Westen der „Rest" ist. [...]
Karin Amos auf www.klinkhardt.de/ ewr/978+383092785.html

WAXMANN
Münster · New York · München · Berlin

Carla Schelle, Oliver Hollstein,
Nina Meister (Hrsg.)

Schule und Unterricht in Frankreich

Ein Beitrag zur Empirie,
Theorie und Praxis

2012, 300 Seiten, br., 29,90 €
ISBN 978-3-8309-2652-8
E-Book-Preis: 26,90 €

Aus deutscher Perspektive wissen wir noch erstaunlich wenig über die französische Schule. Ist das système éducatif ein Produkt der französischen Revolution? Wie unterscheidet es sich vom deutschen Schulsystem, das stärker von reformpädagogischen Ideen geprägt zu sein scheint? Werden typisierende Zuschreibungen auf der ,Mikroebene' von Schule und Unterricht bestätigt?

Entlang der Felder von Diversität, Interkulturalität, Mehrsprachigkeit, Schule, Unterricht, Schüleraustausch und Lehrerbildung nehmen die verschiedenen Beiträge dieses Bandes vor allem die interaktive Realität des Unterrichtsgeschehens auf beiden Seiten des Rheins genauer in den Blick.

WAXMANN
Münster · New York · München · Berlin